Graciliano na Terra de Camões

## CONSELHO EDITORIAL

Beatriz Mugayar Kühl – Gustavo Piqueira
João Angelo Oliva Neto – José de Paula Ramos Jr.
Lincoln Secco – Luís Bueno – Luiz Tatit
Marcelino Freire – Marco Lucchesi
Marcus Vinicius Mazzari – Marisa Midori Deaecto
Miguel Sanches Neto – Paulo Franchetti
Solange Fiúza – Vagner Camilo – Wander Melo Miranda

*Thiago Mio Salla*

# Graciliano na Terra de Camões

DIFUSÃO, RECEPÇÃO E LEITURA (1930-1950)

*Prefácio*
José de Paula Ramos Jr.

Copyright © 2021 Thiago Mio Salla

Direitos reservados e protegidos pela Lei 9.610 de 19 de fevereiro de 1998.
É proibida a reprodução total ou parcial sem autorização, por escrito, das editoras.

Dados Internacionais de Catalogação na Publicação (CIP)
(Câmara Brasileira do Livro, SP, Brasil)

Salla, Thiago Mio
   *Graciliano na Terra de Camões: Difusão, Recepção e Leitura*
   *(1930-1950)* / Thiago Mio Salla. – 1. ed. – Cotia: Ateliê Editorial;
São Paulo: Nankin Editorial, 2021.

   ISBN 978-65-5580-018-0 (Ateliê Editorial)
   ISBN 978-85-7751-124-2 (Nankin Editorial)
   Bibliografia.

   1. Coelho Neto, 1864-1934 – Crítica e interpretação
2. Cultura política   3. Política e literatura  4. Ramos,
Graciliano, 1892-1953 – Crítica e interpretação  I. Título.

20-46582
                                                       CDD-B869.09

Índices para catálogo sistemático:

1.  Literatura brasileira: História e Crítica   B869.09

Cibele Maria Dias – Bibliotecária – CRB-8/9427

Direitos reservados à

ATELIÊ EDITORIAL
Estrada da Aldeia de Carapicuíba, 897
06709-300 – Granja Viana – Cotia – SP
Tel.: (11) 4702-5915
www.atelie.com.br | contato@atelie.com.br
facebook.com/atelieeditorial | blog.atelie.com.br

NANKIN EDITORIAL
Rua Tabatinguera, 140
8º andar – conj. 803 – Centro
01020-000 – São Paulo – SP
Tel.: (11) 3106-7567 | 3105-0261
www.nankin.com.br | nankin@nankin.com.br

2021

Printed in Brazil
Foi feito o depósito legal

*A todos aqueles que ajudaram minha nau de papel a cruzar o Atlântico, aportar e fincar bandeiras na ocidental praia lusitana, em especial, a Daniela (Juju) e ao Chico, que era apenas sonho quando esta jornada começou...*

# Sumário

Agradecimentos . . . . . . . . . . . . . . . . . . . . . . . . . . . . . . . . . . . . . . . . . . . 11

Graciliano Ramos em Portugal – *José de Paula Ramos Jr.* . . . . . . . . . . . . . . . 13

Introdução. . . . . . . . . . . . . . . . . . . . . . . . . . . . . . . . . . . . . . . . . . . . . . . 21

### Parte I – HOMENS, LIVROS E MERCADO LIVREIRO

*Capítulo 1.* Antes da Chegada do Romance de 1930 – A Obra de Coelho
Neto em Portugal . . . . . . . . . . . . . . . . . . . . . . . . . . . . . . . . . . . . . . . . 29

*Capítulo 2.* A Divulgação do Moderno Romance Brasileiro em Portugal:
O Trabalho de José Osório de Oliveira entre os Anos 1930 e 1950 . . . . . . . . 45

*Capítulo 3.* Invasão do Livro Brasileiro em Portugal . . . . . . . . . . . . . . . . . . . 57

*Capítulo 4.* Acordo Cultural entre Brasil e Portugal e a Política Atlântica. . . . . 69

*Capítulo 5.* Livros do Brasil e a Edição de Graciliano Ramos em Portugal . . . . 85

### Parte II – PANORAMA DA RECEPÇÃO CRÍTICA
### DE GRACILIANO EM PORTUGAL NOS ANOS 1930 E 1940

*Capítulo 6.* Os Primórdios – Final dos Anos 1930. . . . . . . . . . . . . . . . . . . . . 121

*Capítulo 7.* Do Final dos Anos 1930 ao Início dos 1940: Polêmicas e
Consolidação do Nome de Graciliano. . . . . . . . . . . . . . . . . . . . . . . . . . . 151

*Capítulo 8.* José Osório de Oliveira e a Revista *Atlântico*. . . . . . . . . . . . . . . . 181

8 • GRACILIANO NA TERRA DE CAMÕES

*Capítulo 9.* Manuel Anselmo e a *Família Literária Luso-Brasileira* . . . . . . . . 217

*Capítulo 10.* A Imprensa Periódica ao Longo dos Anos 1940: Jaime Brasil
e Casais Monteiro . . . . . . . . . . . . . . . . . . . . . . . . . . . . . . . . . . . . . . . . . . . . 231

À Guisa de uma Conclusão . . . . . . . . . . . . . . . . . . . . . . . . . . . . . . . . . . . . . . . 251

ANEXOS

1. Textos Avulsos de Graciliano Ramos Publicados na
Imprensa Portuguesa . . . . . . . . . . . . . . . . . . . . . . . . . . . . . . . . . . . . . . . . 261

2. Proposta de Edição da Fortuna Crítica de Graciliano em Portugal . . . . . . . 287
Graciliano Ramos em Portugal – A Fortuna Crítica do Escritor
Alagoano na Imprensa Portuguesa dos Anos de 1930 a 1950 . . . . . . . . 289
Nota Editorial . . . . . . . . . . . . . . . . . . . . . . . . . . . . . . . . . . . . . . . . . . . . 291
*Vidas Secas* de Graciliano Ramos – *Eneida de Moraes* . . . . . . . . . . . . . . 293
Panorama Literário do Brasil v – *Afonso de Castro Senda* . . . . . . . . . . . 297
Cartazes 8: Graciliano Ramos – *Josué Montello* . . . . . . . . . . . . . . . . . . . 305
Millet e Graciliano Ramos – *Abel Salazar* . . . . . . . . . . . . . . . . . . . . . . . 307
Os Livros da Semana: *Angústia, S. Bernardo, Vidas Secas,* Romances
por Graciliano Ramos – *João Gaspar Simões* . . . . . . . . . . . . . . . . . . . 315
*S. Bernardo* e *Vidas Secas,* Romances por Graciliano Ramos –
*Albano Nogueira* . . . . . . . . . . . . . . . . . . . . . . . . . . . . . . . . . . . . . . . . 323
Literatura Brasileira: A Personalidade de Graciliano Ramos,
no Romance – *António de Oliveira Coelho* . . . . . . . . . . . . . . . . . . . . . 327
Um Depoimento Literário Brasileiro: Marques Rebelo (Eddy) –
*Castro Soromenho* . . . . . . . . . . . . . . . . . . . . . . . . . . . . . . . . . . . . . . . . 331
Obras-Primas de Graciliano Ramos – *Mário Dionísio* . . . . . . . . . . . . . . 335
Machado de Assis e o Problema do Romance Brasileiro:
Graciliano Ramos – *João Gaspar Simões* . . . . . . . . . . . . . . . . . . . . . . 339
Graciliano Ramos e a *Angústia* – *Manuel Anselmo* . . . . . . . . . . . . . . . . 345
Graciliano Ramos – *José Osório de Oliveira* . . . . . . . . . . . . . . . . . . . . . . 349
Livros do Brasil: Obras de Graciliano Ramos – *Jaime Brasil* . . . . . . . . . 351
O Romance Brasileiro Contemporâneo – *Adolfo Casais Monteiro* . . . . 355
Graciliano Ramos – *Eneida de Moraes* . . . . . . . . . . . . . . . . . . . . . . . . . . 359

SUMÁRIO • 9

Graciliano Ramos Fala ao *Diário Popular* Acerca dos Modernos
    Romancistas Brasileiros – *Castro Soromenho* . . . . . . . . . . . . . . . . . . . 363
Graciliano Ramos – *Marques Gastão* . . . . . . . . . . . . . . . . . . . . . . . . . 367
De Passagem para Paris – *Carlos de Oliveira* . . . . . . . . . . . . . . . . . . . . 371
Vida Literária: Graciliano Ramos – *João Mendes* . . . . . . . . . . . . . . . . . . 373
A Propósito e a Despropósito do Último Livro de
    Graciliano Ramos – *José Fernandes Fafe* . . . . . . . . . . . . . . . . . . . . . . . 377
Graciliano sem Nordeste – *Adolfo Casais Monteiro* . . . . . . . . . . . . . . . . 381
A Confissão de Graciliano – *Adolfo Casais Monteiro* . . . . . . . . . . . . . . . 385

## REFERÊNCIAS BIBLIOGRÁFICAS

1. Bibliografia Específica . . . . . . . . . . . . . . . . . . . . . . . . . . . . . . . . . . . . . . . . . 389
    Obras de Graciliano Ramos . . . . . . . . . . . . . . . . . . . . . . . . . . . . . . . . . . . . 389
    Textos Avulsos de Graciliano em Periódicos e Livros Portugueses . . . . . . 390
    Livros de Graciliano Publicados em Portugal . . . . . . . . . . . . . . . . . . . . . . . 391
    A Recepção de Graciliano em Portugal (em Ordem Cronológica) . . . . . . . . 391
    Textos e Obras sobre Graciliano . . . . . . . . . . . . . . . . . . . . . . . . . . . . . . . . . 393
    A Literatura e o Livro Brasilciros na Imprensa Portuguesa . . . . . . . . . . . 397

2. Bibliografia Geral . . . . . . . . . . . . . . . . . . . . . . . . . . . . . . . . . . . . . . . . . . . . . 406
    Cartas. . . . . . . . . . . . . . . . . . . . . . . . . . . . . . . . . . . . . . . . . . . . . . . . . . . . . . 419
    Outros Documentos . . . . . . . . . . . . . . . . . . . . . . . . . . . . . . . . . . . . . . . . . . 420

Índice Onomástico. . . . . . . . . . . . . . . . . . . . . . . . . . . . . . . . . . . . . . . . . . . . . . 423

# Agradecimentos

Logo de saída, agradeço a Paulo Motta pela amizade e por todos os horizontes que me ajudou a descortinar ao longo dos últimos anos, desde que o acaso nos aproximou em uma aula de Literatura Portuguesa.

Agradeço também a José de Paula Ramos Júnior e a Benjamin Abdala Junior por todas as prestimosas contribuições quando da realização de meu exame de qualificação, momento em que este livro era apenas um tímido embrião.

Por diferentes motivos, mostro-me extremamente grato a Luís Bueno, Salete de Almeida Cara, Raquel dos Santos Mandanelo Souza, Sérgio Paulo Guimarães de Sousa, Antonio Dimas, Tânia Celestino Macedo, Jorge Soromenho e, especialmente, aos colegas da confraria da sala 17.

Não me esqueço de Ieda Lebensztayn, especialista em Graciliano, que, entre outros aspectos, ajudou-me no levantamento da correspondência trocada entre o autor alagoano e a intelectualidade portuguesa.

Em Portugal, meu agradecimento especial vai para Vânia Pinheiro Chaves, que me acolheu generosamente na Faculdade de Letras da Universidade de Lisboa ao longo de toda a minha estada na capital portuguesa. Sou também muito grato ao amigo João Marques Lopes, estudioso dedicado da literatura brasileira, que não só abriu as portas de sua casa para mim, como me ajudou com livros e valiosas informações. Agradeço também a Arnaldo Saraiva, que, de modo generoso, desviou-se de seus afazeres para conversar demoradamente comigo numa fria e chuvosa véspera de Natal no Porto; a Nuno Medeiros, pesquisador da Universidade Nova de Lisboa, que me assistiu nos estudos a respeito do mundo da edição em Portugal entre os anos 1930 e 1950; e a Fernando Alves Cristóvão, reconhecido estudioso de Graciliano que, mais de uma vez, recebeu-me para uma boa prosa. Não posso me esquecer da querida Miúcha, pelo carinho e pelo sempre estimado apoio em todos os momentos.

Agradeço ainda aos funcionários das mais variadas instituições portuguesas as quais visitei, com destaque especial para Odete Belo, do Museu do Neo-realismo de Vila Franca de Xira, que, mesmo à distância, continuou a me ajudar mediante o envio de imagens de periódicos fundamentais para o desenvolvimento de minha pesquisa, e Paulo Tremoceiro, da Torre do Tombo, que me auxiliou no caminhar pelo labirinto dos acervos dessa instituição. Aqui no Brasil, o agradecimento em especial vai para Elisabete Ribas e equipe, do Arquivo do Instituto de Estudos Brasileiros da USP, que sempre se mostrou diligente e prestimosa no atendimento de solicitações referentes à consulta de documentos do Fundo Graciliano Ramos.

Não posso deixar de registrar meus agradecimentos à Fapesp, que custeou toda a pesquisa preliminar que desaguou neste trabalho, e à Capes, que, por certo tempo, financiou a investigação que toma corpo nas páginas ora apresentadas.

Por fim, agradeço a Daniela Damiati Ferreira, minha parceira amorosa, que, com muito carinho, paciência e leveza, esteve firme ao meu lado ao longo de mais essa viagem repleta de livros e literatura.

# Graciliano Ramos em Portugal

*José de Paula Ramos Jr.*[1]

Thiago Mio Salla é um incansável pesquisador da obra e da fortuna crítica de Graciliano Ramos.

Em 2012, publicou *Garranchos* (Rio de Janeiro, Record), resultado de vasta e minuciosa busca realizada em periódicos, compulsados em fontes primárias, que recolhe cerca de oitenta textos inéditos em livro do autor de *Vidas Secas*. É evidente a importância dessa descoberta e da publicação resultante, que vem a ser mais um precioso subsídio aos estudos interessados na obra de um dos principais autores da literatura brasileira, além de difundir em livro textos soterrados em bibliotecas e arquivos que – honra ao mérito – preservaram periódicos raros ou raríssimos, todos eles examinados pelo zeloso pesquisador que deles os desentranhou.

---

1. Doutor em Literatura Brasileira pela USP. Professor do curso de Editoração da ECA-USP. Autor, entre outros, de *Leituras de Macunaíma: Primeira Onda (1928-1936)*, São Paulo, Edusp/Fapesp, 2012. É idealizador e responsável pela Coleção Reserva Literária, que publica obras raras da ficção narrativa brasileira, pela parceria estabelecida entre a Com-Arte (editora-laboratório do curso de Editoração da ECA-USP) e a Edusp (Editora da Universidade de São Paulo). Dirige as publicações da Coleção Clássicos Ateliê, dedicada à cuidadosa edição de obras paradigmáticas da literatura lusófona.

Em 2014, em parceria com Ieda Lebensztayn, outra distinta pesquisadora da obra de Graciliano Ramos, Thiago Mio Salla organizou os livros *Conversas* e *Cangaços*, ambos publicados pela editora Record. O primeiro contém entrevistas e depoimentos de Graciliano, veiculados em periódicos, entre 1910 e 1952. Inclui ainda pequenas narrativas anedóticas sobre o autor de *Angústia*. *Cangaços*, por sua vez, colige todos os textos de Graciliano sobre o banditismo sertanejo, publicados em periódicos entre 1931 e 1941, inclusive dois inéditos em livro. Concebidas e realizadas editorialmente de modo a privilegiar a fluência e o prazer da leitura, essas edições são preparadas segundo rigorosas exigências acadêmicas, de orientação científica – desde o registro preciso da documentação até os cuidados inerentes à ecdótica, que garantem fidedignidade aos textos estabelecidos.

Em 2016, Thiago Mio Salla lançou *Graciliano Ramos e a* Cultura Política*: Mediação Editorial e Construção do Sentido*, em edição da Edusp em parceria com a Fapesp. Essa obra investiga a contribuição do autor de *Vidas Secas* ao periódico *Cultura Política – Revista Mensal de Estudos Brasileiros*. Trata-se de fina e penetrante análise das problemáticas relações entre o conteúdo imanente aos textos, de caráter crítico, e a ressignificação desses mesmos textos, decorrente do suporte e dos paratextos a serviço da ideologia do Estado Novo, na revista *Cultura Política*. Parte desses escritos foi, posteriormente, reproduzida no periódico comunista *Revista do Povo*, antes de ser recolhida na obra póstuma *Viventes das Alagoas* (1962). Os mesmos textos em suportes diversos, cercados de paratextos diversos, teriam o mesmo significado? O pesquisador analisa e interpreta com acuidade essa possível instabilidade de sentido dos textos, em função dos suportes e paratextos que os enquadram. Trata-se de uma abordagem pioneira no Brasil no âmbito dos estudos literários, de questões relativas ao jornalismo cultural e, sobretudo, de investigações interessadas nas relações entre texto, paratextos e suporte editorial, que resultam em efeitos de sentido diversos, decorrentes dessas relações, conforme orientava o saudoso professor Ivan Prado Teixeira, no âmbito dos estudos desenvolvidos na graduação e na pós-graduação em Editoração da Escola de Comunicações e Artes da USP.

A colaboração do escritor comunista no mais importante periódico estado-novista, de propensão fascista, seria uma capitulação ou uma estratégia de sobrevivência tanto material (a necessidade de prover o sustento da família) quanto ideológica (trabalhar por dentro de uma orientação e estrutura política adversa, para minar tal orientação e estrutura em favor de uma perspectiva contrária ao *statu quo*)? Talvez uma coisa não possa ser dissociada da outra. Thiago Mio Salla enfrenta esse questionamento, que pode ser estendido a outros escritores mais ou menos contemporâneos de Graciliano, tais como Mário de Andrade e Carlos Drummond de Andrade, para citar só dois exemplos de intelectuais que participaram na administração de instituições a serviço de composições políticas que, no poder, em última análise, trabalhavam a contrapelo dos ideais que moviam as ações desses escritores. Assegurado por sólida documentação, Thiago Mio Salla enfrenta, analisa e interpreta tal questionamento de modo compreensivo e convincente.

*Graciliano na Terra de Camões*, agora publicado pela Ateliê Editorial e Nankin Editorial, vem a ser a mais recente contribuição de Thiago Mio Salla aos estudos que vem dedicando a Graciliano Ramos, entre outros empreendimentos de que participa como um dos professores responsáveis, ao lado de Marisa Midori Deaecto e Plinio Martins Filho, pela Com-Arte Editora- -Laboratório do Curso de Editoração da ECA-USP e suas publicações, uma das quais, em parceria com a Edusp, conquistou o Prêmio Jabuti, em 2018, com a obra *Design de Capas do Livro Didático*, de Didier Dias de Moraes, na categoria "Economia Criativa".

*Graciliano na Terra de Camões* propõe-se a investigar "a difusão e a recepção da obra do autor de *Vidas Secas* em Portugal entre as décadas de 1930 e 1950", no âmbito dos estudos desenvolvidos não apenas nos programas de pós-graduação da FFLCH-USP, mas, também, no curso de Editoração da ECA- -USP. Tal proposta não só se realiza plenamente, mas se espraia de tal modo, que abre caminho para pesquisas vindouras sobre a história das relações entre a literatura portuguesa e a brasileira.

A primeira parte em que o livro se estrutura consiste num esforço de contextualização histórica. Em linhas gerais, a configuração da presença, da divulgação e da difusão da literatura e do livro brasileiros em Portugal, com destaque para a ação notável do brasilianista José Osório de Oliveira.

Historicamente, a literatura brasileira obteve pouca repercussão ou difusão em Portugal. Thiago Mio Salla assinala essa escassa visibilidade, revertida pelo sucesso editorial de Coelho Neto naquele país. Fato inusitado, nunca antes ocorrido, em que um escritor brasileiro encontra amplo reconhecimento e prestígio na pátria de Camões. No Brasil, a profusa produção desse autor, membro fundador da Academia Brasileira de Letras, instituição presidida por ele em 1926, eleito "príncipe dos prosadores brasileiros", reconhecido como o mais bem-sucedido escritor brasileiro em seu tempo, obteve incontestável e amplo reconhecimento, antes de vir a ser o "saco de pancadas" dos modernistas, que lograram afastá-lo da alta posição ocupada no cânone da literatura nacional.

Em Portugal, o êxito veio a ser igualmente notável, a julgar pelas sucessivas edições portuguesas de suas obras e pela recepção crítica recebida, abundante e amplamente favorável. Thiago Mio Salla oferece uma circunstanciada documentação da recepção crítica da obra de Coelho Neto em Portugal, assim como uma análise interpretativa desse sucesso editorial, ancorada em pressupostos teóricos do *New Historicism*, que procura compreender o fenômeno literário em sua dupla condição: de artefato verbal, dotado de relativa autonomia, e evento cultural, em que dialoga com a poética cultural vigente em seu contexto de produção e as poéticas culturais posteriores, caso em que a obra de Coelho Neto, no Brasil, foi considerada como emblemática do passadismo academicista e, portanto, rebaixada à condição de literatura irrelevante pelos modernistas, antes de atuais investigações dos estudos literários, que vêm reavaliando, criticamente, os pressupostos estéticos responsáveis por tal rebaixamento, de modo a conceder a Coelho Neto, e a outros escritores seus contemporâneos, representantes das correntes estéticas – de caráter eclético e sincrético – da *Belle Époque*, os seus devidos lugares no cânone da literatura brasileira ou, mesmo, lusófona.

A segunda parte da obra apresenta um recorte suficiente para registrar a significativa presença em Portugal de autores como Jorge Amado, José Lins do Rego, Erico Verisssimo e Rachel de Queiroz, representantes notáveis do romance social de 1930, que haveriam inspirado ou orientado o movimento neorrealista português. Quanto a Graciliano Ramos, a recensão de sua fortuna crítica na pátria de Camões, entre os anos 1930 e 1940, é exaustiva. Não se limita, porém, à apresentação dos variados juízos críticos expedidos, pois os relaciona com as correntes conflitantes em vigor em Portugal nesse período, a dos adeptos da arte pela arte e a dos defensores da literatura engajada, dos que exigiam a representação artística da interioridade humana e dos que privilegiavam a representação da realidade social alienante, enfim, dos presencistas, como Adolfo Casais Monteiro, e dos neorrealistas. À abordagem de Thiago Mio Salla não escapam o registro nem a discussão da homologia entre tais divergências correntes em Portugal e, talvez mais intensamente, no Brasil. Os críticos brasileiros, como os portugueses, mostraram-se polarizados entre os favoráveis à literatura intimista e os propícios às produções neorrealistas. No entanto, como demonstra o pesquisador, há consenso entre os de lá e os de cá, quanto ao reconhecimento de que a literatura de Graciliano transcende essa dicotomia ao apresentar-se como solução estética que funde, geralmente de modo orgânico, a crítica social, a construção psicológica das personagens, a ação romanesca e o estilo, de modo a produzir obras de arte superiores.

Leia-se o seguinte pronunciamento de Adolfo Casais Monteiro, que representa a corrente literária e crítica vinculada à revista *Presença*:

> É em Graciliano Ramos, talvez, que encontramos a mais equilibrada, e ao mesmo tempo a mais forte expressão romanesca desta época. Nunca ele se deixou arrastar, como por vezes Jorge Amado e Lins do Rego, por aquela tão humana fraqueza que faz um romancista saltar fora do nexo, da "lógica" romanesca, e desviar pelo recurso de uma conclusão "ideal" o curso de histórias que valem precisamente por serem recortadas em pleno cerne da vida real. Livros tão diferentes como *Angústia*, *S. Bernardo* e *Vidas Secas* são porventura aqueles que ficarão como a mais perfeita expressão duma época da literatura brasileira que viu surgir uma plêiade de romancistas sem igual no passado – e em que pela primeira vez o homem brasileiro pôde encontrar na literatura uma imagem de si de corpo inteiro[2].

Embora em contraponto, mas, de certo modo, convergente com os juízos dos presencistas, os adeptos lusitanos do neorrealismo enfatizaram que, na obra de Graciliano Ramos, "a sondagem psicológica da condição humana não se dissociava do interesse pelas relações sociais injustas de produção do regime capitalista", como assinala o ensaísta.

---

2. Adolfo Casais Monteiro, "Romance Brasileiro Contemporâneo", *O Primeiro de Janeiro*, Porto, 30 abr. 1947. Texto republicado em *O Romance (Teoria e Crítica)*, Rio de Janeiro, José Olympio, 1964, como parte introdutória do ensaio "O Leitor Português e o Romance Brasileiro Contemporâneo – Graciliano Ramos" (pp. 155-168).

18 • GRACILIANO NA TERRA DE CAMÕES

Aspecto digno de nota, neste livro de Thiago Mio Salla, vem a ser o desvelamento das tentativas de apropriação da obra de Graciliano Ramos por agentes neorrealistas, presencistas ou estado-novistas. Nesse último caso, a análise da colaboração de Graciliano na revista *Atlântico* dialoga com a investigação realizada em *Graciliano Ramos e a* Cultura Política: *Mediação Editorial e Construção do Sentido* (Edusp/Fapesp, 2016), na medida em que examina as relações entre os textos do autor alagoano e a ambiência discursiva da revista salazarista, que ressaltava o caráter de pintura lírico-dramática da vida brasileira desses textos em detrimento da dimensão crítica que eles contêm.

Em meio a toda essa investigação, o discurso se detém, em alguns momentos, na abordagem de aspectos curiosos do trânsito de autores brasileiros do romance de 1930 em Portugal, como, por exemplo, a solicitação de Sousa Pinto, editor da série "Livros do Brasil", para substituição de brasilianismos léxicos e sintáticos por correspondentes no registro linguístico lusitano para as edições portuguesas de sua série editorial, aceita por uns, mas negada veementemente por Rachel de Queiroz. Questões como essa são de grande interesse para o campo de investigação da ecdótica e da crítica textual.

Muitos outros aspectos seriam dignos de menção, pelas contribuições que trazem para os estudos comparados da literatura lusófona e suas interações com os estudos do livro e da edição. Entre eles, destacam-se a militância crítica de José Osório de Oliveira, os pronunciamentos de José Régio e Adolfo Casais Monteiro, a ação editorial de António de Sousa Pinto, com a coleção Livros do Brasil, bem como o Acordo Cultural entre Brasil e Portugal cujo mais importante testemunho se consubstancia na revista *Atlântico*.

Dito isso, ressalto a escrita como primeira qualidade notável dessa obra de Thiago Mio Salla. O decoro da linguagem, compatível com esse gênero de trabalho científico, é mantido ao longo dela toda, o que implica a sobriedade, a elegância e a clareza da exposição, que a torna acessível não só ao leitorado acadêmico, como também ao leitor cultivado, mas não especializado, sem concessões ao facilitarismo didático ou prejuízo da densidade e do rigor no uso de noções, conceitos ou processos de argumentação analítica, bem como interpretativa. A escrita fluente favorece a compreensão do pensamento consubstanciado no discurso, sem obstáculos que exijam do leitor interessado no tema desenvolvido um maior esforço de decifração.

Digna de nota, também, é a criteriosa honestidade intelectual, que atribui a quem de direito as postulações críticas a propósito de Graciliano Ramos, sem deixar de observar, com recato, o que há de original no trabalho agora oferecido. No caso, o estudo sistemático, para além de "alguns esforços preliminares e panorâmicos" (todos devidamente creditados) da recepção da obra literária de Graciliano Ramos em Portugal, entre as décadas de 1930 e 1950.

*Graciliano na Terra de Camões* vem a ser, doravante, uma obra incontornável na apreciação da fortuna crítica de Graciliano Ramos para além das fronteiras brasileiras, além de registrar um momento único, em que a literatura nacional, mais exatamente o movimento que reúne a produção do romance social de 1930, foi fonte inspiradora, modelar, da literatura portuguesa, tanto do ponto de vista estético quanto do implícito projeto ideológico, de natureza crítica, em que pesem as diferenças entre as manifestações mais ou menos contemporâneas do chamado neorrealismo dos dois lados do Atlântico, movimentos artísticos de resistência ao fascismo tanto em sua vertente lusitana quanto brasileira.

É preciso frisar quão significativa é a contribuição do trabalho de Thiago no âmbito da pesquisa bibliográfica relativa ao seu objeto de estudo. Seu esforço bem-sucedido, nesse aspecto, agora ficará disponível a pesquisadores que queiram explorar novos caminhos abertos e sugeridos por sua iniciativa.

Ao admirável resultado da pesquisa bibliográfica, somam-se interessantíssimos achados, por exemplo, as dedicatórias de Graciliano Ramos a intelectuais lusitanos, como Ferreira de Castro, Jaime Cortesão, Mário Dionísio, João Gaspar Simões e Adolfo Casais Monteiro, em livros encontrados e compulsados em variados acervos de instituições culturais portuguesas.

Ressalte-se, por fim, que o estudo de Thiago Mio Salla examina tal repertório de modo minucioso e esclarecedor, assim contribuindo para o enriquecimento da fortuna crítica do autor de *Vidas Secas*. No entanto, esse repertório é submetido ao escrutínio do leitor, pois o livro, na última parte em que se estrutura, recolhe, transcreve, normaliza e anota a totalidade de artigos, ensaios e entrevistas, concedidas pelo autor alagoano, publicados na imprensa lusitana entre os anos de 1930 e 1950. Trata-se de uma compilação exaustiva que, certamente, servirá a quantos se interessem por temas dessa natureza, além de servir de base a desejáveis investigações vindouras.

# Introdução

A ideia de realizar esta investigação surgiu em meio ao desenvolvimento de meu primeiro doutorado: *O Fio da Navalha: Graciliano Ramos e a Revista* Cultura Política, trabalho por mim defendido em março de 2010, na Escola de Comunicações e Artes da USP. Nessa tese, procurei estudar a colaboração do autor de *Vidas Secas* em *Cultura Política: Revista Mensal de Estudos Brasileiros*, principal veículo de doutrinação ideológica do Departamento de Imprensa e Propaganda (DIP), do Estado Novo de Getúlio Vargas. Entre março de 1941 e maio de 1943, Graciliano estampou, em tal periódico, uma série de quadros nordestinos, os quais, em sua grande maioria, foram reunidos na obra póstuma *Viventes das Alagoas* (1962).

Em linhas gerais, a escolha de tais textos, conhecidos como "Quadros e Costumes do Nordeste" (nome da seção em que foram publicados inicialmente), justificava-se em função tanto do mérito literário quanto do caráter polêmico e controverso que apresentavam, pois foram escritos para a mais importante publicação de um regime autoritário que encarcerou o autor de *Angústia*, sem acusação prévia, de março de 1936 a janeiro de 1937. Na análise desse conjunto de escritos, portanto, pus-me a estudá-los tanto como artefatos verbais (em sua dimensão retórico-estilística) quanto como eventos culturais (em suas relações com os discursos sociais dos quais o cronista extraía sua matéria e seus pontos de vista sobre a arte e sobre o mundo).

Nesse esforço de recomposição dos diálogos do tempo em que os textos de Graciliano estampados em *Cultura Política* foram produzidos, vasculhando dezenas de jornais e revistas, deparei-me com três capítulos de *Infância* e com o conto "Insônia", publicados em *Atlântico: Revista Luso-Brasileira*, periódico editado conjuntamente pelo Secretariado da Propaganda Nacional do Estado Novo português e pelo DIP getulista. Em outras palavras, juntamente com uma série de outros artistas brasileiros, o romancista alagoano, figura historicamente associada à esquerda, fora eleito para representar a literatura nacional na terra de Camões, segundo escolha do autoritário regime salazarista. Nesse sentido, a aparente contradição resultante da colaboração de Graciliano com *Cultura Política* reproduzia-se em Portugal, nas páginas da conservadora *Atlântico*.

Paralelamente, a recuperação da fortuna crítica de Graciliano demandada pela tese acima mencionada, em conformidade com a necessidade de situar o lugar do artista alagoano na literatura brasileira ao longo da primeira metade do século XX, revelava que a obra do autor de *Angústia* também fora objeto de diferentes leituras e comentários em Portugal. Como se sabe, o romance brasileiro de 1930, do qual Graciliano fora um dos principais expoentes, marcou fortemente o neorrealismo português no transcorrer dos anos de 1930, 1940 e 1950. Trata-se de um momento único da história do intercâmbio artístico entre Portugal e o Brasil, em que, ao contrário dos séculos anteriores, a literatura brasileira exerceu ativa ascendência sobre os escritores lusos[1].

Em função da necessidade de restringir-se a investigação ao cenário político-cultural brasileiro, tais questões relativas ao trânsito literário entre Brasil e Portugal, bem como à aparente homologia entre esses dois contextos, tendo como centro a figura de Graciliano Ramos, foram apenas levantadas no referido doutorado. Entretanto, em virtude da pertinência que apresenta e de sua

---

1. Abel Barros Baptista, *O Livro Agreste*, Campinas, Editora Unicamp, 2005, p. 102. No que diz respeito ainda aos elos entre os dois países atlânticos observáveis tanto na figura quanto na obra do escritor alagoano, conforme lembra Fernando Alves Cristóvão, Graciliano foi um grande conhecedor da língua e dos autores portugueses, sabendo conciliar os valores herdados da tradição com "sugestões vivas e originais brasileiras" e, dessa maneira, colaborar para reforçar os laços de união literária entre lusitanos e brasileiros (Fernando Cristóvão, *Graciliano Ramos: Estrutura e Valores de um Modo de Narrar*, Brasília, Instituto Nacional do Livro, 1975, p. 3).

INTRODUÇÃO • 23

adequação a estudos relativos ao âmbito da editoração e da literatura, esse assunto merecia uma investigação particularizada[2]. E é isso que se propõe aqui.

Mais especificamente, este trabalho tem como objetivo examinar a recepção da obra de Graciliano Ramos em Portugal entre as décadas de 1930 e 1950, privilegiando, sobretudo, as dimensões jornalística, editorial e epistolar de tal processo. Em virtude disso, centra-se na localização, inventariação e interpretação de um rol extenso de artigos, cartas, dedicatórias, livros, encontrados em bibliotecas, hemerotecas e diferentes espólios literários brasileiros e portugueses. Nesse processo, foi deixado de lado o estudo da intertextualidade existente entre a produção do autor de *Vidas Secas* e alguns ficcionistas portugueses, em que caberia destaque, sobretudo, para Eça de Queiroz (no sentido Portugal-Brasil) e Carlos de Oliveira (em sentido inverso, do Brasil-Portugal)[3].

Com relação ao recorte temporal proposto para o presente trabalho, ele se justifica por três motivos: primeiramente, entre 1930 e 1950, dá-se a efetiva produção literária e a publicação dos livros de Graciliano Ramos, processo que se iniciou com *Caetés* ao final de 1933 e se estendeu até a publicação do livro póstumo *Viagem* em 1954, obra esta que sofreu de modo direto com a censura salazarista. Graciliano faleceu em março de 1953.

Como segundo motivo, vale destacar que de meados de 1930 até o início de 1950 tem-se aquilo que se convencionou nomear, em chave eminentemente didática, de primeira fase do neorrealismo português. Trata-se de um período combativo, de teorização e de intenso debate intelectual marcado por

2. Há dois trabalhos preliminares a respeito da recepção de Graciliano Ramos em terras portuguesas: o ensaio "Conhecimento e Apreciação Crítica de Graciliano Ramos em Portugal", de Fernando Alves Cristóvão (recolhido no livro deste mesmo autor *Cruzeiro do Sul, a Norte*, Lisboa, Imprensa Nacional; Casa da Moeda, 1983, pp. 123-150) e "A Acumulação do Capital Simbólico de Graciliano Ramos", trecho da tese *O Romance Brasileiro do Século xx no Campo das Revistas Literárias Portuguesas – O Caso da Colóquio/Letras (1971-1996)*, defendida por João Marques Lopes na Faculdade de Letras da Universidade de Lisboa em 2012. Ambos os textos trazem dados e análises valiosas, mas, quer por tratar do assunto de modo panorâmico (no caso do escrito de Cristóvão), quer por ter em vista um objeto muito maior (a abrangente tese de Lopes), não aprofundam as diferentes facetas da difusão e da recepção de Graciliano que aqui se buscou realizar.

3. Nesse último caso, destaque para o precursor *A Escrita Neo-realista*, de Benjamin Abdala Junior (São Paulo, Ática, 1981), e o mais recente *O Trágico em Graciliano Ramos* e em *Carlos de Oliveira*, de Gonçalo Duarte (Coimbra, Angelus Novus, 2008).

# 24 • GRACILIANO NA TERRA DE CAMÕES

certa "ênfase dada ao assunto, à urgência e à brutalidade de o transmitir na sua nudez e imediatismo"[4]. É nesse momento que a literatura brasileira ganha franca acolhida dos moços portugueses, chegando a se apresentar, na opinião desabonadora do crítico presencista José Régio emitida em 1939, como um modismo[5].

Esse diagnóstico eivado de polêmica, uma vez que José Régio desconsiderava uma suposta influência da literatura brasileira sobre a portuguesa, revela, em chave oposta, que, sobretudo, o final dos anos 1930 se afigura como o momento da recepção efetiva e maciça por parte da imprensa cultural lusa (revistas e suplementos literários) do novo romance brasileiro. Nesse contexto, juntamente com Jorge Amado, Erico Verissimo e José Lins do Rego, Graciliano Ramos desfrutava de uma posição de destaque, e seus romances serviram, entre outros aspectos, de combustível crítico para fomentar o então nascente neorrealismo português. Prova da presença efetiva do romance de 1930 em tal cenário repousa no fato de que a própria expressão "neorrealismo" advém de um artigo do crítico Joaquim Namorado sobre uma obra brasileira, mais especificamente, a respeito do livro *Os Corumbas*, de Amando Fontes[6].

A terceira razão da escolha do recorte temporal aqui privilegiado diz respeito ao fato de que, entre os anos de 1930 e 1950, intensifica-se a presença do livro e da literatura brasileiros em Portugal. Ao longo da década de 1930, questões de ordem cambial e editorial permitiram à nossa produção livresca, então mais atrativa e moderna em termos literários, gráficos e tipográficos, chegar à nossa antiga metrópole com preços competitivos, o que causou certo pânico nos editores portugueses. Nos anos 1940, concretiza-se o esforço

---

4. Alexandre Pinheiro Torres, *O Movimento Neorrealista Português em sua Primeira Fase*, 2. ed., Lisboa, Instituto de Cultura e Língua Portuguesa, Ministério da Educação, 1983, p. 12.

5. José Régio, "Cartas Intemporais do Nosso Tempo – A um Moço Camarada sobre Qualquer Possível Influência do Romance Brasileiro na Literatura Portuguesa – I", *Seara Nova*, n. 608, 8 abr. 1939, pp. 151-152.

6. Álvaro Salema, *Alves Redol: A Obra e o Homem*, Lisboa, Arcádia, 1980, p. 207. No referido artigo de Joaquim Namorado, ele pontuava que "o acontecimento mais saliente da última temporada literária foi, sem dúvida, a descoberta do Brasil através dos seus jovens romancistas" (Joaquim Namorado, "Do Neorrealismo – Amando Fontes", *O Diabo*, n. 223, 31 dez. 1938, p. 3). Em seguida, o crítico salientava: "Amando Fontes não pode ser esquecido quando se fala do neorrealismo. Dos escritores que escrevem em língua portuguesa é ele o que mais se identifica com este sentido do romance moderno" (*idem, ibidem*).

oficial entre os Estados Novos de Getúlio e Salazar de estreitar os laços, algo que se consubstancia na revista *Atlântico*, periódico este que, sob a direção do brasilianista José Osório de Oliveira, perdurou até o início da década seguinte. A partir do segundo lustro dos anos 1940, depois de enraizar-se no público luso uma demanda em torno de nossa produção literária, assiste-se à publicação de edições portuguesas da obra de nossos principais romancistas.

Diante desse quadro, o presente trabalho divide-se em duas partes. Na primeira, examinam-se algumas variáveis relacionadas à presença, divulgação e difusão da literatura e do livro brasileiros em Portugal no período aqui privilegiado. Na segunda, tomam lugar, de modo mais específico, a recuperação, o enquadramento e a análise da divulgação e da ressonância de Graciliano em nossa antiga metrópole, sobretudo entre os anos de 1930 e 1940.

No âmbito da primeira parte, de início, procura-se recuperar e estudar a recepção da obra de Coelho Neto em Portugal antes da chegada do romance de 1930. Em seguida, as atenções recaem sobre o trabalho do brasilianista José Osório de Oliveira, que atuou de modo persistente para "dar existência" e perspectiva histórica à moderna literatura do Brasil na pátria de Camões. No passo seguinte, aborda-se o que se convencionou chamar de inversão da influência tipográfica entre Portugal e Brasil, quando a produção livresca desse último país "invade" o mercado daquele. Depois, toma lugar a investigação do Acordo Cultural de 1941, firmado entre os governos salazarista e getulista, que, entre outros aspectos, procurou estimular o intercâmbio editorial e literário entre as duas nações. Por fim, enfoca-se, sobretudo, o trabalho de edição de autores brasileiros realizado por Sousa Pinto à frente da Livros do Brasil, bem como a publicação, pela editora Ulisseia, de *S. Bernardo*, primeiro romance de Graciliano Ramos a sair do outro lado do Atlântico.

Na segunda parte, observam-se, inicialmente, os primórdios da chegada e da recepção da obra de Graciliano em Portugal no final dos anos 1930, momento no qual já se percebe como os juízos então emitidos por diferentes estratos da intelectualidade portuguesa participavam, em certa medida, dos embates entre neorrealistas e presencistas. Em seguida, com vistas aos anos 1940, constata-se a consolidação, em terras lusitanas, do nome do artista alagoano entre os principais expoentes do moderno romance brasileiro. Nesse período, alguns textos do autor de *Infância*, mediante esforço de apagamento de sua dimensão crítica, figuraram como retratos do Brasil no álbum estado-novista proposto pela revista *Atlântico*. Todavia, para além dessa e de outras tentativas de apropriação, o capital simbólico do autor alagoano continuou a se ampliar, e seu nome se afirmou no cenário intelectual português como um dos grandes romancistas de nosso idioma.

Além das duas partes mencionadas, o presente trabalho conta também com uma seção de anexos. Nela se encontram uma compilação de imagens de textos avulsos de Graciliano Ramos publicados em diferentes periódicos lusos, bem como uma proposta inicial de edição da fortuna crítica de Graciliano Ramos em Portugal entre os anos de 1930, 1940 e 1950. Mediante essa segunda iniciativa de coletar, transcrever e normalizar um conjunto variado de artigos e ensaios sobre ao autor alagoano e de entrevistas por ele concedidas e publicadas, fundamentalmente, na imprensa lusitana, pretende-se disponibilizar tal material para outros pesquisadores interessados no estudo da recepção crítica do autor de *Vidas Secas* ou mesmo do romance brasileiro de 1930 em terras portuguesas.

# Parte I
## Homens, Livros e Mercado Livreiro

# Capítulo 1

## Antes da Chegada do Romance de 1930 – A Obra de Coelho Neto em Portugal

Ao tecer um rápido panorama da recepção da literatura brasileira em Portugal entre o final do século XIX e o início do século XX, num contexto em que autores brasileiros padeciam de baixa ressonância em terras portuguesas, Arnaldo Saraiva pontua que a prosa perdia claramente para a poesia: ao passo que Gonçalves Dias, Castro Alves, Álvares de Azevedo, Olavo Bilac, Raimundo Correia, Casimiro de Abreu encontravam acolhida favorável e ganhavam representatividade entre a intelectualidade lusa[1], "José de Alencar e Machado

---

1. Pinheiro Chagas se referia a Gonçalves Dias como aquele que, dentre todos os poetas brasileiros, "encontrara ecos mais favoráveis no coração dos portugueses" (Pinheiro Chagas, *Ensaios Críticos*, Porto, Viúva Moré, 1866, *apud* Maria Eunice Moreira (org.), *Gonçalves Dias e a Crítica Portuguesa no Século XIX*, Lisboa, Clepul, 2010, p. 129). No *Parnaso Português Moderno* (1877), Teófilo Braga incluiu poemas de Álvares de Azevedo, Gonçalves Dias, Casimiro de Abreu, Junqueira Freire, Gonçalves de Magalhães, Fagundes Varela, Castro Alves, Bernardo Guimarães, Machado de Assis etc. (Arnaldo Saraiva, *Modernismo Brasileiro e Modernismo Português*, Campinas, SP, Editora da Unicamp, 2004, p. 37). Ao organizar a obra *Tesouro Poético da Infância*, Antero de Quental não se esqueceu do lirismo brasileiro e fez questão de solicitar poemas de Álvares de Azevedo e Castro Alves (Fidelino de Figueiredo, *Um Século de Relações Luso-Brasileiras (1825-1925)*, Separata da *Revista de História*, Lisboa, Empresa Literária Fluminense, vol. XIV, 1925, p. 24). Fidelino de Figueiredo lembrava que Casimiro de Abreu "foi popular em Portugal, tão recitado e cantado como o nosso Soares Passos" (*idem, ibidem*). Saraiva assinala ainda que Raimundo Correia alcançou popularidade com o soneto "As Pombas", e que os poemas de Bilac eram transcritos pela imprensa portuguesa quando não eram

de Assis, que alguns portugueses leram desde as primeiras obras, não eram em Portugal o que Eça e Camilo eram no Brasil"[2]. Mais do que isso, Alencar e seu projeto romanesco de afirmação nativista foram alvo da crítica de Pinheiro Chagas, que, referindo-se a *Iracema* em chave metonímica, apontava que todos os livros brasileiros padeciam de falta de correção linguística e da "mania de tornar o brasileiro uma língua diferente do velho português, por meio de neologismos arrojados e injustificáveis, e de insubordinações gramaticais, que (tenham cautela!) chegarão a ser risíveis"[3]. No caso do Machado romancista, o poeta Carlos Queiroz, escrevendo em 1946, mas se referindo ao final da década de 1920, dizia que o autor de *Dom Casmurro* não representava nem um estado, sequer uma cidade; apenas raríssimos homens de letras o tinham lido[4]. Tal esquecimento de Machado teria escandalizado Augusto Frederico Schmidt que, em 1949, após uma viagem a Portugal, manifestara "a impressão de que muitos entre os mais ilustres escritores de hoje nunca leram o nosso grande mestre"[5].

Deixando de lado nossos escritores do século XIX e com vistas às décadas de 1910 e 1920, Saraiva pontua que a afirmação dos modernismos de Portugal e do Brasil não teria sido marcada, pura e simplesmente, pelo afastamento unilateral dos artistas brasileiros em relação aos portugueses. Em outras pa-

---

mesmo editados em livro. Sobre este último, ver o livro *Bilac e Portugal*, de Mário Monteiro (Lisboa, Agência Editorial Brasileira, 1936).

2. Arnaldo Saraiva, *op. cit.*, p. 37.

3. Pinheiro Chagas, "Literatura Brasileira – José de Alencar: *Iracema, Lenda do Ceará*", *Novos Ensaios Críticos*, Porto, Casa da Viúva Moré, 1867, p. 221, *apud* José de Alencar, *Iracema (Lenda do Ceará)*, introdução, notas e apêndice por Gladstone Chaves de Melo, Rio de Janeiro, Imprensa Nacional, 1948, pp. 164-165. Bem verdade que, ao longo da segunda metade do século XIX, em Portugal, Alencar recebeu também alguns comentários favoráveis do dicionarista Inocêncio Francisco da Silva (1866), do próprio Pinheiro Chagas (1876) e, após sua morte, de Eduardo Coelho (1877), L. J. Pereira da Silva (1878), Silva Pinto (1879), Ramalho Ortigão (1887), entre outros (cf. Maria Eunice Moreira, "José de Alencar e a Crítica Portuguesa do Século XIX", *Convergência Lusíada*, n. 29, jan.-jun. 2013, pp. 195-203, disponível em <http://www.realgabinete.com.br/revistaconvergencia/pdf/2263.pdf>, acesso em 16 jan. 2016.

4. Carlos Queiroz, "Catulo da Paixão Cearense e a Poesia Popular", *Atlântico: Revista Luso-Brasileira*, nova série, n. 2, 17 set. 1946, p. 30, *apud* Fernando Alves Cristóvão, *Cruzeiro do Sul, a Norte – Estudos Luso-Brasileiros*, Lisboa, Imprensa Nacional; Casa da Moeda, 1983, pp. 124-125.

5. Augusto Frederico Schmidt, "Machado em Portugal", *Atlântico: Revista Luso-Brasileira*, 3ª série, n. 1, 12 set. 1949, p. 89 (texto extraído do *Correio da Manhã* do Rio de Janeiro, 22 dez. 1948, p. 2).

ANTES DA CHEGADA DO ROMANCE DE 1930... • 31

lavras, a afirmação da independência cultural do Brasil no que dizia respeito a Portugal não significara o rompimento de relações e dos contatos literários entre ambos os países durante esse momento. Para tanto, o pesquisador português lança mão de uma rica e inédita documentação que, todavia, abarca mais a esfera privada das relações entre os artistas de um e outro país, com destaque para cartas, dedicatórias, relatos de breves encontros, do que o debate público travado por eles[6].

Para além dessa esfera mais restrita e menos aberta do intercâmbio literário entre os dois países, Brito Broca revela um posicionamento diverso ao analisar o movimento editorial entre Portugal e Brasil no período em questão. Nas duas primeiras décadas do século XX, se por aqui os autores lusos[7] continuavam a colaborar com jornais brasileiros e a ter o melhor mercado para os seus livros (com destaque para a figura, entre outros, de Guerra Junqueiro[8]), eles pouco se interessavam pela produção literária oriunda do Brasil[9]. O mesmo juízo se estendia para o comportamento do leitorado português: "se muitos escritores brasileiros eram editados em Portugal, seus livros, na maioria dos casos, só aqui praticamente circulavam"[10]. Uma das raras exceções a esse cenário seria Coelho Neto (Caxias, Maranhão, 1864 – Rio de Janeiro, 1934), que vivia então seu momento de apogeu, "quando exerceu influência em nossas letras, aclamado não somente aqui como em Portugal"[11].

A história da publicação da obra de Coelho Neto em Portugal inicia-se ainda em 1900, quando a Tavares Cardoso & Irmão Editores publica a ópera

---

6. Luís Bueno, "O Romance Brasileiro de 30 na Imprensa Periódica Portuguesa (1935-1945)", *Cadernos de Pesquisas em Literatura* (Porto Alegre, PUCRS), vol. 15, 2009, p. 131.

7. Para além de sua dimensão histórica e mitológica, no transcorrer de todo este trabalho, os adjetivos "luso", "lusitano" (e suas respectivas flexões de número e de gênero) são utilizados como sinônimo de "português", como meio de se evitar a constante repetição desse gentílico.

8. João do Rio dizia que "só Junqueiro apanhava e apanha o Brasil, não porque o tenha estudado em detalhe, mas porque é génio e génio possuidor de um espírito de síntese extraordinário" (João do Rio, *Portugal d'Agora*, Rio de Janeiro, Garnier, 1911, p. 246). João de Barros, por seu turno, apontava que "no Brasil tanto quanto sei e julgo, a admiração e devoção [por Junqueiro] é unânime" (João de Barros, *Sentido Atlântico*, Paris, Aillaud; Lisboa, Bertrand, 1921, p. 93, *apud* Arnaldo Saraiva, *op. cit.*, p. 268).

9. Brito Broca, *A Vida Literária no Brasil – 1900*, Rio de Janeiro, José Olympio, 1960 (Coleção Documentos Brasileiros, vol. 108), p. 26.

10. *Idem, ibidem.*

11. *Idem, ibidem.*

# 32 • GRACILIANO NA TERRA DE CAMÕES

*Saldunes – Acção Legendada em Três Episódios*[12]. Em seguida, praticamente, toda a produção do escritor maranhense editada em terras portuguesas será realizada pela portuense Lello & Irmão. Originária da Livraria Chardron, a qual fora adquirida de Ernest Chardron[13] pelos irmãos António Pinto de Sousa Lello e José em 1894, aquela casa editorial mostrou-se particularmente receptiva aos brasileiros, publicando livros de João do Rio, Almáquio Diniz, Vicente de Carvalho, Euclides da Cunha e Sílvio Romero, entre outros[14]. Na verdade, como aponta Camilo Castelo Branco em 1874, tal interesse por nossa literatura já teria sido manifestado anteriormente pela Chardron, antes de ela ter dado origem à Lello & Irmão:

> Longo tempo se queixaram os estudiosos do descuido dos livreiros portugueses em se fornecerem de livros brasileiros. Nomeavam-se de outiva os escritores distintos do Império, e raro havia quem os tivesse nas suas livrarias. Nas bibliotecas públicas era escusado procurá-los. Em compensação, sobravam nelas as edições raras de obras seculares que ninguém consulta.
>
> O mercado dos livros brasileiro abriu-se, há poucos meses, em Portugal. Devemo-lo à atividade inteligente do Sr. Ernest Chardron. Foi ele quem primeiro divulgou um catálogo de variada literatura, em que realçam os nomes de mais voga naquele fluentíssimo país. [...] Falta dizer que os preços dos livros oferecidos no catálogo das casas Chardron, no Porto e em Braga, são módicos, reduzidos, e inferiores ao preço corrente das obras portuguesas de igual tomo. E, pois que estou agradavelmente recomendando livros de brasileiros [...][15].

Se Ernest Chardron importava livros brasileiros, Lello & Irmão não só editavam nossos autores como sua estratégia de negócios visava à expansão

---

12. Segundo lembra o filho de Coelho Neto, essa edição não foi paga a seu pai (Paulo Coelho Neto, *Bibliografia de Coelho Neto*, Rio de Janeiro, Borsoi, 1956, p. 17).

13. "Ernest Chardron (1840-1885) emigrou da França para o Porto em 1865, empregado por seu compatriota Moré, até conseguir sua independência, em 1869, e adquirir importância como editor do popularíssimo Camilo Castelo Branco (do qual publicou trinta títulos em quinze anos)" (Laurence Hallewell, *O Livro No Brasil: Sua História*, 2. ed. rev. e ampl., São Paulo, Edusp, 2005, p. 263).

14. *Idem, ibidem.*

15. Camilo Castelo Branco, "Literatura Brasileira", *Noites de Insônia: Oferecidas a Quem não Pode Dormir*, Porto, Braga, Livraria Internacional de Ernesto Chardron e Eugenio Chardron, n. 4, abr. 1874, pp. 50 e 52 (Biblioteca de Algibeira).

da casa no Brasil. No livro de viagem *Portugal d'Agora* (1911), João do Rio descreve esse último movimento:

> [...] os Lello, a multiplicar negócios, ou vieram ao Brasil, ou tomaram informações práticas, no desejo de aumentar ou defender interesses. Para a concorrência sensível, a concorrência localizada, era necessário o estreitamento de relações. Há uns cinco ou seis anos começaram a remessa de livros aos jornais, com dedicatórias dos autores. Depois deu-se o meio de facilitar edições aos brasileiros, tratados com uma gentileza enternecedora pela imprensa. [...] Foram os Lello, de Porto, que puseram em moda em Portugal o Brasil mental[16].

O destaque maior de João do Rio recai sobre a iniciativa dos Lello em editar, ou antes reeditar, "o grande Coelho Neto", bem como Sílvio Romero. Por meio desse gesto, teriam causado a impressão de um "arrancar de cortinas", revelando o Brasil aos portugueses. "Portugal teve a sensação de que via uma literatura, e é indizível o êxito alcançado por esse livro magistral *O Sertão*"[17]. De fato, o caráter pitoresco e a prosa ornamental dessa coletânea de contos do prosador maranhense, o primeiro volume de Coelho Neto editado pela Lello & Irmão ainda em 1903, chamaram a atenção de parte da crítica portuguesa, como se verá em seguida.

Apesar do mérito da iniciativa dos Lello, João do Rio ressaltava que, ao reduzirem nossa literatura a três ou quatro escritores capitais, os agentes do livro em Portugal ainda mostravam pouco do Brasil. Segundo o cronista, tal limitação decorreria, sobretudo, do fato de os editores portugueses desconhe-

---

16. João do Rio, *Portugal d'Agora*, Rio de Janeiro, Garnier, 1911, p. 249. Em seguida, em registro mais escancaradamente encomiástico, o cronista brasileiro põe-se a louvar a figura dos irmãos à frente da casa editorial em questão, bem como o templo de livros por eles construído: "Esses Lello são duas criaturas encantadoras. Bons, meigos, honrados à antiga portuguesa, têm o precioso respeito, a veneração pelo talento. Quando tiveram suficiente dinheiro, reformaram as oficinas de impressão à moderna e resolveram construir a sede geral da livraria na rua das Carmelitas, à maneira de um templo manuelino. Nesse tempo do espírito há nichos com os santos da casa, e os santos são Herculano, Eça e o grande Camilo. É um preito de emoção estética. Qual editor capaz de fazer tal coisa? E o fato é que se está bem nesse centro de edições, no aluvião dos livros, no movimento da venda, vendo entre as estantes, na nave da livraria, esculpidas em madeira, as fisionomias dos grandes escritores da língua portuguesa" (*idem*, pp. 249-250).

17. *Idem*, p. 250.

cerem os "escritores conhecidos, verdadeiramente conhecidos no Brasil"[18]. Essa falta de familiaridade, entretanto, não os impedia de editar obras de autores de pouca ressonância por aqui, pois não perderiam dinheiro com isso, considerando-se que a maioria dos donos de editoras lusos ou não pagaria direitos aos autores, ou cobraria para lançar os trabalhos de escritores de além-mar. Mesmo os grandes artistas portugueses não seriam muito bem remunerados por eles, fato justificado pelos editores lusos da seguinte maneira: "Mas aqui não se leem livros. Não é possível dar mais porque teríamos prejuízo. O nosso grande mercado é o Brasil. No Brasil é que se lê! Pagar mais é ter prejuízo!". João do Rio não vislumbrava nenhuma sombra de lógica nessa afirmação, quer por saber da inexistência de voracidade de leitura do Brasil, quer por levar em conta o trabalho dos editores brasileiros, como Garnier e Francisco Alves, em suprir nosso parco mercado.

Em conformidade com os questionamentos de João do Rio às lamúrias dos editores portugueses, Hallewell pontua que, no início do século XX, Coelho Neto tinha mais leitores em Portugal do que no Brasil[19], num momento em que tal artista ainda desfrutava de capital simbólico por aqui, chegando a ser eleito, em 1928, "Príncipe dos Prosadores Brasileiros" pelo jornal carioca *O Malho*, apesar das críticas cada vez mais constantes, sobretudo de seus adversários modernistas[20]. Tratava-se de nosso primeiro homem de letras a conseguir real popularidade e expressiva publicação na terra de Camões. Por meio de levantamento pessoal realizado na Biblioteca Nacional de Portugal e na Academia Brasileira de Letras, bem como da retomada de obras dedicadas à bibliografia do autor maranhense[21], foram encontradas noventa edições de

---

18. *Idem, ibidem.*
19. Laurence Hallewell, *op. cit.*, p. 311. Este mesmo autor destaca que, a partir de 1907, Coelho Neto cedera à Lello & Irmão direitos exclusivos sobre suas obras. Todavia, além dessa casa portuguesa, novos títulos do escritor maranhense continuaram a ser publicados no Brasil por diferentes editoras, tais como Garnier, Francisco Alves, Companhia Editora Nacional, Leite Ribeiro e a baiana Livraria Catilina.
20. Cf. Marcos Antonio de Moraes, "Coelho Neto entre Modernistas", *Literatura e Sociedade*, n. 7, 2004, pp. 102-119. Mostra da blague modernista para com o passadista Coelho Neto pode ser encontrada no terceiro número da *Revista de Antropofagia*, no qual se propõe como prato da semana "o príncipe Coelho Neto", que deveria ser assado no espeto (Mario Graciotti, "Comidas", *Revista de Antropofagia*, ano 1, n. 3, jul. 1928).
21. Paulo Coelho Neto, *op. cit.*, e Paulo Coelho Neto & Neuza do Nascimento Kuhn, *Bibliografia de Coelho Netto*, Rio de Janeiro, INL, 1972.

obras de Coelho Neto publicadas no Porto pela Lello & Irmão, no intervalo entre 1903 e 1951. Desse total, 71 concentram-se entre os anos de 1910 e 1920. Apenas nessa última década, foram encontradas 53 edições de diferentes títulos da volumosa obra do escritor brasileiro[22].

Em 1923, isto é, no transcorrer da década de auge da publicação de Coelho Neto em Portugal, os irmãos Lello vêm ao Brasil e organizam um jantar em homenagem ao escritor. Na ocasião, Raul Lello declara que oferecia tal banquete "ao nosso mais fecundo e brilhante romancista", dizendo que a Livraria Chardron se mostrava orgulhosa de concorrer para popularizar por todo o império lusitano "a admirável obra do autor do *Jardim das Oliveiras*"[23]. Em seguida, o livreiro assinalava de modo enfático que

Coelho Neto era tido e havido além-mar como um escritor lusitano, tanto a língua comum encontrava em sua pena um instrumento capaz de falar profundamente à alma portuguesa. Fosse o escritor àquelas terras e logo veria como é ali querido, e a sofreguidão com que os seus livros são procurados[24].

Todavia, antes de passar a ser fartamente publicado pela Lello & Irmão, o nome de Coelho Neto já havia ressoado em Portugal nas páginas do semanário ilustrado *Branco e Negro*, que começara a ser publicado em 1896, sob a chancela da Livraria e Casa Editora António Maria Pereira. Nas páginas de tal periódico, Carlos Malheiro Dias tomava o romancista maranhense como um grande mestre: "a sua prosa de cinzelador tinha sido o traslado da minha prosa, e foi com os seus livros que eu sonhei o meu primeiro livro, cego pelo esplendor do seu incomparável estilo, rútilo, todo ouro e coral, de um

---

22. "Coelho Neto escreveu 120 volumes, mas se lhes adicionassem todas as crônicas e artigos diversos publicados nos jornais do país e do estrangeiro – aproximadamente oito mil – aquele número oscilaria entre 280 e trezentos. Suas improvisações, que orçavam por três mil, segundo cálculos do próprio escritor, dariam matéria para mais cem volumes contendo cada um trinta trabalhos. Ele deixou apenas 120 obras, quando poderia ter acumulado cerca de quatrocentas" (Paulo Coelho Neto, *Coelho Neto*, Rio de Janeiro, Zelito Valverde, 1942, p. 143). Para mais informações, especificamente sobre as obras de Coelho Neto publicadas em Portugal, ver a listagem de títulos do artista maranhense apresentada entre os anexos do presente trabalho.

23. "Como Coelho Neto Agradeceu a Fineza dos Irmãos Lello", *A Noite*, 29 maio 1923.

24. *Idem, ibidem.*

36 • GRACILIANO NA TERRA DE CAMÕES

sensualismo fácil a embriagar a minha mocidade"[25]. Em continuidade a seu maravilhamento de pupilo, o jovem Malheiro Dias não se furtava a colocar o autor de *Rei Fantasma* como, à exceção de Fialho de Almeida, o mais maravilhoso decorador do idioma, aquele que mais teria deixado sugestões em suas páginas e esbanjado imaginação em seus períodos[26].

Anteriormente, o semanário *Branco e Negro* já havia estampado um discurso da lavra de Coelho Neto em homenagem à literatura portuguesa. Esse texto, no qual o orador enaltece as figuras de Camilo, Herculano, Quental, Ramalho Ortigão e, sobretudo, Eça de Queiroz, vinha antecedido de uma laudatória apresentação feita pelos editores do periódico. Nela o artista maranhense figurava entre os expoentes da desconhecida nova geração de brilhantes prosadores brasileiros, "cheios de pitoresco e de magia"[27]. Mais especificamente, Coelho Neto era alçado à condição de "poeta da prosa", "o impressionista radioso de tantas páginas de singular encanto"[28].

De início, tendo em vista tal conceito de "pitoresco" associado a cenários tropicais ainda desconhecidos, a Lello & Irmão investe num volume de contos de Coelho Neto já editado primeiramente no Brasil. Trata-se de *Sertão*, publicado em 1896 pela Tipografia Leuzinger, instalada no Rio de Janeiro. Nessa obra, o prosador maranhense recolhe uma série de narrativas curtas de caráter regionalista, em que avulta o gosto pela expressão local e pelo sentimento do exótico. Ancorado nessa fórmula, do conjunto de livros do romancista brasileiro editado pela referida casa portuguesa, *Sertão* descreveu a mais expressiva trajetória de sucesso editorial em terras lusas: de 1903 a 1945 essa obra alcançou seis edições, duas delas nos anos 1920 (1921 e 1926).

Alguns anos depois do lançamento de *Sertão*, Maria Amália Vaz de Carvalho revelava sua surpresa diante da edição "esmerada e nítida" dessa obra realizada pela casa Chardron. Tratava-se de livro singular de um dos mais belos e vigorosos escritores do Brasil, que se destacava pelo poder evocador

---

25. Carlos Malheiro Dias, "Literatura Brasileira – Coelho Neto". *Branco e Negro: Semanário Ilustrado*, ano 1, vol. 2, n. 33, 15 nov. 1896, p. 98.
26. *Idem, ibidem.*
27. "Brinde de Coelho Neto à Literatura Brasileira", *Branco e Negro: Semanário Ilustrado*, ano 1, vol. 1, n. 26, 27 set. 1896, p. 7.
28. *Idem, ibidem.*

e pela energia sugestiva: "Li-o com prazer artístico que a prosa portuguesa, quando manejada com tão soberba maestria, sempre me dá. Mas as cenas, pela maior parte dolorosas, trágicas, até de um trágico *macabre*, impressionaram-me profundamente"[29]. Em especial, a intelectual portuguesa ressaltava o conto "Praga", que abre o volume:

> "A Praga" – que descreve a passagem da peste por uma dessas regiões em que vagueiam grandes manadas de gado, pastoreadas por vaqueiros de valentia selvagem e de alma negra de crimes, é um dos mais belos trechos descritivos que eu tenho lido em língua portuguesa. [...] E não é somente a Natureza que Coelho Neto sabe pintar como um estranho e vigoroso paisagista moderno, particularizando os detalhes, sem deixar de acentuar a grandeza do conjunto; ele sabe também pôr de pé, nesse fundo de colossal e esmagadora violência, os homens que lhe servem de natural complemento[30].

Um ano depois, Manoel de Sousa Pinto inclui no livro de viagem *Terra Moça* (1910) o relato de sua visita à casa de Coelho Neto. Antes de alcançar tal meta, o viageiro perambula por ruas, bares, cafés e livrarias do Rio de Janeiro, com o fito único de encontrar o autor das *Baladilhas*. Diante do insucesso dessa caçada espontânea, vale-se da ajuda de João Luso, então redator do *Jornal do Commercio*, para agendar um encontro com o romancista. Tamanho esforço transcendia a esfera da admiração pessoal, pois se fundava no propósito de satisfazer a curiosidade do leitor português a respeito do eminente artista brasileiro. Todavia, Sousa Pinto se recusa a sujeitar o "originalíssimo talento" de Coelho Neto à "banalidade de uma *interview*" e acaba por traçar uma espécie de perfil do prosador tão admirado no Brasil e em Portugal[31].

Manoel de Sousa Pinto não poupa palavras ao afirmar que as impressões mais fortes que recebera de toda a arte brasileira provieram de Coelho Neto. Entre outros aspectos, descreve o método de trabalho do romancista brasileiro, bem como a paixão deste pelo idioma, fato que corroborava o estreitamento dos laços com Portugal:

29. Maria Amália Vaz de Carvalho, "Brasileiros Ilustres", *No meu Cantinho*, Lisboa, Parceira A. M. Pereira, 1909, p. 219.
30. *Idem*, pp. 220-221.
31. Manoel de Sousa Pinto, *Terra Moça, Impressões Brasileiras*, Porto, Chardron, 1910, p. 277.

38 • GRACILIANO NA TERRA DE CAMÕES

Coelho Neto tem, entranhadamente, o culto, o amor, quase a superstição da palavra. Adora o termo como a mais bela das formas. [...] A língua portuguesa [...] é
como a sua amante, prediletamente eleita, a quem o artista se não cansa de ofertar, de
adornar de joias novas, de vocábulos virgens, de termos desenterrados, de palavras
sonoras como crótalos, luzentes como pedrarias ou suaves como bálsamos aromados.
É a sua deusa e é a sua musa[32].

Depois de listar uma série de produções de Coelho Neto, indica que tal
conjunto de volumes valia por si só como uma biblioteca: "É a obra de um
só, pedestal enorme e radioso de um nome que nunca a língua portuguesa,
que ele estremece e alinda, abandonará"[33]. Desse imenso catálogo, Manoel
de Sousa Pinto ressalta o livro de contos *Sertão*, no qual avulta o pitoresco
domesticado das paisagens do Brasil interior:

Poderão esses contos ferir à primeira vista uma sensibilidade inabituada, por um
sabor velho de enredo rebuscado, de notas acumuladas, que, para alguém ignorante
da vida outra que lá se faz, parecerão de uma oca falsidade ou de um macabro dado
com esforço, mas são trechos impetuosos, vibrantes, pletóricos, flagrantes de uma
observação rigorosa. Os seres que neles surgem, para europeus incompreensíveis e
estranhos, mulatos bêbedos e feiticeiros, homens rudes e maus, filhos puríssimos
dessa primitiva natureza, cálida, brutal, de uma bizarria extrema, de um diferente e
incalculável encanto, são os habitantes naturais, lógicos desse sertão, quase virgem,
indesbravado, vegetando numa miséria mental de antepassados remotos, rudimentares, quase apenas instintivos. [...] É preciso que o leitor se amolde a pensar que está
diante de uma paisagem inédita, feita para inéditos seres, e, só então, avaliará o valor
desse artista original, inédito também, em cuja pena há arte para erguer a seus olhos,
com tal poder, a mais poderosa, variada e ignorada das naturezas[34].

Manoel de Sousa Pinto destaca como o prosador maranhense sabia conciliar a prosa ornamental, de orientação lusitana, com a suposta "observação
rigorosa" de espaços selvagens e de seres "incompreensíveis e estranhos" para
um europeu. Em resumo, pontua a articulação de dois vetores que estariam na

32. *Idem*, p. 279.
33. *Idem*, p. 299.
34. *Idem*, pp. 305-306.

base da aceitação do escritor em Portugal: o exotismo dos assuntos em conformidade com a variante lusitana do português. Tratava-se da apresentação de um mundo novo e desconhecido, vazado, entretanto, em linguagem familiar.

Por outro lado, essa mesma combinação de fatores, vista, por sua vez, em chave crítica, estaria na base da recusa ao autor que começara a ser semeada por aqui antes mesmo do modernismo. José Veríssimo assinalava a inverossimilhança do sertão apresentado por Coelho Neto, ao mesmo tempo que repudiava o repertório linguístico lusitano mobilizado pelo artista: "Sendo um escritor pitoresco, o Sr. Coelho Neto, como se dos livros tirasse as linhas e tintas com que descreve as nossas coisas, as pinta com palavras, expressões e toda a tecnologia de Portugal, donde resulta, por exemplo, a absoluta infidelidade dos seus quadros brasileiros"[35]. Em resumo, o prosador maranhense se mostraria mais compreensível e atraente para o público português do que para o brasileiro, algo aparentemente percebido e explorado pela Lello & Irmão.

E mesmo a alegada inverossimilhança das paisagens e homens pintados por Coelho Neto não se configurava, aos olhos de Portugal, como um aparente problema nas primeiras décadas do século XX. Em 1911, João do Rio sinalizava que, em terras lusitanas, o Brasil ainda teria qualquer coisa de lendário, uma vez que os relatos sobre o nosso país eram feitos comumente por portugueses que haviam vindo para cá "fazer a vida" e depois regressavam, em geral endinheirados, à sua pátria de origem. "Se narram, narram como os antigos viajantes, para fantasiar", como se o Brasil fosse um país "onde ao pé de uma árvore de ouro, havia enganadoramente amarela a febre atroz, que mata em poucas horas"[36].

---

35. José Veríssimo, *Últimos Estudos de Literatura Brasileira. 7ª Série*, Belo Horizonte, Itatiaia; São Paulo, Edusp, 1979, pp. 232-233. "As restrições feitas por Veríssimo à obra de Coelho Neto iniciam o processo de deslegitimação literária deste escritor muito antes de Mário de Andrade colocar na berlinda o legado dos nossos poetas parnasianos" (Marcos Aparecido Lopes, *No Purgatório da Crítica: Coelho Neto e o Seu Lugar na História da Literatura Brasileira*, Dissertação (Mestrado em Teoria Literária), Campinas, SP, Universidade Estadual de Campinas, 1997, p. 16). Por outro lado, convém assinalar que, pouco depois do lançamento de *Sertão*, Machado de Assis, em crônica estampada na *Gazeta de Notícias*, em 14 de fevereiro de 1897, exaltava o "colorido vigoroso" do livro: "Coelho Neto ama o sertão, como já amou o Oriente, e tem na palheta as cores próprias – de cada paisagem. Possui o senso da vida exterior. Dá-nos a floresta, com os seus rumores e silêncios, com os seus bichos e rios, e pinta-nos um caboclo que, por menos que os olhos estejam acostumados a ele, reconhecerão que é um caboclo" (Machado de Assis, *A Semana*. 3 vols., Rio de Janeiro, W. M. Jackson, vol. 3, 1957, p. 414, *Obras Completas de Machado de Assis*).

36. João do Rio, *op. cit.*, p. 245.

40 • GRACILIANO NA TERRA DE CAMÕES

Para além dessa questão da verossimilhança da produção coelhonetiana, o celebrado Fialho de Almeida, já no final de sua vida, não deixa de assinalar a entrada do artista brasileiro, com o *Sertão*, na plêiade dos escritores primaciais e triunfantes. Refere-se não propriamente ao Brasil, onde o escritor maranhense já gozava da "glória tranquila, segura, feita em artigos de jornal, peças e livros", mas à difusão da obra dele em Portugal. Todavia, deixa de lado a análise da obra do autor das *Baladilhas* para se referir ao fato singular de Coelho Neto sobreviver da própria pena:

Coelho Neto é *avis rara* que, segundo me dizem, tem conseguido viver de produção literária, estenografada na língua portuguesa. Facto tão estranho, que em Portugal mal pode ser compreendido, visto a literatura entre nós não ter valor negociável, e ser para meia dúzia uma forma de ostracismo, e um pretexto de *faineantise* para o resto. Ignoro como o Brasil remunera os seus homens de letras: é certo que alguns aí vivem do que escrevem [...][37].

Manoel de Sousa Pinto, em referência tão somente ao Brasil, também tocava nesse ponto ao destacar que Coelho Neto teria sido o primeiro a ter o inaudito "arrojo de arvorar em profissão a carreira das letras"[38]. Porém, na medida em que passava a depender da pena para sobreviver, a porção da obra do escritor brasileira feita por encomenda teria resultado "variada, desigual, defeituosa talvez, aqui ou além, mas nunca banal, nunca desprezível, nunca aleijada". Assim como Camilo Castelo Branco, de quem a fecundidade o aproximava, Coelho Neto se via obrigado a produzir "forçadamente obras apressadas, que o escritor não queria fazer. É o doloroso suplício da esgotante profissão: esse das páginas obrigatórias"[39].

Apesar de apontar certo desnível qualitativo em meio à produção abundante de Coelho Neto, Sousa Pinto não deixa de atrelar tais derrapagens ao fato de o artista trabalhar sob demanda, fator que o obrigaria a produzir "forçadamente obras apressadas" como meio de subsistência. Nesse sentido, nada

37. Fialho de Almeida, *"Barbear, Pentear" – Jornal d'um Vagabundo*, Lisboa, Livraria Clássica Editora, 1911, pp. 161-162.
38. Manoel de Sousa Pinto, *op. cit.*, p. 300.
39. *Idem*, p. 302.

da erosão do capital simbólico de Coelho Neto, algo que, como já se disse, começa a se realizar por aqui muito antes do furor modernista, ou mesmo da aguerrida postura de Lima Barreto, que, em 1911, reduzia a literatura do autor de *A Capital Federal* à produção de frivolidades para leitoras ociosas: "Não posso compreender que a literatura consista no culto do dicionário; não posso compreender que ela se resuma em elucidações mais ou menos felizes dos estados d'alma das meninas de Botafogo ou Petrópolis"[40]. Alguns anos depois, a postura crítica do romancista de *Recordações do Escrivão Isaías Caminha* evolui para o ataque pessoal à figura do escritor maranhense, referido como o "sujeito mais nefasto que tem aparecido em nosso meio intelectual"[41].

Ainda por aqui, na década de 1910, não apenas o iconoclasta Lima Barreto, mas os conservadores Jackson de Figueiredo e Tristão de Athayde (Alceu Amoroso Lima) desferiram duros golpes no autor das *Baladilhas*. O primeiro pontuava que "Coelho Neto pelo excesso de produtividade não tem cuidado, como merecera, a sua obra. Não tem mesmo qualidades superiores de romancista. É um artista brilhante, esquisito, um apaixonado da palavra, da linguagem rara, mas não tem igualdade, não é seguro de si mesmo"[42]. Já o segundo tachava Coelho Neto como "o menos humano de nossos escritores. Literatiza tudo que toca. Para ele só há imagens, comparações, música de palavras, colorido de frases"[43].

Em Portugal, por outro lado, Coelho Neto continuou a desfrutar de uma acolhida modesta, mas extremamente favorável. E, para além da referência a contos e romances do escritor, destaque ainda para suas peças de teatro. Desde que iniciaram a empreitada de editar a vasta produção do prosador brasileiro, os irmãos Lello publicaram um conjunto de seis volumes dedicados a coligir a porção da obra do artista maranhense voltada ao teatro. Em abril de 1927, o jornal *A Noite* dava conta do triunfo obtido por Coelho Neto em terras portuguesas com a representação da comédia em três atos *Quebranto*, que co-

---

40. Lima Barreto, "Qualquer Coisa", *A Estação Teatral*, 24 jun. 1911, em *Impressões de Leitura*, São Paulo, Brasiliense, 1956, p. 261.

41. Lima Barreto, "Histrião ou Literato?", *Revista Contemporânea*, 15 fev. 1918, em *Impressões de Leitura*, São Paulo, Brasiliense, 1956, p. 189.

42. Jackson de Figueiredo, *Xavier Marques – Ensaio*, 2. ed., Rio de Janeiro, *Revista dos Tribunaes*, 1916, p. 99.

43. Alceu Amoroso Lima, "Coelho Netto", *Estudos Literários*, 2 vols., Rio de Janeiro, Aguilar, 1966, vol. 1, p. 79.

42 • GRACILIANO NA TERRA DE CAMÕES

locava em cena diferentes aspectos da sociedade carioca da época, bem como o contraste entre a urbe estrangeirada e o pitoresco amazônico (na figura do senhor Fortuna, caboclo nortista endinheirado que se casaria com a jovem e interesseira Dora)[44]. Lisboa teria aplaudido vitoriosamente o espetáculo:

> Com o triunfo de Coelho Neto na cena portuguesa, abre-se, talvez, uma fase de os nossos dramaturgos fazer-se conhecer lá fora, e colhendo os louros que as suas peças certamente alcançariam? O êxito de *Quebranto* é uma via florida, aberta às mais douradas miragens. Por que não segui-la?
>
> Os jornais de Lisboa chegados às nossas mãos tecem os maiores elogios e mais rasgados elogios à obra de Coelho Neto. Todos são unânimes no valor, no equilíbrio, na beleza da peça – talvez das mais encantadoras do mestre[45].

A repercussão do nome de Coelho Neto em Portugal continuou a frutificar no ano seguinte. Em 18 de agosto de 1928, na primeira página do *Diário de Lisboa*, João de Barros dá notícia da elevação do romancista brasileiro à condição de "Príncipe dos Prosadores de sua terra". Segundo o brasilianista, diante de tal homenagem, não haveria português sincero que a ela não devesse se associar, pois "tão nobremente Coelho Neto cultivou a nossa língua, tanto esplendor novo lhe trouxe, tão dedicado é às letras e ao pensamento lusitano, e até se quiserem, porque uma parte importante da sua obra foi editada no Porto, pela livraria Lello..."[46]. Em referência a esse mesmo evento de consagração literária do escritor maranhense, Raul Martins assinalava, nas páginas de *O Comércio do Porto*, que "quando um homem, no final de toda uma existência laboriosa, de esgotante, exaustivo esforço chega aos cimos refulgentes da glória e da consideração pública – esse homem deve merecer o nosso respeito e a nossa veneração"[47].

---

44. Trata-se de peça escrita para ser apresentada pela primeira vez em 1908, quando da comemoração do centenário da abertura dos portos por Dom João VI. O texto, que conta a história frustrada do casamento por interesse entre a jovem Dora e o velho e rico Fortuna, consta do volume *Quebranto: Comédia em Três Atos Escrita Expressamente para a Companhia do Teatro da Exposição Nacional; e o Sainete Nuvem*, Porto, Livraria Chardron, 1908, cf. Maria Terezinha dos Santos, "A Estrutura Teatral de *Quebranto* de Coelho Neto", *Revista de Letras*, vol. 17, 1975, pp. 255-269.

45. "O Teatro de Coelho Neto em Portugal", *A Noite*, 29 abr. 1927, p. 8.

46. João de Barros, "Coelho Neto", *Diário de Lisboa*, 18 ago. 1928, p. 1.

47. Raul Martins, "O Principado das Letras Brasileiras. Uma Vida de Intenso Trabalho Mental. Como Eu Vi Coelho Neto, Escritor e Homem", *O Comércio do Porto*, 1 jul. 1928.

ANTES DA CHEGADA DO ROMANCE DE 1930... • 43

Quando da morte de Coelho Neto, em 1934, vários jornais lusos dão notícia do falecimento do escritor, destacando que se tratava de uma perda não só para o Brasil, mas também para toda a arte escrita em língua portuguesa:

Com a morte do eminente prosador Coelho Neto, não são, apenas, as letras brasileiras que ficam de luto. É a literatura portuguesa que perde um dos seus mais fecundos e brilhantes cultores, e é a intelectualidade sul-americana que fica privada duma das suas figuras de maior prestígio.

Se o Brasil deplora, neste momento, a morte do escritor excelso que justamente consagrou como príncipe dos seus prosadores, Portugal sente com a mesma mágoa esse passamento.

Portugal perde em Coelho Neto um mestre do idioma de sonoro timbre, que foi um dia levado para as terras de Santa Cruz pelos mareantes das caravelas. A América perde um artista de rara sutileza e poder evocativo, um narrador prodigioso, que conhecia, como ninguém, o âmago da alma brasileira, devassado no seu peregrinar, de norte a sul do vasto território[48].

E, mesmo após a morte de Coelho Neto, o nome desse escritor ainda se impunha quando o assunto era a repercussão da literatura brasileira em terras lusitanas. Segundo Mário de Andrade, antes da atuação marcante do brasilianista José Osório de Oliveira nossa produção literária não existiria em Portugal. "Havia quando muito algum literato brasileiro, com Coelho Neto por chefe de fila"[49]. Em 1944, o próprio José Osório de Oliveira, em edição de uma seleta de contos do romancista maranhense publicada no livro *Elogio de Coelho Neto*, de João Neves da Fontoura (trata-se da edição portuguesa do discurso de posse desse diplomata na Academia Brasileira de Letras; ele tinha assumido a cadeira que pertencera a Coelho Neto), salientava que "poucos autores brasileiros são tão conhecidos em Portugal como Coelho Neto"[50], além de pontuar que seria uma honra lusitana o fato de a maior parte da obra

---

48. "A Morte de Coelho Neto", *O Comércio do Porto*, 1 dez. 1934.

49. Mário de Andrade, *Vida Literária*. São Paulo, Edusp; Hucitec, 1993, p. 245. O crítico paulista destacava, sobretudo, a obra *História Breve da Literatura Brasileira*, de José Osório de Oliveira, publicada em 1939.

50. José Osório de Oliveira, "Nota Sucinta", em João Neves da Fontoura, *Elogio de Coelho Neto, com uma Antologia dos Seus Contos*, Lisboa, Edições Ultramar, 1944, p. 161.

do autor de *Sertão* ter sido publicada pela portuense Lello, ainda responsável pela edição das obras do escritor. Ou seja, essa imagem perdurava, por mais que a literatura brasileira já tivesse se expandido e diversificado em Portugal, muito em função, como se verá, da atuação obstinada e constante de José Osório de Oliveira.

# Capítulo 2

# A Divulgação do Moderno Romance Brasileiro em Portugal: O Trabalho de José Osório de Oliveira entre os Anos 1930 e 1950

José Osório de Oliveira (Setúbal, 1900 – Lisboa, 1964) foi poeta, crítico literário, ficcionista e ensaísta[1]. Destacou-se, sobretudo, como ativo defensor da produção literária realizada pelas então colônias portuguesas na África, bem como trabalhou ativamente para a aproximação entre Portugal e Brasil, escrevendo artigos, proferindo conferências, publicando livros, organizando antologias de autores brasileiros e participando de publicações dedicadas ao intercâmbio cultural entre Brasil e Portugal. Segundo Mário de Andrade, em crônica publicada no *Diário de Notícias*, em agosto de 1940, José Osório de Oliveira foi "o primeiro intelectual português a conceber nossa literatura como uma entidade unida e independente, um corpo lógico tradicional em movimento evolutivo, e não apenas como um florilégio de escritores que se sucediam esporadicamente, apenas vivos pelo acaso da maior ou menor inteligência que possuíam"[2]. E ainda diz Mário que teria sido José Osório de

---

1. O intelectual João de Barros, o poeta Ribeiro Couto e tantos outros trabalharam para o intercâmbio literário entre Brasil e Portugal na primeira metade do século xx. Todavia, nenhum deles construiu laços tão estreitos com a geração de poetas e romancistas que começou a aflorar no Brasil a partir do modernismo de 1922 e se consolidou com o romance de 1930 quanto José Osório de Oliveira. Em função disso, metonimicamente, o presente trabalho se centrará no exame do importante papel exercido por tal homem de letras no período histórico a que se restringe esta investigação.

2. Mário de Andrade, *Vida Literária*, São Paulo, Edusp, 1993, p. 242.

Oliveira o lançador de um mito em Portugal, "a literatura brasileira", e por meio de seu intenso trabalho enquanto crítico teria conseguido transformar tal mito em realidade.

Tal crítico literário luso, que enfatizava a autonomia e o "talento romanesco peculiar" manifestado pelos artistas brasileiros da primeira metade do século xx, era filho da escritora portuguesa Ana de Castro Osório e do poeta Paulino de Oliveira, que também foi cônsul português em São Paulo entre 1911 e 1914. Em decorrência das funções diplomáticas exercidas por seu pai, Osório de Oliveira veio pela primeira vez ao Brasil com dez anos de idade, permanecendo aqui por dois anos, que segundo ele teriam sido o "tempo necessário para vibrar como uma criança brasileira"[3]. Em razão desse período em "íntimo contato com a alma do Brasil", mostrou-se desde então um ser dividido entre sua terra natal, Portugal, e o país que o acolhera na infância. Em *Psicologia de Portugal*, Osório de Oliveira dizia: "Não posso deixar de ser português, mas quero ser, também, um pouco brasileiro"[4].

Depois de tal período no Brasil, volta a Portugal e ingressa no jornalismo. Em 1919, com vinte anos, é nomeado 2º Contador da Auditoria Fiscal de Moçambique, fixando-se em Lourenço Marques. Osório de Oliveira descreve tal atitude como seu "exílio voluntário em África", para se libertar "duma existência estéril de literato de café"[5]. Em 1922, envolve-se numa frustrada tentativa de golpe militar levada a cabo por setores afeitos ao sidonismo. Depois de ficar meio ano preso, parte novamente para o Brasil, mais precisamente para o Rio de Janeiro, com o objetivo de gerenciar a livraria de sua mãe, Ana de Castro Osório[6]. Nesse momento, visita a casa de Mário de Andrade na rua Lopes Chaves em São Paulo, participando de reuniões dos modernistas pau-

---

3. Em *Geografia Literária* (1931), o crítico português ressalta sua convivência, desde a infância, com livros brasileiros. Sublinha inúmeras obras que teriam feito parte de sua educação sentimental: *A Escrava Isaura*, de Bernardo Guimarães; *A Moreninha*, de Macedo; *Inocência*, de Taunay; *Ubirajara*, *Iracema* e *O Guarani*, de Alencar. Confere destaque ainda a produções de Aluísio Azevedo, Machado de Assis e Euclides da Cunha.

4. José Osório de Oliveira, *Psicologia de Portugal*, Lisboa, Edições "Descobrimento", 1934, p. 83.

5. José Osório de Oliveira, *Geografia Literária*, Coimbra, Imprensa da Universidade, 1931, p. 162.

6. Arnaldo Saraiva, *Modernismo Brasileiro e Modernismo Português: Subsídios para o Seu Estudo e para a História das Suas Relações*, Campinas, SP, Editora da Unicamp, 2004, p. 86.

listas[7]. A partir daí, passou a ser considerado um pioneiro na compreensão e divulgação em Portugal da literatura brasileira moderna[8].

O autor continua seus deslocamentos entre Portugal, Brasil e o continente africano. Em 1926, a serviço do Ministério das Colônias, parte para Cabo Verde. Em 1933, realiza nova visita ao Brasil, agora acompanhado da esposa, a cantora e escritora Raquel Bastos. Estreita ainda mais os laços com os novos escritores brasileiros, sobretudo com Mário de Andrade, com quem troca livros, cartas e cartões-postais de maneira constante até o início dos anos 1940[9]. No Arquivo Mário de Andrade no IEB, na correspondência passiva do autor de *Macunaíma*, há mais de trinta missivas de José Osório de Oliveira.

## A LITERATURA BRASILEIRA E O REGIONALISMO

José Osório de Oliveira tratou pela primeira vez da literatura brasileira em livro, em 1931, numa obra intitulada *Geografia Literária*. Nesse volume, fugindo do historicismo do século XIX, o crítico procura se fiar na geografia, mais especificamente na diversidade geográfica das literaturas de língua portuguesa, uma vez que o livro reúne ensaios que versam sobre Portugal, Brasil e os países que compunham o império português na África. Sem desconsiderar as particularidades nacionais, reivindica a precedência da cultura e da língua portuguesa na estruturação dos modos de pensar e sentir da ex-colônia americana e das atuais colônias africanas. Em livres aproximações, todos os espaços são vistos como integrantes da mesma família, cujo pai seria Portugal.

No texto "A Literatura Brasileira Contemporânea", contido na referida obra, Osório de Oliveira procura enfocar, sobretudo, autores brasileiros que se destacaram nas duas primeiras décadas do século XX, antes da ebulição do modernismo de 1922. Nesse momento, o contato com Mário de Andrade ainda não se faz sentir em sua produção crítica. Osório de Oliveira coloca-se

---

7. Arnaldo Saraiva, "Carta-dedicatória Inédita de Mário de Andrade a José Osório de Oliveira", *Colóquio/Letras*, n. 33, set. 1976, p. 62.

8. Leila Vilas-Boas Gouvêa, *Cecília em Portugal*, São Paulo, Iluminuras, 2001, p. 38.

9. Marcos Antonio de Moraes, "Imagens de Portugal e do Brasil", *Colóquio/Letras*, n. 149/150, jul. 1998, pp. 377-383.

na esteira de Tristão de Athayde, ao dividir a literatura brasileira em dois vetores fundamentais: Machado de Assis e Euclides da Cunha. O primeiro seria marcado pela ironia, moderação e aticismo, e o segundo, pelo vigor, pelo desconcerto, o colorido e a imaginação. Entre os contemporâneos descendentes de Machado estariam Lima Barreto e Afrânio Peixoto. Entre os herdeiros de Euclides da Cunha, inclui Alberto Rangel, Gilberto Amado, Monteiro Lobato e todo um conjunto de autores tipicamente regionalistas das primeiras décadas do século xx, hoje praticamente desconhecidos. Destaque para Alcides Maya, no Rio Grande do Sul; Godofredo Rangel, em Minas Gerais; Hugo de Carvalho Ramos, em Goiás; Xavier Marques, na Bahia; Mario Sette, em Pernambuco; Carlos D. Fernandes, na Paraíba; e Gustavo Barroso, no Ceará.

Para Osório de Oliveira, tais escritores enquadrados na vertente euclidiana da literatura brasileira privilegiavam coisas, pessoas e fatos pertencentes a seus Estados, e por meio da obra deles seria possível esboçar uma espécie de geografia literária do Brasil[10]. Por outro lado, segundo o crítico português, tal busca pela especificidade regional acabava redundando no privilégio para particularidades linguísticas locais, o que dificultava o diálogo entre as várias partes da nação.

Em *Espelho do Brasil*, obra de 1933, Osório de Oliveira torna a abordar a diversidade prismática do regionalismo que se expandia pela literatura brasileira. O crítico português enfatiza que não haveria uma obra romanesca contemporânea que pudesse representar o Brasil em sua totalidade. "Como definir ou englobar num livro um país que inspira obras como *Pussanga*, de Peregrino Júnior, *Oscarina*, de Marques Rebelo, e *Brás, Bexiga e Barra Funda*, de Antônio de Alcântara Machado?"[11] Conforme entende o autor, tais livros retratam paisagens, costumes, figuras e vocabulários tão diferentes que chegam a dar a impressão de pertencerem a diferentes literaturas. Conclui, portanto, que não haveria o romance do Brasil, mas romances do Brasil.

Segundo Osório de Oliveira, a heterogeneidade do ambiente brasileiro, em termos étnicos, geográficos e culturais, seria a razão para a floração da literatura regionalista, cujo maior expoente naquele momento era *A Bagaceira*,

---

10. José Osório de Oliveira, *Geografia Literária*, Coimbra, Imprensa da Universidade, 1931, p. 60.
11. José Osório de Oliveira, *Espelho do Brasil*, Lisboa, Empresa Nacional de Publicidade, 1933, pp. 17-18.

de José Américo de Almeida. Diz o crítico português: "Os vários Brasis são tão diferentes uns dos outros, que a obra literária que descreva os aspectos de uma região encontrará sempre interesse desperto e curiosidade acesa nas outras, pelo mesmo fenômeno de exotismo que se faz manifesto em todas as literaturas"[12]. Em certo sentido, considera que a literatura brasileira será sempre mais ou menos regional, o que não redundaria, necessariamente, em consequências negativas para a unidade nacional, tendo em vista a vigência de fatores espirituais de maior abrangência, como a religião, a noção de pátria, de tradição e a língua, que garantiriam a coesão do país. Percebe-se aqui o diálogo de José Osório de Oliveira com o pensamento de Gilberto Freyre, ao aproximar as noções de diversidade e unidade. Não por acaso, Osório de Oliveira foi um dos primeiros, senão o primeiro divulgador da obra do autor de *Casa-Grande & Senzala* em Portugal, ao publicar um artigo em que, tomando como base a perspectiva freyriana, reavaliava o contributo dos africanos na formação da nacionalidade brasileira, na revista *O Mundo Português*, dirigida por seu irmão João de Castro Osório, em abril de 1934[13].

Na obra *Psicologia de Portugal*, de 1934, ao procurar "definir o que o Brasil deve ser para os portugueses"[14], Osório de Oliveira tematiza a especificidade do modernismo paulista, cujas notas dominantes seriam o espírito crítico e o humorismo, vistos enquanto produtos da cultura e da civilização[15]. Afirma que a cultura paulista seria europeia, revelando-se, entretanto, intelectualmente mais perto de Paris do que de Lisboa. Argumenta que o europeísmo intelectual e o progresso material de São Paulo fariam com que o paulista estivesse em desacordo não só com Portugal, mas também com o resto do Brasil, sobretudo com o Norte, o que justificaria as rupturas linguísticas propostas pelos asseclas modernistas como meio de afirmação da nacionalidade impulsionada por São Paulo.

---

12. José Osório de Oliveira, *Psicologia de Portugal*, Lisboa, Edições "Descobrimento", 1934, p. 156.

13. Para Osório de Oliveira, a frase mais bela que já ouvira sobre os portugueses teria sido pronunciada por Gilberto Freyre: "[ele] dizia-me um dia que, depois de Cristo, ninguém tinha contribuído mais do que nós [os portugueses] para a fraternidade dos homens" (José Osório de Oliveira, *Espelho do Brasil*, p. 48).

14. Em sentido amplo, tal obra engloba ensaios que procuram dar conta da especificidade da conformação cultural e da psique social de Portugal, do Brasil e das antigas colônias africanas, como se o mesmo "espírito português" perpassasse os três territórios distintos.

15. José Osório de Oliveira, *Psicologia de Portugal*, p. 65.

50 • GRACILIANO NA TERRA DE CAMÕES

Com relação a esse último tópico, afirma que não haveria motivo para os modernos escritores brasileiros desarticularem a prosa, "de a libertar da sintaxe lusíada, de criar novos termos e novas locuções"[16]. Para o crítico, durante três séculos, desde o período colonial, o Brasil já era uma nação, sobretudo em função do desenvolvimento de sua literatura. Nesse sentido, considera que a independência política do país em 1822 teria sido apenas a confirmação de um processo que já estava se realizando em termos literários. Defende, portanto, que não seria necessário aos autores brasileiros libertarem-se dos clássicos portugueses, pois, caso o fizessem, estariam desprezando os próprios clássicos nacionais, mestres como Gonçalves Dias e Alencar, que teriam escrito num português de alto nível. Apesar da diversidade, considera que Brasil e Portugal estariam irmanados pela língua portuguesa: não seria lícito "fantasiar" diferenças entre os dois países irmãos. Em linhas gerais, percebe-se que, diante da constatação de que os lusitanos, cada vez mais, estariam "intelectual e moralmente, isolados do mundo"[17], o autor se arroga a missão de, por meio da literatura, aproximar seu país da nação brasileira.

Em suas análises, Osório de Oliveira lança mão de concepções sociológicas para situar os leitores portugueses no que diz respeito à conformação de certas especificidades que detectava na estrutura do meio literário brasileiro. Isso ocorre, por exemplo, ao tratar das diferenças entre a referida literatura cosmopolita de São Paulo e a literatura regionalista nortista. O crítico português considera que, enquanto o paulista (referência mais ampla ao brasileiro meridional) seria um tipo indefinido, renovado a todo instante por novas ondas de imigração, o nortista é tomado enquanto um tipo característico – "o sertanejo forte do aforismo euclidiano, o brasileiro puro do Brasil, encharcado de brasilidade"[18]. Entende que o afastamento das correntes europeias e a falta de desenvolvimento econômico teriam tornado a vida do Norte do país provinciana e, por isso, afeita à literatura regional, ao passo que em São Paulo predominaria a literatura irônica dos ultracivilizados modernistas.

16. *Idem*, p. 92.
17. *Idem*, p. 58.
18. *Idem*, pp. 68-69.

A maior iniciativa de Osório de Oliveira de divulgação da literatura brasileira em Portugal dá-se em 1939 com a publicação de sua *História Breve da Literatura Brasileira*, que, segundo Mário de Andrade, embora escrita para portugueses, parecia indispensável a qualquer brasileiro[19]. Gilberto Freyre trata o livro como a "primeira tentativa inteligente e desassombrada de interpretação do nosso desenvolvimento literário sob o moderno critério sociológico"[20]. No processo de historiar a literatura brasileira desde os primórdios da colonização portuguesa até o final da década de 1930, Osório de Oliveira torna a conferir destaque ao modernismo, em tom agora mais nitidamente favorável. Segundo o crítico português, o movimento modernista teria levado o Brasil à definitiva nacionalização de sua cultura, à aceitação de "tudo que é produto da terra e da formação nacional, de tudo quanto constitui a alma brasileira". Ao mesmo tempo, ele teria proporcionado a libertação do preconceito intelectualista europeu. Para Osório de Oliveira, "a ação do modernismo já deu o resultado necessário, libertando os brasileiros, ao mesmo tempo, do seu complexo de inferioridade e do seu bovarismo nacional. Fenômeno raro, esse da moderna literatura brasileira, em que a poesia abriu caminho ao romance"[21].

## O ROMANCE DE 1930

Como se percebe, Osório de Oliveira estabelece um elo entre o modernismo de 1922 e o romance de 1930, como se o primeiro, centrado em elementos estéticos, tivesse aberto as portas para o segundo, cujo enfoque teria uma roupagem mais ideológica, voltada para representação das particularidades regionais[22]. O crítico português fala da coragem moral da nova geração de

---

19. Mário de Andrade, *O Empalhador de Passarinho*, São Paulo, Martins, 1972, p. 165.
20. Gilberto Freyre, "Apêndice", em José Osório de Oliveira, *Aspectos do Romance Brasileiro: Conferência para um Público Português*, Lisboa, s. ed., 1943, p. 29.
21. José Osório de Oliveira, *História Breve da Literatura Brasileira*, Lisboa, Editorial "Inquérito", 1939, p. 113.
22. Ao que parece, o crítico português esboça tese semelhante à que seria desenvolvida e sistematizada nos anos 1970 por João Luiz Lafetá em *1930: A Crítica e Modernismo* (1974). Segundo este último, haveria continuidade entre o modernismo de 1922 e o romance de 1930: como se o primeiro, centrado em elementos estéticos, tivesse aberto as portas para o segundo, cujo enfoque teria uma roupagem mais ideológica. Em comum entre os dois momentos, a busca pelo "estilo da vida nacional".

Capa do livro *História Breve da Literatura Brasileira*, de José Osório de Oliveira, publicado pela lisboeta Editorial "Inquérito" em 1939.

romancistas brasileiros em conhecer a verdade, com destaque para os autores nordestinos: "É no Nordeste que surge essa geração, talvez por ser ali mais dolorosa a realidade, menos conhecida a terra, mais ingrato o clima, mais desiguais as condições de vida, mais intenso o drama humano"[23].

Aqui o realce recai sobre os principais escritores do romance de 1930, que, se por um lado recuperam certos elementos do protocolo naturalista novecentista (na tentativa de espelhar a realidade brasileira), por outro, partem em busca de um sentido poético e humano do real (o que acaba distanciando-os da frieza da prosa cientificista do século xix). Segundo Osório de Oliveira, tais artistas manifestavam a coragem moral de conhecer a verdade, incumbindo-se da missão de revelar o Brasil aos brasileiros. As referências não poderiam deixar de ser a José Lins do Rego, Amando Fontes, Rachel de Queiroz, Jorge Amado, Erico Verissimo e Graciliano Ramos. Sobre este último destaca: "Vieram os duros e ásperos romances de Graciliano Ramos, um dos quais, *Angústia*, particularmente se distingue pelo vigor e pela implacabilidade, embora S. *Bernardo* e *Vidas Secas* sejam, também, poderosas águas-fortes"[24].

Outra estratégia utilizada por Osório de Oliveira para aproximar a literatura brasileira da vida literária portuguesa dá-se por meio do estabelecimento de paralelos entre um e outro contexto cultural. Segundo ele, o processo de descida aos porões da realidade nacional empreendido pelos romancistas brasileiros de 1930 dificilmente poderia ser realizado, em Portugal, pelos escritores lusos. Em sua terra natal, não haveria identificação entre os romancistas e os homens do povo. Estes tratam aqueles com desconfiança, pois haveria irreconciliáveis diferenças linguísticas e sentimentais entre um e outro. Diz: "as classes e a cultura intelectual separam, na Europa, o romancista das criaturas humanas que constituem a massa da população"[25]. Segundo o autor, no Brasil, as classes ainda se encontrariam em processo de formação, o que

---

23. *Idem*, p. 115. Não por acaso, Gilberto Freyre destaca que Osório de Oliveira fora um dos intérpretes mais compreensivos e simpáticos que o movimento do Nordeste teria encontrado, pois tal crítico português reconhecera a especificidade da casa-grande de engenho, da casa de fazenda e do sobrado patriarcal como "o ponto de referência mais importante para a explicação e interpretação do desenvolvimento da cultura brasileira" (Gilberto Freyre, "Apêndice", em José Osório de Oliveira, *Aspectos do Romance Brasileiro: Conferência para um Público Português*, Lisboa, s. ed., 1943, p. 29).

24. *Idem*, p. 117.

25. *Idem*, p. 119.

54 • GRACILIANO NA TERRA DE CAMÕES

permitiria a comunicação efetiva entre o homem de letras e o restante da população. Ao passo que em Portugal a cultura intelectual se sobreporia à cultura social, no Brasil ocorreria o inverso.

Em 1943, em conferência dirigida ao público português, Osório de Oliveira se põe a tratar, exclusivamente, do romance brasileiro. Segundo ele, apesar dos recentes esforços de divulgação da literatura brasileira em Portugal, nenhum letrado português a conheceria, de fato, em sua abrangente totalidade. Contudo, argumenta que se tal horizonte literário se restringisse aos romances brasileiros contemporâneos, haveria meia dúzia de literatos lusitanos capazes de tratar dela com desenvoltura. E entre os novos romancistas brasileiros, destaque, quase exclusivo, para José Lins do Rego, Jorge Amado, Graciliano Ramos e Erico Verissimo, autores mais comumente citados em Portugal, o que mostrava, por outro lado, que eram desconhecidos, pela intelectualidade portuguesa, outros nomes votados por Osório: Mário de Andrade, Rachel de Queiroz e Cornélio Penna. Nesse sentido, questiona: "como falar sem injustiça, mesmo só da literatura contemporânea, quando se conhecem apenas os quatro romancistas que, em grande parte pelo seu valor, mas também em virtude das circunstâncias, conquistaram notoriedade em Portugal"?[26]

Observa-se, assim, que o autor sabe que um pequeno conjunto de escritores brasileiros, formado por Lins do Rego, Jorge Amado, Graciliano e Verissimo, já tinha reconhecimento em Portugal. Mas, insatisfeito, passa a argumentar em

---

26. José Osório de Oliveira, *Aspectos do Romance Brasileiro: Conferência para um Público Português*, Lisboa, s. ed., 1943, p. 13. No artigo "Adeus à Literatura Brasileira", publicado cerca de três anos antes, com o intuito de destacar a riqueza da produção literária nacional para além dos quatro romancistas conhecidos em Portugal, Osório de Oliveira esboça duas listas alternativas dos dez maiores romances brasileiros, nas quais não figura nenhuma obra de José Lins do Rego, Jorge Amado, Erico Verissimo e Graciliano Ramos. Primeira lista alternativa: "*Memórias de um Sargento de Milícias*; de Manuel Antônio de Almeida; *Memórias Póstumas de Brás Cubas*, de Machado de Assis; *O Ateneu*, de Raul Pompeia; *Luzia-Homem*, de Domingos Olympio; *O Esperado*, de Plínio Salgado; *A Bagaceira*, de José Américo de Almeida; *Os Corumbas*, de Amando Fontes; *Calunga*, de Jorge de Lima; *O Amanuense Belmiro*, de Cyro dos Anjos; e *Vovô Morungaba*, de Galeão Coutinho". Segunda lista alternativa: "*O Guarani*, de José de Alencar; *Inocência*, de Visconde de Taunay; *Quincas Borba*, de Machado de Assis; *A Conquista*, de Coelho Neto; *Recordações do Escrivão Isaías Caminha*, de Lima Barreto; *Amar, Verbo Intransitivo*, de Mário de Andrade; *O Quinze*, de Rachel de Queiroz; *Rua do Siriri*, de Amando Fontes; *Maleita*, de Lúcio Cardoso; e *Cabocla*, de Ribeiro Couto" (José Osório de Oliveira, "Adeus à Literatura Brasileira", *Diário de Lisboa*, 16 jun. 1940, p. 3).

favor da expansão da literatura brasileira contemporânea em terras portuguesas, promovendo outros nomes, além do quarteto anteriormente mencionado. Cita: *A Bagaceira*, de José Américo de Almeida; *Calunga*, de Jorge de Lima; *O Amanuense Belmiro*, de Cyro dos Anjos; *Rua do Siriri*, de Amando Fontes; *Maleita*, de Lúcio Cardoso, entre outros. Reivindica, inclusive, que se conheçam melhor os quatro escritores brasileiros de maior relevo em Portugal, apontando outros romances destes dignos de nota: *Banguê* e *Pureza*, de José Lins; *Mar Morto*, de Jorge Amado; *S. Bernardo* e *Vidas Secas*, de Graciliano; e *Música ao Longe, Caminhos Cruzados* e *Olhai os Lírios do Campo*, de Erico Verissimo.

Em linhas gerais, não deixa de exaltar o talento romanesco dos autores brasileiros daquele momento histórico específico, que procuravam realizar a sondagem de todas as zonas do país e de todas as camadas que compunham a vida nacional. Diz o crítico português: "O que não oferece dúvidas é que o brasileiro se mostrou particularmente dotado para esse gênero de criação intelectual, não digo já porque sejam excepcionais as obras que tem produzido, mas porque são numerosos os autores de romances com qualidades acima do comum"[27].

Por outro lado, o intelectual português ecoa alguns questionamentos ao romance de 1930 que, naquele momento histórico específico, ganhavam amplitude em diferentes setores da crítica brasileira, sobretudo entre os adeptos da literatura intimista[28]. Osório de Oliveira aponta o ideologismo (finalidade política, preocupação doutrinária ou vaga aspiração de justiça social) como elemento que estaria prejudicando a produção de certos artistas, principalmente dos nordestinos, na medida em que acabava por condicionar a psicologia das personagens, afetando a verossimilhança das obras. Paralelamente, reprova a

---

27. *Idem*, p. 15
28. Destaque para autores que procuraram consciente ou inconscientemente, "colocar tudo em função do drama humano, e que não se esqueceram nunca de que o romance é história de destinos, de casos individuais, não de regiões geográficas ou lutas sociais" (Octávio de Faria, "Mensagem Post-Modernista", *Lanterna Verde, Boletim da Sociedade Felipe d'Oliveira*, n. 4, nov. 1936, p. 65), entre eles Octávio de Faria, Lúcio Cardoso, Mário Peixoto, Barreto Filho, José Geraldo Vieira e Cornélio Penna. Ao privilegiar dramas interiores desse tipo, Faria e seus congêneres deixavam de lado a menção à cor local, às massas, às questões sociais e políticas (violência, alienação, miséria da vida sertaneja, luta ideológica), enfim, tudo aquilo que preconizavam os autores nordestinos. Para mais informações ver Thiago Mio Salla, "Graciliano Ramos *Versus* Octávio de Faria: o Confronto entre Autores 'Sociais' e 'Intimistas' nos Anos 1930", *Opiniães*, ano 2, n. 3, 2011, pp. 15-29.

febre de produzir, dirigindo-se contra José Lins do Rego e Jorge Amado. Este último teria repetido, em *Capitães da Areia*, cenas e figuras de *Jubiabá* e, em prol de certo romantismo revolucionário, perderia o controle da realidade retratada.

Diante de tais apontamentos críticos à produção, sobretudo, de romancistas nordestinos, Graciliano Ramos seria uma exceção. Depois de *Angústia*, ele publicou um único romance, *Vidas Secas*. "Se este livro não tem, porque não podia ter, a densidade psicológica dos anteriores, a arte da prosa é nele, talvez, mais perfeita, pois atinge a difícil sobriedade sem perder o vigor dramático"[29]. Em conformidade com a opinião da maioria dos críticos brasileiros, José Osório sublinha que a aspereza do escritor alagoano encontrou em tal obra o tema mais adequado, pois a forma do texto se alia perfeitamente ao desenho dos homens e animais do sertão acossados pela seca.

O trabalho de divulgação da literatura brasileira em Portugal realizado por José Osório de Oliveira consolida-se quando este se torna secretário de redação da *Atlântico: Revista Luso-Brasileira*, periódico coeditado pelo Secretariado da Propaganda Nacional, de Salazar, e pelo Departamento de Imprensa e Propaganda (DIP), de Getúlio Vargas, no âmbito do acordo cultural firmado entre os Estados Novos brasileiro e português em 1941[30]. Tal publicação, que circulou por cerca de seis anos, de 1942 a 1948, passa a dar generoso espaço aos novos autores brasileiros, tanto aos pouco conhecidos em Portugal como Mário de Andrade, quanto aos mais referidos pela intelectualidade lusitana: Graciliano Ramos chega a publicar três capítulos de *Infância* na revista. Paralelamente, Osório de Oliveira edita uma antologia de *Prosas Brasileiras* em que procura dar a conhecer ao público português a diversidade da produção contemporânea do Brasil, bem como a unidade desta mesma literatura no que diz respeito ao ímpeto de perscrutar a alma nacional.

---

29. *Idem*, p. 22.

30. Como se verá, trata-se do Acordo Cultural Luso-Brasileiro, assinado em 4 de setembro de 1941, no Palácio do Catete, no Rio de Janeiro, por António Ferro, diretor do Secretariado da Propaganda Nacional, de Portugal, e Lourival Fontes, diretor do Departamento de Imprensa e Propaganda, do Brasil. O texto do documento previa, em seu segundo artigo, a "criação de uma revista denominada *Atlântico*, mantida pelos dois organismos, com a colaboração de escritores e jornalistas portugueses e brasileiros" ("Acordo Cultural Luso-Brasileiro". *Atlântico: Revista Luso-Brasileira*, ano 1, n.1, 23 maio 1942, p. 180).

# Capítulo 3

## Invasão do Livro Brasileiro em Portugal

Em "A Revolução de 1930 e a Cultura", Antonio Candido assinala que todo o fervor e o florescimento cultural catalisados pelo movimento de Outubro repercutiram intensamente na indústria do livro brasileira. Tanto o formato, quanto o conteúdo das obras passaram por um processo de renovação e nacionalização, cujo resultado teria alçado nosso livro à condição de instrumento da "cultura mais viva do país". Se o dito romance de 1930 (em suas diferentes facetas) pôde se afirmar em termos literários, editorialmente se expandiu o trabalho inovador de Monteiro Lobato iniciado nos anos 1920, o qual se notabilizara pela preferência por autores brasileiros; pelo interesse por problemas da hora; pelo arrojo, a um só tempo, empresarial e intelectual de vender a preços acessíveis sem perder a qualidade; e por buscar para os livros "uma fisionomia material própria, diferente dos tradicionais padrões franceses e portugueses"[1]. Nessa toada, Lobato investiu em capas ilustradas e

---

1. Antonio Candido, "A Revolução de 1930 e a Cultura", em *Educação pela Noite*. 5. ed. revista pelo autor, Rio de Janeiro, Ouro sobre Azul, 2006, p. 232. Para tanto, além de montar uma oficina gráfica (com as primeiras componedoras monotipo de São Paulo), Lobato passou a importar o próprio papel, o que lhe permitiu fugir do impositivo formato francês (12 x 19 cm) e empregar o padrão (16,5 x 12 cm). Esse formato menor, aliado à redução de custos em grandes tiragens, abriu caminho para que ele reduzisse o preço de capa de seus livros e aumentasse a competitividade de seus produtos (Laurence Hallewell, *O Livro no Brasil: Sua História*, 2. ed. rev. e ampl., São Paulo, Edusp, 2005, pp. 327-329).

de cores berrantes, que se mostravam muito mais atrativas do que as capas tipográficas, em papel cinza ou amarelo, então predominantes. Paralelamente,
trabalhou por melhorar a aparência interna dos livros, mediante a importação de tipos novos e modernos e a contratação de artistas para exercerem o
papel de diagramadores[2].

Ao trilhar os caminhos que Lobato já havia explorado, a José Olympio,
entre outras destacadas editoras do período, investiu em jovens escritores nacionais (que além de autores atuavam como tradutores de títulos estrangeiros), bem como em jovens artistas que trouxeram, sobretudo para as capas e
ilustrações, conquistas e inovações estéticas antes confinadas a um público
restrito[3]. Tudo isso num contexto de queda acentuada do poder aquisitivo do
mil-réis, em decorrência da depressão mundial, que, a um só tempo, tornou
proibitivo o preço de livros importados e abriu caminho para a expansão sem
precedentes da indústria livreira no país. Em entrevista publicada em 1937 em
*O Observador Econômico e Financeiro*, apesar de algumas críticas ao setor,
José Olympio salientava o incremento da produção: "hoje já podemos lançar
edições de cinco a dez mil exemplares. Há dez anos isto seria uma utopia"[4].
Em referência especificamente ao estado de São Paulo, onde já se encontrava
o maior parque gráfico e centro editorial do país, Hallewell assinala que entre
1930 e 1936 a produção de livros cresceu mais de 600%[5].

O impacto do crescimento exponencial da produção de livros no Brasil
não se circunscreveu a nosso próprio país. No transcorrer da década de 1930,

---

2. Laurence Hallewell, *op. cit.*, p. 326. Além disso, entre outras importantes contribuições de Monteiro
Lobato para a indústria editorial brasileira, estaria o fato de ele ter detectado que um dos mais sérios
problemas enfrentados pelo livro no Brasil dizia respeito à escassez de pontos de venda. Assim, utilizou
a rede de distribuição da *Revista do Brasil*, por ele adquirida em dezembro de 1918, para ampliá-los. Em
seguida, escreveu para todos os agentes postais do país, solicitando nome e endereço de lugares que
pudessem estar interessados em vender livros. Por meio de tal iniciativa, criou uma teia de quase dois
mil distribuidores espalhados por todo o Brasil (*idem*, pp. 319-320).

3. Antonio Candido, "A Revolução de 1930 e a Cultura", p. 233.

4. "O Livro na Economia", *O Observador Econômico e Financeiro*, n. 16, 26 maio 1937, p. 28.

5. Laurence Hallewell, *op. cit.*, p. 422. Segundo Artur Neves, em retrato feito em 1942, São Paulo contava
com quatrocentos estabelecimentos tipográficos e era responsável pela impressão de 70% dos livros
brasileiros. Nesse momento, estimava-se que a produção anual do setor alcançava o patamar de oito
milhões de exemplares (Artur Neves, "A Indústria do Livro", *Observador Econômico e Financeiro*, n.
81, out. 1942, pp. 43-46).

*pari passu* com os esforços de divulgação de José Osório de Oliveira e de outros brasilianistas, o livro brasileiro expandiu-se pelo mercado português. Muito em função da queda na taxa de câmbio do mil-réis[6] e da maior oferta de títulos, excepcionalmente, o produto nacional passava a ser atrativo na antiga metrópole, o que favoreceu a divulgação não só dos escritores brasileiros, como também das traduções de autores estrangeiros, sobretudo de norte-americanos, feitas por aqui.

Conforme destaca Nuno Medeiros, tal momento, em meados dos anos 1930, coincide com o início do processo de inversão da influência tipográfica entre Brasil e Portugal, no qual este passa de exportador a importador de livros em seu comércio com aquele.

Nesta inversão, jogam-se tanto as alterações das posições ocupadas pelos dois países no quadro do comércio livreiro e editorial constitutivo de um mercado do livro lusófono de escala internacional (escala mais projetada e desejada do que real), quanto as correlativas posições simbólicas no contexto das primazias históricas no plano da influência cultural e literária. O processo põe a nu elementos estruturais que suportam os métodos de produção e comercialização do livro, para além das componentes ideológicas por meio das quais essa produção e comercialização são interpretadas[7].

Da parte dos homens do livro em Portugal, ainda apegados à ideia da dependência cultural da antiga metrópole, o Brasil figurava como um "mercado-recipiente" passivo, isto é, como um "subproduto da colonização cultural"[8]. Não por acaso, ante tal cosmovisão, os editores portugueses se colocavam no centro do intercâmbio editorial atlântico, autoimputando-se o papel de alimentar um público e um sistema livreiro já estabelecido entre os dois países.

Na medida em que, eivados de ranço colonialista, nutriam essa representação simbólica de seu lugar histórico nas trocas com o Brasil, os editores portugueses receberam com alarme a perda de seu maior e mais seguro mer-

---

6. Laurence Hallewell, *op. cit.*, p. 357. "Entre maio de 1930 e outubro de 1931, seu valor em escudos caiu de 2$40 para 1$50; agora os livros brasileiros deixavam de ser caros em Portugal e podiam facilmente concorrer com o produto local" (*idem, ibidem*).

7. Nuno Miguel Ribeiro de Medeiros, "Influência e Contrainfluência na Inversão do Poder Tipográfico entre Portugal e o Brasil: Narrativa e Atividade nos Editores Portugueses", *História*, vol. 30, n. 2, ago.-dez. 2011, p. 180.

8. *Idem, ibidem.*

cado, bem como, para agravar a situação, passaram a sofrer a concorrência do produto brasileiro em seu próprio território. Já em 1935, um editorial do lisboeta *Diário de Notícias* dava conta de que tal "invasão" decorreria da expansão, desenvolvimento e diversificação do parque gráfico brasileiro, que teria permitido ao país irmão realizar grandes tiragens:

> Enquanto nós, portugueses, alcançamos com dificuldades, e raramente, a casa dos quinze ou dezesseis mil exemplares nas nossas revistas e a casa dos cinco ou seis mil exemplares nos nossos livros, o editor brasileiro facilmente encontra mercado para os cem mil exemplares nas revistas e vinte mil nos livros[9].

Há aqui, evidentemente, apesar do referido incremento da produção nacional, um hiperdimensionamento da suposta pujança da indústria do livro brasileira. De todo modo, a competição com o Brasil passou a ser debatida entre as gentes do setor livreiro de Portugal. Em tal contexto, o semanário *Bandarra*, pertencente à Editorial Império, dava início a um inquérito intitulado "A Crise do Livro Português – Por que se Edita, por que Não se Edita e que se Edita". Entre os pontos discutidos estavam a falta de bons originais, a escassez de público, as medidas a serem tomadas para ganhar mercados e ampliar os ganhos e, obviamente, a concorrência do livro brasileiro. Sobre essa última questão o editor António Maria Pereira (responsável por lançar *Mensagem*, de Fernando Pessoa, em 1934) diagnosticava que, depois do livro francês, o livro brasileiro, com suas capas berrantes a tomar as vitrines das livrarias, era o mais procurado em Portugal, mas já dava sinal de algum arrefecimento:

> Apesar das aparências, engana-se. O nosso mercado já começa a saturar-se do livro brasileiro. No entanto, quer pela apresentação, quer pelos autores, inéditos em Portugal, que aparecem, e também pelo preço, o livro brasileiro tem muitos fatores que o favorecem. E isso, que à primeira vista representa um mal para nós, veio acordar-nos da modorra e fez melhorar a produção editorial portuguesa[10].

---

9. *Apud* Cláudia Maria dos Santos Álvaro, *Leituras de Autores Brasileiros nas Revistas Literárias Portuguesas dos Anos 30*, Dissertação (Mestrado), Faculdade de Ciências Sociais e Humanas da Universidade Nova de Lisboa, 1988, p. 110.

10. E. N., "A Crise do Livro Português – Por que se Edita, por que Não se Edita e que se Edita", *Bandarra – Semanário da Vida Portuguesa*, n. 3, 30 mar. 1935, p. 4.

Apesar do relato um tanto quanto esperançoso de António Maria Pereira, além de se defrontar com fatores exógenos (sobretudo, a expansão editorial brasileira), a indústria portuguesa padecia, entre outros aspectos, em decorrência do elevado preço e da baixa qualidade do papel, dos custos dos portes dos correios e dos anúncios feitos nos jornais e revistas, bem como das desfavoráveis taxas de câmbio nas vendas para a África e para o Brasil. Nessa mesma reportagem, José Afra, proprietário da Livraria Rodrigues e presidente da Associação de Classe dos Editores e Livreiros de Portugal, também se posiciona sobre a generosa acolhida do livro brasileiro em Portugal:

1º – Há um público português que deseja conhecer o livro brasileiro, ou antes, os autores nativos e estrangeiros editados no Brasil; 2º – A boa apresentação, o bom papel e o preço módico do livro facilitam a sua expansão; 3º – A indústria livreira no Brasil é protegida pelo governo; e 4º – Os editores brasileiros exportam mercadoria com a certeza de que esta lhes é paga, e a tempo[11].

Assim, reconhece que há uma demanda portuguesa pelo produto brasileiro, o qual apresentaria menor preço e maior qualidade gráfica. Entre outras vantagens dos editores brasileiros, Afra menciona ainda a certeza e a agilidade no pagamento dos produtos exportados, fato com que os portugueses não poderiam contar, por causa de costumeiros atrasos e congelamentos realizados pelo Banco Central brasileiro[12]. Mesmo diante desse cenário desfavorável, Artur Brandão, da Livraria Bertrand, vê a concorrência como algo salutar:

Também se vende bem, e, embora estabeleça concorrência com o nosso, não nos pode absorver. Não tenho esse receio. O que os editores devem é melhorar as suas edições e trabalhar em vários setores da produção literária, exigindo aos autores maior diversidade de assuntos, publicar boas traduções, enfim, competir com o país irmão…[13].

---

11. *Idem*, pp. 4 e 7.
12. Nuno Miguel Ribeiro de Medeiros, "Influência e Contrainfluência na Inversão do Poder Tipográfico entre Portugal e o Brasil: Narrativa e Atividade nos Editores Portugueses", *História*, vol. 30, n. 2, ago.--dez. 2011, p. 182.
13. *Idem*, p. 7.

Em continuação ao inquérito de *Bandarra*, depõe o editor da Casa Guimarães & Cia. Editores, responsável pela edição, naquela altura, de uma das maiores coleções de autores nacionais e estrangeiros lançada em Portugal, a coleção Horas de Leitura. Apesar de reconhecer as vantagens então desfrutadas pelo "país irmão", vê tal cenário com um olhar de superioridade, rebaixando a qualidade editorial e literária dos produtos brasileiros:

O livro brasileiro veio fazer descer um pouco a nossa venda, mas não se vende mais que o português. No entanto, rouba-nos muitos leitores. Bem vê: a grandeza das tiragens; a proteção de que o livro goza no Brasil, enquanto o nosso é onerado com grandes portes de correio, tudo isso concorre para a expansão de livros em terras de língua portuguesa. O Brasil produz mais do que consome... mas que quer que lhe diga: as edições más, com raras exceções, e a linguagem, então, nem falar nisso. Não temos receio[14].

João de Sousa Fonseca, um dos sócios da Editorial Enciclopédia, diverge de Guimarães quanto à qualidade gráfica do livro brasileiro, apesar de concordar com seu colega quanto à superioridade imaterial das produções portuguesas:

Quanto aos motivos de consumo do livro brasileiro são simples: o livro é muito mais bem apresentado que o português. O papel *buffon* ou bíblia, as capas em *offset*; nos livros baratos ótimo trabalho de rotativa, tudo isso contribui para a excelência do livro brasileiro e sua vantagem sobre o português. O nosso defende-se pela excelência da parte escrita; bons originais e boas traduções. As traduções brasileiras, em geral, são detestáveis. Mas se chegam a ser boas, e já muitas vezes o são, deixará de se editar em Portugal...[15].

Mais do que lamentar a invasão do mercado português, Sousa Fonseca lastimava a perda da ascendência lusa sobre o mercado brasileiro do livro. A causa dessa inversão mesclaria fatores externos e internos: ao passo que, no

---

14. E. N., "A Crise do Livro Português – Por que se Edita, por que Não se Edita e que se Edita", *Bandarra – Semanário da Vida Portuguesa*, n. 4, 6 abr. 1935.

15. E. N., "A Crise do Livro Português – Por que se Edita, por que Não se Edita e que se Edita", *Bandarra – Semanário da Vida Portuguesa*, n. 5, 13 abr. 1935.

Brasil, conseguiam-se "papéis ótimos e até isenções de direito para todas as máquinas gráficas modernas", em Portugal não se encontrava "bom papel por não o haver nacional e a pauta ser proibitiva para o estrangeiro...". Dessa maneira, ficava, praticamente, "vedada a importação de máquinas, sob o pretexto de que vêm aumentar o desemprego dos tipógrafos e causar a ruína dos industriais já estabelecidos"[16].

Dois anos depois do inquérito de *Bandarra*, o periódico neorrealista *O Diabo* ainda ecoava o alarme dos livreiros lusos em decorrência da "manifesta inferioridade do livro português em face do livro brasileiro"[17]. "Queixam-se – e com carradas de razão – dos portes, que são esmagadores e não permitem uma eficaz concorrência com o livro de lá. E propõem – ainda com razão – uma igualdade de tarifas postais que permitisse ao livreiro português invadir o mercado brasileiro"[18]. Todavia, *O Diabo* não deixava de atribuir tal quadro crítico também ao comportamento dos próprios editores portugueses:

[...] uma das razões por que o livro brasileiro se está vendendo melhor entre nós não é tanto o seu agradável aspecto gráfico e o seu preço, como ainda e, sobretudo, o seu interesse cultural. Isso é que os nossos livreiros ainda não viram nem compreenderam. Lancem boas edições de divulgação, resumos dos atuais problemas que inquietam o mundo, boas traduções dos grandes livros antigos e modernos, a preços populares, e verão que a fazenda se vende bem, por corresponder a um atual gosto ou preocupação da clientela[19].

De modo análogo, João de Barros prefere examinar tal questão pelo prisma do "interesse cultural" que norteava a produção editorial brasileira e era gerado por ela. No livro *Palavras ao Brasil* (1936), em oração proferida na Academia Brasileira de Letras, ele se referiu à larga divulgação que nossos livros alcançavam em Portugal naquele momento em que, por sua vez, cresciam de modo expressivo as traduções de obras estrangeiras feitas por aqui[20].

16. *Idem, ibidem.*
17. "O Livro Brasileiro", *O Diabo*, n. 121, 18 out. 1936, p. 1 [Ecos da Semana].
18. *Idem, ibidem.*
19. *Idem, ibidem.*
20. João de Barros, *Palavras ao Brasil: Discursos*, Rio de Janeiro, A Noite S.A. Editora, 1936, pp. 33-51.

Segundo o brasilianista, agora em entrevista estampada em *O Diabo*, tais traduções decorreriam da "febre de cultura" que então campeava no Brasil. E, como resultado desse processo de alargamento intelectual materializado na expansão do livro, autores lusos como Ferreira de Castro e Aquilino Ribeiro estavam sendo reeditados em solo brasileiro.

Se os editores portugueses deixaram perder o mercado do Brasil, isso é com eles. Tenhamos, porém, a certeza de que há no Brasil uma grande curiosidade e um vivo interesse pelas coisas portuguesas. É justo que Portugal corresponda com profunda admiração, pela força criadora que o Brasil contém em potência e pelo ímpeto de mocidade dos seus intelectuais mais significativos[21].

Ainda em *O Diabo*, Julião Quintinha chega a falar em "triunfo brasileiro no mercado português", como se os agentes do livro em Portugal tivessem perdido a batalha editorial em seu próprio território. Para ele, tal fato decorreria tanto dos méritos materiais e imateriais do produto brasileiro quanto do esgotamento do conteúdo e da apresentação gráfica dos volumes passíveis de serem ofertados pelos editores lusos.

[...] é curioso notar que, enquanto rareiam os bons livros de autores portugueses e as traduções portuguesas de bons autores estrangeiros, o mercado português está totalmente repleto de edições brasileiras, não só de modernos e antigos autores brasileiros, mas de bons e maus autores editados no Brasil. [...] Hoje, em qualquer pequena livraria das nossas províncias, ilhas e colónias, não faltam pilhas de edições brasileiras, com suas capas vistosas, fazendo esmagadora concorrência ao livro português[22].

Na produção editorial brasileira dos anos 1930, José Olympio, juntamente com Santa Rosa, foi quem investiu mais intensamente nas capas "vistosas" mencionadas por Quintinha[23]. Conforme lembra Antonio Candido, a mancha colorida com desenho central em branco e preto marcou tal período

---

21. "Diálogo de João de Barros com *O Diabo*", *O Diabo*, n. 127, 29 nov. 1936, p. 1.
22. Julião Quintanilha, "O Significado do Triunfo Brasileiro no Mercado Português", *O Diabo*, n. 136, 31 jan. 1937, p. 7.
23. Fernando Paixão (coord.), *Momentos do Livro no Brasil*, São Paulo, Ática, 1996, p. 118.

"como símbolo de renovação incorporada ao gosto público"[24]. O emprego de capas chamativas e ilustrações também pautou outra importante editora do período: a Globo do Rio Grande do Sul[25]. Essa casa editorial, que contava em seu *staff* com Erico Verissimo[26], notabilizou-se ainda pelas traduções de livros estrangeiros tão comentadas pelos editores lusos[27]. Se, entre 1925 e 1930, traduzira 48 obras de ficção, entre 1931 e 1937, esse número subiu para 213 títulos[28]. Em meio a suas inúmeras coleções[29], a Globo lançou edições em português dos mais expressivos escritores do período, entre os quais se destacam Aldous Huxley, John Steinbeck, Sinclair Lewis, Virginia Woolf, Thomas Mann, Willian Faulkner.

Mais especificamente, sobretudo no transcorrer da Segunda Guerra Mundial, a proliferação de edições brasileiras de autores norte-americanos da chamada *Lost Generation* deveu-se ao "estancamento das tradicionais fontes de fornecimento de livros importados", como Paris, Leipzig e outros polos

---

24. Antonio Candido, "A Revolução de 1930 e a Cultura", p. 234.

25. A preocupação com a apresentação visual dos produtos impressos faz-se presente desde a primeira fase da Editora Globo (1918-1930), quando a casa já contava com os trabalhos do experiente desenhista alemão Karl Ernst Zeuner, contratado para chefiar o Departamento de Desenho, coisa inédita para a época (Sônia Maria de Amorim, *Em Busca do Tempo Perdido – Edição de Literatura Traduzida pela Editora Globo (1930-1950)*, São Paulo, Edusp; Com-Arte; Editora da UFRS, 1999, p. 34, Memória Editorial, vol. 2).

26. Erico Verissimo passa a fazer parte da equipe da Globo em 1931, como diretor da *Revista do Globo*. Pouco depois, torna-se conselheiro literário e auxiliar de Henrique Bertaso, então diretor do departamento comercial da editora. Nesse cargo, o autor de *Clarissa* cuida de uma série de atividades: organização de programas e coleções; seleção de obras a serem traduzidas; recrutamento de tradutores, supervisão do trabalho de tradução; planejamento gráfico-editorial; orientação e supervisão do processo de criação das capas; definição dos títulos em português; e lançamento do livro (Sônia Maria de Amorim. *op. cit.*, pp. 45-46).

27. Convém assinalar que, durante o período em questão, títulos traduzidos de autores estrangeiros marcaram os catálogos de outras editoras brasileiras. José Olympio, famoso pelas edições de Jorge Amado, Graciliano Ramos, Gilberto Freyre, Murilo Mendes e tantos outros, obtém enorme êxito comercial, em 1939, com *A Cidadela*, de A. J. Cronin, então um grande sucesso internacional (Sônia Maria de Amorim, *op. cit.* pp. 64-65).

28. Elisabeth Rochadel Torresini, *Editora Globo – Uma Aventura Editorial nos Anos 30 e 40*, São Paulo, Edusp; Com-Arte; Porto Alegre, Editora da UFRGS, 1999, p. 79 (Memória Editorial, vol. 1).

29. Entre elas, a coleção Amarela, composta de novelas policiais, de crime, mistério e aventura; a coleção Verde, voltada para senhoras e senhoritas; a coleção Nobel, com obras de autores célebres da literatura universal contemporânea; e a coleção Universo, "mais rico filão da editora, cujo principal nome é Karl May" (Elisabeth Rochadel Torresini, *op. cit.*, p. 70).

66 • GRACILIANO NA TERRA DE CAMÕES

editoriais europeus severamente afetados pelo conflito[30]. Um observador distante, mas atento à vida cultural brasileira, como o crítico norte-americano Samuel Putnam, ao realizar o balanço da atividade literária no Brasil no ano de 1940, assinalava o incremento dos livros traduzidos, num contexto de crescente interesse pela cultura e literatura dos Estados Unidos:

> A coisa mais impressionante sobre a bibliografia literária brasileira de 1940, tal como este editor a vê, não é o lugar ocupado por obras originais, mas o número e a especificidade dos livros oriundos de outros países que, durante o ano, foram trazidos aos leitores brasileiros por meio de traduções. Um mero olhar para a lista de obras traduzidas revela a surpreendente gama de interesses que os editores do Rio de Janeiro, Porto Alegre e São Paulo, presumivelmente refletindo o gosto de seus clientes, estão exibindo ao editarem obras de escritores estrangeiros[31].

Segundo o português radicado na capital fluminense António Amorim, diretor da Sociedade Luso-Africana do Rio de Janeiro[32], as traduções feitas no Brasil seriam, a princípio, "detestáveis, vergonhosas e do que de mais reles se poderia imaginar, muito embora as apadrinhassem, por vezes, nomes consagrados"[33]. Tal cenário, entretanto, teria mudado, depois de os editores ouvirem as reclamações dos leitores e passarem a confiar o trabalho a autênticos escritores, entre os quais estavam Jaime Cortesão, Manuel Bandeira, Marques Rebelo, Monteiro Lobato, Ribeiro Couto, Lúcia Miguel Pereira.

---

30. Alice Mitika Koshiyama, *Monteiro Lobato: Intelectual, Empresário, Editor*, São Paulo, Edusp; Com-Arte, 2006, p. 177 (Coleção Memória Editorial, vol. 4).

31. Samuel Putnam, "Brazilian Literature", *Handbook of Latin American Studies: 1940- n. 6*, Cambridge, Massachusetts, Harvard University Press, 1941, p. 374 (tradução minha).

32. Conforme José Osório de Oliveira, António Amorim fora "um generoso português que no Brasil tem feito milagres para conseguir estreitar as relações dos escritores brasileiros com os confrades de Portugal" (José Osório de Oliveira, "A Literatura Brasileira", *Diário de Lisboa*, 24 dez. 1940, p. 19). Casais Monteiro, em entrevista a Castro Soromenho, também destaca a atuação de tal agente de aproximação cultural entre Portugal e Brasil: "E o meu amigo sabe muito bem o que se deve à atividade de António Amorim, na Sociedade Luso-Africana do Rio de Janeiro, para a difusão da nossa literatura de hoje no Brasil" (Castro Soromenho, "Política do Atlântico – Carlos Queiroz, Casais Monteiro, Gaspar Simões e Forjaz Trigueiros perante o Brasil Literário", *Vida Mundial Ilustrada*, 4 dez. 1941, p. 3). Nesse mesmo texto, Gaspar Simões também ressalta a importância de Amorim em sua iniciação no intercâmbio literário luso-brasileiro (*idem, ibidem*).

33. António Amorim, "As Traduções Brasileiras", *O Diabo*, n. 127, 29 nov. 1936.

Em face disto, por conseguinte, as traduções não mais foram vistas de soslaio e a hostilidade latente para com elas metamorfoseou-se numa simpatia calorosa e envolvente. É preciso, pois, que em Portugal aconteça quanto antes o mesmo, que se mude formalmente de opinião a respeito das traduções brasileiras, que se lhes dê o apreço que merecem e se reconheça o benemérito serviço que elas podem e hão de prestar à cultura popular dos dois povos[34].

Nesse movimento, o jornalista louva o espírito empreendedor e a missão cultural dos editores brasileiros e lamenta, por outro lado, a mentalidade tacanha dos homens do livro lusos, concluindo que os leitores portugueses deveriam consolar-se e louvar, sem reservas nem invejas impotentes, o esforço alheio.

Ainda nas páginas do periódico neorrealista *O Diabo*, Mário Dionísio, um dos intelectuais que mais corroboraram a discussão e a divulgação da moderna literatura brasileira em Portugal, respondia asperamente àqueles que o criticavam por dar mais atenção a Jorge Amado, José Lins do Rego e afins em detrimento da produção de autores portugueses:

Apesar de tais juízos mais ou menos apressados nos interessarem pouco, mesmo muito pouco, queremos aproveitar a ocasião para explicar aos nossos leitores que não temos culpa nenhuma de que o número de edições portuguesas que vem parar em nossa secretária seja cada vez menor e de que suceda justamente o contrário com as brasileiras. Desejaríamos muito que a atividade literária portuguesa nos absorvesse muito mais, quase por completo. Porém, para que uma atividade nos absorva mais ou quase por completo é indispensável, antes de tudo, que essa atividade exista[35].

Mais do que consolar-se diante de tal panorama desalentador, cresce o movimento que reivindica a participação do governo português no estímulo à indústria do livro e no diálogo com o "país irmão". Em chave mais ampla, ao final da década de 1930, o periódico *Ocidente* salienta que a questão do intercâmbio editorial entre Portugal e Brasil deveria ser examinada em "sentido luso-brasileiro", deixando-se de lado interesses particulares e o ranço de se considerar o tema como simples caso de arbitragem comercial.

---

34. *Idem, ibidem.*
35. Mário Dionísio, "*O Homem que Fica*", *O Diabo*, n. 239, 22 abr. 1939, p. 2.

O problema [...] tem de ser posto como problema nacional em cada um dos países e como acordo internacional entre ambos. [...] As falhas são as mesmas dum e doutro lado e só organismos oficializados, não editores, poderão estabelecer por meio das Câmaras de Compensação o indispensável serviço de informações, permutas e propaganda dentro do elevado espírito de intercâmbio cultural que, servindo a todos os autores, editores e leitores, não serve especialmente a este ou àquele[36].

Não por acaso, o Acordo Cultural instituído entre os Estados Novos de Getúlio e Salazar em 1941 incluía em seu escopo o comércio livreiro entre os dois países. Insatisfações e cobranças provinham de aquém e de além-mar. Se, por um lado, continuava o reclamo dos editores portugueses ante a perda do mercado brasileiro[37], por outro, decaía a força de nosso produto em Portugal, sobretudo, em função do corte de preços realizado pelos editores lusos, da perda de vantagens cambiais e do fato de o Portugal de Salazar não ser um grande consumidor de livros, ainda que estes apresentassem um preço atrativo[38].

36. "O Problema do Livro", *Ocidente*, vol. 4, n. 11, mar. 1939, p. 525.
37. No decurso dos anos 1940, em inquérito abrangente estampado pela revista *Seara Nova*, Irene Lisboa recolhe depoimentos de uma série de editores lusitanos que dão conta da crescente preocupação do setor com o declínio da presença do livro português no Brasil. Lobo Vilela, diretor da Editorial Gleba, desabafava: "É constrangedor ver como o livro português está quase banido do Brasil, sobretudo o livro moderno, e como o livro brasileiro se tem espalhado em Portugal!" [Irene Lisboa, *Inquérito ao Livro em Portugal*, Lisboa, Seara Nova, 1944, p. 41 (vol. I, Editores e Livreiros), *apud* Nuno Ribeiro de Medeiros, "Influência e Contrainfluência na Inversão do Poder Tipográfico entre Portugal e o Brasil: Narrativa e Atividade nos Editores Portugueses", *História*, vol. 30, n. 2, ago.-dez. 2011, p. 186]. Por seu turno, Arménio Amado, editor conimbricense e sócio fundador da Coimbra Editora, afirmava de modo pesaroso: "Já lá vai o tempo em que as nossas livrarias expediam tudo quanto tinham em armazém para o Brasil! Até os livros de verso sem possível consumo... E por lá se gastavam! Porém, hoje os processos de comerciar têm de ser outros. Há cinquenta anos invadíamos nós o mercado brasileiro com os nossos livros, hoje voltou-se o feitiço contra o feiticeiro. [...] Hoje as oficinas tipográficas brasileiras são notáveis. E notáveis as suas casas editoras! Este país está magnificamente apetrechado para nos bater e até nos esquecer: quanto à sua indústria, à expansão do livro, à seleção e tradução deste etc." (Irene Lisboa, *op. cit.*, p. 100, *apud* Nuno Ribeiro de Medeiros, "Influência e Contrainfluência...", p. 187).
38. Laurence Hallewell, *op. cit.*, pp. 358-359.

Capítulo 4

# Acordo Cultural entre Brasil e Portugal e a Política Atlântica

Usualmente, quando se consideram as relações internacionais brasileiras durante o Estado Novo (1937-1945), costuma-se ressaltar o pragmático jogo de interesses conduzido por Getúlio Vargas, que ora sinalizava aproximar-se do governo alemão, ora dava demonstrações de apoio aos Estados Unidos até se posicionar ao lado deste último, em meio à conjuntura geopolítica da Segunda Guerra Mundial[1]. Todavia, nesse mesmo período, observa-se um processo de estreitamento das relações entre Brasil e Portugal, que culmina na assinatura do Acordo Cultural de 1941, firmado entre os Estados Novos de Getúlio Vargas e Oliveira Salazar.

Ao se examinar o panorama das relações entre Brasil e Portugal no âmbito da cultura, desde os anos 1930, nota-se uma série de iniciativas movidas de um lado e do outro, apesar dos desencontros, visando ao estreitamento de laços:

O Acordo Ortográfico de 1931; a inauguração do Instituto Luso-Brasileiro de Alta Cultura, em 1934; a visita de Júlio Cayolla, agente geral das colônias, ao Brasil, em 1937; a participação do Brasil nas comemorações centenárias de 1940; a criação da Sala do Brasil, em 1937, na Faculdade de Letras da Universidade de Coimbra, trans-

---

1. Boris Fausto, *História do Brasil*, São Paulo, Edusp, 2003, pp. 379-382.

70 • GRACILIANO NA TERRA DE CAMÕES

formada em 1941 em Instituto de Estudos Brasileiros; a Embaixada extraordinária de Portugal, no Rio de Janeiro, em 1941[2].

Ponto de chegada desse processo, o Acordo Cultural de 1941, assinado em 4 de setembro de tal ano, no Palácio do Catete, tinha como objetivo promover "uma íntima colaboração cultural entre Portugal e Brasil"[3]. Do ponto de vista ideológico, o pacto em questão tinha como base aquilo que se convencionou chamar de "Política Atlântica" de aproximação luso-brasileira, cuja base se encontrava na estratégia salazarista de recuperação de um passado mítico, associado, sobretudo, às grandes navegações, e à consequente "descoberta" do Brasil, fato este utilizado, por sua vez, como meio de exaltar os feitos heroicos da nação portuguesa. Ao mesmo tempo, já com os olhos no presente, a elevação da grandeza da pátria brasileira independente apresentava-se, em chave genealógica, como a viva confirmação do suposto caráter fecundo da colonização lusa[4]. A partir do encontro produtivo desses dois nacionalismos propunha-se uma espécie de panlusitanismo, isto é, um mundo e uma cultura lusíada, de caráter supranacional e espiritual, formado por Portugal, pelo Brasil e pelas colônias portuguesas na África e na Ásia[5].

Existem duas noções de pátria: a pátria lar que se contém nos limites de suas fronteiras naturais ou artificiais, e a pátria flutuante da raça, difícil, por vezes, de localizar porque se estende por vários mares e continentes. Brasil e Portugal são duas Pátrias inconfundíveis, Pátrias irmãs sem dúvida, com aquele ar de família que não se engana, com profundas afinidades, o mesmo subsolo espiritual, mas cada uma com

---

2. Maria Bernardete Ramos, "A Intimidade Luso-Brasileira – Nacionalismo e Racialismo", em Maria Bernardete Ramos, Élio Serpa & Heloísa Paulo (orgs.), *O Beijo Através do Atlântico. O Lugar do Brasil no Panlusitanismo*, Chapecó, SC, Argos, 2001, p. 383.

3. "Documentos – Acordo Cultural Luso-Brasileiro", *Atlântico: Revista Luso-Brasileira*, n. 1, 23 maio 1942, p. 180.

4. "Se a História da expansão portuguesa no mundo pode e deve considerar-se como herança indivisa de portugueses e brasileiros, a própria história do Brasil independente deve ser, para os portugueses, como que o capítulo de uma história mais vasta, a história do Mundo Lusíada, que a todos os homens de cultura e de língua portuguesa pertence e deve interessar" (José Osório de Oliveira, "Notas – Mundo Lusíada", *Atlântico: Revista Luso-Brasileira*, n. 1, 23 maio 1942, p. 172).

5. Uma definição sintética de tal noção pode ser encontrada em José Osório de Oliveira, *Na Minha Qualidade de Luso-Brasileiro (Elementos para a História das Relações Literárias entre Brasil e Portugal)*, Lisboa, s. ed., 1948, pp. 19-20.

seu feitio, com suas particularidades. Mas onde se poderia situar a Pátria da Raça comum, a Pátria das duas Pátrias? Resposta fácil. A Pátria das nossas Pátrias, brasileiros e portugueses, é o Atlântico, maravilhoso pomar que o Infante e os seus continuadores semearam de caravelas, cujo mais belo fruto foi o Brasil, palavra sumarenta e luminosa, canto de pássaro ou de fonte[6].

De modo geral, essa ideia de uma nação extraterritorial lusa ou "pátria atlântica flutuante" fundamentava-se menos na geografia (embora o oceano Atlântico figurasse como laço de união) e mais na comunhão de uma mesma matriz lusíada (cultura). Mais especificamente, ancorava-se na herança do passado compartilhado entre uma e outra nação, bem como na noção de uma raça e língua comuns. A princípio, subjaz a tal estratégia de construção de uma comunidade fraterna entre Brasil e Portugal a tentativa de este manter influência cultural sobre aquele, algo que viria desde o século XIX, mesmo com a independência brasileira[7]. Apesar desse precedente, o fortalecimento dos laços entre nosso país e sua antiga metrópole teria se efetivado, de fato, apenas depois da ascensão de Getúlio Vargas ao poder nos anos 1930, tendo em vista as afinidades entre o nacionalismo autoritário, antiliberal, intervencionista e centralizador dos Estados Novos de lá e de cá (apesar das especificidades de cada um)[8].

Nessa proposta de comunhão luso-brasileira se podem escutar ecos das ideias freyrianas que ressoavam em Portugal desde o lançamento de *Casa-Grande & Senzala* (1933)[9]. Nessa obra múltipla, além de valorizar os elementos negro e mestiço, seu autor reforça, em chave conservadora, a plasticidade social, a apetência pela miscigenação e o suposto caráter democrático da colonização portuguesa. Tais orientações formavam a base do conceito de

---

6. António Ferro, *Estados Unidos da Saudade*, Lisboa, Edições SNI, 1949, p. 35.

7. Eliana Freitas Dutra, "Laços Fraternos: A Construção Imaginária de uma Comunidade Cultural Luso-Brasileira no *Almanaque de Lembranças*", *Revista do Arquivo Público Mineiro*, vol. 1, 2005, p. 116.

8. Lúcia Maria Paschoal Guimarães, "Nos Subterrâneos das Relações Luso-Brasileiras, Dois Estudos de Caso: O Sucesso da (Re)inauguração da Sala do Brasil, na Universidade de Coimbra (1937) e o Fracasso do Congresso Luso-Brasileiro de História (1940)", em Lúcia Maria Paschoal Guimarães (org.), *Afinidades Atlânticas: Impasses, Quimeras e Confluências nas Relações Luso-Brasileiras*, Rio de Janeiro, Quartet, 2009, p. 136.

9. Cabe a José Osório de Oliveira a primeira menção a esta obra em Portugal. Em abril de 1934, na revista *Mundo Português*, o brasilianista publica o artigo "O Negro. Contribuição Brasileira para o seu Estudo".

72 • GRACILIANO NA TERRA DE CAMÕES

"luso-tropicalismo", cujo segundo momento de maturação na trajetória intelectual de Freyre se encontra nas conferências ministradas por ele na Europa em 1937, as quais, depois de revistas pelo escritor, são reeditadas sob o título *O Mundo que o Português Criou* (1940)[10]. Nesse volume, Freyre alarga sua pesquisa para além da relação Brasil e Portugal, tendo em vista que estes dois países somados às colônias lusitanas na África e na Ásia formariam "uma unidade de sentimentos e de cultura"[11], cuja matriz fundadora e aglutinadora estaria no povo português[12]. Segundo o sociólogo, o "mundo português" apresentaria um caráter transnacional que excederia as "fronteiras simplesmente políticas para se firmar em muralhas de cultura viva"[13]. E caberia aos homens de letras trabalhar em prol da união dessa "grande federação moderna de cultura":

A favor dessa unidade de cultura creio que devemos trabalhar todos os escritores de Portugal, do Brasil, da África e da Índia Portuguesa; dos Açores, da Madeira, de Cabo-Verde. Escritores, artistas, estudiosos de problemas sociais, pesquisadores do passado. Todos os que acima das regiões – realidades tão vivas – e das próprias pátrias políticas, sentimos que há um todo, um complexo social maior – se posso dizê-lo assim –, quase um complexo dos complexos, que pede uma língua quanto possível

10. Cláudia Castelo, *O Modo Português de Estar no Mundo. O Luso-Tropicalismo e a Ideologia Colonial Portuguesa*, Porto, Edições Afrontamento, 1998, p. 33. Segundo essa autora, o conceito de "luso-tropicalismo" foi formalmente explicitado por Gilberto Freyre apenas nos anos 1950, nas conferências "Uma Cultura Moderna: a Luso-Tropical" (Instituto Vasco da Gama, Goa, nov. 1951) e "Em Torno de um Conceito de Tropicalismo" (Universidade de Coimbra, jan. 1952), as quais foram recolhidas na obra *Um Brasileiro em Terras Portuguesas* (Rio de Janeiro, José Olympio, 1953). A referida formulação, portanto, data apenas do período pós-Segunda Guerra Mundial. Nesse momento, ganha força o discurso em favor da autodeterminação e independência dos povos colonizados, o que, por sua vez, abre caminho para a aceitação, em termos políticos, das teses de Freyre pelo Estado Novo salazarista (até então a influência das postulações freyrianas restringiam-se mais ao âmbito da cultura) (Cláudia Castelo, *op. cit.*, p. 138). Sobre até que ponto teria chegado o culturalismo de Freyre na justificação e na aceitação de todo um complexo sociocultural marcado pela violência e pela exclusão, destaca Antonio Candido, em 1945: "Suas últimas obras descambam para o mais lamentável sentimentalismo social e histórico; para o conservadorismo e o tradicionalismo. Enamorado de seu ciclo social luso-brasileiro, é levado a arquitetar um mundo próprio, em que se combine o progresso e com a aceitação dos traços anteriores característicos" (Antonio Candido, "Depoimento de Antonio Candido de Mello e Souza", em Mário Neme (org.), *Plataforma da Nova Geração*, Porto Alegre, Livraria do Globo, 1945, p. 39).

11. Gilberto Freyre, *O Mundo que o Português Criou*, Rio de Janeiro, José Olympio, 1940, p. 42.

12. Cláudia Castelo, *op. cit.*, p. 33.

13. Gilberto Freyre, *O Mundo que o Português Criou*, p. 50.

comum. Mas uma língua comum que não sacrifique a um ideal absurdamente filípico de uniformidade as diversidades regionais e as espontaneidades populares, nem as queira abafar sob seu critério de pureza[14].

Em chave cultural, essa proposta de panlusitanização, celebrada e disciplinada pelo Acordo de 1941, não entraria em choque com o trabalho de afirmação nacionalista levado a cabo individualmente por Portugal e pelo Brasil em meio a seus esforços propagandísticos de erigir elos "espirituais" entre Estado e Nação. No caso específico do regime de 1937, longe de demonstrar uma aparente sujeição aos desígnios de nossa antiga metrópole, o pertencimento à "civilização lusíada" permitiria o reforço da unidade nacional e a afirmação de uma essência brasileira:

A defesa da cultura, da etnia e da língua lusitana no território brasileiro (bem como no resto do mundo) não implicava, todavia, o seu exclusivismo, a gestação do nacionalismo brasileiro ou sequer a chefia lusa nos destinos contemporâneos desse território, como defendiam as correntes nacionalistas e nativistas. O fator cultural e histórico lusitano deveria ser visto, todavia, como uma espécie de cimento que permitira a emergência do nacionalismo brasileiro, conformando e conciliando as tradições, costumes e vivências de grupos populacionais regionais existentes no vasto território do país, fazendo com que esse amontoado de comunidades regionais e locais situadas num território geograficamente vasto, com os seus próprios valores culturais e linguísticos, se transformasse numa mesma identidade nacional com uma língua e cultura gerais[15].

Assim, não haveria paradoxo em se pensar a retomada do mito lusitano como uma estratégia de ratificação da brasilidade. Observa-se aqui um processo conjunto, feito de cima para baixo, de validação nacionalista pela via da cultura, tendo como base o lastro histórico concreto do passado comum luso--brasileiro. Por exemplo, no livro *Força, Cultura e Liberdade* (1940), Almir de Andrade, um dos principais ideólogos da ditadura varguista, tece o quadro da

---

14. *Idem*, pp. 65-66.
15. Paula Alexandra Marques dos Santos, *As Relações Luso-Brasileiras (1930-1945)*, Tese (Doutorado em História), Faculdade de Letras da Universidade do Porto, Porto, 2005, p. 362.

74 • GRACILIANO NA TERRA DE CAMÕES

evolução histórica do Brasil, que, em perspectiva teleológica, desaguaria no Estado Novo. Nesse processo, opera um recuo até o Brasil Colônia, partindo do princípio de que as raízes da nacionalidade já se encontrariam na política colonial portuguesa. Em sintonia com as teses de Gilberto Freyre, Almir de Andrade destacava o caráter "plástico" e "tolerante" do colonizador luso, que, diferentemente de espanhóis, ingleses, holandeses, entre outros, teria se mostrado mais adaptável e aberto aos influxos e demandas específicas do continente americano. Em conformidade com o raciocínio exposto, tal postura mais flexível estaria na base da originalidade de nossa cultura, pois ela permitira a "fusão harmônica das três raças" (brancos, negros e índios), "sem a qual toda a nossa história e toda a nossa vida social não teriam sentido"[16]. Portanto, a "alma brasileira" já nascia em "consonância" com o meio, amoldando-se às situações novas de forma "natural", sem imposições. Rememorava-se, portanto, uma espécie de idílio original, o Éden da brasilidade, cuja base civilizatória repousava nas tradições portuguesas.

Se, por um lado, os fundamentos para a aproximação atlântica entre Brasil e Portugal evocavam, de modo bilateral, um aporte histórico comum, com destaque para a naturalização e a homogeneização das aparentes virtudes do passado colonial brasileiro, por outro, guardavam laços com os pan-etnicismos das primeiras décadas do século xx. Estes, assentados em torno de nacionalismos étnicos, linguísticos ou culturais, forneceram as bases ideológicas para a reordenação e a legitimação de "novos blocos de alianças e acordos políticos, comerciais, econômicos, destronando a velha ordem dos impérios coloniais". Em conformidade com tal contexto, o "sentimento de pertencimento" imaginado pelo discurso panlusitanista fundava-se num conceito mais amplo de nação, cuja "legitimidade emocional"[17] pressupunha a ideia de "comunhão espiritual":

Atravessamos uma época sísmica, destruidora, em que a ideia de pátria puramente limitada às suas fronteiras territoriais não é bastante forte para defender essas próprias fronteiras. Acima, portanto, da noção de pátria, ainda que transitoriamente,

16. Almir de Andrade, *Força, Cultura e Liberdade*, Rio de Janeiro, Livraria José Olympio Editora, 1940, p. 95.
17. Benedict Anderson, *Comunidades Imaginadas*, São Paulo, Companhia das Letras, 2008, p. 30.

existe, viva como nunca, a noção de raça pátria maior, supernação. Povos da mesma origem, da mesma religião, da mesma língua marcham unidos, lado a lado, sem rasgarem as suas bandeiras, mas inclinando-as apenas, depois de mais erguidas, diante do sagrado estandarte de sua alma comum. Assim está acontecendo com a grande família anglo-saxônica, com a raça germânica, até com algumas tribos eslavas. Por que não havemos por nossa vez, de nos juntarmos, de nos abraçarmos? Temos também uma civilização a defender [...][18].

Para chegar a esse objetivo de, em chave cultural, tornar patente a "supernação", ou melhor, o "Estado Novo da Raça"[19], para além dos Estados Novos brasileiro e português, o Acordo de 1941 pressupunha um rol extenso de tarefas que, entre outros aspectos, facilitavam o trânsito luso-brasileiro de artigos, notícias, fotografias, filmes, emissões de rádio, livros, bem como de intelectuais e artistas. De modo mais detalhado, com o fim último de "revelar Portugal novo aos brasileiros; e revelar o novo Brasil aos portugueses"[20] e, assim, trabalhar pela comunhão da "pátria atlântica", o segundo artigo do acordo em questão previa:

*a.* O intercâmbio e publicação de artigos inéditos de escritores e jornalistas brasileiros e portugueses na imprensa dos dois países.

*b.* O intercâmbio de fotografias e o estabelecimento de um serviço regular mútuo de informação telegráfica ao Brasil e a Portugal.

*c.* O envio, ao Brasil e a Portugal, de conferencistas, escritores e jornalistas que mantenham vivo o contato cultural entre as duas nações.

*d.* A colaboração recíproca em favor de uma orientação comum quanto a noticiário a ser divulgado acerca de Brasil e Portugal.

*e.* A criação duma revista denominada *Atlântico*, mantida pelos dois organismos, com a colaboração de escritores e jornalistas portugueses e brasileiros.

*f.* A troca de publicações de turismo e propaganda, cabendo ao SPN a divulgação, em Portugal, das publicações brasileiras e ao DIP a divulgação, no Brasil, das publicações portuguesas.

---

18. António Ferro, *Estados Unidos da Saudade*, Lisboa, Edições SNI, 1949, pp. 146-147.
19. António Ferro, "A Raça Triunfa Sempre que Encontra um Guia", *A Noite*, 27 jul. 1941, p. 2.
20. António Ferro, *Estados Unidos da Saudade*, p. 175.

76 • GRACILIANO NA TERRA DE CAMÕES

*g.* A divulgação do livro português no Brasil e do livro brasileiro em Portugal.

*h.* A realização de emissões diretas de rádio, concernentes aos fins deste acordo, bem como a permuta de programas radiofônicos.

*i.* A criação de um prêmio pecuniário anual atribuído conjuntamente, pelos dois organismos, ao melhor trabalho literário, artístico, histórico ou científico, publicado em Portugal ou no Brasil, de interesse comum.

*j.* A realização e permuta de exposições de arte nacional e o intercâmbio de artistas brasileiros e portugueses, isoladamente ou em grupo.

*k.* A troca de atualidades cinematográficas, a exibição destas nos cinemas do Brasil e de Portugal, e o estudo da eventual realização de filmes de grande metragem, de interesse histórico ou cultural para os dois países, mediante a colaboração de artistas e técnicos brasileiros e portugueses.

*l.* A fixação de facilidades ao turismo luso-brasileiro, por intermédio das companhias de navegação brasileira e portuguesa, pela redução nos preços das passagens, abatimentos especiais em hotéis, diminuição de preços de transportes ferroviários e outras facilidades semelhantes.

*m.* O estudo do folclore luso-brasileiro através de publicações editadas pelos dois organismos e da realização de festas populares tradicionais nos dois países.

*n.* Comemoração das grandes datas que interessam à História dos dois países.

A consecução dessa ampla empreitada ficou a cargo dos serviços de propaganda dos Estados Novos brasileiro e português, isto é, do Departamento de Imprensa e Propaganda (DIP)[21], então sob o comando de Lourival Fontes, e do Secretariado da Propaganda Nacional (SPN)[22], dirigido por António Ferro. O artigo primeiro do documento preconizava que seria "criada na sede do SPN uma seção especial brasileira, da qual fará parte a título permanente um

---

21. Órgão criado pelo decreto-lei nº 1915, de dezembro de 1939, num contexto de ampliação do aparelho estatal, em conformidade com as diretrizes centralistas e autoritárias da ditadura getulista. Vinculado diretamente ao gabinete da presidência da República, contava com setores de divulgação, radiodifusão, teatro, cinema, turismo e imprensa. Além de coordenar, orientar e centralizar a propaganda interna e externa e servir de agente complementar à informação, cabia-lhe fazer censura prévia a jornais, revistas, peças teatrais, filmes, diversões públicas, esportes, literatura social e política, entre outras manifestações.

22. Trata-se de um departamento voltado ao estímulo à cultura nacional e à elaboração da propaganda oficial do regime, criado pelo decreto-lei nº 23.054, em 25 de setembro de 1933. Posteriormente, em 1944, foi substituído pelo Secretariado Nacional de Informação e Cultura Popular (SNI), mantendo, todavia, as mesmas atribuições.

delegado do DIP, assim como uma seção especial portuguesa, da qual fará parte um delegado do SPN"[23]. Segundo Ferro, a grande novidade do Acordo Cultural de 1941 seria justamente a criação desses dois órgãos, que teriam conseguido "tornar cotidiano, burocrático, o que até agora foi simplesmente retórico e episódico"[24].

A criação de uma divisão no DIP voltada ao referido acordo data de janeiro de 1942, mas o início de seu efetivo funcionamento deu-se apenas dois meses depois. O SPN se fez representar nesse órgão por meio da figura do Visconde de Carnaxide, que então vinha de publicar a obra *O Brasil na Administração Pombalina* (São Paulo, Companhia Editora Nacional, 1940), cuja proposta se ajustava à iniciativa de recuperar o passado comum entre Portugal e Brasil. Entre as realizações dessa divisão, podem-se incluir: a organização de evento em comemoração ao centenário de Antero de Quental e a posterior criação de um prêmio destinado aos melhores artigos publicados na imprensa brasileira a respeito do grande poeta luso[25]; a distribuição de textos inéditos de escritores portugueses para suplementos literários brasileiros; a remessa de trabalhos de nossos autores para a imprensa de Portugal e colônias; bem como o estímulo ao intercâmbio entre instituições culturais de lá e de cá[26].

Criada três meses depois de sua congênere dipiana, a seção brasileira do SPN teve como representante José Augusto Cesário Alvim[27] e, por intermédio desse agente, tal órgão também esteve à frente de uma série de atividades preestabelecidas pelo Acordo de 1941. Entre suas principais iniciativas destacaram-se: a promoção de uma série de conferências sobre o Brasil (nomeadamente no ano de 1942)[28]; a realização de um programa radiofônico intitulado

---

23. "Documentos – Acordo Cultural Luso-Brasileiro", *Atlântico: Revista Luso-Brasileira*, n. 1, 23 maio 1942, p. 180.

24. António Ferro, *Estados Unidos da Saudade*, Lisboa, Edições SNI, 1949, p. 110.

25. "O júri que atribuiu esse prêmio foi escolhido, por combinação, entre o embaixador português e os diretores do DIP e da Seção respectiva, e ficou constituído pelos escritores Lúcia Miguel Pereira, Pedro Calmon e Edmundo da Luz Pinto. A ele concorreram 58 artigos de autores tanto brasileiros quanto portugueses publicados no Brasil" ("Atividades do DIP", *Cultura Política*, ano 4, n. 47, dez. 1944, p. 183)

26. "A Secção de Intercâmbio Luso-Brasileiro", *Cultura Política*, ano 2, n. 20, out. 1942, pp. 214-216.

27. Assim o periódico *Atlântico* o descrevia: "Nasceu no Rio de Janeiro, em 1911. Escritor e jornalista, colaborador dos *Diários Associados* do Brasil, escreveu, também, na *Revista Brasileira* da Academia Brasileira de Letras" ("Colaboradores deste Número", *Atlântico: Revista Luso-Brasileira*, n. 2, 31 out. 1942, p. 374).

28. Entre as quais se encontram "A Moderna Poesia do Brasil" (1942) e "Aspectos do Romance Brasileiro" (1943), proferidas, respectivamente, na Sociedade de Geografia e no Ateneu Comercial do Porto.

*Meia-Hora Brasileira*, sob o comando de José Osório de Oliveira (parte literária) e Gastão de Bettencourt (parte musical); a publicação, entre 1944 e 1946, de um boletim mensal, com o objetivo de fornecer aos jornais portugueses as notícias a respeito de Portugal veiculadas na imprensa brasileira[29]; a remessa de artigos, fotografias, recortes e livros para o Brasil[30]; a recolha de toda sorte de referência a nosso país publicada na imprensa lusitana[31]; o patrocínio a exposições de pintura, concertos, palestras, congressos e ciclo de conferências. Além disso, a seção brasileira do SPN recebia toda a produção editorial feita por aqui e que depois seria remetida para Portugal. Percebe-se da parte do governo brasileiro o esforço de fazer com que nossas editoras, bem como cada autor individualmente, enviassem para lá suas produções.

A todas as empresas editoras brasileiras, e aos autores isoladamente, está-se a pedir exemplares de cada livro que publiquem. Tem-se em projeto remetê-los à Secção Brasileira do SPN, para que esta os faça comentar nas principais secções de crítica literária da imprensa portuguesa[32].

Atendendo a tal pedido, que de fato se concretiza mediante o intenso trânsito editorial entre a seção brasileira do SPN e a seção portuguesa do DIP,

---

Destaque também para a conferência "Juventude e Esplendor do Brasil" (1942), realizada por Augusto de Castro, na qual aborda a existência de uma "raça brasileira", com base nos pressupostos da miscigenação freyrianos (Heloísa Paulo, *Estado Novo e Propaganda em Portugal e no Brasil*, Coimbra, Livraria Minerva, 1994, p. 170).

29. Heloísa Paulo, *op. cit.*, p. 169. Segundo essa autora, nos 21 números do referido boletim, são apresentadas na folha de rosto frases de Getúlio Vargas e Oliveira Salazar, "procurando-se realçar o interesse de ambos os países em manter, desde sempre, o nível de suas relações o mais próximo possível" (*idem, ibidem*).

30. Segundo dados oficiais do governo português, entre 1942 e 1951, foram enviados 7694 artigos, 1130 fotografias e 32150 recortes para o Brasil por meio da Seção Brasileira do SPN (Arquivo do SNI, pasta 65591, doc.0009, *apud* Gisella de Amorim Serrano, *Caravelas de Papel: A Política Editorial do Acordo Cultural de 1941 e o Pan-Lusitanismo (1941-1949)*, Tese (Doutorado em História), Universidade Federal de Minas Gerais, Belo Horizonte, 2009, p. 73).

31. Tais recortes foram distribuídos em pastas e organizados por quinzenas, "de modo a facilitar as consultas dos interessados a cada momento" ("A Secção de Intercâmbio Luso-Brasileiro", *Cultura Política*, Rio de Janeiro, ano 4, n. 47, dez. 1947, p. 184). O governo brasileiro observava um crescimento exponencial da presença de nossa terra nas notícias publicadas em Portugal. Considerando-se o ano de 1942, em janeiro foram enviados dezoito recortes sobre o Brasil; em dezembro deste mesmo ano, o número subiu para 735. "Atualmente, o movimento mensal oscila entre mil e mil e quinhentos recortes" (*idem*, p. 185).

32. "A Secção de Intercâmbio Luso-Brasileiro", *op. cit.*, p. 216.

Graciliano Ramos envia para Lisboa um exemplar da segunda edição de *Angústia* (1941). José Augusto de Cesário Alvim, agente do DIP no SPN, agradece entusiasticamente o gesto do romancista brasileiro, que naquele momento trabalhava como revisor e colaborador da revista *Cultura Política*, principal publicação do Estado Novo varguista:

SECRETARIADO DA PROPAGANDA NACIONAL PARTICULAR [timbrado]
Lisboa, 2 de dezembro de 1942.
Exmo. Sr. Graciliano Ramos,
Venho lhe agradecer, muito sensibilizado, a remessa do seu magnífico *Angústia* com tão amável e generosa dedicatória.
Gostaria muito que o senhor, através do DIP ou mesmo diretamente, remetesse sempre os seus livros para cá. O público português anda sempre muito interessado pela vossa literatura e os seus livros, particularmente, despertam aqui extraordinário movimento de simpatia e entusiasmo.
Creia-me seu verdadeiro admirador.

José Augusto Alvim[33]

Em função da remessa de nossos livros para Portugal, fundou-se uma biblioteca brasileira na seção brasileira do SPN em Lisboa. Em conformidade com as diretrizes gerais do Acordo de 1941, tal aparelho cultural tinha como objetivo primeiro divulgar autores e editores brasileiros em Portugal, favorecendo a aproximação intelectual pelas letras[34]. Um relatório do governo português datado de 1952 dava conta de que essa biblioteca reunia em seu acervo mais de 2 mil títulos e recebia "leitores qualificados, em especial estudantes e professores universitários"[35].

Obviamente que a concretização das referidas atividades de intercâmbio obedecia às diretrizes autoritárias que assemelhavam os dois governos. E, não por acaso, as seções do DIP no SPN e do SPN no DIP atuaram no sentido de limitar manifestações contrárias aos Estados Novos brasileiro e português de um e

---

33. José Augusto Cesário Alvim, "Carta a Graciliano Ramos", Lisboa, 2 dez. 1942. Documento pertencente ao Arquivo IEB/USP, Fundo Graciliano Ramos (Código de referência: GR-CP-077, Caixa 018).
34. Gisella de Amorim Serrano, *op. cit.*, p. 108.
35. Arquivo do SNI, pasta 65591, doc. 0016. 18 out. 1952, *apud* Gisella de Amorim Serrano, *op. cit.*, p. 108.

do outro lado do Atlântico[36]. No caso específico de Portugal, a aproximação luso-brasileira e o consequente apoio da censura getulista configuraram--se ainda como uma oportunidade de neutralizar a oposição a Salazar feita por parte da comunidade portuguesa no Brasil, ao mesmo tempo em que tornaram possível a melhor inserção de Portugal em nosso meio literário e favoreceram a difusão do livro português. Um exemplo disso pode ser encontrado na Exposição do Livro Português, "primeira flor do recente Acordo", realizada na Biblioteca Nacional do Rio de Janeiro, em fins de 1941, que contou com a exposição de 8 mil títulos, acompanhada de palestras a respeito de temas luso-brasileiros[37]. Mais do que a simples exibição de obras, tal iniciativa se constituía como um espaço de comercialização que visava a ampliar a participação da indústria do livro portuguesa no mercado consumidor brasileiro.

Não por acaso a postura de António Ferro quanto a essa questão, que seria materializada na referida Exposição do Livro Português, já servia de alento aos editores portugueses em 1940, no contexto de inversão da influência tipográfica até então observada entre Portugal e Brasil[38]:

O problema do livro português no Brasil assume, portanto, agora, uma nova feição. Os editores anteveem já um esperançoso futuro de vasto alcance para a atividade editora, cuja repercussão no intercâmbio cultural entre os dois países irmãos se torna desnecessário encarecer. Do valor e da ação de António Ferro muito há a esperar. Espírito jovem e dinâmico, está-lhe destinada, na sua nova missão de mensageiro da intelectualidade portuguesa, o importante papel de resolver a crise do Livro português no mercado brasileiro.

Os editores felicitam unanimemente António Ferro e confiam na sua ação. Ansiosos pela efetivação de seus projetos...[39].

---

36. Carmem G. Burgert Schiavon, *Estado Novo e Relações Luso-Brasileiras (1937-1945)*, Tese (Doutorado em História), Pontifícia Universidade Católica do Rio Grande do Sul, Porto Alegre, 2007, p. 97.
37. Gisella de Amorim Serrano, *op. cit.*, p. 104.
38. Cf. Nuno Miguel Ribeiro de Medeiros, "Influência e Contrainfluência na Inversão do Poder Tipográfico entre Portugal e o Brasil. Narrativa e Atividade nos Editores Portugueses", *História*, vol. 30, n. 2, ago.-dez. 2011.
39. "António Ferro e o Livro Português", *Livros de Portugal*, Grêmio Nacional dos Editores e Livreiros, n. 9, jul. 1941, p. 2.

Entre os editores portugueses, António Sousa Pinto soube bem como tirar proveito desse cenário de incremento do intercâmbio atlântico entre os Estados Novos de Vargas e Salazar anunciado por António Ferro. Sousa Pinto, fundador da editora Livros de Portugal, cuja livraria no Rio de Janeiro, situada na Rua do Ouvidor, 106, passaria a funcionar a partir de março de 1942[40], teve papel de destaque na organização da Exposição do Livro Português de 1941, bem como da Quinzena do Livro Português que a acompanhou[41]. Sua casa editorial, situada na capital carioca e expressamente devotada à divulgação da literatura portuguesa no Brasil[42], recebe obras despachadas diretamente pelo próprio SPN, em conformidade com a proposta desse órgão governamental de viabilizar maior circulação dos produtos da indústria do livro lusa por aqui[43]. No discurso de inauguração do referido evento, António Ferro louvara a mocidade corajosa e voluntariosa de Sousa Pinto, que teria conseguido realizar em dois ou três meses um trabalho que "demandaria, por antigos e rotineiros processos, o esforço paciente de dois ou três anos"[44]. Segundo o diretor do SPN, o responsável pela Livros de Portugal (e que, depois, como se verá, criará a editora Livros do Brasil) teria sabido se aproveitar inteligentemente da atmosfera criada pelo Acordo Cultural de 1941.

Com vistas a não melindrar os editores e livreiros brasileiros, António Ferro dizia que os propósitos do evento supracitado apenas seriam concretizados mediante a realização, com "possível urgência", da Exposição do Livro Brasileiro em Lisboa. "A contrapartida está, portanto, assegurada. Se o Brasil constitui um excelente mercado para o livro português, Portugal, com suas colônias, oferece

---

40. "Inaugurações", *Diário de Notícias* (Rio de Janeiro), 18 mar. 1942, p. 9.

41. Paralelo à referida exposição, tal evento contou com a larga exibição das edições feitas em Portugal em todas as livrarias do Rio de Janeiro ("As Antologias Portuguesas Editadas no Brasil", *Diário de Lisboa*, 19 ago. 1943, p. 9).

42. Conforme destaca Nuno Medeiros, tal editora publica a importante coleção Clássicos e Contemporâneos, dirigida por Jaime Cortesão e ilustrada por Vieira da Silva, e "na qual se editam nomes das letras portuguesas como Camões, Eça de Queiroz, José Rodrigues Miguéis, Fialho de Almeida, Gonçalves Crespo, saindo ainda antologias organizadas por Aquilino Ribeiro, Manuel Bandeira, Afrânio Peixoto, José Lins do Rego, Pedro Calmon" (Nuno Miguel Ribeiro de Medeiros, "Influência e Contrainfluência...", pp. 190-191).

43. Gisella de Amorim Serrano, *op. cit.*, p. 104.

44. António Ferro, *Estados Unidos da Saudade*, Lisboa, Edições SNI, 1949, p. 154.

82 • GRACILIANO NA TERRA DE CAMÕES

tentadora compensação para o livro brasileiro"[45]. Todavia, por mais que o boletim *Livros de Portugal* tenha destacado, sem mais detalhes, que a produção de nossa indústria livresca recebeu as mesmas honrarias em Portugal[46], não foram encontradas outras referências a tal gesto nem mesmo em publicações oficiais, o que leva a crer que a referida reciprocidade não se efetivou.

Para além dessa questão, mas ainda no âmbito da promoção e, sobretudo, da comercialização de livros entre Portugal e Brasil, o Acordo Cultural de 1941 fez-se acompanhar do Acordo Postal Luso-brasileiro de 1942. Este preconizava que, nas relações recíprocas entre Portugal e Brasil, vigoraria a tarifa postal interna desses países: "essa tarifa reduzida será aplicada a cartas, bilhetes postais simples e com resposta paga, impressos de qualquer natureza, manuscritos, amostras sem valor mercantil e remessas fonopostais"[47]. Mediante a conjugação de tal redução de custos nas remessas postais e da ênfase no intercâmbio cultural luso-brasileiro, teria havido um esforço conjunto em prol do desenvolvimento de um mercado editorial comum[48].

Com as dificuldades advindas da guerra, o Acordo Cultural teria enfrentado problemas, "e as relações culturais luso-brasileiras não se reforçaram como seria de prever"[49]. Já no final de 1943, Álvaro Pinto, nas páginas de sua revista *Ocidente*, ressaltava que o problema do livro português no Brasil continuava sem solução[50]. Apesar de manter a confiança nos bons resultados do acordo, afirma que a guerra dificultava o intercâmbio atlântico: "Hoje, com seis e mais meses para a correspondência comum e dois a três meses para o correio aéreo, não é possível cumprir-se bem qualquer combinação. A diminuição das taxas postais foi um dos maiores impulsos à expansão do livro em Portugal e Brasil. A guerra veio anular essa vantagem, não se sabe até quando"[51].

Todavia, conforme salienta Schiavon, ao recuperar uma matéria do jornal *A Gazeta* de São Paulo, de 30 de junho de 1943, as propostas de aproximação

---

45. *Idem*, p. 156.
46. António Quadros, "Ainda o Caso do Brasil", *Livros de Portugal*, n. 74, fev. 1965, p. 4.
47. "Acordo Postal entre Brasil e Portugal", *Gazeta de Notícias*, 3 maio 1942, p. 5.
48. Gisella de Amorim Serrano, *op. cit.*, p. 106.
49. António Quadros, *op. cit.*, p. 4.
50. Álvaro Pinto, "À Volta do Problema do Livro", *Ocidente*, vol. 21, n. 66, out. 1943, p. 119.
51. *Idem*, p. 120.

ACORDO CULTURAL ENTRE BRASIL E PORTUGAL... • 83

luso-brasileira consubstanciadas nos acordos cultural e postal teriam se mostrado, de início, benéficas para Portugal: "estatísticas oficiais de Lisboa registram que em 1939 importamos 1 milhão e 787 mil cruzeiros de livros lusitanos; em 1940, 1 milhão e 165 mil; em 1941, nada menos de 2 milhões e 495 mil"[52]. Com números diferentes, o Grêmio Nacional de Editores e Livreiros de Portugal, tomando como base o *Anuário Estatístico* desse país e considerando o valor das exportações em escudos, também destacou um salto expressivo nas vendas de livros para o Brasil em 1941, as quais chegaram ao pico de 2.163.387$ (em 1940, os dividendos chegaram a apenas 570.001$) e se estabilizaram em 1.351.392$ em 1942. A explicação para tal aumento nas vendagens engloba uma conjunção de fatores já passada em revista até aqui:

- Inauguração de uma nova livraria portuguesa no Rio de Janeiro [a Livros de Portugal, de António de Sousa Pinto].
- Exposição e Quinzena do Livro Português, por iniciativa da mesma livraria.
- Viagem de António Ferro ao Brasil.
- Acordo Cultural Luso-Brasileiro conseguido por António Ferro.
- Redução das taxas postais para livros.
- Extinção do exposto aduaneiro de exportação[53].

Em 1943, Sousa Pinto também enfatizava que, a partir da Exposição e da Quinzena do Livro Português de 1941, criara-se no Brasil um ambiente diversificado e amplo de simpatia e curiosidade pelas obras lusas. Segundo tal editor, o interesse por elas teria deixado de se limitar aos círculos restritos da intelectualidade paulista ou carioca[54]. Ao mesmo tempo, para além do reconhecimento de méritos artísticos e culturais, a produção editorial portuguesa começava a chegar mais facilmente ao público brasileiro[55].

Em sentido oposto, no transcurso dos anos 1940, como se verá, as coisas não se mostravam tão boas para a ampliação da presença e das vendas do

---

52. "O Livro Brasileiro e o Livro Português", *A Gazeta*, 30 jun. 1943, p. 4, *apud* Carmem G. Burgert Schiavon, *op. cit.*, p. 114.

53. "O que Dizem as Estatísticas", *Livros de Portugal*, Grêmio Nacional dos Editores e Livreiros, n. 19-20, set.-out. 1943, p. 2.

54. "As Antologias Portuguesas Editadas no Brasil", *op. cit.*

55. *Idem, ibidem.*

trabalho de nossos editores e livreiros em terras lusitanas. No entanto, se o livro brasileiro perdia força por lá, alguns escritores brasileiros, com destaque para Erico Verissimo e Jorge Amado, continuavam a marcar presença entre o leitorado lusitano por meio, agora, de edições portuguesas de suas obras.

# Capítulo 5

## Livros do Brasil e a Edição de Graciliano Ramos em Portugal

Conforme lembra Hallewell, a não desvalorização do cruzeiro depois da guerra "fez com que, por uma década, o preço dos livros brasileiros ficasse totalmente fora das possibilidades do mercado português"[1]. Entretanto, em virtude da forte presença de nosso produto em Portugal ao longo da década de 1930, associada à favorável acolhida e à farta divulgação de nossos autores nos jornais e revistas lusitanas, alguns deles continuavam a vender bem por lá.

Num contexto de diversificação e revitalização do campo editorial em terras portuguesas[2], António de Sousa Pinto, o já mencionado fundador, no Brasil, da editora Livros de Portugal, soube identificar tal demanda e, em 9 de junho de 1944, depois de adquirir aquela que fora a filial da Civilização Brasileira em Lisboa[3], juntamente com Joaquim de Sousa Pinto, abre a Livros do Brasil, "irmã gêmea de sua congênere brasileira"[4]. De início, a jovem empresa apresentava-se como "importadora e distribuidora do livro

---

1. Laurence Hallewell, *O Livro no Brasil*, p. 361.
2. Nuno Miguel Ribeiro de Medeiros, *Edição e Editores – O Mundo do Livro em Portugal, 1940-1970*, Lisboa, Imprensa de Ciências Sociais, 2010, pp. 131-137.
3. *Idem*, p. 358.
4. Cf. *Livros de Portugal*, n. 55, fev. 1987, p. 7.

brasileiro, com representação exclusiva para Portugal e colônias de um conjunto de editoras brasileiras, e exportadora do livro português, para além de editora"[5].

Entre os títulos importados e distribuídos pela Livros do Brasil em Portugal, em sua fase inicial de atuação, encontra-se o então conjunto das obras completas de Graciliano Ramos lançadas pela José Olympio no início de 1947. Trata-se da reunião de cinco volumes numerados na ordem que se segue: a 2ª edição de *Caetés*, a 3ª edição de *S. Bernardo*, a 3ª edição de *Angústia*, a 2ª edição de *Vidas Secas* e o então lançamento da coletânea de contos *Insônia*. Curioso observar que os exemplares adquiridos e comercializados pela Livros do Brasil traziam no pé das capas e na parte inferior da lombada tanto o nome da editora brasileira quanto o da portuguesa. A princípio, poderia pressupor-se que estávamos diante de um trabalho de coedição, mas o projeto gráfico da coleção, a conferir unidade e identidade ao todo, não deixa dúvidas de que se trata de uma realização editorial exclusiva da José Olympio. Apenas a capa seria suficiente para atestar isso. Ela se apresenta com fundo monocromático (num tom amarelado), com o nome do autor alagoano em capitulares no topo; o título das obras em vermelho, em fonte manuscrita, ao centro; e desenhos assinados de Santa Rosa (SR) em preto e branco feitos especificamente para cada livro. Além disso, a composição do miolo de cada um dos cinco volumes, conforme indica o colofão, foi realizada na Empresa Gráfica da *Revista dos Tribunais*, de São Paulo, por encomenda da José Olympio. Sem contar ainda que as orelhas e quartas capas traziam anúncios, tão somente, do extenso catálogo da prolífica casa brasileira.

Para executar sua missão de divulgar o livro brasileiro em Portugal e, assim, atender à demanda em torno de nosso produto por lá, logo António Sousa Pinto chega à conclusão de que se mostrava mais vantajoso economicamente editar e imprimir títulos de escritores do "país irmão" em Lisboa. Para a consecução de tal atividade, ele lança a série "Livros do Brasil", em cujo primeiro número, *Olhai os Lírios do Campo*, de Erico Verissimo, há uma

---

5. Cf. *Livros de Portugal*, n. 42, ago. 1945, p. 137, *apud* Nuno Miguel Ribeiro de Medeiros, "Influência e Contrainfluência na Inversão do Poder Tipográfico entre Portugal e o Brasil. Narrativa e Atividade nos Editores Portugueses", *História*, vol. 30, n. 2, p. 190.

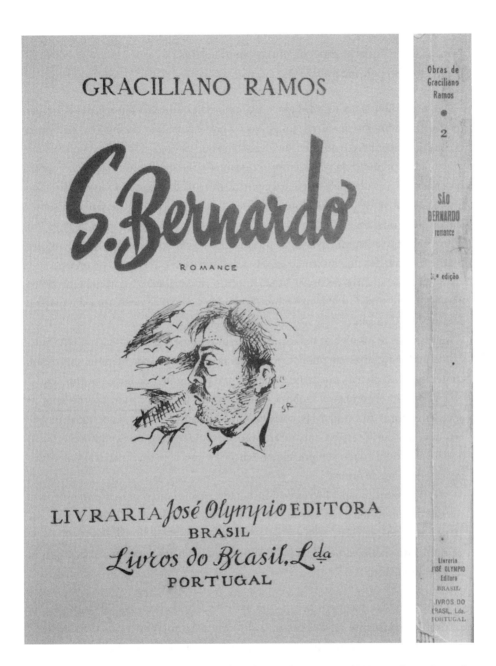

Capa e lombada do segundo volume das *Obras de Graciliano Ramos* (*S. Bernardo*, 3. ed., 1947) em que o nome da editora Livros do Brasil Ltda. divide espaço com o da José Olympio.

nota prévia na qual se especificam os objetivos e as razões da guinada editorial levada a cabo pela empresa:

A firma Livros do Brasil, Ltda., cuja ação editorial tem sido orientada de um modo especialmente fiel à sua designação – pela divulgação do livro brasileiro em Portugal – reconheceu, ao cabo de alguns anos de esforço, que a sua iniciativa era dificultada e prejudicada pelas sempre crescentes despesas de importação, extraordinariamente agravadas pela diferença cambial entre os dois países. O livro brasileiro, importado, torna-se hoje dificilmente acessível ao público português, dadas as sobrecargas que o oneram e que não encontram compensação no nosso nível de vida. Por outras palavras: é impraticável uma larga divulgação em Portugal de livros de autores brasileiros editados no país irmão em vista das inevitáveis diferenças de preços.

Ora, a firma Livros do Brasil, Ltda., impôs-se, em primeiro lugar, uma missão de divulgação cultural. Entende que o livro não pode ser luxo de raros, mas sim matéria acessível a toda a gente.

Perante este problema, uma questão resultou da experiência da sua atividade. Como tornar acessíveis ao público português as obras-primas da literatura brasileira, contemporânea ou não, que tanto enriquecem o património da língua portuguesa?

A solução encontra-se, embora com sacrifício imediato, num acordo com as grandes editoras do Brasil. Mas, correspondendo, assim, ao seu plano inicial, de que não quer afastar-se, espera encontrar também compensação no acolhimento que o nosso público tem dado sempre às suas edições e que, com mais razão ainda, continuará a dar-lhes de futuro.

Nessa conformidade, Livros do Brasil, Ltda., inicia com o presente volume uma coleção das obras mais representativas da literatura brasileira contemporânea – romances, ensaios, novelas, crítica – na certeza de que, editando-as no nosso País, as irá revelando sucessivamente ao público português em condições mais acessíveis às suas possibilidades[6].

Desse modo, na medida em que as "crescentes despesas de importação, extraordinariamente agravadas pela diferença cambial entre os dois países", tornavam o livro brasileiro "dificilmente acessível ao público português",

---

6. "Objetivo da Coleção Livros do Brasil", em Erico Verissimo, *Olhai os Lírios do Campo*, Lisboa, Livros do Brasil, s.d., s. p. (Livros do Brasil, vol. 1).

Capa da primeira edição portuguesa de *Olhai os Lírios do Campo*, de Erico Verissimo, volume inaugural da coleção Livros do Brasil.

90 • GRACILIANO NA TERRA DE CAMÕES

Sousa Pinto dava início à edição, em terras lusitanas, das "obras mais representativas da literatura brasileira contemporânea". Para realizar essa nova empreitada, o editor vale-se de sua experiência pregressa no Brasil à frente de duas casas: a Livros de Portugal e a Dois Mundos.

A Livros de Portugal surge em 1941 como resultado de uma parceria entre Pedro de Andrade, Américo Fraga e António de Sousa Pinto. Sob a direção deste último, além de casa publicadora, a empresa ainda atuava como livraria e como distribuidora do livro português no Brasil e do livro brasileiro em Portugal[7]. Em termos editoriais, seu maior empreendimento pode ser associado à coleção Clássicos e Contemporâneos, dirigida pelo renomado intelectual Jaime Cortesão. Em linhas gerais, tal série se propunha a oferecer "ao público brasileiro e, mais largamente, aos estudiosos das Américas, um quadro, tanto quanto possível, representativo da cultura portuguesa nas suas relações com o Brasil"[8]. Assim, mediante essa iniciativa, a Livros de Portugal trabalhava por "renovar o gosto, quase perdido, do público brasileiro pela leitura das obras--primas da literatura portuguesa"[9]. De acordo com o leque abrangente inscrito no próprio título da coleção, dela fizeram parte trabalhos de, entre outros, Bernardim Ribeiro, Fernão Lopes, Pero Vaz de Caminha, Ramalho Ortigão, Gonçalves Crespo, Fialho de Almeida, Aquilino Ribeiro e José Régio[10], em regra apresentados por um grande escritor brasileiro (Manuel Bandeira, por

7. Em anúncio publicado no semanário *Dom Casmurro* em fins de 1944, apresentavam-se os diferentes ramos de atividade da Livros do Portugal: "importação e distribuição em todo o Brasil do livro português; exportação e distribuição em Portugal do livro brasileiro; procura e compra em Portugal de qualquer livro raro; serviço de microfilmagem de espécies únicas; editora Dois Mundos; serviço de reembolso postal; serviço de informação bibliográfica; distribuição gratuita de catálogos; representação exclusiva no Brasil da Imprensa da Universidade de Coimbra, Imprensa Nacional de Lisboa, Academia de Ciências de Lisboa, Biblioteca Nacional de Lisboa e outros departamentos oficiais portugueses" ("Livros de Portugal Ltda.", *Dom Casmurro*, Rio de Janeiro, ano 8, número extraordinário, dez. 1944, p. 71).
8. Jaime Cortesão, "Objetivo e Plano da Coleção Clássicos e Contemporâneos", em Pero Vaz de Caminha, *A Carta de Pero Vaz de Caminha*, Rio de Janeiro, Livros de Portugal, 1943, p. I.
9. *Idem, ibidem.*
10. Em geral, por questões jurídicas, a Livros de Portugal editava apenas antologias de tais autores, sobretudo dos mais modernos. Conforme explica Jaime Cortesão, embora Brasil e Portugal tenham aderido à Convenção de Berna, que reconhecia direitos autorais aos escritores até cinquenta anos após a morte destes, as legislações brasileira e portuguesa exceptuavam a vigência de tal reconhecimento de propriedade intelectual no caso de "antologias com caráter de divulgação científica e literária" (*idem*, pp. III-IV).

exemplo, seleciona os textos, revisa e produz um alentado prefácio a um volume de sonetos e poemas de Antero de Quental)[11].

Jaime Cortesão salienta que a coleção Clássicos e Contemporâneos estaria longe de pressupor benefício comercial para o editor. Mesmo diante do fato de muitas das obras selecionadas se restringirem a um público escasso de estudiosos, Sousa Pinto não punha obstáculos à publicação delas, agindo, nesses casos, em conformidade "com seus deveres morais de editor português no Brasil, aceitando, conscientemente, o prejuízo quase certo que a impressão comporta"[12]. Ao invocar a porção de nobreza relacionada a tal gesto, a Livros de Portugal buscava angariar o apoio de escritores e editores lusos, que, assim, poderiam desfrutar do fato de a cultura portuguesa ser mais bem difundida no país irmão.

Por aqui, José Lins do Rego saudava com entusiasmo a edição e a difusão entre nós dos "antigos e modernos de Portugal"[13]. José Augusto de Cesário Alvim, delegado do DIP na seção brasileira do SPN em Lisboa, descrevia a iniciativa de Sousa Pinto como das mais louváveis, úteis e oportunas. "Divulgar no Brasil a boa literatura portuguesa, fazer edições práticas, variadas e numerosas dos autores portugueses, é prestar relevante serviço à cultura e ao idioma"[14]. Por outro lado, Alvim não deixava de ponderar as questões de ordem comercial e jurídica acarretadas pela atuação da Livros de Portugal no Rio de Janeiro, considerando que os editores lusos que se sentissem prejudicados, por terem obras colocadas em nosso mercado por Sousa Pinto, buscassem resolver a questão diretamente com tal editor ou por meio dos tribunais brasileiros[15].

De fato, a iniciativa de Sousa Pinto encontrou considerável oposição, sobretudo da parte das casas editoriais lusas cujos produtos passaram a concorrer com as antologias de autores portugueses, antigos e modernos, disseminadas no

---

11. Antero de Quental, *Sonetos Completos e Poemas Escolhidos*, seleção, revisão e prefácio de Manuel Bandeira, Rio de Janeiro, Livros de Portugal, 1942.

12. Jaime Cortesão, *op. cit.*, p. IV.

13. José Lins do Rego, "Atlântico", *A Manhã*, 12 ago. 1942, p. 4.

14. "A Edição no Brasil de Livros Portugueses – Uma Oportuna Entrevista com o Delegado do Departamento de Imprensa e Propaganda do Brasil", *Diário Popular* (Lisboa), 20 ago. 1943, p. 3.

15. *Idem, ibidem.*

Brasil pela Livros de Portugal. Sentindo-se lesada economicamente, tal parcela de editores dizia que Eça, Junqueiro, Camilo, Fialho, Antero, entre outros, pertenciam-lhe e, desse modo, não poderiam ser publicados em terras brasileiras sem a devida autorização[16]. Entretanto, respaldado tanto pelas leis lusitana e brasileira quanto pela Convenção de Berna, Sousa Pinto rotulava essas ameaças como inúteis e prosseguiu seu trabalho editorial[17].

Mostra disso é que, antes de dar início às atividades da Livros do Brasil em Portugal, Sousa Pinto, ainda no Rio de Janeiro, em 1942, cria a editora Dois Mundos. Tal empreendimento, também sob a direção intelectual de Jaime Cortesão[18], apresentava-se diretamente conectado a Livros de Portugal: aquela compartilhava com esta a coleção Clássicos e Contemporâneos (não apenas o nome da série, mas também os títulos publicados), bem como o próprio aspecto gráfico dos volumes, estratégia que reforçava a identidade visual entre a Dois Mundos e a Livros de Portugal e permitia a Sousa Pinto reduzir os custos de produção[19].

Para além da realização de edições de autores portugueses nas quais estes eram apresentados por renomados intelectuais brasileiros, Dois Mundos, conforme sugere o próprio nome da editora, construiu um catálogo marcado também por obras que ressaltavam o intercâmbio atlântico e o passado comum compartilhado pelo Brasil e por sua antiga metrópole[20]. Paralelamente, de modo menos comum do que se poderia imaginar, tal empresa editou trabalhos de cooperação internacional entre homens de letras daqui e de Portugal, com destaque para o *Livro do Centenário de Eça de Queiroz* (1945)[21]. A natureza transatlântica dessa obra, que contou com a codireção de Lúcia Miguel

---

16. "Editores Portugueses contra um Editor Português no Brasil", *Leitura*, Rio de Janeiro, n. 5, abr. 1943, p. 3.
17. *Idem, ibidem.*
18. É o que pontua Lúcia Miguel Pereira em 1945, no prefácio do *Livro do Centenário de Eça de Queiroz* (Lúcia Miguel Pereira, "Prefácio", em Lúcia Miguel Pereira & Câmara Reys (orgs.), *Livro do Centenário de Eça de Queiroz*, Rio de Janeiro, Lisboa, Dois Mundos, 1945, s. p.).
19. Nuno Miguel Ribeiro de Medeiros, "From Seashore to Seashore: The Cross-Atlantic Agenda of the Publisher António de Sousa Pinto", *Portuguese Studies*, Londres, vol. 31, n. 1, 2015, pp. 85-86.
20. Nesse último caso, ressalte-se a coleção Estudos Históricos e Literários, que contou, entre outras, com as obras *História dos Diamantes nas Minas Gerais: Século XVII* (1943), de Augusto de Lima Júnior, e *Estadistas Portugueses na Amazônia* (1948), de Arthur Cezar Ferreira Reis.
21. Nuno Miguel Ribeiro de Medeiros, "From Seashore to Seashore: The Cross-Atlantic Agenda of the Publisher António de Sousa Pinto", *Portuguese Studies*, Londres, vol. 31, n. 1, 2015, p. 87.

Pereira e de Câmara Reys[22], vinha expressa logo ao final do volume: "Desta edição fez-se uma tiragem especial de 250 exemplares numerados, sendo 125 destinados ao mercado europeu, rubricados por Câmara Reys, e os restantes para o mercado americano, rubricados por Lúcia Miguel Pereira"[23].

Em linhas gerais, tal empreendimento, depois da criação da Livros do Brasil em 1944, parecia funcionar como elo entre esta última e a Livros de Portugal. Não por acaso, no frontispício de muitos dos títulos da Dois Mundos, revela-se comum encontrar a informação de que essa editora tinha como distribuidora no Brasil a Livros de Portugal e, em Portugal, a Livros do Brasil[24]. Em consonância com tal escopo de atuação, a Dois Mundos manteve suas atividades regulares até o final da década de 1940, quando perdeu o vigor dos primeiros anos[25].

Voltando à editora Livros do Brasil, observa-se que, de início, ela investe, sobretudo, em edições portuguesas de obras de Erico Verissimo. Entre a primeira dúzia de lançamentos promovida por tal empresa, há oito títulos do escritor gaúcho: além de *Olhai os Lírios do Campo*, obra que abre a coleção Livros do Brasil, têm-se *Saga, Caminhos Cruzados, Um Lugar ao Sol, A Volta do Gato Preto, Clarissa, Música ao Longe* e *Gato Preto em Campo de Neve*. Entre os doze primeiros livros colocados no mercado luso por Sousa Pinto, há ainda a peça *Deus lhe Pague*, de Joracy Camargo, uma coletânea de contos de Machado de Assis e dois romances de Jorge Amado: *Terras do Sem Fim* e *Jubiabá*.

Segundo afiança Flávio Loureiro Chaves, as edições portuguesas de Erico Verissimo realizadas pela Livros do Brasil obtiveram amplo sucesso. Apenas até o ano de 1950, as dez obras do autor gaúcho então lançadas por Sousa Pinto totalizaram quase 50 mil exemplares colocados em circulação em Portugal continental e nas colônias lusas[26]. Por exemplo, *Olhai os Lírios do Campo*, em

---

22. Entre os colaboradores desse livro em homenagem a Eça de Queiroz, da parte brasileira, entre outros, estavam Gilberto Freyre, José Lins do Rego, Álvaro Lins, Manuel Bandeira e Aurélio Buarque de Hollanda. Da parte portuguesa, encontram-se trabalhos de Fidelino de Figueiredo, Adolfo Casais Monteiro, João Gaspar Simões, Antônio Sérgio, João de Barros, Jaime Brasil etc.

23. Lúcia Miguel Pereira & Câmara Reys (orgs.), *op. cit.*, s. p.

24. Nuno Miguel Ribeiro de Medeiros, "From Seashore to Seashore: The Cross-Atlantic Agenda of the Publisher António de Sousa Pinto", *Portuguese Studies*, Londres, vol. 31, n. 1, 2015, p. 86.

25. *Idem*, p. 85.

26. Ao todo 48 900 exemplares, sendo 8 400 de três edições de *Olhai os Lírios do Campo* (1946, 1948 e 1949); 5 600 de *Saga*, em duas edições (1947 e 1949); 5 600 de *Caminhos Cruzados*, em duas edições (1947 e

# 94 • GRACILIANO NA TERRA DE CAMÕES

apenas quatro anos, chegava a sua terceira edição lusitana (1946, 1948 e 1949), com uma tiragem média de 2800 exemplares por edição. Em carta de janeiro de 1949 enviada a José Olympio, Sousa Pinto destacava que, sem exagero, "depois de termos lançado Erico Verissimo em edições portuguesas, ele é hoje o romancista de língua portuguesa mais lido em Portugal"[27]. Quando se examinam os números em questão para além do recorte proposto para esta pesquisa, observa-se que, até 1971, a Livros do Brasil havia vendido cerca de 150 mil exemplares das obras do romancista brasileiro e feito uma subcedência de direitos de *Clarissa* à Editorial Verbo, válida para uma tiragem de 100 mil unidades[28].

Diferentemente do que ocorrera com Verissimo, a obra de Jorge Amado foi inquisitorialmente proibida pela PIDE, o que retardou o sucesso editorial do autor baiano em terras lusitanas. Em 1949, o romance *Jubiabá*, lançado pela Livros do Brasil em edição portuguesa no ano anterior, não teve a publicação autorizada, pois continha "várias passagens de aspecto pornográfico e, princi-palmente, inconvenientíssima propaganda da mística comunista"[29]. Dois anos depois, *Terras do Sem Fim*, o outro livro de Jorge Amado editado por Sousa Pinto, também sofrerá com a censura. Segundo o major encarregado de avaliar o romance, este promovia "homenagens comunistas" (Jorge Amado dedicara *Terras do Sem Fim* ao compositor russo Dmitri Shostakovich)[30]. Muito prova-velmente em função de tais adversidades, só em 1970 a Livros do Brasil voltaria a publicar um novo trabalho do romancista nordestino[31].

---

1949); 5 600 de *Um Lugar ao Sol*, em duas edições (1947 e 1950); 5 600 de *A Volta do Gato Preto*, em duas edições (1948 e 1950); 5 600 de *Clarissa*, em duas edições (1948 e 1950); 4 600 de *Música ao Longe*, em duas edições (1948 e 1950); 2 800 de *Gato Preto em Campo de Neve*, em uma edição (1948); 2 800 de *O Resto É Silêncio*, em uma edição (1949); 2 300 de *O Tempo e o Vento*, em uma edição (1949) (cf. Flávio Loureiro Chaves, *O Contador de Histórias – 40 Anos de Vida Literária de Erico Verissimo*, Porto Alegre, Editora Globo, 1972, pp. XXIII-XXIV).

27. António de Sousa Pinto, "Carta a José Olympio", Lisboa, 28 jan. 1949, coleção José Olympio, sem loca-lização, Acervo de Manuscritos da Biblioteca Nacional do Rio de Janeiro.

28. Flávio Loureiro Chaves, *op. cit.*, pp. XXIII-XXV.

29. Major José Chaves, Relatório n. 4132 relativo à censura ao livro *Jubiabá* de Jorge Amado, Lisboa, 27 jul. 1949, Torre do Tombo, Arquivo do SNI, Direção dos Serviços de Censura, 35, 8, 4132, m0311. Segundo esse mesmo documento, tal romance só seria autorizado a circular em 6 de abril de 1960.

30. Major David dos Santos, Relatório n. 4660 relativo à censura do livro *Terras do Sem Fim* de Jorge Amado, Lisboa, 26 nov. 1951, Torre do Tombo, Arquivo do SNI, Direção dos Serviços de Censura, 35, 5, 4660, m0364.

31. Trata-se de uma edição conjunta dos três primeiros livros de Jorge Amado: *País do Carnaval, Cacau* e *Suor* (Livros do Brasil, vol. 77).

Nesse meio-tempo, Francisco Lyon de Castro, fundador da editora Europa-América, atuou de modo intenso junto à censura salazarista em prol do fim do banimento da obra amadiana em Portugal. Em 1960, sobretudo em virtude dos esforços de tal editor, os livros do romancista brasileiro (com exceção de *Capitães da Areia*) tiveram permissão para serem vendidos e editados em terras portuguesas. O sucesso foi imediato e ainda maior do que aquele alcançado por Erico Verissimo[32]. Em apenas dois anos, *Gabriela, Cravo e Canela* atingiu a marca de 14 mil exemplares em duas edições. Até meados de 1982, o conjunto dos livros de Jorge Amado lançados pela Europa-América, em sucessivas edições e reedições, totalizou 518 mil unidades, fato editorial digno de ser descrito como "a grandeza de uma apoteose"[33].

## LIVROS DO BRASIL E JOSÉ OLYMPIO

Para a edição de Erico Verissimo e Jorge Amado em Portugal é certo que António de Sousa Pinto chegou a entendimentos e a um acordo comercial com os editores de tais autores cá no Brasil, isto é, à época, com Henrique Bertaso da Editora Globo do Rio Grande do Sul, e com José de Barros Martins da Martins Editora, respectivamente. Tal informação é o que se pode depreender, por analogia, da proposta de inclusão na coleção Livros do Brasil dos livros *Eurídice*, de José Lins do Rego, e *As Três Marias*, de Rachel de Queiroz, endereçada por Sousa Pinto a José Olympio em janeiro de 1949:

Estamos interessados em incluir na nossa "Colecção Livros do Brasil" os nomes de Rachel de Queiroz e José Lins do Rego, que são seus editados. Nestas condições vimos propor-lhe, a exemplo do que já fazemos com outras editoras brasileiras, uma edição de *Eurídice* e *As Três Marias*, nas seguintes condições:

*a*. Edição de 2800/3000 exemplares (200 exemplares para ofertas e crítica) de cada um destes livros.

*b*. Pagamento de 10% para o autor e 5% para o editor.

---

32. Cf. Álvaro Salema, *Jorge Amado – O Homem e a Obra – Presença em Portugal*, Mem Martins, Sintra, Portugal, Publicações Europa-América, 1982, pp. 119-126.

33. *Idem*, p. 126.

*c.* A liquidação dos direitos autorais para um e outro será feita da seguinte forma: 50% no acto da assinatura e os restantes 50% 90 dias depois de o livro ser posto à venda.

*d.* No verso do frontispício será impressa a seguinte nota "Edição feita de acordo com a Livraria José Olympio Editora – Rio de Janeiro – Brasil".

*e.* Estes livros devem ter o preço aproximado de 30$00[34].

Em resposta, o editor brasileiro aceita de imediato a proposta de Sousa Pinto, uma vez que ela lhe renderia o pagamento de 5% sobre uma tiragem de 2.800 exemplares. Segundo José Olympio, não seria admissível concordar com edições portuguesas de autores lançados no Brasil por sua casa sem que esta última pudesse obter de tal empreendimento alguma vantagem financeira. A referida percentagem cobriria o risco inicialmente assumido por Olympio em editar autores que, naquele momento, já se consagravam como "verdadeiros sucessos" e, por isso mesmo, apresentavam-se como escolhas "fáceis" para a coleção Livros do Brasil de Sousa Pinto. Olympio exigia apenas que o contrato estabelecesse uma cláusula na qual se dizia que os exemplares em questão só poderiam circular em "Portugal e Colônias" e que as obras de José Lins do Rego e Rachel de Queiroz deveriam ser publicadas na íntegra; "nenhuma alteração poderá ser feita no seu texto"[35].

Na continuidade de tal diálogo missivístico, Sousa Pinto se diz plenamente de acordo com o seu colega brasileiro quanto à necessidade de se compensarem os riscos assumidos pelo editor: "Apesar de, por vezes, os autores nos considerarem uma espécie de parasitas que vivem à sombra do seu esforço mental, a verdade é que o editor arrisca dinheiros que nem sempre são reembolsados. Sobretudo, como é o vosso caso, quando ele faz da profissão uma alta missão espiritual e vai revelando ao seu país autores novos que nem sempre são compreendidos pelo público ledor"[36]. Todavia, adverte que nem

---

34. António de Sousa Pinto, "Carta a José Olympio", Lisboa, 8 jan. 1949, coleção José Olympio, localização 79, 01, 002, n. 0008, Acervo de Manuscritos da Biblioteca Nacional do Rio de Janeiro.

35. José Olympio, "Carta a António de Sousa Pinto", Lisboa, 18 jan. 1949, coleção José Olympio, localização 79, 01, 002, n. 0054, Acervo de Manuscritos da Biblioteca Nacional do Rio de Janeiro.

36. António de Sousa Pinto, "Carta a José Olympio", Lisboa, 28 jan. 1949, coleção José Olympio, sem localização, Acervo de Manuscritos da Biblioteca Nacional do Rio de Janeiro.

sempre um sucesso editorial no Brasil corresponderia a vendagens expressivas, em Portugal, de uma eventual edição lusa da mesma obra. Haveria, assim, outras variáveis em jogo que faziam do empreendimento da Livros do Brasil algo também arriscado.

Diante disso, com o objetivo de tornar o produto brasileiro mais atrativo ao mercado lusitano, Sousa Pinto indicava a necessidade de se ajustar o texto dos romances de José Lins do Rego e Rachel de Queiroz à variante europeia do português. E, para persuadir tais autores a tanto, o editor luso encaminha-lhes uma carta anônima recebida por ele depois do início da coleção Livros do Brasil. Tal documento, assinado apenas por "um português bibliófilo", sugere a necessidade de alterações em palavras, expressões e construções presentes nos romances brasileiros com o objetivo de facilitar a difusão destes em Portugal. Tome-se o texto:

Exmo. Senhor:
Perdoe V. Exa. a ousadia de vir importuná-lo escrevendo-lhe sobre um assunto como o desta missiva.

Mas como tenho sido fiel comprador das edições que a sua ilustre casa em tão boa hora tem lançado no mercado, e como tenciono até adquirir todos os livros que V. Exa. irá incluindo nas colecções intituladas "Livros do Brasil" e "Dois Mundos", quero fazer a V. Exa. algumas sugestões que têm ocorrido na leitura atenta das aludidas obras.

Lembro-lhe a conveniência que haveria para a grande massa de leitores portugueses, de nas edições portugueses de autores brasileiros, como são as da sua colecção "Livros do Brasil", se porem em português de Portugal todas as expressões, salvo aquelas das personagens tipicamente populares, assim como a sintaxe de todas as frases do discurso, quer directo, quer indirecto.

Desse modo há várias palavras e expressões brasileiras que o público português não compreende bem. Por exemplo: quantos de nós, sobretudo os das províncias, saberão o que é bonde, trem, guri, e tantas outras particularidades brasileiras? Não seria melhor, nas edições portuguesas, colocar os pronomes e as frases ao uso de cá?

Acredito que tais alterações não desagradariam ao grande escritor brasileiro Erico Verissimo que tanto sucesso está a obter entre nós, e que ainda poderia ter mais larga divulgação se fosse mais acessível aos usos de cá. Ainda por outro lado há nas obras

98 • GRACILIANO NA TERRA DE CAMÕES

de Verissimo termos regionais que nem todo o brasileiro, julgo eu, compreenderia. Que será coxilha? Que será pitar um cigarro? Que será afobação?

Não acha V. Exa. que é melhor dar mais universalidade aos romances do grande mestre brasileiro, universalidade, aliás, que está na substância dos seus livros?

Foi isso o que fez a editorial Ática com a *Vida de Jesus* de Plínio Salgado.

Esperando que me desculpe este atrevimento, termino pedindo que aceite os meus agradecimentos por tudo quanto tem feito em prol da melhoria da cultura nacional.

Um Português Bibliófilo[37]

Segundo Sousa Pinto, Jorge Amado e Erico Verissimo teriam concordado com as sugestões expressas em tal missiva, concedendo-lhe, assim, autorização para intervir em seus romances publicados pela Livros do Brasil. Não contente em anunciar o consentimento dos dois prosadores brasileiros quanto a essa questão, o editor português chega a transcrever o trecho de uma carta do autor de *Clarissa*, na qual este último explicitava sua concordância com o leitor anônimo, embora considerasse estranho um gaúcho rio-grandense falar como um português:

Quanto aos termos regionalistas, minha opinião é a de que eles não são muitos, de sorte que não se justifica acréscimo dum glossário no fim de cada romance. Em todo o caso se V. acha que é conveniente acrescentar notas elucidativas ao pé das páginas, pode fazê-lo. Quanto ao fato de aparecerem livros meus com algumas alterações, declaro que isso não tem a menor importância; o que é essencial é que meus livros sejam lidos, entendidos e, se não for pedir muito, apreciados pelo público português[38].

Percebe-se, portanto, que Erico Verissimo não ligava muita importância às alterações propostas, uma vez que seu principal interesse seria o de ampliar as possibilidades de leitura de sua obra em Portugal. Outra, contudo, foi a

37. Um Português Bibliófilo, "Carta a Livros do Brasil". s. l., s. d., coleção José Olympio, localização 79, 01, 002, n. 0055, Acervo de Manuscritos da Biblioteca Nacional do Rio de Janeiro.
38. Erico Verissimo, "Carta a António de Sousa Pinto", *apud* António de Sousa Pinto, "Carta a José Olympio", Lisboa, 28 jan. 1949, coleção José Olympio, sem localização, Acervo de Manuscritos da Biblioteca Nacional do Rio de Janeiro.

postura adotada pelos romancistas José Lins do Rego e Rachel de Queiroz. Ambos negaram a sétima cláusula do contrato a eles proposto pela Livros do Brasil, a qual estabelecia o seguinte: "O editor português espera que os autores dos citados romances levem em conta a vantagem que para ambas as partes haveria em introduzir-se no texto dessas obras certas alterações nas expressões (salvo, naturalmente, aquelas do discurso), colocação de pronomes e as construções com gerúndio"[39]. Na versão corrigida do documento de acordo entre as partes encaminhada a Sousa Pinto por José Olympio, tem-se: "Nenhuma alteração poderá ser feita no texto das obras, que deverá ser rigorosamente mantido pelo editor português de acordo com a edição brasileira"[40].

Pouco mais de uma semana depois, Sousa Pinto diz-se surpreendido com a restrição que lhe fora imposta, pois, ao advogar em favor da realização de "ligeiras alterações" no léxico e na sintaxe das obras de José Lins do Rego e Rachel de Queiroz, seu objetivo seria tão somente o de destiná-las ao "chamado grande público", e não somente às camadas mais cultas, que há muito já conheceriam "os primores da literatura brasileira, nas edições originais"[41]. A seus olhos, revelava-se extremamente vantajoso proporcionar a fatias mais amplas do leitorado português "um texto de harmonia com as tradições linguísticas locais"[42], em ajustamento idiomático que, ainda por cima, não alteraria o pensamento dos romancistas em questão nem mesmo as formas pitorescas de dizer por eles propostas, uma vez que manteria intactos os trechos em discurso direto.

Confiante de que tais argumentos seriam aceitos por José Lins do Rego e Rachel de Queiroz ("visto que todos nós desejamos tornar os escritores brasileiros tão comuns em Portugal como se portugueses fossem")[43] e como a resposta de José Olympio demorara a chegar, Sousa Pinto deu início à edição de *Eurídice* já com modificações no texto originalmente publicado pela José

---

39. Contrato – Livros do Brasil, Lisboa, 28 jan. 1949, coleção José Olympio, sem localização, Acervo de Manuscritos da Biblioteca Nacional do Rio de Janeiro.

40. Contrato – José Olympio, Rio de Janeiro, 15 mar. 1949, coleção José Olympio, sem localização, Acervo de Manuscritos da Biblioteca Nacional do Rio de Janeiro.

41. António de Sousa Pinto, "Carta a José Olympio", Lisboa, 23 mar. 1949, coleção José Olympio, localização 79, 01, 001, n. 070, Acervo de Manuscritos da Biblioteca Nacional do Rio de Janeiro.

42. *Idem, ibidem.*

43. *Idem, ibidem.*

Olympio em 1947. E, tendo em vista que a composição e a impressão do livro já se encontravam prontas quando o editor português recebe as restrições vindas do outro lado do Atlântico, ele se põe a listar as "inofensivas alterações" realizadas e pede que o romancista paraibano as avalie. Em caso de recusa por parte deste, todo o trabalho dispendido pela Livros do Brasil na referida obra deveria ser inutilizado.

Para se ter uma dimensão mais concreta do ajustamento linguístico promovido pela Livros do Brasil, tome-se a lista das modificações introduzidas na primeira edição portuguesa de *Eurídice* em relação à edição brasileira da mesma obra lançada pela José Olympio em 1947:

> *a.* Deslocação dos pronomes (em certos casos): ex. Cap. 11 – "Não posso <u>me</u> esquecer" na edição brasileira. "Não posso esquecer-me" na nossa edição.
>
> *b.* Substituição de três termos não usados em Portugal:
>
> <u>Terno</u> por <u>fato</u>;
>
> <u>Trem</u> por <u>comboio</u>;
>
> <u>Bonde</u> por <u>eléctrico</u>.

Além destas alterações e da harmonização da ortografia com as determinações do Acordo Luso-brasileiro, de Outubro de 1946, unicamente se fizeram as modificações que vamos enumerar:

Pág. 35 – "Estava em compras" – para "a fazer compras".

Pág. 44 – "Este velho esconde" – para "oculta". (O verbo <u>esconder</u>, em linguagem popular, passou a significar a inversão sexual… Por isso o substituímos, quando em tal acepção podia maldosamente tomar-se).

Pág. 45 – "Não era o primeiro homem que encontrava a *esconder.*" (De harmonia com a observação acima.)

Pág. 57 – "A morte me vinha" – para "<u>vinha até mim</u>". A forma reflexa do verbo <u>vir</u> significa, em Portugal, o espasmo venéreo. Cf. Cândido de Figueiredo.

Pág. 59 – "me arrumasse para sair" – para "preparasse".

Pág. 68 – "um <u>bate-boca</u>" – para "uma <u>discussão</u>"

Pág. 91 – "E logo <u>me vinha</u>" – para "me assaltava". (De harmonia com a observação acima.)

Pág. 94 – "Quem estivesse <u>em</u> ataque" – para "<u>com um</u> ataque"

Pág. 95 – "Guarda do nosso raio" – para "da nossa secção" (Na prisão).

Pág. 113 – "<u>Não sou mais</u>" – para "<u>Já não sou</u>".

Pág. 140 – "Só <u>faziam</u> dormir" – para "<u>Só dormiam</u>" (Em Portugal, a frase significaria que produziam sono a quem os ouvisse – o que o autor não pretendia dizer).

Pág. 156 – "Na quase escuridão, <u>vinha-me</u>" – para "<u>chegava-me</u>".

Pág. 157 – "Avançava sobre os contendores com <u>deboches</u>" para "<u>ditos trocistas</u>". (Em Portugal, o vocábulo tem apenas a acepção do francês *débauche*, de que deriva. Cf. Cândido Figueiredo. Tomado nessa acepção, no local em questão, seria atroz...)

Pág. 185 – "as suas <u>formas</u> apareceram até as coxas" – para "as suas <u>pernas</u>". (Devido ao que mais adiante se diz e repete, pareceu-nos que se tratava de uma <u>gralha</u> tipográfica.)[44]

De fato, como se pode perceber, não se tratava de "alterações inofensivas", mas sim de uma espécie de tradução da variante brasileira do idioma (vista de modo genérico, sem suas especificidades geográficas, históricas, sociais, contextuais etc.) para a variante portuguesa. Se, por um lado, o texto despido de "brasileirismos" mais aparentes parecia se aproximar do público lusitano, por outro, afastava-se da especificidade linguístico-literária do polo emissor, isto é, da prosa de José Lins do Rego. Em linhas gerais, nesse processo, os propósitos econômicos e comerciais do editor sobrepunham-se à dimensão artística do romance, por mais que Sousa Pinto enfatizasse que os "nadas de linguagem" por ele propostos não prejudicariam a "beleza imarcescível" das páginas de *Eurídice*.

Apenas para não criar dificuldades para Sousa Pinto, visto que o livro já se encontrava impresso, José Lins do Rego aceita as alterações realizadas pelo editor português, com a condição de que tais intromissões não se repetissem na futura edição de seus outros livros[45]. Aparentemente, o desencontro inicial

---

44. *Idem, ibidem*. Quando se coteja, ponto por ponto, a primeira edição de *Eurídice* (Rio de Janeiro, José Olympio, 1947) com a edição da obra realizada pela Livros do Brasil em 1949, podem-se observar todas essas alterações aqui listadas por Sousa Pinto.

45. José Olympio, "Carta a António de Sousa Pinto", Lisboa, 5 abr. 1949, coleção José Olympio, localização 79, 01, 002, n. 051, Acervo de Manuscritos da Biblioteca Nacional do Rio de Janeiro. Todavia, ao que tudo indica, as alterações no texto do romancista paraibano continuaram a acontecer. Num rápido cotejo entre o início do primeiro capítulo da quarta edição brasileira de *Banguê* (1956) e a primeira edição portuguesa da obra (s. d.) lançada pela Livros do Brasil, observam-se divergências consideráveis. Nesta última, nota-se a substituição de "academia" por "universidade", "Tornara-me feito" por "Fizera-me um homem", "mando" por "comando", "amesquinhava-se" por "se tornava agora mais mesquinho", entre outras ocorrências.

# LIVROS DO BRASIL, LIMITADA

*PORTUGAL / BRASIL*

LISBOA / RUA VITOR CORDON, 29, 31 / END. TELEG. LIBRASIL / TEL. 32621

C O N T R A T O

Entre Raquel de Queiroz, José Lins do Rego e seus editores brasileiros José Olympio Pereira Filho & Ca.,Lda. (aqui chamados autores e editores) e Livros do Brasil, Lda., de Lisboa (aqui chamado editor português) contratam o seguinte a respeito das obras "TRÊS MARIAS" e "EURÍDICE".

1) Os autores-editores garantem ao editor português a licença exclusiva de publicar em Portugal, para venda exclusiva em Portugal e seu Império, as obras acima mencionadas.

2) A tiragem inicial será de 3.000 (três mil exemplares) de cada um dos livros, 200 (duzentos) dos quais serão destinados à crítica e ofertas, pelo que só 2.800 serão objecto da percentagem a liquidar aos autores-editores.

3) O editor português pagará de direitos autorais a percentagem de 15% (quinze por cento) sobre o preço de capa, sendo 50% dessa percentagem liquidada no acto da assinatura deste contrato e os restantes 50% 90 dias depois do lançamento de cada uma das citadas obras.

4) Os autores-editores garantem ao editor português o direito de opção de todas as obras editadas ou a editar pelos autores acima mencionados.

5) Para efeitos da liquidação antecipada de 50% sobre o preço de capa se calcula o preço de venda de 30$00 para cada livro, podendo esse preço ser alterado em conformidade com o custo da produção.

6) No verso do frontispicio será impressa a seguinte nota: Edição feita de acôrdo com a Livraria José Olympio Editora, Rio de Janeiro - Brasil.

7) O editor português espera que os autores dos citados romances levem em conta a vantagem que para ambas as partes haveria em introduzir-se no texto dessas obras certas alterações nas expressões (salvo, naturalmente, aquelas do discurso), colocação dos pronomes e as construções com o gerundio.

Lisboa, 28 de Janeiro de 1949.

Os autores:

O editor português:
LIVROS DO BRASIL, LDA

O editor brasileiro:

Contrato encaminhado pela Livros do Brasil a José Olympio, tendo em vista a edição de *Eurídice*, de José Lins do Rego, e *As Três Marias*, de Rachel de Queiroz. Documento datado de 28 de janeiro de 1949 (Acervo de Manuscritos da Biblioteca Nacional do Rio de Janeiro).

*Livraria José Olympio Editora*

RUA DO OUVIDOR, 110          TELEGRAMAS          EVARISTO DA VEIGA, 136.
23-2389                     JOLYMPIO                    42-7685.
                    RIO DE JANEIRO

                                                    **CONTRATO**

ENTRE JOSÉ OLYMPIO PEREIRA FILHO & CIA LTDA ( LIVRARIA JOSÉ OLYMPIO EDITO-
RA, RIO DE JANEIRO, BRASIL ), DAQUI EM DIANTE CHAMADOS "EDITORES" - DEVI-
DAMENTE AUTORIZADOS PELOS ESCRITORES RACHEL DE QUEIROZ E JOSÉ LINS DO REGO,
DAQUI EM DIANTE CHAMADOS "AUTORES", E LIVROS DO BRASIL LTDA, DE LISBOA-POR-
TUGAL, DAQUI EM DIANTE CHAMADO "EDITOR PORTUGUÊS", FICA ESTABELECIDO O SE-
GUINTE CONTRATO A RESPEITO DAS OBRAS "AS TRÊS MARIAS" E "EURIDICE" :

a) - os autores-editores garantem ao editor português a licença exclusiva
    de publicar em Portugal, para venda exclusiva em Portugal e seu Impé-
    rio, as obras acima mencionadas;

b) - a tiragem inicial será de 3.000 (três mil) exemplares de cada um dos
    livros, 200 (duzentos) dos quais serão destinados à critica e ofertas,
    pelo que só 2.800 (dois mil e oitocentos) serão objeto de porcentagem
    a liquidar com os autores-editores ;

c) - o editor português pagará direitos autorais de 10% aos autores e 5%
    aos editores, num total, pois, de 15% (quinze por cento) sobre os pre-
    ços de venda das obras, sendo 50% dessa porcentagem liquidada no ato
    da assinatura deste contrato, e os restantes 50%, 90 dias depois  de
    lançamento de cada uma das acima citadas obras ;

d) - os autores-editores garantem ao editor português o direito de opção
    de todas as obras editadas ou a editar pelos autores acima menciona-
    dos, por um prazo de 3 (três) anos, a contar da data deste contrato ;

e) - para efeito da liquidação antecipada de 50% sobre o preço de capa,
    calcula-se o preço de venda de 30$00 (trinta escudos) para cada li-
    vro, podendo esse preço ser alterado em conformidade com o custo da
    produção ;

f) - no verso do frontespicio será impressa a seguinte nota : Edição fei-
    ta de acôrdo com a Livraria José Olympio Editora, Rio de Janeiro -
    Brasil ;

g) - nenhuma alteração poderá ser feita no texto das obras, que deverá
    ser rigorosamente mantido pelo editor português de acôrdo com a edi-
    ção brasileira ;

h) - o editor português deverá enviar 15 (quinze) exemplares gratis de ca-
    da uma das obras; 10 exemplares são destinados aos autores e 5  aos
    editores .

RIO DE JANEIRO, 15 DE MARÇO DE 1949.

        OS EDITORES :                              O EDITOR PORTUGUÊS :

Versão corrigida por José Olympio do contrato firmado entre sua editora, José Lins do Rego,
Rachel de Queiroz e a Livros do Brasil. Documento datado de 15 de março de 1949, pelo qual
se proíbem alterações na obra dos dois referidos romancistas (Acervo de Manuscritos da
Biblioteca Nacional do Rio de Janeiro).

entre o editor português e o autor brasileiro e a concessão que este último teve de fazer no caso de *Eurídice* não melindraram a relação entre um e outro, tanto que, em seguida, os demais romances de José Lins do Rego passaram a ser publicados pela Livros do Brasil[46].

No caso de Rachel de Queiroz, cuja obra *As Três Marias*, ao contrário de *Eurídice*, de José Lins do Rego, ainda não havia entrado no fluxo editorial da Livros do Brasil, a relação estabelecida com o editor português se deu de modo diferente. Ela manifestou forte divergência e recusa direta às intervenções textuais propostas por este. Em crônica publicada na revista *O Cruzeiro*, em 10 de setembro de 1955, a romancista de *O Quinze*, depois de citar o trecho de uma nova missiva que teria recebido de um "ilustre editor português" (ela não explicita o nome de Sousa Pinto, mas obviamente se refere a ele)[47], passa a justificar sua negativa às condições propostas:

Não me venha dizer que em Portugal não entendem o que escrevemos. E, fosse esse o caso, bastaria a aposição de um glossário no fim de cada livro para resolver as dúvidas. Mas o que se propõe é outra coisa: é correção, é conserto de pronomes, é a revisão do caçanje brasileiro que fere o bom ouvido peninsular.

Acontece entretanto, meu caro amigo, que esse caçanje, que esses pronomes mal postos, que essa língua que lhes revolta o ouvido, é a nossa língua, é o nosso modo normal de expressão, é – ouso dizer – a nossa língua literária e artística. Já não temos outra e, voltar ao modelo inflexível da fala de Portugal, seria para nós, a esta altura, uma contrafação impossível e ridícula.

---

46. Em sequência, foram lançados por parte de Sousa Pinto: *Pureza, Fogo Morto, Cangaceiros, Banguê, Pedra Bonita, Menino de Engenho* e *Doidinho* (edição conjunta), *O Moleque Ricardo, Água-Mãe, Usina* e *Riacho Doce*. Em carta de 28 de janeiro, o editor português já havia sinalizado que sua intenção seria "editar a obra completa de José Lins. Evidentemente que *Eurídice* é só para principiar" (António de Sousa Pinto, "Carta a José Olympio", Lisboa, 28 jan. 1949, coleção José Olympio, sem localização, Acervo de Manuscritos da Biblioteca Nacional do Rio de Janeiro).

47. Segue o trecho da carta transcrito pela romancista: "[...] A necessidade que se impõe para uma edição portuguesa de obras de autores brasileiros, de certas e inofensivas alterações, como sejam a deslocação de pronomes (em certos casos), harmonização da ortografia com as determinações do Acordo Luso-Brasileiro – que em Portugal é cumprido – e uma ou outra substituição de termos pouco usados em Portugal ou que tenham um sentido diferente daquele que o autor lhes quis dar" (Rachel de Queiroz, "Carta de um Editor Português", *O Cruzeiro*, Rio de Janeiro, 10 set. 1955, p. 114, em Rachel de Queiroz, *100 Crônicas Escolhidas. O Caçador de Tatu*, Rio de Janeiro, José Olympio, 1989, p. 211).

Rachel de Queiroz faz uma associação direta entre a especificidade da variante brasileira do português e a língua literária então utilizada por nossos escritores. Desse modo, marca a postura de que, ao reclamar o direito e o respeito à diferença linguística, estava reivindicando o direito e o respeito à diferença artística[48]. Longe de simplesmente tornar seu texto mais acessível a eventuais leitores portugueses, os ajustes à variante lusitana produziriam "uma contrafação impossível e ridícula". Melhor seria lançar mão de outras estratégias editoriais como o uso de glossários, que se, por um lado, quebrariam a continuidade da leitura, por outro, não promoveriam "grotescos" remendos e mutilações.

Consciente do caráter multifacetado da língua em uso no seio das diferentes comunidades de fala e, em específico, das variações no âmbito do próprio português brasileiro, Rachel de Queiroz, a título de exemplo, pede para que se compare um texto de Simões Lopes Neto com um de José Lins do Rego. Nesse processo, sem que fosse preciso cruzar o Atlântico, já ficariam evidentes as diferenças no vocabulário e na sintaxe que separariam os dois artistas. "Mas ousaria um editor do Norte ou do Sul propor alterações nas páginas do paraibano para que o entendessem os gaúchos, ou nas do gaúcho para que o entendessem os paraibanos?" Portanto, a heterogeneidade linguístico-literária como meio de aproximação cultural e a integridade e harmonia das obras editadas deveriam vir em primeiro plano.

Rachel de Queiroz manteve a firmeza de tal postura, e uma edição portuguesa de suas obras aconteceu tão somente nos anos 1970, quando a Livros do Brasil reuniu, num único volume, três romances da escritora: *O Quinze, João Miguel* e *As Três Marias*[49]. Assim, a proposta inicial de publicar individual-

---

48. Arnaldo Saraiva, *op. cit.*, p. 53.

49. Tratava-se do volume de número 83 da coleção Livros do Brasil. Apesar de as edições dessa casa portuguesa não trazerem data, a ficha do exemplar desta obra que se encontra na Biblioteca Municipal de Coimbra traz a indicação do ano de 1972. Além dessa reunião de romances de Rachel de Queiroz, a Livros do Brasil publicaria ainda, somente em 1994, *Memorial de Maria Moura*, 106º volume da mesma coleção Livros do Brasil. Vale também mencionar que, em carta de junho de 1973, Sousa Pinto pede autorização para que, gratuitamente, fossem gravados em áudio os romances *O Quinze, João Miguel* e *As Três Marias*, de modo a atender uma demanda da Biblioteca Pública Municipal do Porto, que mantinha uma "Biblioteca Sonora" destinada a cegos e diminuídos físicos (António de Sousa Pinto, "Carta a Rachel de Queiroz", Lisboa, 1º jun. 1973, Acervo de Rachel de Queiroz pertencente ao Instituto

mente tão somente esta última obra, feita em 1949, teria ficado para trás. E, no novo acordo estabelecido entre Rachel e Sousa Pinto, conforme aponta Maria Aparecida Ribeiro, o dono da Livros do Brasil, aparentemente, teria cedido. Ao examinar a referida edição portuguesa dos *Três Romances* da autora[50], Ribeiro verificou que o volume não trazia alterações lexicais, mas, por outro lado, nele abundam ajustes na ortografia[51]. Ela ainda detecta uma ou outra mudança na colocação pronominal, mas não é capaz de asseverar se o uso da ênclise no lugar da próclise seria um erro do tipógrafo ou uma concessão feita pela autora ao editor[52].

## JOSÉ LINS DO REGO, RACHEL DE QUEIROZ E LIMA BARRETO

Ao passar rapidamente em revista a proposta da Livros do Brasil endereçada a José Lins do Rego e a Rachel de Queiroz, impossível deixar de estabelecer, aqui, um paralelo entre a postura linguisticamente interventiva de Sousa Pinto e aquela adotada por António Maria Teixeira, exatos quarenta anos antes, quando da publicação em Portugal, por parte deste editor, das *Recordações do Escrivão Isaías Caminha*, de Lima Barreto.

Moreira Salles, localização BR IMS CLIT RQ RQ Cp – Carta; autor: LIVROS DO BRASIL / PINTO, António de Souza; destinatário: QUEIROZ, Rachel, s.l.; 1 jun. 1973, Textual; 1 fl.).

50. Em 1948, a José Olympio já havia lançado uma compilação com os três primeiros romances de Rachel de Queiroz: *O Quinze* (1930), *João Miguel* (1932) e *Caminho de Pedras* (1937). Na edição portuguesa, Sousa Pinto abdica da cronologia e, em lugar de *Caminho de Pedras*, inclui *As Três Marias* (1939), obra da autora que, inicialmente, como já se viu, pretendia editar.

51. Maria Aparecida Ribeiro, "A Sertaneja que não Quis ser Traduzida: Rachel de Queiroz e a Livros do Brasil", *Ciências & Letras*, Porto Alegre, n. 53, jan./jun. 2013, pp. 13-26, disponível em <http://seer3.fapa.com.br/index.php/arquivos/article/viewFile/207/162>, acesso em 16 jan. 2016.

52. Aliás, no que diz respeito à não concordância da autora com as alterações em seu texto propostas por Sousa Pinto, mais ao final da vida, com o abrandamento proporcionado pela idade, Rachel revê seu posicionamento anterior: "Lembro-me de um editor português que se propôs a publicar meus livros, sob a condição de que eu lhe permitisse corrigir os meus 'brasileirismos'. Fiquei muito indignada, fiz-lhe uma advertência ríspida – mas, pensando bem, o homem é que tinha razão. Se era para publicar em Portugal, por que lhe exigia eu que publicasse em 'língua brasileira'? Eles, lá, têm todo o direito de só levar aos prelos o que lhes parecer suficientemente audível e legível. Hoje, com a idade e o melhor juízo, claro que eu permitiria as 'correções', que na verdade seriam uma forma elementar de 'traduções'" (Rachel de Queiroz, *Falso Mar, Falso Mundo*, São Paulo, Arx, 2002, p. 257). Essa mudança de posição aparece numa crônica datada de 20 de fevereiro de 1999, na qual Rachel trata não das relações entre língua, literatura e edição, mas sim da festa carnavalesca daquele ano.

Depois de ter alguns capítulos estampados em 1907, na *Revista Floreal*, periódico de curto fôlego dirigido pelo próprio Lima Barreto, *Recordações do Escrivão Isaías Caminha* ganhou sua primeira edição em 1909 pela Livraria Clássica Editora de António Maria Teixeira & Cia. No processo de preparação do texto, o editor lisboeta valeu-se dos préstimos do escritor Albino Forjaz de Sampaio. Conforme lembra Agripino Grieco em suas memórias, esse "furioso polemista" acabou por vernaculizar o romance, tornando "lisboetas alguns vocábulos tipicamente cariocas da narração"[53].

Em carta endereçada ao editor António Maria Teixeira, Lima Barreto agradece as intervenções realizadas por Sampaio, mas não deixa de assinalar discordâncias pontuais em relação ao trabalho por este realizado:

Na pág. 46, quando se fala em Francisco Otaviano, penso que "altruísmo" não é próprio. Eu queria sobretudo aludir à sua graça, ao seu espírito ateniense; eram qualidades de inteligência e não morais que aquela palavra [aticismo] supõe.

Na pág. 53, eu teria deixado como está no original e muito menos teria trocado a frase – "de sensibilidade pronta a fatigar-se com o espetáculo familiar" – pela que está lá [O revisor substituíra por "pronto a fatigar-se com o espetáculo divino"][54].

Na pág. 92, eu teria continuado a dizer: "o rolar dos veículos mais redondo e mais dissonante o ranger" etc. É uma impressão visual que se pode ter de um fenômeno acústico – coisa legítima, como o senhor sabe[55].

Na pág. 95, devia ser "sempre possuída" e não "sempre premidas".

Além destes, há dois insignificantes: "perna" por "pena" (pág. 93) e "ruína" por "sina" (pág. 95)[56].

Os elementos assinalados por Lima Barreto revelam um escritor, embora estreante, já com pleno domínio dos efeitos de sentido pretendidos por seu texto e atento, sobretudo, aos compartimentos da semântica e da sintaxe

---

53. Agripino Grieco, *Memórias*, 2 vols., Rio de Janeiro, Conquista, "vol. 2 – *Rio de Janeiro*", 1972, p. 96.

54. O comentário entre colchetes encontra-se em Francisco de Assis Barbosa, *A Vida de Lima Barreto (1881-1922)*, 3. ed. definitiva, Rio de Janeiro, Civilização Brasileira, 1964, p. 161.

55. Na primeira edição, está "o rolar dos veículos e mais dissonante, o ranger..." (Lima Barreto, *Recordações do Escrivão Isaías Caminha*, Lisboa, Livraria Clássica Editora de António Maria Teixeira & Cia, 1909, p. 92).

56. Lima Barreto, *Correspondência*, 2 tomos, São Paulo, Brasiliense, 1956, tomo 1, p. 175.

da língua[57]. Apesar disso, percebe-se que o escritor carioca não se manifesta quanto à supressão de brasileirismos, chegando, na verdade, a agradecer Sampaio por ter escoimado o texto de "desleixos de linguagem" e realizado "modificações felizes e inteligentes", que mostrariam "o carinho e a simpatia com que foi tratado" o *Isaías Caminha* por parte do revisor português. Entretanto, sabe-se que Lima Barreto, quando da segunda edição do romance, procura restabelecer o texto original tal qual Caminha lhe teria enviado[58].

Imagina-se que, na condição de escritor estreante, ansioso em ver seu primeiro romance publicado[59], Lima Barreto aceita de bom grado as intervenções realizadas por Albino Forjaz de Sampaio, e, apenas na segunda edição de 1917, procura restituir o texto, aparentemente, à versão original. Em outras palavras, ainda sem capital artístico para impor sua vontade autoral diante do editor português, Lima Barreto satisfazia-se em ter seu primeiro livro à mão e utilizá-lo como "prova aos que o olhavam com desdém e lhe ridicularizaram as pretensões literárias"[60].

Obviamente eram outras as condições da edição da obra de José Lins do Rego em Portugal na segunda metade dos 1940. Nesse momento, tem-se não a publicação, mas a republicação em terras lusitanas do bem-sucedido autor paraibano, que recebera do editor português a percentagem de 10% sobre uma tiragem de 2.800 exemplares de *Eurídice*, livro cuja primeira edição no Brasil saiu com uma tiragem de dezesseis milheiros. Além disso, como já se viu, tal

---

57. Das observações de Lima Barreto à revisão feita por Albino de Forjaz Sampaio, o editor português acatou somente alterar os gatos e gralhas que, aparentemente, não resultariam em modificações na disposição das linhas. Assim, considerando-se especificamente o trecho aqui transcrito da carta de Lima Barreto a António Maria Teixeira, a primeira edição de *Isaías Caminha* contraria a vontade do autor nas páginas 53 e 92 (cf. Lima Barreto, *Recordações do Escrivão Isaías Caminha*, Lisboa, Livraria Clássica Editora de António Maria Teixeira & Cia, 1909).

58. Lima Barreto, "Breve Notícia", *Recordações do Escrivão Isaías Caminha*, São Paulo, Brasiliense, 1956, p. 39.

59. Depois de rever as provas dos capítulos que o editor português lhe enviara, Lima Barreto ficou quatro meses sem ter quaisquer notícias do romance. Tal silêncio o enchera de angústia, e ele chegou a cogitar que António Maria Teixeira havia desistido de editar as *Recordações do Escrivão Isaías Caminha* (Lima Barreto, *Correspondência*, 2 tomos, São Paulo, Brasiliense, tomo 1, 1956, p. 176). No entanto, tratava-se de temor infundado do escritor principiante. Ao final do ano de 1909, ele recebia "os primeiros exemplares da brochura de pouco mais de trezentas páginas, envolta numa capa cor de vinho" (Francisco de Assis Barbosa, *op. cit.*, p. 164).

60. Francisco de Assis Barbosa, *op. cit.*, p. 164.

período corresponde a um momento de consolidação tanto do romance de 1930 quanto da indústria brasileira do livro, depois do *boom* editorial da década anterior, que se prolongou, por sua vez, ao longo do período referente à Segunda Guerra Mundial.

Por outro lado, em 1909, tem-se a estreia de Lima Barreto, num momento em que, considerando-se as limitações de nosso mercado livresco, as perspectivas editoriais para os jovens letrados revelavam-se reduzidas, e Portugal afigurava-se a eles como possibilidade de viabilizarem a publicação de suas obras[61]. A negociação entre as partes também se revelava outra. Ainda desconhecido, Lima Barreto teve de ceder gratuitamente seus direitos autorais ao editor luso, bem como se contentar apenas com o recebimento de cinquenta exemplares grátis da edição.

Independentemente das especificidades de um e outro contextos históricos, o que os aproximava era a atitude interventiva dos editores portugueses ante as especificidades linguístico-literárias da variante brasileira do idioma, seja como meio de ajustamento desta ao padrão lusitano tido como supostamente superior, seja como parte de uma estratégia de maior aproximação do leitorado de nossa antiga metrópole. De todo modo, antes de procurar conhecer e assimilar diferenças e divergências, os homens do livro de Portugal aqui comparados tomavam os "brasileirismos" como barreiras que se interpunham ao efetivo trânsito literário e editorial entre as duas nações.

## A EDIÇÃO DO PRIMEIRO LIVRO DE GRACILIANO RAMOS EM PORTUGAL

Em entrevista com Graciliano Ramos publicada no lisboeta *Diário Popular*, em 10 de setembro de 1949, o escritor Castro Soromenho se referia ao autor de *Vidas Secas* como "o mais respeitado e apreciado romancista brasileiro, no seu país e no estrangeiro"[62]. Cerca de um mês depois, o mesmo

---

61. Laurence Hallewell, *op. cit.*, p. 263.

62. Castro Soromenho, "Graciliano Ramos Fala ao *Diário Popular* Acerca dos Modernos Romancistas Brasileiros", *Diário Popular* (Lisboa), 10 set. 1949, p. 4. Texto recolhido em Graciliano Ramos, *Conversas*, organização de Thiago Mio Salla e Ieda Lebensztayn, Rio de Janeiro, Record, 2014, p. 215.

Soromenho, na qualidade de intermediário de Sousa Pinto, envia a Graciliano uma proposta de edição da obra do escritor alagoano em Portugal:

> Em conversa com o Sousa Pinto, de "Livros do Brasil", disse-lhe do meu interesse em editar a sua obra e que sobre o assunto conversara com v. De pronto, revelou-me o mesmo propósito, dando de barato o que lhe resta das edições que comprou a José Olympio, e insistiu para que eu o não prejudicasse nesse sentido, prejuízo que também atingiria o autor, que encontrará na Col. de Livros do Brasil maiores possibilidades de expansão. Como isto é verdade, reconsiderei o caso e, secundando o pedido desse editor, aqui lhe venho dizer das suas condições: *S. Bernardo* e *Angústia* a editar num vol., depois os outros, também dois por vol., e isto devido ao seu tamanho e ao formato dos livros da coleção, que v. conhece. A primeira ed. será de três mil exemplares e os direitos de autor são de 10% sobre o preço de capa; esta deve ser de 35$.
>
> Dadas as péssimas condições em que encontrei o mercado do livro, parece-me de aceitar.
>
> Aguardo a sua resposta para colocar o Sousa Pinto em condições de se dirigir a v., visto não o querer fazer sem eu me desobrigar[63].

Soromenho, que, juntamente com Arquimedes de Melo Neto, da Casa do Estudante do Brasil, funda em 1949 a editora Sociedade de Intercâmbio Cultural Luso-Brasileiro[64], tinha todo o interesse em editar a obra de seu amigo e camarada de longa data Graciliano Ramos. Todavia, diante do fato incontornável de que os romances do artista alagoano encontrariam melhores condições de difusão em Portugal ao serem inseridos na consolidada coleção Livros do Brasil, Soromenho não só abre mão do acerto prévio com Graciliano, como leva a este a proposta de Sousa Pinto. As condições se revelam similares às ofertadas a José Lins do Rego e a Rachel de Queiroz, com a diferença

---

63. Castro Soromenho, "Carta a Graciliano Ramos", Lisboa, 8 out. 1949, Acervo Castro Soromenho, sem localização.
64. Pela Sociedade de Intercâmbio Cultural Luso-Brasileiro, entre outras obras, Soromenho publica, em dois volumes, *Peregrinação* de Fernão Mendes Pinto (1953), com prefácio e edição modernizada de Adolfo Casais Monteiro. A editora é dissolvida pelos sócios pouco depois de sua criação, e o escritor funda, em 1953, a Editorial Sul (Jorge E. de Castro Soromenho, "Biografia – Castro Soromenho", *Blog Castro Soromenho*, disponível em <https://sobrecs.wordpress.com/biografia/>, acesso em 20 jan. 2016).

de que já se propunha logo de saída ao autor de *Caetés* a reunião de dois de seus romances num mesmo volume.

Por causa de problemas de saúde, Graciliano leva mais de três meses para responder a carta de Soromenho. De modo geral, o romancista brasileiro julga o acordo conveniente, mas não o aceitaria antes de consultar José Olympio. "Ele se entenderá com o Sousa Pinto, como procedeu há tempo, em relação a um livro de José Lins. Acho que tudo se arranjará, mas a interferência do editor é indispensável, que não entendo de negócios: sou um desastre"[65].

No mesmo dia em que Graciliano escreve em resposta para Soromenho, segue a carta de José Olympio para Sousa Pinto:

> Cientificados pelo nosso editado sr. Graciliano Ramos de que os snrs. estão interessados na edição de suas obras em Portugal, vimos pela presente informar-lhes que teremos satisfação em entrar em entendimentos diretamente com os snrs. sobre o assunto. Assim sendo, adiantamos que poderemos manter um acordo idêntico ao que foi feito com as obras de José Lins do Rego; se os snrs. tiverem muita urgência poderão já pela volta do correio enviar os contratos para os devidos fins, assim como respectivos adiantamentos[66].

Apesar da sugestão de um acordo idêntico ao que fora feito com José Lins do Rego, não se tem notícia de uma eventual resposta de Sousa Pinto à sinalização de José Olympio. Talvez, devido ao fato de Graciliano ter demorado a aquiescer à proposta inicial levada a ele por Soromenho ou mesmo em função do agravamento do quadro de saúde do escritor, o editor português, aparentemente, desistira de contar, em sua coleção Livros do Brasil, com as obras do autor de *Vidas Secas*. Pode-se ainda supor que a mudança de ideia de Sousa Pinto esteja relacionada às dificuldades econômicas inerentes ao próprio mercado livreiro daquele momento ou ainda considerasse melhor o risco de editar um autor que, naquele momento, apresentava-se como comunista e, assim como Jorge Amado, convertia-se em alvo da PIDE.

---

65. Graciliano Ramos, "Carta a Castro Soromenho", Rio de Janeiro, 16 jan. 1950, coleção José Olympio, sem localização, Acervo de Manuscritos da Biblioteca Nacional do Rio de Janeiro.

66. Livraria José Olympio, "Carta a António de Sousa Pinto", Lisboa, 16 jan. 1950, coleção José Olympio, localização 79, 01, 002, n. 006, Acervo de Manuscritos da Biblioteca Nacional do Rio de Janeiro.

Repartição Geral

1.206/264
CONFIDENCIAL

Director da Policia Internacional e de
Defesa do Estado

L I S B O A

Para os devidos efeitos tenho a honra de comunicar a
V.Exa. que foi proibido de circular no País o livro "VIAGEM
(Checoslováquia-U.R.S.S.)", da autoria de Graciliano Ramos,
edição da Livraria José Olimpio, do Brasil.

A Bem da Nação

Lisboa, 9 de Agosto de 1955

O DIRECTOR

BM/AM.

Comunicado a respeito da proibição em Portugal do livro *Viagem* de Graciliano Ramos (Diretoria dos Serviços de Censura, "Ofício 1.206/264". Lisboa, 9 ago. 1955, Torre do Tombo, Arquivo do SNI, Direção dos Serviços de Censura, 730, c0003).

Repartição Geral

1.280/294

CONFIDENCIAL

DIRECTOR DA POLÍCIA INTERNACIONAL E DEFESA
DO ESTADO        L I S B O A

Em aditamento ao offício n.º 1.206/264, confidencial,
de 9 de Agosto p.p., rogo a V.Exa. se digne mandar proceder à apreensão do livro "Viagem" (Checoslováquia-
-U.R.S.S.)", da autoria de Graciliano Ramos, e do qual
é depositária a Livraria Rodrigues, da Rua do Ouro,
nesta cidade.
Lisboa, 7 de Setembro de 1955.

A Bem da Nação

O DIRECTOR

Mandado de apreensão de exemplares do livro *Viagem* (Diretoria dos Serviços de Censura, "Aditamento ao Ofício 1.206/264", Lisboa, 7 set. 1955, Torre do Tombo, Arquivo do SNI, Direção dos Serviços de Censura, 730, c0002).

De fato, Graciliano teve um único livro proibido em Portugal[67]: o volume póstumo *Viagem*. A partir da leitura desse relato da ida do artista alagoano à Checoslováquia-URSS, o censor pontuava que "o autor é comunista e que o livro não pode deixar de ter sido elaborado com o fim expresso da propaganda respectiva. / Sou, pois, de parecer que seja proibido"[68]. Depois desse parecer datado de agosto de 1955, por mais que não se tratasse de um testemunho apologético ou propagandístico[69], a obra em questão é interdita, e os exemplares dela que constavam do estoque da Livraria Rodrigues de Lisboa, apreendidos.

## ULISSEIA E S. BERNARDO

Depois do acordo não consumado com a Livros do Brasil, da morte de Graciliano Ramos (que acontece em março de 1953) e do caso da censura à *Viagem*, tem-se, enfim, no ano de 1957, a publicação da primeira obra do escritor alagoano feita em Portugal, fato que se dá quase uma década depois das edições portuguesas de Erico Verissimo e Jorge Amado. Trata-

67. Nos arquivos do SNI presentes na Torre do Tombo, no caso de Graciliano, além do parecer ao livro *Viagem*, há ainda o registro de relatórios de censura referentes às obras *Vidas Secas*, datado de 1955; *Caetés* e *Angústia*, ambos de 1967; e *Memórias do Cárcere*, nos anos de 1955 e 1966. Desses, apenas o último se encontra disponível. De modo sumário, o censor aprova a circulação do relato memorialístico do escritor comunista: "É um livro muito pessoal em que o autor nos descreve a sua vida, a sua compreensão da humanidade e o seu conceito sobre a divisão entre Bem e Mal. Encarcerado, levado de um lado para outro, descreve-nos as suas observações e as suas desventuras. Na sua prosa não aparece nada que levante qualquer objeção. / Proponho portanto que este livro seja 'autorizado a circular no país'" (Estevão Martins, Relatório n. 7883 relativo ao livro *Memórias do Cárcere* de Graciliano Ramos, Lisboa, 19 set. 1966, Torre do Tombo, Arquivo do SNI, Direção dos Serviços de Censura, 35, 7, 7883, m0583).
68. Cândido de Azevedo, *Mutiladas e Proibidas – Para a História da Censura Literária em Portugal nos Tempos do Estado Novo*, Lisboa, Editorial Caminho, 1997, p. 204.
69. Conforme descreve Dênis de Moraes, na viagem de Graciliano à Checoslováquia-URSS, embora não demonstrasse desconfiar das conquistas socialistas, o escritor fez várias perguntas impertinentes aos mais variados agentes do governo soviético, mostrando-se insatisfeito com os dados oficiais que lhe eram ofertados (Dênis de Moraes, *O Velho Graça – Uma Biografia de Graciliano Ramos*, São Paulo, Boitempo, 2012, pp. 272-279). Além disso, ainda que reverenciasse Stalin, Graciliano não o endeusava. Nesse sentido, Ricardo Ramos pondera: "Basta comparar o retrato que fez dele em *Viagem* com a apologia feita por outros escritores comunistas. Jamais chamou Stalin de pai, mestre ou guia" (*idem*, pp. 275-276).

-se do livro *S. Bernardo* em trabalho realizado pela editora Ulisseia. Essa casa editorial foi fundada em 1946 por iniciativa de Luís Reis Santos, pesquisador e crítico de arte, que depois cede sua quota a Joaquim Figueiredo de Magalhães, então sócio da Édipo, empresa esta que se notabilizou nos anos 1950 pelo sucesso da coleção policial de bolso Escaravelho de Ouro[70]. Enquanto "rosto" da Ulisseia, Figueiredo de Magalhães procurava aliar a arte da edição (entre os primeiros trabalhos da casa estava *Da Famosa Arte da Imprimição*, de Américo Cortês Pinto, livro lançado em 1948)[71], arrojo comercial (a editora esteve entre as primeiras de Portugal a participarem da Feira do Livro de Frankfurt)[72] e qualidade literária das obras selecionadas (do "Conselho de Leitura" da Ulisseia, faziam parte, entre outros, Branquinho da Fonseca, Casais Monteiro, Jorge de Sena e João Gaspar Simões)[73].

*S. Bernardo* veio a fazer parte da coleção Atlântida, que reunia autores hispano-americanos, portugueses e brasileiros. Graciliano Ramos é o primeiro de nossos artistas a figurar na coleção, cujo primeiro volume coube ao livro *Viragem*, de Castro Soromenho, curiosamente o intelectual que havia intermediado a tentativa infrutífera de inclusão do romancista alagoano no catálogo da Livros do Brasil. Entre os nomes nacionais que também figuraram na Atlântida, consta o de Dinah Silveira de Queiroz, com o seu *Floradas na Serra*. Em entrevista ao *Diário de Notícias* em dezembro de 1958, a escritora, que então havia regressado do lançamento desse livro em Portugal, assinalava que ele atingira por lá a casa dos 100 mil exemplares editados[74]. Esse dado expressivo mostra que a Ulisseia trabalhava com grandes tiragens, o que, em certo sentido, favorecia a difusão das obras dos autores brasileiros que integravam a coleção Atlântida.

---

70. Nuno Miguel Ribeiro de Medeiros, *Edição e Editores – O Mundo do Livro em Portugal, 1940-1970*, Lisboa, Imprensa de Ciências Sociais, 2010, p. 79.
71. Catarina Portas, "O Último Livro da Ulisseia s.f.f.", *Público*, 3 dez. 2008, disponível em <https://www.publico.pt/culturaipsilon/noticia/o-ultimo-livro-da-ulisseia-sff-217736>, acesso em 20 fev. 2016.
72. Nuno Miguel Ribeiro de Medeiros, *Edição e Editores – O Mundo do Livro em Portugal, 1940-1970*, Lisboa, Imprensa de Ciências Sociais, 2010, p. 104.
73. Catarina Portas, *op. cit.*
74. "Sucesso Dá Lição de Humildade", *Diário de Notícias* (Rio de Janeiro), 6 dez. 1958, p. 1 (Segunda Seção).

Capa de *S. Bernardo*, de Graciliano Ramos, terceiro volume da coleção Atlântida, da editora Ulisseia, e primeira obra de Graciliano Ramos editada em terras portuguesas. Marcelino Vespeira, figura de referência do movimento surrealista em Portugal, assina a arte da capa.

Os moldes do acordo comercial proposto a Graciliano, provavelmente, devem ter obedecido aos mesmos parâmetros que foram oferecidos a João Guimarães Rosa. Em outubro de 1957, Figueiredo de Magalhães, por indicação da José Olympio, endereça ao autor de *Sagarana* a seguinte oferta:

[...] para uma primeira edição de três mil exemplares, para venda exclusiva em Portugal, o pagamento correspondente à percentagem de 10% sobre o preço de capa, pagável em cheque sobre Nova Iorque; a percentagem de 12% sobre cada mil exemplares a mais, ou futuras edições.

116 • GRACILIANO NA TERRA DE CAMÕES

No caso de acordo por parte de V. Sª., agradecíamos o favor de nos informar se estaria disposto a ceder, para já, a obra *Grande Sertão: Veredas*, cujo exemplar pedimos nesta mesma data à referida Livraria José Olympio para definitivo estudo[75].

Em carta de resposta, Guimarães Rosa aceita as condições apresentadas inicialmente pela direção da Ulisseia. Todavia, como durante mais de três anos não obtém retorno de Figueiredo de Magalhães, acerta, por intermédio do intelectual brasileiro Thiers Martins Moreira, a publicação de parte de sua obra pela Livros do Brasil. Por essa casa editorial, em 1961, sai *Sagarana*; em 1964, *Miguilim e Manuelzão*; em 1965, *A Aventura nos Campos Gerais*; e, em 1966, *Noites do Sertão*.

Curioso observar como os caminhos de Guimarães e Graciliano se opõem quanto à edição de suas obras em Portugal. Um recebe uma proposta de Figueiredo de Magalhães, mas teve a obra publicada pela Livros do Brasil. Ao outro chega uma oferta de Sousa Pinto, mas *S. Bernardo* acaba saindo postumamente pela Ulisseia.

E voltando à edição portuguesa desse último livro, na orelha do volume, apresentam-se alguns dados biobibliográficos de Graciliano, que naquele momento, seja no Brasil, seja em Portugal, já desfrutava de uma posição proeminente:

Em *S. Bernardo*, que a Ulisseia se honra de apresentar em edição portuguesa, Graciliano atingiu pela fixação de personagens, pela objetividade narrativa, um lugar indisputado na literatura brasileira, que posteriormente *Angústia* e *Vidas Secas* confirmaram. [...] Com a sua morte em março de 1953, a língua portuguesa perdeu um dos escritores que mais a engrandeceram e dignificaram.

Por méritos artísticos, portanto, Graciliano havia atingido "um lugar indisputado na literatura brasileira" e, para além de tal posição no cenário nacional, seu desaparecimento físico apenas tornou mais saliente sua condição de um dos escritores que mais "engrandeceram e dignificaram"

---

75. Joaquim Figueiredo de Magalhães, "Carta a João Guimarães Rosa", Lisboa, 30 out. 1957, documento pertencente ao Arquivo IEB/USP, Fundo João Guimarães Rosa (Código de referência: JGR-CE-06,108).

o idioma como um todo. Em linhas gerais, juízos valorativos como os expressos nesse rápido paratexto fazem ecoar lugares-comuns da crítica que vão se consolidando em torno do artista alagoano tanto aqui quanto em terras portuguesas. Cabe agora, de modo mais específico, examinar as camadas discursivas que foram se acumulando no transcorrer da recepção da obra de Graciliano em Portugal ao longo dos anos 1930 e 1940, trajetória essa que culminou com as edições portuguesas das obras do artista alagoano nos anos 1950 e nas décadas subsequentes[76] e, por sua vez, com a própria sedimentação de seu nome no panorama geral das literaturas em língua portuguesa.

---

76. As balizas da presente pesquisa restringem-se até os anos 1950. Todavia, convém ao menos passar rapidamente em revista a trajetória editorial da obra de Graciliano Ramos em Portugal, depois da publicação de *S. Bernardo* pela Ulisseia. Em 1960, na coleção contemporânea da Portugália Editora, sai *Vidas Secas*, com prefácio de Jorge Amado, texto em que o romancista baiano procura estabelecer conexões entre o homem e o artista Graciliano. Pela Portugália, são ainda publicados *Angústia*, em 1962; *Caetés*, em 1966; e *Memórias do Cárcere*, em 1970. As lembranças do tempo de cadeia também ganham uma edição do Círculo dos Leitores de Lisboa em 1974 e outra em 1983 da Europa-América. Por esta editora de Lyon de Castro situada em Mem Martins, saem ainda *Infância*, em 1964 (na coleção Os Livros das Três Abelhas); *Vidas Secas*, em 1982; *S. Bernardo*, em 1983; *Angústia*, *Caetés* e uma nova edição de *Infância* em 1984. Depois disso, a partir de 1991, a Caminho passa a editar, em capa dura, o conjunto da obra do escritor alagoano, desde *Caetés* até *Memórias do Cárcere* (vale destacar que os volumes póstumos lançados no Brasil pela Martins nos 1960 – *Linhas Tortas*, *Viventes das Alagoas*, *Alexandre e Outros Heróis* e *Cartas* – também faziam parte do ambicioso escopo inicial do editor, mas, depois de realizar pesquisas em diferentes acervos portugueses, não se tem notícia de que tais volumes tenham sido publicados). Por fim, em 2005, pela Cotovia tem-se uma nova edição de *S. Bernardo*, com posfácio de Abel Barros Baptista.

# Parte II
## Panorama da Recepção Crítica de Graciliano em Portugal nos Anos 1930 e 1940

# Capítulo 6

# Os Primórdios – Final dos Anos 1930

Em artigo publicado no periódico de orientação neorrealista *O Diabo*, em setembro de 1934, Ferreira de Castro assinalava o apelo social da nova geração de romancistas que, naquele momento, brotava no Brasil, terra até então vista como "ninho de parnasianos", que se distinguia "pelo lirismo de seus poetas e pelas pompas verbais de seus escritores"[1]. Entre os novos, destaque para Rachel de Queiroz, Jorge Amado, José Lins do Rego e Amando Fontes, artistas que focavam "o problema do trabalho, da luta do homem com a terra e da exploração a que ele está submetido"[2]. Nesse rol, Graciliano Ramos, que, então, já havia publicado *Caetés*[3] (1933) e *S. Bernardo*[4], bem como ganhava generosas resenhas na imprensa brasileira[5], não chega a ser referido.

---

1. Ferreira de Castro, "Literatura Social Brasileira", *O Diabo*, n. 10, 2 set. 1934, p. 5.
2. *Idem, ibidem.*
3. 1. ed. Rio de Janeiro, Schmidt Editor, 1933.
4. 1. ed. Rio de Janeiro, Ariel Editora Ltda., 1934.
5. Agripino Grieco, um dos críticos brasileiros com maior trânsito na crítica portuguesa, já havia destacado: "*Caetés* é um belíssimo trabalho, dos que mais me têm deliciado nestes Brasis, em qualquer tempo. Esse homem sequíssimo [vai] para o número [um] da 'minha gente', na minha biblioteca. Romance bem pensado, bem sentido, bem escrito e com o mínimo de romance possível [...]. A galeria de esquisitões é aqui das mais impressionantes, igualando em mérito a de certas páginas de Lima Barreto. Essas almas empoeiradas, enferrujadas, são da província, mas poderiam ser também de nossos subúrbios

# 122 • GRACILIANO NA TERRA DE CAMÕES

O contato de Ferreira de Castro com a obra de Graciliano ocorre somente alguns anos depois, como se pode perceber pela carta que dirige ao autor de *Angústia* em maio de 1937:

> Meu ilustre camarada:
> Jorge Amado teve a gentileza de me enviar, em vosso nome, um exemplar do *Caetés*. Dentro de alguns dias vou começar a ler este seu livro, com o carinho que me merece a literatura brasileira. Entretanto, quero retribuir a vossa gentileza enviando-vos um dos meus romances.
> Saúda-vos mui cordialmente
> Ferreira de Castro[6].

De fato, como indica a missiva, Jorge Amado atuara como embaixador da obra de Graciliano em Portugal. Ainda em 1934, remetera a primeira edição de *Caetés* para Ferreira de Castro, dedicando-a no lugar do romancista alagoano: "Para Ferreira de Castro, em nome do Graciliano Ramos, com a admiração dele". Jorge valeu-se do mesmo expediente para fazer com que o primeiro livro de seu colega brasileiro chegasse ao crítico José Osório de Oliveira. Na dedicatória que consta desse exemplar, que integra o acervo da Biblioteca de Letras da Universidade de Lisboa, o autor baiano repete a mesma

(Agripino Grieco, "Vida Literária – *Corja, Sinhá Dona* e *Caetés*", *O Jornal*, 4 fev. 1934). Jorge Amado, entre outros colegas de geração de Graciliano, também se manifesta de modo extremamente favorável à obra: "Realmente me assombrava no livro a secura, a sua justeza de construção, volume onde não há uma palavra inútil. Nenhum derramamento de linguagem e lirismo. Nenhum enfeite. Mas romance como o diabo" (Jorge Amado, "Nota sobre Graciliano Ramos", *Literatura*, Rio de Janeiro, dez. 1933). Pouco depois, *S. Bernardo* foi calorosamente acolhido pela crítica brasileira. Em levantamento realizado na imprensa da época, entre pequenas notas e críticas mais extensas, contemporâneas à aparição da obra, foram contabilizadas 26 ocorrências dando conta da publicação do livro. A grande maioria dos críticos tece elogios incondicionais à obra ou ao encaminhamento da produção romanesca do escritor. Na revista *Careta*, em 14 de setembro de 1935, por exemplo, Peregrino Júnior destacava: "O autor admirável dos *Caetés* e do *S. Bernardo* é um romancista autêntico, que, longe do Rio, sem fazer parte de igrejinhas literárias e sem ter camaradas na imprensa, conseguiu uma situação de prestígio, de admiração e de respeito nos melhores círculos intelectuais [...] é considerado uma das figuras centrais da jovem literatura" (Peregrino Júnior, "Sobre Graciliano Ramos e Gilberto Freyre", *Careta*, 14 set. 1935).

6. Ferreira de Castro, "Carta a Graciliano Ramos", Lisboa, maio 1937, documento pertencente ao Arquivo IEB/USP, Fundo Graciliano Ramos. Provavelmente, o escritor português faz menção ao envio a Graciliano da terceira edição de seu romance *Selva*, que consta da biblioteca do autor de *Caetés* que integra o acervo do IEB/USP.

construção textual, alterando apenas o nome do destinatário: "Para Osório de Oliveira, em nome do Graciliano Ramos, com a admiração dele".

De modo mais sistemático do que o autor de *A Selva*, o brasilianista Osório de Oliveira já dera início, em Portugal, ao enfoque do moderno romance brasileiro. Em *Espelho do Brasil* (1933), faz referência a *A Bagaceira*, de José Américo de Almeida, ressaltando como o êxito e a repercussão que esse livro alcançou seriam mostras de que nosso país estava à espera de obras literárias que contribuíssem para a definição de sua imagem[7]. No ano seguinte, em *Psicologia de Portugal*, em meio à notícia da farta produção literária brasileira, Osório de Oliveira destaca alguns romancistas que seriam capazes de compor páginas tão grandiosas como as de Machado de Assis:

> Será o *Doidinho*, de José Lins do Rego, inferior ao *Ateneu* de Raul Pompeia? O *João Miguel*, de Rachel de Queiroz, não é um retrato perfeito, digno de figurar entre as obras-primas do gênero? *Os Corumbas*, de Amando Fontes, não parece a obra dum mestre do romance social? *O Cacau*, de Jorge Amado, com todo o seu romantismo disfarçado, não se equipara aos especimenes do romance proletário que se faz hoje na Europa?[8]

Nessa inventariação atualizada da nova geração de romancistas brasileira que viria a impactar diretamente o neorrealismo português, feita pelo principal divulgador de nossa literatura em Portugal, o nome Graciliano também não está presente. Apesar de mais essa ausência do autor de *Angústia* no rol de autores catalogados pela crítica portuguesa, observa-se que não só a citação, mas o tratamento detido e o acompanhamento sistemático da produção de romancistas como Jorge Amado, Amando Fontes e José Lins do Rego em Portugal acontecem apenas alguns anos depois da publicação dos textos de Ferreira de Castro e José Osório de Oliveira, principalmente a partir de 1937. Tanto que em 1936, nas páginas de *O Diabo*, o renomado Adolfo Casais Monteiro sublinha a necessidade de estabelecer-se um efetivo intercâmbio cultural entre Brasil e Portugal. Segundo ele, nesse processo de aproximação, teriam papel destacado críticos e jornalistas de ambos os países, num cenário de ca-

---

7. José Osório de Oliveira, *Espelho do Brasil*, Lisboa, Empresa Nacional de Publicidade, 1933, p. 62.
8. José Osório de Oliveira, *Psicologia de Portugal*, Lisboa, Edições "Descobrimento", 1934, p. 115.

Folha de rosto de dois exemplares da primeira edição de *Caetés* (Rio de Janeiro, Schmidt, 1933), autografados por Jorge Amado em nome de Graciliano Ramos. O primeiro, à esquerda, foi endereçado a Ferreira de Castro e encontra-se no Museu Ferreira de Castro, e o segundo, à direita, a José Osório de Oliveira e faz parte do acervo da Biblioteca da Faculdade de Letras da Universidade de Lisboa.

OS PRIMÓRDIOS – FINAL DOS ANOS 1930 • 125

rência de meios de comunicação que se dedicassem, sobretudo, à expansão da cultura brasileira de modo regular e coerente na terra de Camões. E tal divulgação se fazia urgente, pois "está-se desenvolvendo atualmente no Brasil um período literário tão brilhante, que a sua irradiação não pode deixar de se fazer sentir entre nós. Mas tal irradiação mantém-se ainda, por assim dizer, na fase 'secreta', tendo atingido tão somente uma reduzida camada do público"[9].

Materializando essa proposta, coube ao próprio Casais Monteiro, nas páginas de O Diabo, realizar a primeira análise vertical da produção de um dos modernos escritores brasileiros. O nome escolhido foi o do autor de Cacau. "Um romancista como Jorge Amado e uma obra como Jubiabá são sinais dos tempos, e dizem-nos muito sobre a profunda renovação que se está dando na nossa época: humanização da literatura e alargamento das 'zonas de interesse' do escritor"[10]. Segundo o crítico, Jorge Amado estaria além de qualquer reducionismo populista e representaria a síntese da verdadeira "conscencialização artística"[11]. Em seguida, ainda em 1937, vieram textos de Alberto de Serpa e Albano Nogueira, respectivamente em Presença e Revista de Portugal, também sobre Jorge Amado[12]; e artigos de Guilherme de Castilho, Afonso Ribeiro e do presencista João Gaspar Simões sobre a obra de José Lins do Rego[13].

Mais especificamente, a figura do autor de Vidas Secas só passa a ganhar destaque em 1938, num contexto de acirramento dos debates em torno da função social da arte em Portugal, em que o romance brasileiro começou a

9. Adolfo Casais Monteiro, "Para um Verdadeiro Intercâmbio Cultural Luso-Brasileiro", O Diabo, n. 130, 20 dez. 1936, p. 1. Tendo em vista a consecução dessa empreitada, Casais Monteiro destaca que seria preciso conscientizar dois grupos: aqueles que acreditavam que o Brasil era uma província literária de Portugal, "cuja única função consiste em ler e imitar os escritores portugueses"; e aqueles que, embora considerando a autonomia intelectual brasileira, desconheciam o desenvolvimento atingido pela literatura da ex-colônia (idem, ibidem).

10. Adolfo Casais Monteiro, "Figuras do Novo Brasil – Jubiabá, de Jorge Amado ii", O Diabo, n. 145, 4 abr. 1937, p. 2.

11. Adolfo Casais Monteiro, "Figuras do novo Brasil – Jubiabá, romance de Jorge Amado", O Diabo, n. 142, 14 mar. 1937, p. 2.

12. Alberto de Serpa, "Mar Morto", Presença, n. 49, jun. 1937. p. 14; e Albano Nogueira, "Capitães da Areia, por Jorge Amado", Revista de Portugal, n. 2, jan. 1938, pp. 322-324.

13. Guilherme de Castilho, "Pureza, por José Lins do Rego", Revista de Portugal, n. 2, jan. 1938, pp. 324-326; Afonso Ribeiro, "Pureza – Romance de José Lins do Rego", Sol Nascente, n. 17, 15 out. 1937, p. 7; e João Gaspar Simões, "Pureza, de José Lins do Rego, e Alma do Brasil, de João de Barros", Diário de Lisboa, 19 ago. 1937, p. 4, Suplemento Literário.

fornecer combustível para os embates travados entre neorrealistas (artistas "mais novos", agrupados em torno dos periódicos *O Diabo, Seara Nova, Sol Nascente*, entre outros) e presencistas (autores da geração anterior que se entrincheiravam, sobretudo, nas páginas da tradicional revista coimbrã *Presença*). Enquanto os primeiros preconizavam uma literatura mais engajada e documental, devotada aos problemas sociais e econômicos do conturbado momento histórico em questão, os segundos, já estabelecidos no cenário literário português, privilegiavam dramas subjetivos e espirituais, e foram rotulados como defensores da "arte pela arte". Ao passo que os primeiros abraçaram o romance brasileiro e o alçaram à condição de ponta de lança, os segundos adotaram uma postura mais crítica e analítica que tendia a rebaixar a produção de autores como Erico Verissimo, Jorge Amado e José Lins do Rego, num cenário de acréscimo da participação do livro brasileiro no mercado editorial português.

Obviamente, como se verá, apresentam-se aqui dois polos extremos no que diz respeito à valoração ou não do romance brasileiro por parte da crítica portuguesa. Os posicionamentos dos diferentes críticos apresentam gradações e especificidades[14]. Se Mário Dionísio, o mais influente crítico neorrealista, rebaixa os livros *Cacau* e *Suor* de Jorge Amado, pois, neles, o social se sobreporia à lógica interna do romance, fazendo com que os personagens agissem tão somente segundo as intenções do artista baiano[15], Casais Monteiro, um dos diretores de *Presença* a partir de 1932, vai exaltar, como visto acima, o "realismo lírico" do autor de *Jubiabá*, cuja proposta permitiria superar o dilema entre psicologismo (interno) e realismo (externo).

---

14. Luís Bueno, "O Romance Brasileiro na Visão de Dois Críticos Portugueses", em Maria João Marçalo *et al.* (orgs.), *Língua Portuguesa: Ultrapassar Fronteiras, Juntar Culturas*, Évora, Universidade de Évora, 2010, disponível em <http://www.simelp2009.uevora.pt/pdf/slt56/06.pdf>, acesso em 10 abr. 2018.

15. Em referência a *Cacau* e *Suor*, assinala Mário Dionísio: "Os personagens mexem-se a bel prazer do autor, embora tudo se passe em plena realidade (talvez demasiada). Temos a noção de a cada passo de estar a ler um panfleto documentado. Trata-se de documentar uma opinião. [...] Ora o romance não deve ser um discurso de parlamento, qualquer coisa como uma grande tirada retórica, salvo as devidas distâncias". Aponta a confusão entre realismo e realidade na linguagem empregada pelo autor baiano, quando este se propõe a reproduzir, ou melhor, "arquivar", o modo de falar dos grupos sociais representados (Mário Dionísio, "A Propósito de Jorge Amado II", *O Diabo*, n. 165, 21 nov. 1937, p. 7).

OS PRIMÓRDIOS – FINAL DOS ANOS 1930 • 127

Nesse cenário, o interesse pelo romance brasileiro cresce exponencial-mente. O mesmo Casais Monteiro, que, em 1936, apregoava a necessidade de se estabelecer um verdadeiro intercâmbio intelectual entre Portugal e Brasil, dizia ao final de 1938: "Foi a nova literatura brasileira que nos conquistou. O mesmo é dizer que não se trata de uma simpatia teórica do gênero das habituais manifestações de amizade luso-brasileiras, mas dum real interesse provocado por uma realidade viva"[16]. Destaque, como já manifestara ante-riormente, para a figura de Jorge Amado e ainda para José Lins do Rego. O que ainda dificultaria a divulgação efetiva e em larga escala dos livros brasi-leiros em Portugal seria o preço proibitivo das obras importadas[17]. Todavia, já se podiam ler na imprensa portuguesa ensaios, artigos e notas críticas que mostravam boa vontade e a tentativa de autêntica compreensão.

A produção portuguesa dedicada à vida intelectual brasileira crescera tan-to a partir de 1938, que Casais Monteiro, o mesmo defensor do estreitamento de laços entre os dois países, rebaixa o papel desempenhado por *Esfera*, re-vista carioca que se arrogava a condição de autêntico órgão de "intercâmbio luso-brasileiro"[18]. Segundo ele, tal periódico não só publicava pouquíssima colaboração de escritores portugueses, "como essa colaboração, dado o seu caráter fragmentário umas vezes, inferior outras, nada pode dizer aos brasi-leiros do que somos – ou só serve para os enganar...". Para o crítico presen-cista, o grande problema da representação lusa nesse periódico diria respeito à figura do responsável pela empreitada: Afonso de Castro Senda, "uma pes-soa sem espírito crítico", que não sabia sintetizar o panorama da literatura portuguesa, bem como se revelava "analfabeto". Sem defender o mérito de *Esfera*, Mário de Andrade rebate Casais Monteiro ao afirmar que este teria cometido a injustiça de sobrestimar o papel de *Esfera* e de esquecer o papel

16. Adolfo Casais Monteiro, "Estado Presente do Intercâmbio Cultural Luso-Brasileiro", *Presença*, ano 1, vol. 3, n. 53-54, nov. 1938, p. 29.
17. Diante desse quadro, o crítico lança uma sugestão aparentemente óbvia, que depois seria levada adian-te pela Editora Livros do Brasil, como se verá no transcorrer deste trabalho: "Por que não se editariam então em Portugal certos livros brasileiros que, está provado, têm despertado entre nós tamanho inte-resse?" (*idem, ibidem*).
18. E assim era vista em Portugal. Entre outras folhas literárias de cariz neorrealista, *Sol Nascente* assim se referia à *Esfera*: "órgão de aproximação luso-brasileira cuja ação útil já se tem feito sentir no estreita-mento das relações culturais entre os dois países" (*Sol Nascente*, n. 42, 15 jan. 1940, p. 13).

de aproximação atlântica então realizado pela *Revista do Brasil*, cujo último número (de janeiro de 1939) conteria mais colaborações de portugueses (José Régio, João Gaspar Simões e do próprio Casais Monteiro, entre outros) do que de brasileiros[19].

Tendo como redatora-chefe Sylvia de Leon Chalreo, *Esfera: Revista de Letras, Artes e Ciências*, como não poderia deixar de ser, privilegiava os assuntos descritos em seu próprio subtítulo, na ordem em que estes eram apresentados: literatura (crítica e material ficcional inédito), artes em geral (cinema, pintura, teatro etc.), além de textos sobre história, folclore e saúde, entre outros. Em seu corpo de redatores estavam Graciliano Ramos, José Lins do Rego, Jorge Amado, Santa Rosa e o já referido português Afonso de Castro Senda. De vocação cosmopolita, viés inscrito em seu próprio nome, tal publicação contou com intensa colaboração portuguesa. Circulou mensalmente em seus seis primeiros números, de maio a outubro de 1938, período no qual se contabilizam 57 artigos, poemas, desenhos ou outros originais de 26 autores portugueses[20]. Em seguida, *Esfera* passa a apresentar uma periodicidade mais acidentada: o número previsto para o mês seguinte sai apenas em dezembro. Depois, tem-se o hiato de um ano e, mais adiante, observa-se um grande salto: o próximo número encontrado, tanto em acervos brasileiros como em portugueses, é apenas de março de 1944 (ano 3, n. 9). Nesse momento, Graciliano ainda figura entre os redatores da folha literária, apesar de não ser detectada a publicação de nenhum texto de sua autoria. *Esfera* segue, com intervalos e mudanças, até maio de 1950 (n. 24).

Entre os colaboradores de *Esfera*, encontrava-se, curiosamente, o próprio Casais Monteiro, que participara do terceiro número da publicação, saído em julho de 1938. Por meio do extenso artigo "Esquema para um Ensaio sobre 'A Arte como Criação Livre e Inalienável'", defende que as produções artísticas deveriam brotar de necessidades profundas dos homens, e não das demandas em torno desta ou daquela causa: "Se a arte fosse imitação,

---

19. Mário de Andrade, "Uma Suave Rudeza", *O Empalhador de Passarinho*, São Paulo, Martins; Brasília, INL, 1972, pp. 66-67. Texto publicado inicialmente no jornal *Diário de Lisboa*, em 20 de julho de 1939.

20. Luís Crespo de Andrade, "Um Rasgo Vermelho sobre o Oceano: Intelectuais e Literatura Revolucionária no Brasil e em Portugal", em Lucia Maria Paschoal Guimarães, *Afinidades Atlânticas: Impasses, Quimeras e Confluências nas Relações Luso-Brasileiras*, Rio de Janeiro, Quartet, 2009, p. 225.

OS PRIMÓRDIOS – FINAL DOS ANOS 1930 • 129

é bem compreensível que se lhe pudesse estabelecer um programa, moral, social ou político [...] Ora, só na medida em que ela é uma das expressões da liberdade do artista resulta forma superior de cultura"[21]. Tal contribuição de cunho presencista, somada a um e outro texto ficcional de José Régio[22], colore *Esfera* com certo ecletismo na medida em que contrasta, sobretudo, com a postura de Afonso de Castro Senda, de fato Afonso de Castro Moreira, defensor de uma literatura mais engajada. Ex-secretário de redação de *Sol Nascente* e responsável, na publicação brasileira, pela seção "Documentário Cultural Português", procurava dar conta de descrever a polarização que tomava conta do cenário literário português. Mais especificamente, privilegiava o ponto de vista dos neorrealistas lusos, preconizando que caberia ao intelectual se integrar no mundo, apreendendo os dramas da realidade para além de qualquer atitude contemplativa[23]. De modo parcial, atrelava tal bandeira à pujança da literatura brasileira, tomada como modelo a ser seguido[24].

A sobrevalorização do papel de *Esfera* por parte de Casais Monteiro e o voluntário esquecimento de outros periódicos que trabalhavam na promoção da literatura portuguesa por aqui (não só a *Revista do Brasil*, mas também *Dom Casmurro, Boletim de Ariel, Vamos Ler!*, entre outras)[25] têm uma base concreta. Tal folha literária foi distribuída em Portugal pela Livraria J. Reis & Silvas, do Porto, que a colocou nas livrarias principais de Lisboa, Coimbra e

---

21. Adolfo Casais Monteiro, "Esquema para um Ensaio sobre 'A Arte como Criação Livre e Inalienável'", *Esfera*, ano 1, n. 3, jul. 1938, p. 19.

22. José Régio, "A Velha Casa" (Romance em Preparação), *Esfera*, ano 1, n. 1, maio 1938, pp. 41-44.

23. Afonso de Castro Senda, "Documentário Cultural Português – v", *Esfera*, n. 4, set. 1948, p. 65.

24. *Idem, ibidem.*

25. Com relação à *Revista do Brasil*, tal periódico recebeu artigos e textos literários de José Régio, João Gaspar Simões, José Osório de Oliveira, Hernani Cidade, Manuel Anselmo, José Rodrigues Miguéis, do próprio Casais Monteiro, entre outros. Conforme destacou o também colaborador Nuno Simões, nas páginas da própria publicação, "[...] não sei se a *Revista do Brasil* tem no nosso país muitos leitores. Penso que os devia ter pela qualidade e variedade das colaborações e pelo interesse que a cultura portuguesa lhe tem merecido e que outorga a Otávio Tarquínio de Sousa direito ao reconhecimento dos intelectuais e dos simples leitores portugueses" (Nuno Simões, "Bibliografia Brasileira", *Revista do Brasil*, vol. IV, n. 32, fev. 1941, pp. 103-104, *apud* Tania Regina de Luca, *Leituras, Projetos e (Re)vistas do Brasil (1916-1944)*, São Paulo, Editora Unesp, 2011, p. 208).

Porto[26]. Sua disseminação em nossa antiga metrópole pode ser atestada pela presença constante de coleções de *Esfera* nos mais diferentes acervos portugueses. Diante desse quadro, pode-se inferir que ela, apesar das usuais dificuldades do intercâmbio cultural entre Portugal e Brasil, tinha considerável circulação em solo lusitano. Não só os exemplares impressos de *Esfera*, mas textos que eram dela pinçados e republicados em diferentes periódicos portugueses, sobretudo em páginas culturais dos "mais novos", que pipocavam em jornais provincianos de Norte a Sul de Portugal[27]. Prova disso se encontra na própria difusão da obra de Graciliano Ramos por lá. Um dos primeiros textos com sua assinatura a ser publicado na imprensa portuguesa foi a crônica "Um Anúncio", estampada no número de estreia de *Esfera*[28] e republicada em *O Trabalho – Semanário Republicano*, de Viseu, especificamente na seção "Página da Gente Moça"[29].

Considerando-se esse esboço da participação de *Esfera* no cenário literário português, pode-se afirmar que o primeiro texto crítico sobre a obra de Graciliano a ter ressonância em Portugal, por mais que não se dirigisse explicitamente ao público lusitano, foi publicado nas páginas dessa revista.

---

26. Luís Crespo de Andrade, "Um Rasgo Vermelho sobre o Oceano: Intelectuais e Literatura Revolucionário no Brasil e em Portugal", em Lucia Maria Paschoal Guimarães, *Afinidades Atlânticas: Impasses, Quimeras e Confluências nas Relações Luso-Brasileiras*, Rio de Janeiro, Quartet, 2009, p. 224.

27. Destaque para os semanários *O Trabalho*, de Viseu; *Renovação – Pela Terra, pelo Estado Novo*, de Vila do Conde; e *Independência d'Águeda*, Águeda.

28. Graciliano Ramos, "Um Anúncio". *Esfera*, ano 1, n. 1, maio 1938, p. 7. Texto recentemente publicado em Graciliano Ramos, *Garranchos*, organização, introdução e notas de Thiago Mio Salla, Rio de Janeiro, Record, 2012, pp. 175-178.

29. Este semanário e a revista brasileira apresentavam uma relação íntima. "No intuito de facilitarmos aos nossos leitores um mais amplo conhecimento do atual panorama literário do Brasil, aceitamos pedidos de assinatura para esta nova publicação luso-brasileira. Qualquer assunto relativo à *Esfera* deve ser diretamente tratado na redação da 'Página da Gente Moça'" ("Esfera", *O Trabalho – Semanário Republicano*, 7 abr. 1938, p. 5). Alguns meses depois, nova nota dava conta do segundo número de *Esfera* e destacava: "É representante, em Portugal, o nosso camarada Afonso de Castro Senda. Qualquer assunto relativo à *Esfera* deve ser diretamente tratado com este nosso amigo para: Livraria J. Reis & Silvas, Praça dos Loios, 33, Porto". A crítica ao artigo de Casais Monteiro desabonador de *Esfera* se faz ecoar em *O Trabalho*: "*Esfera* foi vítima da má digestão do Dr. Casais Monteiro. Chamou-lhe de pseudo-órgão de intercâmbio luso-brasileiro; – e isto por quê?. Simplesmente, *Esfera* é principalmente colaborada por novos – e novos de valor, diga o que disser o Dr. Casais Monteiro – que vivem alheios a certas panelinhas literárias, e que não têm em qualquer gaveta um canudo de lata..." ("Éditos", *O Trabalho – Semanário Republicano*, 9 mar. 1939).

OS PRIMÓRDIOS – FINAL DOS ANOS 1930 • 131

Trata-se do artigo "*Vidas Secas* de Graciliano Ramos", de autoria de Eneida de Moraes[30], que foi estampado no número de estreia de *Esfera*, em maio de 1938. Nesse escrito, bem ao sabor de textos mais doutrinários sobre o neorrealismo dos anos de 1930, a autora atrela o valor de uma obra de arte à capacidade de ela ser uma "expressão real de vida", executada por artistas incapazes de viverem isolados, "dentro de si, só para si"[31]. Em chave utilitarista, que acaba por restringir a boa literatura à noção de cópia do real (espelho da vida dos autores que se emaranhavam às "multidões ativas"), enfatiza que a trajetória das mazelas de Fabiano e família se afirmava aos olhos dos leitores contemporâneos, pois nada na história se perdia: "Tudo é vida, profundamente vida real, vivida"[32].

Nesse mesmo diapasão, tem-se o primeiro texto publicado em Portugal a dar conta da produção de Graciliano até o final dos anos 1930: trata-se da crônica "Panorama Literário do Brasil v", publicada em *O Diabo*, em 5 de junho de 1938, por Afonso de Castro Senda, não por acaso, como já se indicou, representante da revista *Esfera* em Portugal. Antes de adentrar propriamente nas obras de Graciliano, de modo análogo ao que fizera Eneida, o crítico português defende que a capacidade da arte de transpor as contingências temporais não prescinde da representação do real, muito pelo contrário. Logo de saída, retomada a querela com os presencistas, nomeadamente com José Régio:

---

30. Eneida de Moraes (1904-1971): Jornalista e escritora paraense vinculada ao Partido Comunista do Brasil (PCB). Companheira de prisão de Graciliano, foi retratada pelo artista alagoano nas *Memórias do Cárcere* (1953): "Quem seria a criatura feminina de pulmões tão rijos e garganta macha? [...] Foi Valdemar Bessa quem me satisfez a curiosidade: a mulher de voz forte era Eneida. E apertava-se uma dúzia delas na sala 4. Olga Prestes, Elisa Berger, Cármen Ghioldi, Maria Werneck, Rosa Meireles, outras" (Graciliano Ramos, *Memórias do Cárcere*, 4 vols., Rio de Janeiro, José Olympio, vol. 2, 1953, pp. 29-30). Num depoimento, Eneida declarou que Graciliano tivera participação direta em sua carreira de escritora: "O velho Graça encheu-me de entusiasmo. Aconselhou-me tanto que o conto quase perturba a minha vida. Seu estímulo fez-me escrever outros, e ainda incluiu-me numa antologia de autores brasileiros" (Dênis de Moraes, *O Velho Graça*. São Paulo, Boitempo, 2012, p. 194). Nessa fala, a escritora faz referência a seu conto "O Guarda-Chuva", recolhido na obra *Contos e Novelas: Seleção de Graciliano Ramos*, 3 vols, Rio de Janeiro, Casa do Estudante do Brasil, vol. 1 [*Norte e Nordeste*], 1957.
31. Eneida de Moraes, "Vidas Secas de Graciliano Ramos", *Esfera*, n. 1, maio 1938, p. 27.
32. *Idem, ibidem*. Este texto de Eneida sobre Graciliano será referido em *O Diabo*, pelo já mencionado Afonso de Castro Senda (v. Afonso de Castro Senda, "Panorama Literário do Brasil vi", *O Diabo*, n. 196, 26 jun. 1938, p. 5).

Inicialmente devemos abstrair a ideia, perfilhada por alguns dos defensores da chamada arte pura, de que, quando se fala numa arte na qual se agitem os problemas sociais do tempo, é assim uma espécie de reportagem de jornal noticioso. A ideia é demasiado ilógica, se não quisermos dizer sofística, para que mereça ser posta em discussão[33].

Partindo desse pressuposto, Afonso de Castro Senda destaca que a "literatura brasileira", em pleno florescimento em seu contexto enunciativo, era um "flagrante de realidade" capaz de transpor, como fenômeno literário, o seu momento. Entre os cultores da arte literária no Brasil, exalta a figura de Graciliano, "escritor de características essencialmente introspeccionistas". Tal perspectiva, por sua vez, no caso específico do romancista alagoano, não debandaria para o suposto egocentrismo presencista, mas sim para a penetração e revelação psicológica das personagens, considerando-se o objetivo último do autor de reproduzir a "Vida".

No conjunto de seus nove artigos intitulados "Panorama Literário do Brasil", que foram estampados em *O Diabo* ao longo de todo o ano de 1938, Afonso de Castro Senda já havia abordado a figura de Graciliano Ramos em outras oportunidades. Em linhas gerais, procura ressaltar a especificidade do subjetivismo do romancista alagoano, que, longe de o afastar do mimetismo reivindicado pelos neorrealistas, conferia-lhe profundidade em seu caminhar pelos porões da realidade. No texto de abertura da série, Senda refere-se ao autor de *Caetés* como um "esquizoide, cheio de original talento, a quem se deve a inauguração do romance vertical do Brasil"[34]. Em outro momento, considera *Angústia* como a representação máxima do romance moderno, obra desprovida do "egoísmo atroz", da "fuga irremediável", da "superautocontemplação". "Nela há vida, – devir, há contato, há mundo –, há, enfim, homem-coletivo"[35]. Nesse ponto, o intimismo de Graciliano é contraposto ao de José Régio, poeta, romancista e um dos fundadores da revista *Presença*: "Enquanto para Régio, que é também um esquizoide do mesmo tipo, o mun-

---

33. Afonso de Castro Senda, "Panorama Literário do Brasil v", *O Diabo*, Lisboa, n. 193, 5 jun. 1938, p. 2.

34. Afonso de Castro Senda, "Panorama Literário do Brasil – Sobre Escritores que Ainda não Foram Ditos", *O Diabo*, n. 171, 2 jan. 1938, pp. 7-8.

35. Afonso de Castro Senda, "Panorama Literário do Brasil ii", *O Diabo*, n. 180, 6 mar. 1938, p. 8.

OS PRIMÓRDIOS – FINAL DOS ANOS 1930 • 133

do é ele o seu 'metro e meio', para Graciliano Ramos o mundo é ele e os outros homens. Vivendo cada um em si, vive cada um em todos e para todos"[36].
O crítico ressalta não só a verticalização promovida pelo autor, mas o trabalho ficcional em prol da correspondência entre forma e conteúdo, algo que
seria escancarado em *Vidas Secas*: "O grandioso aqui reside na ausência total
de adornos, na força do incomposto! Quadro em que só a aridez fala, só o
mutismo ambiente grita. Um cão e quatro figuras humanas – sem detalhe:
num pedaço de terra sem detalhe"[37].

O valor atribuído a *Vidas Secas*, romance então recém-lançado no Brasil,
mas que já encontrava acolhida favorável em Portugal, ganha outros matizes,
ainda em chave neorrealista, sob a pena de Abel Salazar. No artigo "Millet e
Graciliano Ramos", publicado em *Esfera* (n. 4, ago. 1938)[38], este pintor e escritor português procura, pela chave do comparatismo intersemiótico, aproximar a obra que mais admira da moderna literatura brasileira à produção
engajada do artista plástico francês Jean-François Millet (1814-1875):

> Quem quer que leia páginas críticas sobre *Vidas Secas* pensa automaticamente
> em Millet; quem quer que leia qualquer ensaio, artigo ou crítica sobre Millet, pensa
> automaticamente em *Vidas Secas*: por tal forma uma comunidade profunda existe
> no sentimento e na expressão das duas obras. [...] Quase toda a obra de Millet é,
> em suma, *Vidas Secas*. Erguendo-se por vezes ao sublime, ele paira, em geral, preci-
> samente ao mesmo nível que Graciliano; por tal forma que a obra de Millet se diria
> a expressão pictórica de Graciliano como a de Graciliano, em *Vidas Secas*, se diria a
> expressão literária de Millet[39].

Millet, artista com interesses sociais bem claros, um dos fundadores do
Realismo de Barbizon[40], notabilizou-se por ter colocado, pela primeira vez, o

---

36. *Idem, ibidem.*
37. Afonso de Castro Senda, "Panorama Literário do Brasil VI", *O Diabo*, n. 196, 26 jun. 1938, p. 5.
38. Abel Salazar, "Millet e Graciliano Ramos", *Esfera*, n. 4, ago. 1938, pp. 13-16. Texto republicado em
   *Vértice*, n. 117, vol. 13, maio 1953, pp. 295-299. Documento pertencente ao Arquivo IEB/USP, Fundo
   Graciliano Ramos (Código de referência: GR-MT-10, Caixa 034).
39. Abel Salazar, *op. cit.*, p. 13.
40. Escola paisagista que se desenvolve na França a partir de 1830. Foi batizada com o nome de uma aldeia
   na orla da floresta de Fontainebleu, lugar para onde Théodore Rousseau e outros jovens pintores haviam se retirado com o intuito de renovar a pintura de paisagens. Pautava-se pela recusa do ambiente

lavrador como protagonista de uma representação pictórica, como um "herói moral"[41]. Nesse processo teria desbastado sua obra de todo elemento pitoresco, de todo supérfluo, para representar o homem que "pensa e sente, sem imagens nem conceitos, frente ao seu próprio mistério"[42]. Graciliano, assim como seu aparente antecessor no campo da pintura, também teria se pautado pela condensação do drama humano, num cenário despido de qualquer florido ou sensual, focando apenas e somente na terra, céu, corpos, almas e luz...

Ao realizar essa aproximação, Abel Salazar procura tornar mais inteligível a obra do romancista brasileiro, enfatizando a perspectiva universal de seu trabalho, para além das contingências do momento histórico e das fronteiras nacionais. Subjaz a esse processo o realce do valor do romancista alagoano, equiparável a um dos grandes pintores modernos franceses, bem como a crítica àqueles que, em Portugal, rebaixavam a produção ficcional dos artistas brasileiros, enquanto meras reportagens destituídas de ossatura analítica e introspectiva. "E é porque Millet e Graciliano reduzem o drama à sua simplicidade, que atingem a grandeza humana e patética. O resto é retórica, retórica formal, literária, beletrista: retórica poética, teatral. O resto é poesia que o homem lança a seus próprios olhos."[43]

## O SILOGISMO COLONIALISTA DE JOÃO GASPAR SIMÕES: RESPOSTA AOS NEORREALISTAS

Ainda em sequência cronológica, todavia na contramão dos juízos sobre a obra de Graciliano Ramos passados em revista até aqui, avulta a crítica de João Gaspar Simões que tem por mote verrumar os três últimos livros do escritor alagoano publicados até então. Trata-se da longa recensão "Os Li-

---

"artificial" da cidade e pela busca por uma sociedade dita natural, que diferia em larga medida da sociedade burguesa urbana. Tais artistas procuravam, em certo sentido, estudar a atitude psicológica do homem moderno frente à natureza (Giulio Carlo Argan, *Arte Moderna*, 2. ed., tradução de Denise Bottmann e Federico Carotti, São Paulo, Companhia das Letras, 1992, pp. 60-61).

41. Giulio Carlo Argan, *op. cit.*, p. 71.

42. *Idem, ibidem.*

43. *Idem*, p. 14.

vros da Semana: *Angústia, S. Bernardo, Vidas Secas,* Romances por Graciliano Ramos", estampada no suplemento literário do *Diário de Lisboa,* em 1º de
setembro de 1938. Como se verá, os posicionamentos desse "mestre-escola"
presencista reforçam a hipótese de que a recepção da produção graciliana em
Portugal se insere num debate mais amplo em torno da função social da arte
que toma conta do ambiente literário lusitano a partir da segunda metade dos
anos 1930.

João Gaspar Simões, um dos fundadores da revista *Presença* e expoente,
em Portugal, da defesa da chamada "arte pela arte", colocava-se na linha de
frente nos embates contra o grupo neorrealista. Despertou grande polêmica
seu ensaio "Discurso sobre a Inutilidade da Arte"[44], em que considera como
característica germinal da produção artística o fato de ela ser "inútil": "não
há arte superior que não nos force a querer sermos mais ou menos do que
somos, não enquanto homens sociais, é evidente, mas enquanto homens
humanos, isto é, enquanto homens para quem os valores de humanidade
sobrelevam aos de sociedade"[45]. Nesse sentido, defende que os artistas, em
oposição aos cientistas, não trabalhariam na busca de certezas, mas, sim, vi-
sariam à "desautomatização" do homem. Na linha de tal argumento, afirma
que a literatura não proporcionaria conscientização política e social, uma
vez que sua função se resumiria a "identificar-nos com a essência de nossa
personalidade"[46].

Na recensão da obra de Graciliano, antes de entrar propriamente na matéria específica de seu artigo, Gaspar Simões volta a enfatizar que o romance
deveria afirmar-se, acima de tudo, como um "estudo do homem". Segundo
ele, essa diretriz, única responsável por permitir a uma obra superar as contingências do momento no qual fora produzida, seria desrespeitada pelos artistas brasileiros: "Daí a limitação dos seus horizontes. Daí certos romances

---

44. Título inspirado, aparentemente, pelo prefácio-manifesto de Théophile Gautier à obra *Mademoiselle
de Maupin* (1835), no qual este escritor francês milita contra a hipocrisia moral, o utilitarismo progressista, a imprensa e estabelece uma profissão de fé em favor da "arte pela arte": "Só há beleza naquilo
que não serve de nada; tudo que é útil é feio" (Gérard Genette, *Paratextos Editoriais,* Cotia, sp, Ateliê
Editorial, 2009, p. 202). Cf. Alexandre Pinheiro Torres, *O Movimento Neorrealista em Portugal em sua
Primeira Fase,* [Lisboa], Instituto de Cultura Portuguesa, 1983, pp. 42-45.
45. João Gaspar Simões, "Discurso sobre a Inutilidade da Arte", *Revista de Portugal,* n. 1, out. 1937, p. 115.
46. *Idem,* p. 116.

136 • GRACILIANO NA TERRA DE CAMÕES

brasileiros correrem o perigo de virem a cansar a admiração do tempo"[47]. Em seguida, escorado por tal argumento vaticina:

> [...] o romance português pode subir a uma altitude a que o romance brasileiro dificilmente ascenderá. Para isso basta que surja num romancista nacional a força de expressão com que são dotados os melhores brasileiros aliada a um amadurecimento das faculdades de observação psicológica a que só um europeu, de certo modo, pode aspirar.

Tal silogismo de cunho colonialista norteia a exegese da obra de Graciliano empreendida por Gaspar Simões. Segundo ele todo escritor americano (não só brasileiro) seria incapaz de "descer ao estudo do homem no que nele há de mais complexo"; como o autor de *Caetés* se encaixava nessa premissa geral, logo estava a ele vedada a capacidade de dar vida interior a qualquer personagem. Ao se referir especificamente ao romance *Angústia*, Gaspar Simões esbraveja que o grande problema da obra se encontrava no fato de o autor procurar dar vida e expressão analítica "a um ser que se nos afigura destituído de interioridade, sobretudo destituído da consciência dessa interioridade"[48]. De modo deliberado, o crítico português recusa a perspectiva de Castro Senda presente nas páginas de *O Diabo*. Se, para este, *Angústia* destacava-se por ser um livro de introspecção, de profunda luta interior "que reproduz – Vida", para aquele a obra pecava pelo convencionalismo psicológico que reduzia o personagem Luís da Silva a "mera criação literária".

Gaspar Simões também dispensa seus ataques ao drama de Fabiano e sua família:

> É convencional, em *Vidas Secas*, a redução a quadros de quase puro monólogo interior a vida de um pobre vaqueiro, sua mulher e filhos, tipos característicos de psique vegetativa, destituídos de qualquer espécie de interioridade anímica. Isto é: Graciliano Ramos tentou dar existência a qualquer coisa que não existe. Graciliano Ramos quis aplicar à expressão de psicologias rudimentares métodos que só se enquadram bem à expressão de psicologias complexas[49].

---

47. João Gaspar Simões, "Os Livros da Semana: *Angústia, S. Bernardo, Vidas Secas*, Romances por Graciliano Ramos", *Diário de Lisboa*, 1º set. 1938, p. 4.
48. *Idem, ibidem*.
49. *Idem, ibidem*.

OS PRIMÓRDIOS – FINAL DOS ANOS 1930 • 137

Tais considerações entram em choque direto com a recepção entusiástica que *Vidas Secas* vinha recebendo em Portugal até então pela pena de Eneida, Castro Senda e Abel Salazar. Gaspar Simões, desdobrando o silogismo que lhe serve de medida crítica, toma como descompasso o emprego de uma técnica sofisticada para auscultar seres tão rudimentares, por mais que tal estratégia narrativa permitisse a Graciliano reforçar o estatuto de seres humanos de suas personagens, bem como enfocar o problema de comunicação[50] a realçar a brutalização a que Fabiano e sua família estavam submetidos.

Essa leitura da obra de Graciliano escorada em argumentos de cunho evolucionista e colonialista, estampada nas páginas de um dos principais jornais lusitanos, iria ganhar repercussão no Brasil. Na folha literária *Dom Casmurro*, cujo redator-chefe à época era Jorge Amado, os juízos emitidos por Gaspar Simões sobre *Angústia* são vistos como injustiças: "Graciliano é uma prova da capacidade psicológica de um romancista moderno do Brasil". O crítico português é colocado ao lado dos autores do chamado romance intimista brasileiro para quem "só certos temas são dramáticos, que só as dores e sofrimentos morais existem. [...] Será que ele pensa que a miséria não é drama?"[51] Observa-se que as disputas entre os grupos vulgarmente rotulados como "realistas" (ou "neorrealistas") e "intimistas" ("presencistas") dão o tom de um e do outro lado do Atlântico[52].

O próprio Graciliano expressou sua contrariedade ao ponto de vista crítico de Gaspar Simões em carta a Antonio Candido datada de 12 de novembro de 1945: "João Gaspar Simões afirmou que o americano é incapaz de introspecção – e com esta premissa arrasou-me. Veja só. Nada mais falso que um

---

50. Benjamin Abdala Júnior, *A Escrita Neo-realista*, São Paulo, Ática, 1981, p. 43.

51. "O Romance brasileiro e João Gaspar Simões", *Dom Casmurro*, Rio de Janeiro, ano 3, n. 114, 19 ago. 1939, p. 2. Este assunto volta a ser abordado no texto "Conversa com um Amigo", também publicado em *Dom Casmurro*, mas um pouco depois, em 20 de janeiro de 1940.

52. "No caso português, a oposição ideológica entre presencistas e neorrealistas é muito mais sutil (se é que existe oposição sutil) do que aquela que se desenhou no Brasil, onde uma efetiva polarização teve lugar no interior de uma mesma geração – e não entre duas gerações como em Portugal" (Luís Bueno, "O Romance Brasileiro na Visão de Dois Críticos Portugueses", em Maria João Marçalo *et al.* (orgs.), *Língua Portuguesa: Ultrapassar Fronteiras, Juntar Culturas*, Évora, Universidade de Évora, 2010, disponível em <http://www.simelp2009.uevora.pt/pdf/slt56/06.pdf >, acesso em 10 abr. 2018).

138 • GRACILIANO NA TERRA DE CAMÕES

silogismo"[53]. Ainda na esfera íntima, já ao final de 1938, o autor de *Angústia*
foi reconfortado pelas palavras de José Osório de Oliveira:

> Esse João Gaspar Simões é um pretensioso mestre-escola da literatura portuguesa.
> Pretensiosismo próprio (pessoal) e pretensiosismo de europeu! Doutoral e ridículo.
> Para mais, sem autoridade, porque é romancista, e fraco romancista! É este o meu
> protesto contra essa crítica[54].

Apesar da estreiteza do padrão de medida, "fruto aliás dos critérios psi-
cologistas da época e de seus mitos"[55], Gaspar Simões não deixa de destacar
especialmente *S. Bernardo* como uma obra "forte". Segundo o crítico, o convencionalismo do narrador-autor Paulo Honório não obnubilaria o modo a
um só tempo cínico e seguro por meio do qual ele conta sua vida. Tal estratégia de ficcionalizar a própria escrita do romance, bem como o caráter direto
e sóbrio do estilo do autor levam Gaspar Simões a ajuizar que *S. Bernardo*
não se compararia a nenhuma outra obra do romance brasileiro moderno:
"Nenhuma se nos impôs até agora com tanta *exatidão*"[56]. Como se verá,
alguns anos depois, no ensaio de natureza globalizante "Machado de Assis e o
Problema do Romance Brasileiro", datado de 1942, Gaspar Simões reafirmará
o caráter singular de *S. Bernardo* enquanto tentativa de passagem do "descritivo para o analítico, ou seja, da descrição meramente lírica e espontânea à
visão refletida e dramática"[57].

O fato de Gaspar Simões valorizar *S. Bernardo* e rebaixar *Angústia* vai na
contramão do enquadramento até então adotado pela crítica brasileira. Em
meio a elogios incondicionais, *S. Bernardo* foi alvo de restrições por parte de
Agripino Grieco, Augusto Frederico Schmidt e Lúcia Miguel Pereira, Ader-

---

53. Graciliano Ramos, "Carta a Antonio Candido", Rio de Janeiro, 12 nov. 1945, em Antonio Candido, *Ficção e Confissão*, São Paulo, Editora 34, 1992, p. 8.

54. José Osório de Oliveira, "Cartão para Graciliano Ramos", [1938], documento pertencente ao Arquivo IEB/USP, Fundo Graciliano Ramos (Código de referência: GR-CP-074, caixa 037).

55. Fernando Alves Cristóvão, "O Romance Nordestino Brasileiro entre o Realismo Crítico e o Realismo Socialista", *Caderno para Estudos*, n. 3, 2013, p. 49.

56. João Gaspar Simões. "Os Livros da Semana: *Angústia*, *S. Bernardo*, *Vidas Secas*, Romances por Graciliano Ramos", *Diário de Lisboa*, 1º set. 1938, p. 4.

57. João Gaspar Simões, "Machado de Assis e o Problema do Romance Brasileiro", em *Caderno de um Romancista: Ensaios*, Lisboa, Livraria Popular de Francisco Franco, [1942], p. 269.

OS PRIMÓRDIOS – FINAL DOS ANOS 1930 • 139

bal Jurema e Carlos Lacerda. Os três primeiros articulistas apontavam para a possível inverossimilhança do narrador-personagem Paulo Honório, tendo em vista a incompatibilidade entre a sofisticação de seu relato e a rusticidade de sua figura[58]. Os dois últimos consideravam que faltavam ao romance o enfoque da vida documental dos humildes e o ímpeto de revolta[59]. Já *Angústia*, de modo unânime, alcança o Prêmio Lima Barreto de 1937, concedido pela *Revista Acadêmica* que também lhe dedica um número especial com treze artigos sobre a obra, escritos por, entre outros, Mário de Andrade, Oswald de Andrade, Jorge Amado e Rubem Braga. Além disso, em longo inquérito promovido por esta mesma publicação, *Angústia* foi eleito o segundo maior romance de todos os tempos da literatura brasileira, ficando atrás, somente, de *Dom Casmurro*, de Machado de Assis[60].

Na medida em que Gaspar Simões reenfatizava que o grande equívoco de Graciliano teria sido aplicar à expressão de psicologias rudimentares métodos condizentes apenas com a expressão de psicologias complexas, *Angústia* se mostraria mais falho que *S. Bernardo*. Segundo o crítico português, naquele se encenava um caso de "humanidade complicada", que faz avultar o passado pitoresco e caricatural do personagem, resultado da suposta imperícia dos autores americanos em empreender análises verticais; já neste predominava o exame de um tipo característico, que se esforça por compreender a si próprio, permanecendo num abismo entre a brutalidade e a ternura: "É a dualidade entre o homem e o mundo a manifestar-se pela primeira vez no moderno romance brasileiro"[61].

Mesmo ao proceder tal valoração positiva de *S. Bernardo*, Gaspar Simões continuava a ser alvo da crítica brasileira. Em seu celebrado artigo "Visão de

---

58. Augusto Frederico Schmidt, "Crítica, Romances", *Diário de Notícias* (Rio de Janeiro), 16 dez. 1934; Agripino Grieco, "Um Romance", *Diário de Pernambuco*, 30 dez. 1934; Lúcia Miguel Pereira, "*S. Bernardo* e o Mundo Seco de Graciliano Ramo", *Gazeta de Notícias*, 24 dez. 1934.

59. Aderbal Jurema, "*S. Bernardo*, de Graciliano Ramos", *Boletim de Ariel*, ano IV, n. 3, dez. 1934, p. 68; Carlos Lacerda, "*S. Bernardo* e o Cabo da Faca", *Revista Acadêmica*, n. 9, mar. 1935.

60. Iniciado em junho de 1939, tal inquérito realizado pela *Revista Acadêmica* foi finalizado apenas em junho de 1941. Ao longo desses dois anos, registrou votos de mais de uma centena de intelectuais. "Seu caráter inclusivo lhe dá representatividade e uma legitimidade que as novas enquetes não podem ter" (Luís Bueno, *Uma História do Romance de 30*, São Paulo, Edusp; Campinas, SP, Editora da Unicamp, 2006, p. 621).

61. João Gaspar Simões, "Machado de Assis e o Problema do Romance Brasileiro", p. 270.

140 • GRACILIANO NA TERRA DE CAMÕES

Graciliano Ramos", Otto Maria Carpeaux se refere indiretamente a Gaspar Simões como o crítico mais "incompreensivo" da obra do autor de *Angústia*, o qual teria aconselhado ao artista alagoano mais generosidade[62], quando a promoção da descida aos infernos das personagens se pautava, numa simbiose entre psicologia e vida social, pela "destruição deste mundo para salvar todas as criaturas"[63].

## ALBANO NOGUEIRA E O SUBJETIVISMO EM GRACILIANO RAMOS

Um mês depois da publicação da recensão crítica de Gaspar Simões, Albano Nogueira estampou o texto "*S. Bernardo* e *Vidas Secas*, Romances por Graciliano Ramos" nas páginas da *Revista de Portugal*. Criado em Coimbra, em outubro de 1937, tal periódico tinha como diretor o crítico e escritor Vitorino Nemésio e apresentava-se, desde seu primeiro número, como uma publicação "exclusivamente literária e artística". Apesar de reunir em suas páginas os principais expoentes de *Presença* (José Régio, João Gaspar Simões e Adolfo Casais Monteiro, entre outros), contava também com colaboradores de vários matizes e orientações, entre os quais se encontram figuras associadas ao saudosismo, à geração de Orfeu e ao nascente neorrealismo (Teixeira de Pascoaes, Fernando Pessoa, Mário de Sá Carneiro, Almada Negreiros, Fernando Namora, Mário Dionísio etc.). Em geral, manifestou grande interesse por autores brasileiros e de outros países. Conforme destaca Luís Bueno:

62. "Cada vez que o romancista cede à tentação de formular programas de reformas sociais – a professora Madalena fala assim – cai logo na armadilha do seu inimigo mais detestado: o lugar-comum; no caso, o lugar-comum humanitário, da 'generosidade', que o seu crítico mais incompreensivo lhe aconselhou" (Otto Maria Carpeaux, "Visão de Graciliano Ramos", *Diretrizes*, 29 out. 1942, p. 6). Carpeaux parece aludir a este trecho: "Da fusão do lirismo com o sarcasmo, isto é, da fusão do homem amoroso e contemplativo com o homem satírico e ativo pode nascer um dia esse romance capaz de transcender a pura exaltação lírica que nele impera hoje. *S. Bernardo* é uma promessa" (João Gaspar Simões, "Machado de Assis e o Problema do Romance Brasileiro", p. 271). A indicação de que o crítico austríaco se referia a Gaspar Simões encontra-se em Fernando Alves Cristóvão, "Conhecimento e Apreciação Crítica de Graciliano Ramos em Portugal", *Cruzeiro do Sul ao Norte: Estudos Luso-Brasileiros*, Lisboa, Imprensa Nacional; Casa da Moeda, 1983, pp. 132-133.

63. Otto Maria Carpeaux, *op. cit.*

Para dizer a verdade, se fosse o caso de eleger a revista que com mais afinco se dedicou à análise da literatura brasileira naqueles tempos, teríamos que admitir que não foi nenhuma das ligadas aos neorrealistas. Foi a *Revista de Portugal*, dirigida por Vitorino Nemésio e claramente ligada ao grupo presencista, a mesma publicação que, em 1937, havia publicado o já referido "Discurso sobre a Inutilidade da Arte", de Gaspar Simões. Em absolutamente todos os dez números, publicados entre 1937 e 1940, a literatura brasileira ocupou espaço significativo, seja pela colaboração de escritores brasileiros – Jorge de Lima, Cecília Meireles, Ribeiro Couto, Lúcio Cardoso, José Geraldo Vieira, Manuel Bandeira e outros –, seja pela quantidade e variedade da crítica a livros brasileiros contemporâneos, assinada por Casais Monteiro, mas também por Vitorino Nemésio, Albano Nogueira, José Osório de Oliveira, Manuel Anselmo, Carlos Queiroz e Pedro Moura e Sá[64].

De modo geral, a *Revista de Portugal* não deixava de reconhecer a especificidade do fazer literário, algo comum entre os presencistas, mas se orientava para uma valorização maior da própria linguagem em sua dimensão expressiva e simbólica[65]. Entre o seu conjunto de colaboradores, destacava-se o nome de Albano Nogueira. Licenciado em direito pela Universidade de Coimbra, seguiu carreira diplomática ao mesmo tempo em que se dedicou à crítica literária e ao ensaio. Colaborou não só com a *Revista de Portugal*, mas também com *Presença*, *O Diabo* e *Litoral* (de Carlos Queiroz). Ao lado de Miguel Torga, dirigiu a publicação *Manifesto*, revista que se opusera frontalmente ao academicismo esteticista de *Presença*, sobretudo no que tange ao conceito de "arte pela arte". No campo do ensaio, deixou um único livro, *Imagem em Espelho Côncavo* (1940), "que inclui textos admiráveis de percepção crítica a um tempo emotiva, sutil e inteligente"[66].

Especificamente no texto sobre Graciliano Ramos, Albano Nogueira começa por ponderar as razões de o romance brasileiro conquistar, em Portugal, um "público lúcido" mais amplo, depois de ter sido moda entre estratos

---

64. Luís Bueno, "O Romance Brasileiro de 30 na Imprensa Periódica Portuguesa (1935-1945)", *Cadernos de Pesquisas em Literatura* (Porto Alegre, PUCRS), vol. 15, 2009, p. 135.

65. Fernando Guimarães, "Revistas Literárias dos Anos 20 e 30", *Sema*, outono de 1979, *apud* Daniel Pires, *Dicionário das Revistas Literárias Portuguesas do Século XX*, Lisboa, Contexto, 1986, p. 263.

66. Eugénio Lisboa, "Rugas nas Plantas dos Pés – nos Oitenta Anos de Albano Nogueira e Ernesto Guerra da Cal", *Colóquio/Letras*, n. 125/126, jul. 1992, p. 250.

mais reduzidos da elite cultural do país. Segundo ele, tal processo de expansão do interesse pela produção de Jorge Amado, José Lins do Rego, entre outros, dava-se não propriamente em função do exotismo da narrativa, mas sim da atitude que nossos romancistas assumiam perante a realidade: "– a vida sem literatura, a expressão direta e a arretórica, o erguer das personagens pelo simples suceder das peripécias, a definição dos caracteres pelo simples jogo da ação"[67]. Para além desses atributos aos quais se somariam, por outro lado, um "não raro [...] populismo proselitista", avultava a figura de Graciliano Ramos, que se diferenciava de seus colegas de geração, justamente, por privilegiar não tipos, mas indivíduos, vistos em sua interioridade e "profundidade humana".

De modo análogo a Gaspar Simões, Albano Nogueira reconhece em Graciliano semelhanças com os "romancistas feitos em clima europeu", sobretudo no que diz respeito à ênfase na introspecção.

Com Graciliano Ramos o romance recolhe do cenário à personagem e da ação desta à sua cabeça. Quero dizer: o que em outros é narração, notícia de fatos, reconstituição pela exterioridade, – em Graciliano Ramos faz-se interiorização, rememoração, monólogo. E, como consequência, senão lógica pelo menos razoável (dado que uma e outra atitudes costumam corresponder a uma diferença de posição ante vários outros problemas), o drama de massa (ou de homem-tipo) faz-se drama de indivíduo[68].

Entretanto, na medida em que não toma o silogismo colonialista de Gaspar Simões como medida crítica, Albano Nogueira valoriza o processo de verticalização e sondagem intimista, tributário de certa tradição do romance europeu, promovido por Graciliano. Desse modo, enquanto estratégia de dignificação, aproxima o autor alagoano de Joyce, Huxley e Proust, entre outros, quer pelo privilegio concedido à "visão interior, à vivificação das personagens pelo próprio íntimo fluir das suas virtualidades", quer pelo privilégio ao "entretecer quase constante do monólogo". Nesse último caso, pelo inesperado, pela beleza e força de certas associações, Graciliano lembraria *O Outro Livro de Jó* (1936), então último livro de Miguel Torga.

---

67. Albano Nogueira, "*S. Bernardo* e *Vidas Secas*, Romances por Graciliano Ramos", *Revista de Portugal*, vol. 2, n. 5, out. 1938, p. 118.

68. *Idem*, p. 119.

OS PRIMÓRDIOS – FINAL DOS ANOS 1930 • 143

Por outro lado, Albano Nogueira aponta certo esquematismo nas produções de Graciliano, algo decorrente, segundo ele, da forma "sintética, dura e quase agressiva" empregada pelo escritor alagoano. Tal crítica incidiria de modo mais direto sobre *Vidas Secas* (e particularmente sobre os primeiros capítulos do livro), tendo em vista que na história de Fabiano e família não haveria a intensidade de narração feita pelo próprio herói, como em *S. Bernardo*. Ao mesmo tempo, em sentido oposto, o crítico não deixa de reconhecer que, da economia de recursos, Graciliano retiraria os maiores motivos de sua força: "Leia-se, por exemplo, o capítulo XIX, que nos dá até oportunidade de recordar Joyce. E, já que particularizei, injustiça seria esquecer, em *Vidas Secas*, as páginas referentes à cadela Baleia e as consagradas à heroica aventura do menino mais novo (um menino que Unamuno certamente admiraria como dos seus)"[69].

Em oposição ao lugar primacial que *Vidas Secas* viria a ocupar no conjunto da obra de Graciliano, Albano Nogueira, assim como Gaspar Simões, manifestava sua deliberada preferência por *S. Bernardo* e julgava que tal percepção seria geral: "Suponho ser raro o leitor que a *S. Bernardo* prefira *Vidas Secas*. É que, não obstante este último não ser de desprezar, *S. Bernardo* atinge uma acuidade, uma intensidade e uma altura – que estão longe de serem atingidas por aquele"[70].

Todavia, de modo curioso, destaca que na história de Fabiano e família haveria mais "construção romanesca" (por mais que reconheça que o conflito encenado nessa narrativa seja instaurado pela junção de quadros descontínuos confinados a limites rígidos) do que no monólogo de Paulo Honório. Em sentido oposto a tal posicionamento, juízos críticos a respeito de *Vidas Secas* feitos *a posteriori* pela crítica brasileira vieram a problematizar o estatuto romanesco da obra. Ainda em 1938, Lúcia Miguel Pereira se perguntava: "Será um romance? É antes uma série de quadros, de gravuras em madeira, talhadas com precisão e firmeza"[71]. No início dos anos 1940, Rubem Braga, em referência às condições de produção do livro, fala em "romance desmontável"[72]. Em

69. *Idem*, p. 120.
70. *Idem*, ibidem.
71. Lúcia Miguel Pereira, "*Vidas Secas*", *Boletim de Ariel*, ano VII, n. 8, maio 1938, p. 221.
72. Rubem Braga, "Discurso de um Ausente ao Banquete de Homenagem a Graciliano Ramos", em Augusto Frederico Schmidt *et al.*, *Homenagem a Graciliano Ramos*, 2. ed., Brasília, Hinterlândia Editorial, 2010, pp. 120-126.

144 • GRACILIANO NA TERRA DE CAMÕES

meados dessa mesma década, Antonio Candido destacara que *Vidas Secas* pertenceria a um gênero intermediário entre o romance e uma coletânea de contos, bem como se assemelharia a polípticos medievais em unidade livre ou a uma estrutura em rosácea[73]. Em seguida, Álvaro Lins sublinha que os capítulos da novela não se articulariam "formalmente com bastante firmeza e segurança"[74].

À semelhança de percepções mais recentes[75], Albano Nogueira, por mais que não detalhe seu posicionamento a respeito do "maior interesse romanesco" apresentado por *Vidas Secas*, parece ver em tal obra uma unidade fundada em motivos recorrentes, bem como a existência de uma continuidade temporal entre as partes e a importância do modo como elas foram dispostas no romance. Na medida em que Graciliano, em *Vidas Secas*, abdicaria da centralidade da voz narrativa de um narrador confessional como o de *S. Bernardo*, haveria maior necessidade de fazer o conflito narrado "progredir" por meio da junção de quadros.

Por fim, diante das diferenças entre a técnica literária empregada em *Vidas Secas* e a de *S. Bernardo*, Albano Nogueira se mostra incapaz de prever como seria o encaminhamento futuro da produção de Graciliano. Vislumbra apenas uma interrogação que, considerando-se os méritos já demonstrados pelo artista alagoano, teria "uma resposta digna"[76].

## AFIRMAÇÃO DA LITERATURA BRASILEIRA E DUAS OBRAS-PRIMAS DE GRACILIANO: DISSERTAÇÃO DE MÁRIO DIONÍSIO

Em 1939, como exigência para a conclusão de sua Licenciatura em Filologia Românica pela Faculdade de Letras da Universidade de Lisboa, o crítico

---

73. Antonio Candido, *Ficção e Confissão*, 3. ed. revista pelo autor, Rio de Janeiro, Ouro sobre Azul, 2006, pp. 62-68.
74. Álvaro Lins, "Valores e Misérias das *Vidas Secas*", *Os Mortos de Sobrecasaca*, Rio de Janeiro, Civilização Brasileira, 1963, p. 167.
75. Ver especialmente Luís Bueno, *Uma História do Romance de 30*, São Paulo, Edusp; Campinas, SP, Editora da Unicamp, 2006, pp. 641-664.
76. Albano Nogueira, "*S. Bernardo* e *Vidas Secas*, Romances por Graciliano Ramos", p. 120.

neorrealista Mário Dionísio apresenta uma dissertação a respeito de Erico Verissimo, na qual, além de tratar de modo específico da dimensão narratológica e sociológica da obra do prosador gaúcho (de *Fantoches* a *Olhai os Lírios do Campo*), discorre sobre o moderno romance brasileiro[77]. Logo de saída, ao procurar situar este último, delineia uma divisão da literatura brasileira em dois períodos: o primeiro, que vai "desde seu início até, mais ou menos, a época presente", e o segundo, que, justamente, inaugurava-se nos anos de 1930, com as produções de Jorge Amado, José Lins do Rego, Graciliano Ramos e Erico Verissimo, e estendia-se até o momento de enunciação de Mário Dionísio. No primeiro intervalo, destaca que não haveria propriamente uma "literatura nacional", mas sim "uma literatura a que podemos chamar de importação":

Nesse período, o que verdadeiramente podemos ver é uma literatura portuguesa feita no Brasil, quase que uma ramificação da nossa literatura: na língua, nos assuntos, nos processos. Difícil para quem não esteja completamente informado a respeito do seu autor, dizer se Coelho Neto (focamos um escritor contemporâneo tomado como representativo), nalgumas de suas obras, é brasileiro ou português[78].

Assim, apenas no momento presente de enunciação do crítico, o Brasil teria conseguido libertar-se "duma literatura que fora adaptada às necessidades" e começava a ter uma "literatura sua". Em advertência aos brios nacionais portugueses que poderiam sentir-se feridos em decorrência desse processo emancipatório, Mário Dionísio adverte que, ao abandonar o figurino europeu e criar uma roupagem própria, a antiga colônia trilhava um caminho "natural", algo muito mais "lisonjeador para nosso orgulho pátrio do que pretender, à força de passadismo e incompreensão, que aquele país continue a ter uma literatura moldada na nossa"[79].

---

77. Um ano antes de apresentar esse trabalho a respeito do romancista brasileiro, Mário Dionísio já havia sido reprovado depois de submeter para apreciação da mesma Faculdade de Letras da Universidade de Lisboa o primeiro trabalho universitário a propósito de Fernando Pessoa, centrando-se, mais especificamente, na "Ode Marítima", do heterônimo Álvaro de Campos (Mário Dionísio, *[Erico Verissimo] – Um Romancista Brasileiro*, edição de Vânia Pinheiro Chaves, Lisboa, Clepul, 2011, p. 26).

78. Mário Dionísio, *[Erico Verissimo] – Um Romancista Brasileiro*, pp. 29-30.

79. *Idem*, p. 32.

Em Portugal, a percepção crítica de que a conformação de uma literatura propriamente brasileira seria coisa recente encontrava ressonância em outros críticos neorrealistas. João Rubem, por exemplo, manifestava de modo categórico:

A literatura brasileira surgiu há uma dezena de anos. Porque a literatura que ficou atrás não pode dizer-se que tenha essência brasileira, visto estar imbuída de elementos estranhos. [...] Com a chegada dos romancistas novos o Brasil descobriu-se de um jato, de surpresa para muitos! Descobriu-se com a ajuda dos valores novos, os quais souberam captar a psique do povo e conseguiram interpretar suas angústias[80].

Tal lugar-comum disseminava-se não apenas entre os jovens neorrealistas. Em 1937, Gaspar Simões já partilhava da ideia de que datariam de muito poucos anos "a literatura e o pensamento brasileiro com a fisionomia de literatura e pensamento nacional"[81]. E, ao tratar da oralidade e do lirismo em José Lins do Rego, acrescenta que a grande conquista do novo romance brasileiro estava na descoberta da língua do povo:

No Brasil acaba de se dar um misterioso fenômeno: os escritores brasileiros surpreenderam, em toda a sua nativa pureza, o centro da psique nacional. As aspirações, as dúvidas, as dores, os desejos, as mágoas, as alegrias, tudo quanto faz parte do ser vivo que é um povo principiou a falar pela boca dos artistas do Brasil. Então e só então no Brasil surgiu uma literatura nacional[82].

Tendo em vista a relação entre nacionalismo literário e nacionalismo linguístico, o crítico chega a dizer que não se poderiam considerar propriamente brasileiros Coelho Neto e nem mesmo Machado de Assis, cujos materiais linguísticos "mergulhavam suas raízes na língua dos escritores clássicos portugueses"[83].

---

80. João Rubem, "Comentários sobre a Nova Literatura Brasileira – 1 Panorama", *A Mocidade*, n. 309, 24 set. 1939, p. 4.
81. João Gaspar Simões, *"Pureza / Alma do Brasil"*, *Diário de Lisboa*, 19 ago. 1937, p. 4 (Suplemento Literário).
82. *Idem, ibidem.*
83. *Idem, ibidem.* Convém assinalar que, em contraste com tal visada, encontrava-se a posição de especialista de José Osório de Oliveira expressa em sua *História Breve da Literatura Brasileira* (1939) e que viria a ser reforçada em entrevista concedida a Castro Soromenho em dezembro de 1941: "O estudo da

OS PRIMÓRDIOS – FINAL DOS ANOS 1930 • 147

Voltando a Mário Dionísio, depois de delimitar o movimento coletivo de afirmação da literatura brasileira a que então se assistia, ele procura correlacioná-lo com as tendências gerais do romance moderno. De um lado, haveria os que advogavam que este deveria ser feito objetivamente, em perspectiva semelhante à de um Eça de Queiroz. De outro, estariam os que tomavam como modelo a feição subjetiva de um Dostoiévski ou mesmo a construção cerebral de um Proust. Para além dessas balizas, ter-se-ia ainda o caminho do meio, que procuraria harmonizar exterior e interior, "o que o indivíduo tem de coletivo com o que ele tem de mais individual"[84].

Segundo Dionísio, Erico Verissimo, não por acaso seu objeto central de estudo, representaria essa última tendência conciliatória (o crítico português destaca, sobretudo, a obra *Caminhos Cruzados*, tida por ele, até então, como ponto alto da produção do romancista gaúcho). José Lins do Rego e Jorge

evolução histórica da literatura brasileira impõe-se como uma necessidade, quase como uma medida preventiva contra a precipitação de certos críticos. [...] Essa literatura 'absolutamente brasileira de hoje' é o resultado de uma evolução histórica, sem o conhecimento da qual não se pode fazer uma ideia exata do que significam os escritores cujas obras aparecem nas montras das nossas livrarias" (Castro Soromenho, "Política do Atlântico – Um Depoimento de José Osório de Oliveira sobre as Relações Culturais Luso-Brasileiras", *Vida Mundial Ilustrada*, 25 dez. 1941, p. 13). Em 1943, na conferência *Aspectos do Romance Brasileiro*, o brasilianista torna mais explícitos os elos do então novo romance brasileiro com o passado. Segundo ele, Jorge Amado, Graciliano Ramos e os demais prosadores de 1930 não fizeram mais do que continuar o que já existia, apesar da novidade de que só "agora se apresente como tarefa de um grupo [...] a sondagem, em extensão e profundidade, de todas as zonas do país e de todas as camadas da vida social" (José Osório de Oliveira, *Aspectos do Romance Brasileiro: Conferência para um Público Português*, Lisboa, s. ed., 1943, p. 27). E ainda, de modo mais específico, tece um quadro genealógico do novo romance brasileiro: "Quero dizer, apenas, que na literatura brasileira anterior encontraram os romancistas modernos quase todos os modelos: em José de Alencar, o modelo do romance-poema de intenções épicas; nas *Memórias de um Sargento de Milícias*, de Manuel Antônio de Almeida, o modelo do romance de costumes citadinos; na *Inocência*, do Visconde de Taunay, o modelo do romance idílico, que, modernamente, tem a sua representação na *Cabocla*, de Ribeiro Couto; em Machado de Assis, o modelo do romance de análise psicológica; em Aluísio Azevedo, o modelo do romance realista; em *O Ateneu*, de Raul Pompeia, o modelo que poderia chamar-se o romance da memória; em *Luzia-Homem*, de Domingos Olympio, o modelo do romance de ambiente nordestino, precursor de *A Bagaceira*, de José Américo de Almeida, que foi, por sua vez, um antecessor; em *A Conquista*, de Coelho Neto, o modelo do romance de caracteres; nas *Recordações do Escrivão Isaías Caminha*, de Lima Barreto, o modelo do romance satírico; finalmente, no *Canãa*, de Graça Aranha, o modelo do romance de tese" (*idem, ibidem*).

84. Mário Dionísio, *[Erico Verissimo] – Um Romancista Brasileiro*, edição de Vânia Pinheiro Chaves, Lisboa, Clepul, 2011, p. 49.

Amado, por sua vez, seriam ambos escritores do "exterior", para os quais o indivíduo se reduziria a uma simples parcela da coletividade. "Difícil encontrar nos seus personagens o clima subjetivo de cada um."[85] Graciliano Ramos, por seu turno, encontrar-se-ia no polo oposto ao de seus colegas nordestinos: o clima de suas obras se voltaria para aquilo que o "Homem tem mais de interior, de mais humano, isto é: de mais essencial"[86]:

O escritor que nos sugere o último ponto de vista é o autor dessas duas obras-primas intituladas *S. Bernardo* e *Angústia*: Graciliano Ramos.

Dissemos "obras-primas" e supomos não ter exagerado. Depois de segunda leitura destas obras, perguntamo-nos várias vezes: o que há aqui a mais? O que há aqui a menos? E de todas essas vezes nos quis parecer que Graciliano Ramos, nesses dois romances de clima interior em que são aproveitados para a compreensão psicológica do Homem os mínimos pormenores do dia a dia, o mínimo reflexo de qualquer emoção, conseguiu o resultado surpreendente de não ter posto nada a mais, de não ter posto nada a menos.

Podíamos aqui referir-nos ao curioso processo técnico que Graciliano usou na produção de *S. Bernardo*. Mas neste simples apontamento sobre a sua obra, não merecerá a pena focar esse caso. Porque no que Graciliano Ramos é de fato um escritor invulgar, é no estudo do Homem, no aprofundamento do Homem, quer o seu personagem seja um proprietário de terras como em *S. Bernardo*, quer ele seja um habitante anônimo de grande cidade como em *Angústia*[87].

De modo ainda mais enfático do que Albano Nogueira, Mário Dionísio valoriza o estudo do homem promovido por Graciliano. Ainda que não analise *Vidas Secas*, que diz ainda não conhecer, o crítico neorrealista não reporta qualquer esquematismo decorrente do estilo "sintético" do escritor alagoano; na verdade, ressalta que este usaria a medida exata: não haveria nada a mais e nada a menos quer em *S. Bernardo*, quer em *Angústia*. No caso deste último romance, conforme lembra Bueno, na medida em que o nome de Graciliano vai ficando cada vez mais associado, entre a crítica brasileira, ao romance

---

85. *Idem, ibidem.*
86. *Idem*, p. 50.
87. *Idem*, pp. 49-50.

OS PRIMÓRDIOS – FINAL DOS ANOS 1930 • 149

realista e a uma escrita considerada "seca" e "concisa", ganha força cada vez mais o juízo crítico de Antonio Candido de que *Angústia* era um "romance excessivo", com partes "gordurosas e corruptíveis"[88]. O próprio Graciliano em carta ao autor de *Introdução ao Método Crítico de Sílvio Romero* advogava em favor da necessidade de "suprimir excrescências, cortar pelo menos a quarta parte da narrativa"[89].

De fora do contexto brasileiro e antes da mudança na apreciação crítica de *Angústia*, Dionísio não aponta "partes gordurosas" no romance em questão. Na verdade, vê com bons olhos o procedimento narrativo de Graciliano de apresentar os "mínimos pormenores do dia a dia" e o "mínimo reflexo de qualquer emoção" como estratégias para se construir, por acúmulo, o clima interior da trama e assim realizar compreensão psicológica profunda do "Homem".

O único reparo que Dionísio parece fazer ao artista alagoano encontra-se na imagem poética que mobiliza, ao final, para descrevê-lo: "diremos que os romances de Graciliano nos parecem uma voz, uma imensa voz dolorida, cheia de modulações, de momentos de vitória e de derrota, uma voz surgida de corpo nenhum, isolada, penetrante – uma voz isolada na noite"[90]. Faltaria, assim, corporalidade à produção ficcional do escritor, como se Graciliano prescindisse da concretude em favor da verticalidade individualista, introspectiva e, muitas vezes, fantasmagórica[91]. O crítico português, em seu esquematismo analítico (a exterioridade prevaleceria em Jorge Amado e José Lins;

---

88. Antonio Candido, *Ficção e Confissão*, 3. ed. revista pelo autor, Rio de Janeiro, Ouro sobre Azul, 2006, p. 47. Luís Bueno lembra que Graciliano teria adotado tal postura *a posteriori*. No início da década de 1940, em resposta à enquete "Qual o seu Melhor Livro?", promovida pela *Revista Acadêmica*, Graciliano apontara que *Angústia* se mostrava superior quando comparado às suas demais obras (Luís Bueno, *Uma História do Romance de 30*, São Paulo, Edusp; Campinas, Editora Unicamp, 2006, p. 621). Além disso, no mencionado periódico, em amplo inquérito realizado com a intelectualidade a respeito dos "dez melhores romances brasileiros", a história de Luís da Silva ficou em terceiro lugar, sendo superada apenas por *Dom Casmurro*, de Machado de Assis, e *O Cortiço*, de Aluísio Azevedo ("Quais os Dez Melhores Romances Brasileiros", *Revista Acadêmica*, n. 54, maio, 1941, s. p.).

89. Graciliano Ramos, "Carta a Antonio Candido", Rio de Janeiro, 12 nov. 1945, reproduzida em Antonio Candido, *Ficção e Confissão*, Rio de Janeiro, Ouro sobre Azul, 2006, p. 11.

90. Mário Dionísio, *[Erico Verissimo] – Um Romancista Brasileiro*, edição de Vânia Pinheiro Chaves, Lisboa, Clepul, 2011, p. 51.

91. Luís Bueno, *Uma História do Romance de 30*, São Paulo, Edusp; Campinas, SP, Editora Unicamp, 2006, p. 621.

a interioridade, em Graciliano; e a conciliação entre esses dois polos, em Erico Verissimo), parece não considerar a especificidade da relação entre subjetivismo e vida social presente na prosa do autor de *Angústia*[92].

---

92. Além do já referido *Uma História do Romance de 30*, de Luís Bueno (pp. 597-664), conferir ainda Ivan Teixeira, "Construção da Intimidade em *Angústia*", *Revista USP*, n. 61, mar./maio 2004, pp. 196-209.

# Capítulo 7

# Do Final dos Anos 1930 ao Início dos 1940: Polêmicas e Consolidação do Nome de Graciliano

No início de 1939, em recensão crítica ao livro *Amanhecer*, de Lúcia Miguel Pereira, o já mencionado crítico Mário Dionísio mostra-se enfático ao se referir à consolidação do nome de alguns romancistas brasileiros no cenário português naquele momento:

Não há dúvida nenhuma de que o Brasil possui hoje uma geração literária que, amplamente dedicada aos problemas universais, é uma nítida representante de seu país. Aqui se conjuga o interesse universal e o interesse nacional, o esforço coletivo e o trabalho individual. Não merece a pena falar neste momento dos Gracilianos, dos Verissimos, dos Lins do Rego. Esses são nomes feitos. São quase aquilo que podemos chamar, empobrecendo um pouco a palavra, de consagrados. Refiramo-nos, sim, ao aparecimento constante de escritores, de estreantes, cujos livros são nítidas revelações. Isto mostra naturalmente além das boas vontades e dos valores individuais, a existência dum ambiente, dum meio estimulante[1].

Nesse cenário de valorização de nossa literatura em Portugal, ao final dos anos 1930, o nome de Graciliano já figurava entre os romancistas brasileiros

---

1. Mário Dionísio, "*Amanhecer*", *O Diabo*, n. 234, 18 mar. 1939, p. 2.

152 • GRACILIANO NA TERRA DE CAMÕES

consagrados pela intelectualidade lusitana. Por outro lado, percebe-se também que, embora as produções de novos romancistas continuassem a afluir às escrivaninhas dos críticos portugueses, a obra do autor alagoano deixava de soar como uma novidade impactante do outro lado do Atlântico, num contexto em que o neorrealismo luso começava a se estabelecer e dar os seus primeiros frutos: o precursor *Gaibéus*, de Alves Redol, data de 1939.

Em meados desse mesmo ano, João Gaspar Simões, em artigo sobre *Olhai os Lírios do Campo*, de Erico Verissimo, publicado no *Diário de Lisboa*, em 15 junho de 1939, dizia que livros brasileiros ficavam empilhados em sua mesa, pois não lhe sobrava tempo para tratar de todos eles, uma vez que uma tarefa mais útil se afigurava em seu horizonte: tratar da produção lusitana, até mesmo daquela que não apresentava grande qualidade: "[...] falar de maus romances portugueses pode ser benéfico a todos aqueles que têm a paixão do romance. É olhando para os nossos defeitos que poderemos descobrir as nossas qualidades. Mas o que ganharemos nós com esgaravatar nos defeitos do romance brasileiro? Pouco ou nada"[2].

Na contabilização dos eventuais ganhos da prosa romanesca de seu país advindos do exame do romance brasileiro, o crítico estabelece um paralelo entre nossos novos romancistas e os novelistas norte-americanos, apontados como outro polo de influência da então atual geração de prosadores lusos. Segundo o crítico português, Hemingway, Faulkner e Sinclair Lewis, entre outros, apresentavam uma ascendência nobre: "corre-lhes sangue inglês nas veias e na tradição literária"[3]. Por outro lado, tal não ocorreria com os romancistas brasileiros: "somos nós os ascendentes dos romancistas de lá. Vem-lhes de nós a tradição, pelo menos aquela que se transmite pela língua, pelos hábitos, pela compleição moral. Nós não podemos ter dado o que não temos: uma forte tradição de obras romanescas"[4]. Partindo dessa premissa, conclui: "não poderemos aprender no romance brasileiro se nele formos procurar o que nele não está: uma visão profunda do homem"[5]. No máximo, o que se pode-

---

2. João Gaspar Simões, "*Olhai os Lírios do Campo*", *Diário de Lisboa*, 15 jun. 1939, p. 16.
3. *Idem, ibidem.*
4. *Idem, ibidem.*
5. *Idem, ibidem.*

DO FINAL DOS ANOS 1930 AO INÍCIO DOS 1940... • 153

ria buscar nos artistas do Brasil seria tão somente um lirismo narrativo que, em última instância, seria genuinamente português; isto é, Gaspar Simões, pautando-se por um argumento de ordem genealógica, reduz a estatura do romance brasileiro, que deveria subordinar-se à ascendência lusitana. "José Lins do Rego, Jorge Amado, Graciliano Ramos, Erico Verissimo. Sejamos francos, além destes poucos são os que se salvam."[6]

Por mais que Gaspar Simões colocasse em xeque a possibilidade de o romance brasileiro vir a influenciar o romance português, o polemista elencava Graciliano Ramos entre nossos poucos romancistas que se salvavam[7]. Percebe-se, assim, que tanto um crítico neorrealista (à esquerda) quanto outro presencista (à direita), apesar da má-vontade deste último, atestavam que o nome do autor de S. Bernardo já havia se estabelecido no seio da intelectualidade lusitana juntamente, sobretudo, com os de Jorge Amado, José Lins do Rego e Erico Verissimo.

Mas tal percepção sobre a ressonância de tais figuras do novo romance brasileiro em Portugal não se restringia aos letrados de lá. Em entrevista publicada no Suplemento Literário da revista Diretrizes em 1939, Oswald de Andrade, depois de retornar de uma longa viagem pela Europa na qual passa-

---

6. Idem, ibidem.

7. Tal posicionamento rumoroso não ficou sem resposta do outro lado do Atlântico. Em curta nota escrita provavelmente por Jorge Amado, então redator-chefe da revista Dom Casmurro, o escritor baiano reprovava o interesse restrito do crítico português pelos romancistas brasileiros: "Onde porém é falho inteiramente o estudo de João Gaspar Simões é quando organiza uma lista de romancistas brasileiros modernos que devem ser lidos pelos portugueses. São quatro nomes: José Lins do Rego, Jorge Amado, Graciliano Ramos e Erico Verissimo. Esqueceu Macunaíma, de Mário de Andrade; os romances de Oswald de Andrade; Os Ratos, grande romance de Dionélio Machado; A Bagaceira, de José Américo de Almeida; Os Corumbas, de Amando Fontes. [...] E imperdoável é o esquecimento de Rachel de Queiroz, romancista de técnica admirável" ("O Romance Brasileiro e João Gaspar Simões", Dom Casmurro, 19 ago. 1939, p. 2). Antes disso, o texto de Dom Casmurro discordava do rótulo de primitivismo e primarismo impingido ao romance brasileiro pelo crítico português, que, por meio de tal movimento, deixava "a visão psicológica do nosso romance muito para baixo (o que em relação a Graciliano Ramos, pelo menos, é uma injustiça)" (idem, ibidem). Além disso, questionava-se o fato de Gaspar Simões não levar em conta uma questão elementar de verossimilhança artística: "João Gaspar Simões não deve esquecer que a humanidade que estes romancistas [brasileiros] estudam é em geral formada por gente que não pode, dada sua condição social, ter tão graves problemas morais que levem os romancistas a estudos psicológicos minuciosos. São quase sempre tipos primários, de sensações e sentimentos à flor da pele" (idem, ibidem).

ra por nossa antiga metrópole, dizia-se entusiasmado com a nova geração de intelectuais portugueses. Segundo ele, tratava-se de cerca de vinte jovens de muito talento entre os quais sobressaíam Alves Redol, Mário Dionísio, Álvaro Cunhal, entre outros. Os novos se mostravam "interessadíssimos pelo Brasil" e tinham em alta conta a literatura brasileira, com destaque para as produções dos "búfalos do Norte" Jorge Amado e Graciliano Ramos:

> Magnificamente, é enorme nosso prestígio nesse sentido junto aos intelectuais portugueses. Eles confessam francamente a influência e a importância de nossa literatura. Nossos escritores têm um grande prestígio, principalmente Jorge Amado e Graciliano. É espantoso o respeito com que os citam e o entusiasmo com que falam neles. É grande a influência desses dois autores[8].

Em conformidade com o vivo interesse despertado pela figura de Graciliano, em agosto de 1939 tem-se a primeira entrevista com o romancista alagoano feita por um jornalista/escritor português e publicada num periódico português. Trata-se de uma conversa rápida com Castro Soromenho estampada no então tradicional jornal portuense *Primeiro de Janeiro*. Tal escrito fazia parte de uma pequena série de entrevistas concebida por Soromenho, da qual também participaram Marques Rebelo (ao final do mesmo bate-papo com Graciliano), José Lins do Rego[9] e o crítico Almir de Andrade[10].

Logo de saída, percebe-se que Soromenho partilha da ideia de que o romance de 1930 teria inaugurado uma literatura "verdadeiramente brasileira", pois tal produção intensa dava-se num momento no qual, pela primeira vez, os escritores daqui viam a terra e os homens de seu país "com olhos e alma 'brasileiros'"[11]. Conforme fora visto anteriormente, tal lugar-comum vai se cristalizando na crítica literária portuguesa seja entre os neorrealistas, entre

---

8. Oswald de Andrade, *Os Dentes do Dragão: Entrevistas*, organização, introdução e notas de Maria Eugenia Boaventura, 2. ed. rev. e ampl., São Paulo, Globo, 2009, p. 92.

9. Castro Soromenho, "O Novo Caminho da Literatura Brasileira – José Lins do Rego", *O Primeiro de Janeiro*, 12 set. 1939.

10. Castro Soromenho, "Os Novos Rumos da Literatura Brasileira. Depoimento Crítico e Literário de Almir de Andrade", *Seara Nova*, n. 686, 5 out. 1940.

11. Castro Soromenho, "Um Depoimento Literário Brasileiro: Marques Rebelo (Eddy)", *O Primeiro de Janeiro*, 9 ago. 1939.

DO FINAL DOS ANOS 1930 AO INÍCIO DOS 1940... • 155

os quais se incluía Castro Soromenho[12] (lembre-se do caso de Mário Dionísio na introdução da monografia que este consagra a Erico Verissimo), seja na lavra de um crítico presencista como João Gaspar Simões, que, em 1937, destacava que a literatura e o pensamento brasileiros com fisionomia própria seriam coisa recente[13].

Ao tratar especificamente de Graciliano, Soromenho pontua que o romancista brasileiro, apesar de ser proveniente do Norte, não faria "política" como os demais escritores "dessa terra profundamente dramática"[14]. No entanto, se a obra do autor de *Vidas Secas* abdicava, de um lado, do caráter panfletário, por outro, manifestava de modo forte e sincero uma "legítima revolta", "toda ela um grito de protesto que ecoou por todo o Brasil":

> Através das palavras de Graciliano Ramos, que é para a maioria dos brasileiros o seu primeiro romancista, surge-nos, com mais evidência que na sua própria obra, a terra ardente e seca e o homem amarrado à sua tragédia, entregue ao fatalismo, agora abandonando-se, acossado pela sede e fome, ao caminho do litoral, o braço a ofertar-se ao trabalho da terra alheia, para, logo que tombem as primeiras chuvas, regressar ao seu "chão", caminhando do sertão para o litoral e do litoral para o sertão durante toda a vida![15]

---

12. Como ficcionista, Fernando Monteiro de Castro Soromenho (Chinde, Moçambique, 1910 – São Paulo, 1968) foi escritor do movimento neorrealista português e da literatura angolana. Trabalhou em Angola na Companhia de Diamantes e como redator do *Diário de Luanda*. Jornalista em Lisboa desde 1937, em dezembro desse ano veio ao Brasil como correspondente especial do semanário *Humanidade*, do qual era chefe de redação, e estabeleceu relações com diversos intelectuais brasileiros. De volta a Portugal em meados de 1938, trabalhou como correspondente de *Dom Casmurro*, do Rio de Janeiro. Colaborou em vários periódicos de Lisboa, *A Noite*, *Jornal da Tarde*, *O Mundo Português*, *O Século*, *Diário Popular*, *Seara Nova*, *O Diabo*, e n'*O Primeiro de Janeiro*, do Porto. Crítico à ocupação colonial, foi obrigado pelo regime salazarista a exilar-se na França, nos Estados Unidos e depois no Brasil. Publicou, dentre outras obras: *Noite de Angústia*, romance (1939), *Homens sem Caminho*, romance (1941), *Rajada e Outras Histórias*, contos (1942), *Maravilhosa Viagem dos Exploradores Portugueses* (1948), *Terra Morta*, romance (1949); *Viragem*, romance (1957). *Terra Morta* marca o início de sua segunda fase literária, que trata dos efeitos da colonização portuguesa.
13. João Gaspar Simões, "*Pureza / Alma do Brasil*", *Diário de Lisboa*, 19 ago. 1937, p. 4 (Suplemento Literário).
14. Aqui, em chave comparativa, faz alusão, muito provavelmente, a Jorge Amado, cujo *parti-pris* presente em suas obras iniciais (sobretudo *Cacau* e *Suor*) recebera críticas de Mário Dionísio, como foi visto algumas páginas antes.
15. Castro Soromenho, "Um Depoimento Literário Brasileiro: Marques Rebelo (Eddy)", *O Primeiro de Janeiro*, 9 ago. 1939.

156 • GRACILIANO NA TERRA DE CAMÕES

Para além da própria obra do romancista, a presença física de Graciliano e as palavras por ele emitidas tornavam mais palpáveis o drama humano de *Vidas Secas*, obra insistentemente evocada por Soromenho ao mencionar o componente trágico que assolava o sertanejo nordestino. E diante de tamanha miséria, o entrevistador abre espaço para uma fala veemente de Graciliano, na qual ele postula que seria impossível não reagir, não clamar contra tanto infortúnio: "E eles querem que nos calemos, de braços cruzados, ou que façamos arte pela arte..."[16]. Segundo o jornalista português, não apenas o angustiado autor de *Angústia*, mas, de modo mais amplo, o homem do Norte não poderia compreender a arte pela arte, que seria "capricho de escritores que escrevem com tinta de rosas, porque no mundo há tanto sofrimento, tanta miséria, tanta injustiça que o caminho dessa literatura não pertence à vida".

Graciliano, portanto, é apresentado, e se faz apresentar, como um autor devotado aos problemas sociais, sobretudo àqueles relacionados ao dito "*hinterland* brasileiro". Avultam aqui o estatuto de verossimilhança e a postura intelectual que o artista alagoano vinha difundindo na imprensa brasileira, desde meados dos anos 1930, por meio de artigos e ensaios tais como "Suor"[17], "O Romance do Nordeste"[18], "Norte e Sul"[19] e "O Fator Econômico no Romance [Brasileiro]"[20]. Em tais textos, entre outros aspectos, Graciliano defende a ideia de que, além de se colocarem como testemunhas ante os fatos a serem ficcionalizados, os homens de letras tinham a missão de realizar o estudo objetivo da "realidade" do país e corroborar o conhecimento e a transformação desta última.

Desse modo, por mais que não compactuasse com uma arte engajada, entendia que os escritores não poderiam fugir do tratamento das mazelas nacionais, sobretudo daquelas encontradas no interior do país. Ao mesmo tempo, conviria a eles conciliar de modo verossímil, para além do simples documento, tal plano de conteúdo com um plano de expressão que contemplasse, em

---

16. *Idem, ibidem.*
17. Graciliano Ramos, "Suor", *Folha de Minas*, 17 fev. 1935.
18. Graciliano Ramos, "O Romance do Nordeste", *Diário de Pernambuco*, 10 mar. 1935.
19. Graciliano Ramos, "Norte e Sul", *Diário de Notícias* (Rio de Janeiro), 25 abr. 1937.
20. Graciliano Ramos, "O Fator Econômico no Romance [Brasileiro]", *O Observador Econômico e Financeiro*, ano II, n. 15, abr. 1937.

chave literária, as especificidades linguísticas dos espaços representados ficcionalmente. Aos "realistas" nordestinos que, em linhas gerais, se enquadrariam nessa proposta, Graciliano procura contrapor os "intimistas" citadinos, produtores de "adocicados" dramas burgueses, que, segundo o julgamento do autor de *Vidas Secas*, eram partidários da arte pela arte e praticavam uma espécie de "espiritismo literário"[21]:

> Os inimigos da vida torcem o nariz e fecham os olhos diante da narrativa crua, da expressão áspera. Querem que se fabrique nos romances um mundo diferente deste, uma confusa humanidade só de almas, cheias de sofrimentos atrapalhados que o leitor comum não entende. Põem essas almas longe da terra, soltas no espaço. Um espiritismo literário excelente como tapeação. Não admitem as dores ordinárias que sentimos por as encontrarmos em toda parte, em nós e fora de nós. A miséria é incômoda. Não toquemos em monturos[22].

O rótulo "arte pela arte", utilizado por Graciliano nos embates contra os intimistas por aqui, também interessava a Soromenho. Questionamentos a respeito de tal "tendência" são também diretamente endereçados a Marques Rebelo[23], cuja entrevista divide espaço com o depoimento do autor alagoano ora examinado[24]. Muito possivelmente, o jornalista luso tinha em vista as especificidades dos debates em pauta no contexto português naquele ano de 1939. Se ainda ressoava nos meios intelectuais o tom polêmico do artigo "Discurso sobre a Inutilidade da Arte", de João Gaspar Simões, no qual ele apregoava que "sim: a arte é inútil; talvez mesmo perigosa. A verdade, contu-

---

21. Graciliano Ramos, "Norte e Sul", *Diário de Notícias* (Rio de Janeiro), 25 abr. 1937, em *Linhas Tortas*. Rio de Janeiro, Record, 2005, p. 192.

22. *Idem, ibidem.*

23. Em registro tipicamente polêmico, o autor de *Oscarina* se mostra favorável à "arte pela arte" e destaca que a literatura brasileira, naquele momento, estaria realizando um fenômeno interessante de retorno ao classicismo, "livre dos modismos, dos oportunismos, das facilidades, da glória momentânea": "Voltando ao classicismo ela tende à boa arte pela arte, o que amedronta muito uma meia dúzia de indivíduos que teme perder as suas gloriosas posições" (*idem, ibidem*).

24. O outro escritor nacional entrevistado de Soromenho, José Lins do Rego, não fala propriamente de "arte pela arte", mas ressalta que caberia à literatura "conhecer o Brasil": "Atualmente, poetas e romancistas se debruçam sobre a terra e o homem com serenidade, sentindo a sua grandeza e a sua miséria" (Castro Soromenho, "O Novo Caminho da Literatura Brasileira – José Lins do Rego", *O Primeiro de Janeiro*, 12 set. 1939).

do, é ela ser indispensável ao homem"[25], a série "Cartas Intemporais de Nosso Tempo" do também presencista José Régio agitou a cena literária lusa em 1939.

Nesse conjunto de três textos estampados nas páginas de *Seara Nova*, ao reprovar a possível influência do romance brasileiro na literatura portuguesa, Régio não usa propriamente o rótulo "arte pela arte". Todavia, seu apostolado em relação à literatura e à crítica literária voltava-se contra toda sorte de particularismos, partidarismos e simplismos, repudiando o gesto então usual de confundir a arte literária com política ou sociologia: "[...] julgo que, atuais e locais ou não, só são realmente grandes aquelas obras que o selo da eternidade e da universalidade distingue"[26]. Sua argumentação norteia-se pelo ideal de perenidade das grandes obras ou, como ele confessa, pelo então vergonhoso para os mais novos "estigma do eterno".

A resposta mais incisiva às "Cartas Intemporais", de José Régio, coube ao aguerrido neorrealista e militante comunista Álvaro Cunhal. Em tom polêmico, este rebaixava seu antagonista à condição de um solitário passadista, obcecado pelo próprio umbigo, incapaz de ouvir o canto das multidões[27]. De modo análogo às controvérsias que ocorriam no Brasil a respeito de uma aparente oposição entre arte engajada e valorização do apuro formal[28], Álvaro

---

25. João Gaspar Simões, "Discurso sobre a Inutilidade da Arte", *Revista de Portugal*, n. 1, out. 1937, p. 117.

26. José Régio, "Cartas Intemporais do Nosso Tempo – A um Moço Camarada sobre Qualquer Possível Influência do Romance Brasileiro na Literatura Portuguesa – 1", *Seara Nova*, n. 608, 08 abr. 1939.

27. Álvaro Cunhal, "Numa Encruzilhada dos Homens", *Seara Nova*, n. 611, 27 maio 1939, p. 285.

28. No transcorrer desse mesmo ano de 1939, Graciliano participa em duas oportunidades de certa polêmica discursiva instaurada nas páginas do *Diário de Notícias* do Rio de Janeiro pelo texto "A Palavra em Falso", de Mário de Andrade. Mediante as crônicas "Os Sapateiros da Literatura" e "Os Tostões do Sr. Mário de Andrade" (ambas recolhidas no livro póstumo *Linhas Tortas*), o autor alagoano entra no debate procurando defender os romancistas nordestinos de sua geração, especificamente Jorge Amado e Joel Silveira, contendedores do crítico paulista nessa controvérsia, mas, ao mesmo tempo, compactua com este último no que diz respeito à valorização da técnica na composição dos romances (Thiago Mio Salla, "Palavras em Falso e Literatura Engajada nos Anos 30: Mário de Andrade e 'A Raposa e o Tostão'", *Magma*, n. 9, 2006, pp. 61-70). No transcorrer desse acalorado debate, é curioso observar como o autor de *Jubiabá*, com o fito de rebaixar Mário de Andrade, valeu-se de estratégia semelhante à empregada por Cunhal em relação a José Régio, tachando o "papa do modernismo brasileiro" de formalista, solitário e, do alto de sua torre de marfim, desconectado dos clamores do mundo em guerra: "O crítico nessa sua última fase tenta uma volta desesperada à torre de marfim. O espetáculo tão triste do mundo guerreiro horroriza

Cunhal destacava que as atitudes (interesse pela humanidade) viriam antes do talento (maestria artística):

Um homem pode pensar ser magnífica uma obra literária, como obra de "arte pura", e ao mesmo tempo compreender a necessidade de repelir tal obra de arte, de a lançar para um canto donde não perturbe a necessária linha de conduta de companheiros seus, ou de, mostrando-a, comentá-la fortemente. É que há a encruzilhada. E há um caminho a escolher. E a sorte dum mundo[29].

Na referida polêmica, ao defender que caberia aos escritores "exprimir a realidade viva e humana de uma época" e não olharem para o próprio umbigo, por mais que Cunhal se contrapusesse frontalmente ao poeta presencista quanto à questão mais ampla do lugar do artista e do papel da arte, o jovem crítico nada diz a respeito das críticas endereçadas ao romance brasileiro por José Régio. De modo provocativo, o subtítulo da série de artigos deste último era expresso nos seguintes termos: "A um Moço Camarada sobre Qualquer Possível Influência do Romance Brasileiro na Literatura Portuguesa". Isso acontecia não por acaso: naquele contexto de embate entre o "velho" presencismo e o "moço" neorrealismo, rebaixar a literatura brasileira era um meio de indiretamente atacar os mais jovens intelectuais portugueses que, naquele momento, exaltavam os novos romancistas do Brasil, entre os quais se encontrava Graciliano Ramos.

De início, Régio destaca que não estaria escrevendo a carta em questão para atacar publicamente nossa literatura contemporânea. Todavia, não deixava de ressaltar o inconveniente da presença demasiada do livro brasileiro em solo português:

O livro brasileiro faz no nosso exíguo mercado uma concorrência notável ao português. Muitos dos nossos jovens literatos já conhecem, sobretudo, os mais recentes romances brasileiros melhor do que os portugueses. Nos nossos jornais literários e

a fina sensibilidade de esteta, e ele não pensa que talvez sua inteligência pudesse ser útil para melhorar os homens enlouquecidos. Foge para a sua torre de marfim" (Jorge Amado, "A Solidão é Triste", *Dom Casmurro*, n. 116, 2 set. 1939).

29. Álvaro Cunhal, "Numa Encruzilhada dos Homens", *Seara Nova*, n. 611, 27 maio 1939, p. 286.

160 • GRACILIANO NA TERRA DE CAMÕES

revistas, já a seção consagrada a livros brasileiros iguala, ou antes, excede a consagrada à crítica de livros nacionais[30].

Em decorrência dessa expansão da oferta, ratificava que a literatura brasileira, de modo pernicioso, teria se convertido num modismo: "Ora, lendo
vários jornais e revistas, constato que a 'literatura brasileira' se vem tornando
entre nós uma espécie de moda; moda, aliás, sem correspondência: está longe
de ser moda no Brasil o interesse pela literatura portuguesa"[31].

Depois de falar em termos gerais da ressonância da literatura brasileira em
Portugal, Régio procura especificar seu argumento mediante a análise de um de
nossos romances mais lidos e discutidos em Portugal: *Os Corumbas*, de Amando Fontes. De fato, tal escolha não parece aleatória, principalmente, quando
se considera que, a partir de uma crítica de Joaquim Namorado a essa obra, o
termo "neorrealismo" começara a ser empregado no sentido que viria a se con-
solidar em terras lusitanas[32]. Apesar de reconhecer que o livro de Amando Fontes se destacava por uma sobriedade e precisão "notáveis" e por apresentar um
"diálogo vivo, natural, animado", o poeta presencista aponta aquele que seria o
pior defeito de tal romance, cujo tratamento pelo crítico, em chave metonímica,
se espraiaria por toda a produção brasileira daquele momento: o caráter propagandístico (tanto em termos sociais quanto políticos):

Mas se tal romance, cuja humanidade eu lhe ouvira celebrar, me parecia afinal
tão pouco humano, tão inerte, era principalmente porque tudo, nele, desde o rudimentar e convencional desenho dos personagens ao esquematismo ou fatalismo da

---

30. José Régio, "Cartas Intemporais do Nosso Tempo – A um Moço Camarada sobre Qualquer Possível
Influência do Romance Brasileiro na Literatura Portuguesa – 1", *Seara Nova*, n. 608, 8 abr. 1939, p.
151.
31. *Idem*, p. 152.
32. Trata-se do artigo "Do Neo-realismo – Amando Fontes", publicado no periódico *O Diabo* em dezembro de 1938. Nesse texto, Joaquim Namorado ressaltava que "Amando Fontes não pode ser esquecido
quando se fala do neorrealismo: dos escritores que escrevem em língua portuguesa é ele o que mais se
identifica com este sentido do romance moderno" (Joaquim Namorado, "Do Neo-realismo – Amando
Fontes", *O Diabo*, n. 223, 31 dez. 1938, p. 3). Em dimensão mais ampla, o crítico ainda dizia que o novo
romance brasileiro se enquadrava, na sua melhor parte, no movimento neorrealista, "respondendo por
isso às necessidades orgânicas (espirituais, também) da mais jovem geração portuguesa. Eis o ponto de
encontro nesta relação simpática que se estabelece entre os dois países, – o, pela primeira vez realizado,
intercâmbio luso-brasileiro" (*idem, ibidem*).

ação, – fora demasiado calculado pelo autor em vista a um fim de propaganda. E aqui está, prezado camarada: numa verdadeira obra romanesca, ao próprio criador impõe as criaturas a sua liberdade (ou o seu determinismo) e o seu imprevisível[33].

Por fim, no último artigo da série, de modo análogo ao posicionamento já manifestado por Gaspar Simões em relação a Graciliano Ramos, Régio destaca que a produção brasileira, na qual predominaria a noção de documento, não tinha condições de desenvolver algo mais substancial e profundo: faltava-lhe "uma inteligência capaz de pensar a complexidade dos problemas". Diante de tal diagnóstico, explicita seu ponto de vista "evolucionista linear":

> Depois de, sobretudo, se ter nutrido de influência europeia, o Brasil hoje está produzindo uma literatura talvez mais própria e original: por isso mesmo mais imprópria a influenciar fecundamente a nossa. Há muito de primitivo, de infantil, de popular, numa parte da moderna literatura brasileira; [...] Ora Portugal é uma velha nação europeia; tem um passado rico; viveu uma história própria e acidentada; já estendeu raízes que já nada pode cortar. Dessas raízes afundadas no solo próprio, já uma parte duma literatura importante se alimentou e frutificou[34].

A discussão em torno da possível influência da literatura brasileira sobre o romance português se desdobrou numa série de artigos. João Gaspar Simões, na já mencionada crítica sobre *Olhai os Lírios do Campo*, de Erico Verissimo, afirmava que os ficcionistas brasileiros não detinham "um sentido plurilateral do homem", algo que, por sua vez, estaria mais próximo de um português por este ser "filho de uma mais velha civilização"[35]. Assim, Portugal não teria nada a ganhar com nossos autores sob esse aspecto, nem quanto ao alegado lirismo narrativo de um Jorge Amado, José Lins do Rego, entre outros, pois tal tendência seria, em última instância, lusitana. Conforme destaca Luís Bueno, debates sobre essa questão do influxo e do eventual proveito da leitura de romances brasileiros por parte dos portugueses se multiplicaram

---

33. José Régio, "Cartas Intemporais do Nosso Tempo – A um Moço Camarada sobre Qualquer Possível Influência do Romance Brasileiro na Literatura Portuguesa – II", *Seara Nova*, n. 609, 15 abr. 1939, p. 168.
34. José Régio, "Cartas Intemporais do Nosso Tempo – A um Moço Camarada sobre Qualquer Possível Influência do Romance Brasileiro na Literatura Portuguesa – III", *Seara Nova*, n. 611, 29 abr. 1939, p. 203.
35. João Gaspar Simões, "*Olhai os Lírios do Campo*", *Diário de Lisboa*, 15 jun. 1939, p. 16.

162 • GRACILIANO NA TERRA DE CAMÕES

por outras revistas e páginas literárias da imprensa de lá: "de forma que até mesmo um inquérito organizado por João Tendeiro para levantar as tendências da nova geração incluiu uma pergunta a respeito da possibilidade de a literatura brasileira influenciar a portuguesa"[36].

Vale ainda sublinhar que até um brasileiro participou da referida controvérsia. Nas páginas do Suplemento Literário do *Diário de Lisboa*, Mário de Andrade responde aos questionamentos de José Régio[37]. Depois de procurar justificar o suposto desinteresse dos letrados brasileiros pela produção literária portuguesa daquele momento, o autor de *Macunaíma* ressaltava que não conseguia entender o motivo de o poeta presencista ter perdido tanto tempo em discutir e condenar uma "possível influência do romance brasileiro na literatura portuguesa". Mário partia do pressuposto de que se, por um lado, a literatura brasileira, então na "puberdade", não representava para o "velho" Portugal "nenhum veneno", o passado português se constituía em perigo para os novos artistas brasileiros em seu processo de "afirmação nacional". Assim, se a eventual ressonância de nossos artistas não poderia causar mal nenhum aos literatos portugueses, a recíproca não seria verdadeira ao nosso imberbe nacionalismo literário.

## ADEUS À LITERATURA BRASILEIRA: JOSÉ OSÓRIO, MÁRIO E GRACILIANO

Como se percebe, Mário de Andrade expressa a percepção genérica de um afastamento voluntário e unilateral dos escritores do Brasil em relação

---

36. Luís Bueno, "O Romance Brasileiro de 30 na Imprensa Periódica Portuguesa (1935-1945)", *Cadernos de Pesquisas em Literatura* (Porto Alegre, PUCRS), vol. 15, 2009, p. 134. Trata-se do "Inquérito aos Novos", lançado em 30 de julho de 1939, no jornal *Ecos do Sul*, por João Tendeiro e Mario Mota. Na primeira resposta às questões propostas por tais intelectuais, mais especificamente quanto à pergunta "A literatura brasileira é ou não suscetível de exercer alguma influência na portuguesa? Por quê?", Afonso de Castro Senda declarou: "É. Porque, como afirmação superior de um povo, entra na mecânica inviolável das coisas: a projeção consecutiva do homem sobre a própria espécie" (Afonso de Castro Senda, "Resposta de Afonso de Castro Senda". *Ecos do Sul: Quinzenário Regionalista e Noticioso*, ano 3, n. 51, 27 ago. 1939, p. 12, Do Espírito Literário, n. 16).

37. Mário de Andrade, "Uma Suave Rudeza", *Diário de Lisboa*, 20 jul. 1939 (Suplemento Literário). Texto publicado originalmente no *Diário de Notícias* do Rio de Janeiro em 4 de junho de 1939 e depois recolhido no volume *O Empalhador de Passarinho* (3. ed., São Paulo, Martins, 1972, pp. 65-70).

a Portugal[38], algo que teria reflexos no intercâmbio literário luso-brasileiro até então voluntariamente realizado por José Osório de Oliveira. No rumoroso artigo-carta de despedida "Adeus à Literatura Brasileira", publicado no *Diário de Lisboa*, em 16 de junho de 1940, este incansável brasilianista afirma que deixaria de tratar da arte literária brasileira, à qual vinha carinhosamente se dedicando desde 1926. Tal decisão decorria do fato de que os autores brasileiros não ajudavam sua empreitada de divulgação de nossa prosa e poesia em Portugal uma vez que não lhe enviavam livros, que, além de caros, dificilmente seriam encontrados em terras lusitanas[39]. Para além dessa constatação, por outro lado, Osório ainda se questiona: "[...] corresponderão os brasileiros ao interesse que tenho por eles, interessando-se igualmente, não digo por mim, mas pela literatura portuguesa?". Depois de reconhecer algumas iniciativas brasileiras nesse sentido, salienta que os portugueses faziam mais pelas letras do Brasil, além de viverem naquele momento, "por fatalidade geográfica", a tragédia europeia da Segunda Guerra Mundial, que dificultava a publicação de artigos exclusivamente literários. Em função de tal conjunto de fatores, o crítico e ensaísta português dava, aparentemente, adeus à empreitada de difusão das letras brasileiras em Portugal.

O mote para tal despedida melancólica deveu-se à participação de Osório de Oliveira em enquete realizada pela *Revista Acadêmica* a respeito de quais seriam os dez melhores romances brasileiros. Conforme pontua o crítico português, muito poucos seriam os portugueses conhecedores de toda a literatura brasileira que pudessem responder, com consciência, a tal consulta.

---

38. Luís Bueno, "O Brasil invade Portugal: Literatura Brasileira e Portuguesa na Década de 1930", em Claudia Poncioni, José Manuel da Costa Esteves & José da Costa, *Hommes de Lettres et la Res Publica au Portugal et au Brésil*, Paris, Michel Houdiard Éditeur, vol. 1, 2013, p. 232.

39. De fato, depois do início da Segunda Guerra, a importância da remessa de títulos por parte de nossos escritores à intelectualidade portuguesa mostrava-se fundamental, tendo em vista a dificuldade de se obter um conjunto mais amplo de obras brasileiras em Portugal. O crítico Casais Monteiro indicava em entrevista a Castro Soromenho em 1941: "O que eu conheço da literatura brasileira de hoje deve-se a ofertas pessoais, diretas ou indiretas" (Castro Soromenho, "Política do Atlântico – Carlos Queiroz, Casais Monteiro, Gaspar Simões e Forjaz Trigueiros perante o Brasil Literário", *Vida Mundial Ilustrada*, 4 dez. 1941, p. 3).

164 • GRACILIANO NA TERRA DE CAMÕES

Se os inquiridores perguntassem quais são os dez melhores romances brasileiros contemporâneos, ainda poderia haver meia dúzia de escritores portugueses capazes de responder. Mesmo assim, já vimos um crítico nosso, e dos melhores, mostrar que apenas conhecia José Lins do Rego, Jorge Amado, Graciliano Ramos e Erico Verissimo, pois que negava interesse humano às obras de outros romancistas. [...] A produção brasileira é tão numerosa que constitui uma grave injustiça não digo já citar apenas quatro romancistas, mas tentar sequer mencionar todos os nomes de autores dignos de interesse. [...] Como falar sem injustiça, mesmo só da literatura contemporânea, quando se conhecem apenas os quatro romancistas que, em grande parte pelo seu valor, mas também em virtude das circunstâncias, conquistaram notoriedade em Portugal?[40]

Nesse trecho, Osório faz alusão ao texto de João Gaspar Simões a respeito de *Olhai os Lírios do Campo* visto antes e, por meio de tal expediente, além de reprovar a estreiteza crítica de seu conterrâneo, deixa patente o recorte limitado que a intelectualidade portuguesa tinha da produção brasileira então contemporânea. Por outro lado, em perspectiva muito mais plural e abrangente, na lista dos dez melhores romances brasileiros que Osório envia à *Revista Acadêmica* estão presentes, para além dos quatro prosadores admirados em Portugal, obras do final do século xix, dos primórdios do século xx, a rapsódia de Mário de Andrade e outros autores do romance de 1930, entre estes um prototipicamente rotulado como intimista. Os livros listados pelo brasilianista foram os seguintes: 1. *Dom Casmurro*, de Machado de Assis; 2. *O Mulato*, de Aluísio Azevedo; 3. *Canaã*, de Graça Aranha; 4. *Macunaíma*, de Mário de Andrade; 5. *Pedra Bonita*, de José Lins do Rego; 6. *Jubiabá*, de Jorge Amado; 7. *Angústia*, de Graciliano Ramos; 8. *Caminho de Pedras*, de Rachel de Queiroz; 9. *Um Lugar ao Sol*, de Erico Verissimo; e 10. *Fronteira*, de Cornélio Penna.

Mais especificamente, depois de aventar outras possíveis listas com os dez melhores romances brasileiros, em que não deixa de esbanjar seu vasto conhecimento da então moderna literatura de nosso país, Osório destaca que apenas "quem não conheça bem a literatura brasileira poderá isolar aqueles

---

40. José Osório de Oliveira, "Adeus à Literatura Brasileira", *Diário de Lisboa*, 16 jun. 1940, p. 3. Texto republicado na *Revista Acadêmica*, n. 50, jul. 1940.

quatro romancistas de todos os outros seus antecessores, companheiros da mesma hora ou continuadores da sua tarefa de descobridores da realidade humana do Brasil"[41].

Em texto publicado no *Diário de Notícias* do Rio de Janeiro, em 18 de agosto de 1940, Mário de Andrade surpreende-se desagradavelmente com o tom adotado por Osório Oliveira no referido artigo. Para o crítico brasileiro, seu amigo português "vem irritado com os escritores brasileiros que não lhe mandam seus livros e só por causa disso jura nunca mais escrever sobre a literatura do Brasil. Ora será possível tamanha falta de malícia!"[42]. Em função disso, o autor de *Macunaíma* considerava o "Adeus à Literatura Brasileira" a derrapagem de um momento de irritação.

José Osório de Oliveira tem compromissos pra com a sua própria personalidade intelectual, muito maiores que os dos escritores brasileiros pra com ele. Os escritores brasileiros são uns desleixados da própria celebridade. Mordidos pelo nosso agradabilíssimo complexo de inferioridade, talvez sejamos nós os únicos americanos que não acreditamos em intercâmbio intelectual[43].

Diante de tal diagnóstico, Mário de Andrade conclama todos os escritores nacionais a remeterem seus livros para o endereço do crítico português: "Largo do Contador Mor, 1-A, 2º Dto., Lisboa, Portugal"[44]. Ao mesmo tempo, pontua que o eminente crítico lusitano, antes do qual não haveria literatura brasileira em Portugal, deveria colocar "o destino acima das dificuldades e ingratidões".

A resposta de Osório de Oliveira a Mário de Andrade vem em artigo publicado em 24 de dezembro de 1940, uma vez mais no *Diário de Lisboa*. Depois de afirmar que, com "rude amizade", Mário o acusava de "deserção", explica que não estaria propriamente dando adeus à literatura brasileira, mas sim à atividade crítica voltada à literatura do Brasil. Além disso, pontua que

41. *Idem, ibidem.*
42. Mário de Andrade, *Vida Literária*, São Paulo, Edusp; Hucitec, 1993, p. 244. Texto publicado originalmente no *Diário de Notícias* (Rio de Janeiro), 18 ago. 1940.
43. *Idem, ibidem.*
44. *Idem*, p. 245.

166 • GRACILIANO NA TERRA DE CAMÕES

sua despedida se daria num momento de "consagração de talentos oficiais brasileiros", deixando subentendido que seu trabalho de divulgação já estaria feito. Todavia, mais adiante, o crítico português revela que seu interesse sempre se concentrou, "sem consideração alguma pelas conveniências", na prosa e na poesia do país irmão, e não no intercâmbio atlântico: "A outros compete promover a 'aproximação luso-brasileira'; não a mim, que sou apenas um crítico e, possivelmente, um historiador da literatura do Brasil"[45].

Por outro lado, já vislumbrando a redação de outro artigo intitulado "A Impossível Despedida", Osório de Oliveira salienta que seu pedido de adeus surtira efeito, uma vez que o afluxo de livros provenientes do Brasil até sua residência tinha aumentado, o que, entretanto, colocava-o em situação difícil, uma vez que escasseavam espaços dedicados à literatura em revistas e jornais portugueses em função do agravamento da Segunda Guerra Mundial. Ao final do texto, em mais uma mostra de arrependimento, o brasilianista cita uma carta recebida de Otávio Tarquínio de Sousa, então diretor da *Revista do Brasil*, publicação que, em seu último número, entre dez colaboradores, reunia seis portugueses: "Terei sempre a maior satisfação em acolher na *Revista do Brasil* os escritores portugueses e cuido mais do que nunca que devemos estar unidos, na hora terrível que vivemos"[46]. Diante de tamanha mostra da valoração da arte e da intelectualidade lusa, Osório de Oliveira termina o texto destacando que seu espírito nunca havia se separado do Brasil.

Em concordância com o "rancor justo" de Osório de Oliveira, mas com certo atraso[47], Graciliano também participa do rumor causado pelo texto-adeus do crítico português. Entretanto, diferentemente de Mário de Andrade, que dirigiu sua crítica à aparente "deserção" do brasilianista, o autor de *Vidas Secas* intenta explicar a postura omissa e indiferente da intelectualidade brasileira quanto ao intercâmbio literário, fato que teria redundado na atitude mais radical de Osório.

Valendo-se da conformação que o gênero crônica ganhou na primeira metade do século xx no Brasil, Graciliano toma o "ainda oportuno" texto de

---

45. José Osório de Oliveira, "A Literatura Brasileira", *Diário de Lisboa*, 24 dez. 1940, p. 19.
46. *Idem, ibidem.*
47. Graciliano escreve quase um ano depois do início da polêmica suscitada pelo "Adeus à Literatura Brasileira", de José Osório de Oliveira. Faz isso no artigo "Uma Tentativa de Explicação", cuja primeira veiculação, em periódico, ocorreu na *Revista Acadêmica*, em maio de 1941.

DO FINAL DOS ANOS 1930 AO INÍCIO DOS 1940... • 167

Osório de Oliveira como a base discursiva a partir da qual procura abstrair noções a respeito do suposto caráter pouco civilizado dos brasileiros e, mais especificamente, da feição minguada de nossa literatura e da catadura pouco profissional de nossos escritores, pouco afeitos ao exame crítico de suas obras. Segundo o autor de *Vidas Secas*, os homens de letras do Brasil seriam bárbaros quanto à devida condução de suas relações epistolares:

> Realmente há entre nós quem ponha os seus escritos em ordem e numa gavetinha do *bureau* guarde as folhas timbradas, os envelopes, o frasco de goma e a caixa de selos. Isto, porém, é exceção: as censuras que nos vêm de Lisboa mostram que em geral somos desleixados.
>
> Poderemos justificar-nos dizendo que possuímos ideias escassas, as indispensáveis à composição da nossa minguada literatura. Seremos com efeito literatos? Este nome encerrava há pouco um sentido prejudicial, herança provável do tempo em que arte era indício de boêmia e sujeira. Escrevemos efetivamente, mas desconfiados, no íntimo desgostosos com um gênero de trabalho que não pode ser profissão. A nossa mercadoria vai sem verniz para o mercado e não nos desperta, posta em circulação, nenhum entusiasmo. Somos diletantes. Receamos que nos discutam, que nos analisem, que nos exibam os aleijões. Se eles começarem a ser indicados, multiplicar-se-ão, ocuparão toda a obra. A referência que nos contenta é o elogio bem derramado. Não faz mal que seja idiota: precisamos vê-lo, repeti-lo, convencer-nos de que realizamos qualquer coisa notável[48].

Apesar de insistir no uso da primeira pessoa do plural, Graciliano, de certo modo, colocava-se de fora do retrato pintado nesse trecho, quando o assunto era a remessa de seus livros para algumas figuras de proa da intelectualidade portuguesa. Em carta enviada ao próprio José Osório de Oliveira mais de dois anos antes do artigo supracitado, em 7 de agosto de 1938, ele responde a uma missiva do brasilianista, na qual este último se queixava de não receber livros do romancista brasileiro. Graciliano, por sua vez, anuncia que mandava ao confrade português *S. Bernardo* e *Vidas Secas*, mas não lhe poderia enviar, a não ser quando saísse uma nova edição, *Angústia*, publicado

---

48. Graciliano Ramos, *Garranchos*, organização, introdução e notas de Thiago Mio Salla, Rio de Janeiro, Record, 2012, pp. 186-187.

168 • GRACILIANO NA TERRA DE CAMÕES

quando o artista alagoano estava "fora de circulação"[49]. Além disso, limita-se a confessar certo interesse pela divulgação da sua obra em Portugal e algum conhecimento da produção de Osório, garantindo que, apesar das distâncias, "ainda nos entendemos", portugueses e brasileiros[50].

Prova de que Graciliano não tinha receio de que lhe exibissem os aleijões, em 1938, enviou seus livros a dois maiores críticos literários do cenário português de então: os presencistas Adolfo Casais Monteiro e João Gaspar Simões. Ao primeiro, remeteu, em 1938, a edição *princeps* de *Vidas Secas* (1938) e a segunda de *S. Bernardo* (1938). Isso é o que pode ser depreendido da dedicatória-bilhete que acompanha o exemplar do volume *Descobertas no Mundo Interior: A Poesia de Jules Supervielle* (Coimbra, Edições Presença, 1938), encaminhado pelo crítico português ao romancista brasileiro: "A Graciliano Ramos, romancista que muito admiro, homenagem de Adolfo Casais Monteiro. Recebi os seus dois romances, *S. Bernardo* e *Vidas Secas*, que muito lhe agradeço. Espero poder ocupar-me deles brevemente"[51]. A Gaspar Simões, também em 1938, mandou as primeiras edições de *Angústia* (1936) e *Vidas Secas* (1938). Nos exemplares enviados a esse intelectual constam dedicatórias curtas: "Para Gaspar Simões, com a admiração de Graciliano Ramos" (em *Angústia*) e "Para Gaspar Simões – homenagem de Graciliano Ramos" (em *Vidas Secas*)[52].

Ambos os críticos teriam sido revelados ao Brasil, de modo mais efetivo, pela casa portuguesa Editorial Inquérito, cuja agência situada no Rio de Janeiro trabalhara em prol da divulgação e da difusão dos livros *António Nobre, Precursor da Poesia Moderna* (1939), de João Gaspar Simões, e *Sobre o*

---

49. *Angústia* foi lançado, pela José Olympio, em agosto de 1936, quando Graciliano encontrava-se na cadeia. A segunda edição do romance saiu apenas em 1941.
50. Graciliano Ramos, "Carta a José Osório de Oliveira", Lisboa, 7 ago. 1938, Acervo pessoal de Arnaldo Saraiva, Porto, Portugal.
51. Adolfo Casais Monteiro, Dedicatória-bilhete aposta ao exemplar do livro *Descobertas no Mundo Interior: A Poesia de Jules Supervielle* (Coimbra, Edições Presença, 1938), de Adolfo Casais Monteiro, enviado a Graciliano Ramos, São Paulo, Biblioteca do Instituto de Estudos Brasileiros. Convém destacar que muitas páginas dessa obra ainda precisavam de corte na parte superior para que a leitura se tornasse possível, indício seguro de que o volume não fora lido por Graciliano.
52. Exemplares pertencentes à Biblioteca Municipal de Figueira da Foz, no qual se encontra guardada aquela que antes fora a biblioteca pessoal de João Gaspar Simões.

DO FINAL DOS ANOS 1930 AO INÍCIO DOS 1940... • 169

*Romance Contemporâneo* (1940), de Adolfo Casais Monteiro. Tais volumes integravam a coleção Cadernos Inquérito, da qual também fazia parte a obra *História Breve da Literatura Brasileira* (1939), de José Osório de Oliveira. "A característica por excelência desses 'Cadernos Inquérito' – quase que ia dizendo de propaganda – é que, escritos pela melhor gente da moderna geração portuguesa, são vendidos ao grande público por um preço mínimo. Quanto mais barato, o livro adquire maior interesse popular"[53]. A guerra, todavia, tornara mais difícil a chegada das produções da Inquérito ao Brasil[54].

Seja pela divulgação de seus livros por aqui, seja pelas trocas de cartas pessoais e recortes de jornal, seja pela republicação de artigos na imprensa brasileira, ambos os críticos portugueses, Adolfo Casais Monteiro e João Gaspar Simões, desfrutavam de ótima reputação no Brasil. Mário de Andrade se referia a Casais Monteiro como "poeta notável"[55], "lúcida inteligência"[56]. Tasso da Silveira definia-o como um escritor que, por necessidade de "meditar o sentimento que lhe dão os seres e as coisas" se desdobrava em ensaísta, "o que vale dizer em pesquisador de sentidos profundos"[57]. No período em questão, Casais Monteiro teve seus textos publicados em inúmeros periódicos brasileiros, entre os quais a *Revista do Brasil*, *Ordem* e *O Jornal*[58].

Os elogios rasgados a Gaspar Simões mostravam-se mais evidentes e partiam de duas figuras proeminentes do dito "Romance do Norte". No periódico *Vamos Ler!*, Jorge Amado destacava que "João Gaspar Simões é hoje o

---

53. F. A. B., "Inquérito", *Diretrizes*, ano 5, n. 97, 7 maio, 1942, p. 5.

54. *Idem, ibidem*.

55. *Confusão*, primeiro livro de poesia de Casais Monteiro, data de 1928. Cecília Meireles também o exaltava: "Tão diverso de seus companheiros na sua visão de mundo! Desencantado e esperançoso, à mercê da vida que o vai levando, deixando-se ir pela mão de um destino que não distingue bem, mas a que obedece – narra sua aventura poética num grande abandono poético, numa linguagem fluida e nebulosa, que se desenrola e perde, sugestiva e esparsa como o fumo das viagens humanas" (Cecília Meireles, *Poetas Novos de Portugal*, Rio de Janeiro, Dois Mundos, 1944, p. 51).

56. Mário de Andrade, "Uma Suave Rudeza", *Diário de Notícias* (Rio de Janeiro), 4 jun. 1939.

57. Tasso da Silveira, "Descobertas no Mundo Interior", *Diário de Notícias* (Rio de Janeiro), 24 jul. 1938.

58. A partir dos anos 1950, quando migra para o Brasil, colaborou por mais de uma década com o Suplemento Literário do jornal *O Estado de S.Paulo* (cf. Adolfo Casais Monteiro, *Artigos de Adolfo Casais Monteiro publicados no Suplemento Literário de* O Estado de S.Paulo, 2 vols., Araraquara, SP, Universidade Estadual Paulista, Campus de Araraquara, Instituto de Letras, Ciências Sociais e Educação, Departamento de Literatura, 1983, Cadernos de Teoria e Crítica Literária, 12).

## 170 • GRACILIANO NA TERRA DE CAMÕES

nome de crítico português mais conhecido no Brasil"[59]. De modo mais específico, José Lins do Rego também se mostrou bastante elogioso ao tratar do intelectual português no *Anuário Brasileiro de Literatura*, em 1939: "Há pouco li um livro de João Gaspar Simões, *Novos Temas*, e um homem de pensamento, um homem cheio de nervos me apareceu, tratando de poesia e romance, como temas vitais, fazendo do ensaio uma criação"[60]. Adiante, diz o romancista de *Doidinho*:

> A crítica de um João Gaspar Simões é boa literatura, é aguda interpretação, é um esforço constante de compreensão do que ele procura analisar. Quer trate de Camões ou de um poeta que encontra todos os dias na rua, o crítico não é ótimo somente falando do clássico e cheio de definições tratando de contemporâneos. É ótimo em ambas as formas[61].

De fato, ao tomar como pressuposto judicativo a noção de que o romance brasileiro valeria tão somente pelo lirismo, pelo uso da oralidade e pelo documento humano, e não pelo trato dos "imponderáveis psicológicos", que seriam "timbre das raças muito civilizadas"[62], João Gaspar Simões, se fazia restrições a Graciliano Ramos, elogiava (não também sem algumas reservas) Jorge Amado e José Lins do Rego. No que diz respeito a este último, o crítico escreveu resenhas abonadoras dos livros *Pureza* e *Pedra Bonita*. Sobretudo na primeira, exalta o romancista paraibano por ter descoberto a realidade viva do Brasil, ressaltando, sobretudo, o lirismo de suas narrativas oralizadas. Quanto a Jorge Amado, o presencista destacava que ele estaria além, pois teria ido mais fundo na representação da aludida "realidade viva do Brasil". "Nos seus romances – principalmente nesse estranho e extraordinário *Jubiabá* – é o povo quem fala."[63]

---

59. *Apud* Castro Soromenho, "Política do Atlântico – Carlos Queiroz, Casais Monteiro, Gaspar Simões e Forjaz Trigueiros perante o Brasil Literário", *Vida Mundial Ilustrada*, 4 dez. 1941, p. 3
60. José Lins do Rego, "Um Crítico Português", *Anuário Brasileiro de Literatura*, n. 3, 1939, p. 121.
61. *Idem, ibidem*.
62. João Gaspar Simões, "*Pedra Bonita / Revista de Portugal*", *Diário de Lisboa*, 17 ago. 1938, p. 4 (Suplemento Literário).
63. *Idem, ibidem*. Casais Monteiro também teceu elogios, sobretudo, ao *Jubiabá* de Jorge Amado enquanto exemplo dos mais ressoantes do "realismo-lírico" brasileiro. "Um romancista como Jorge Amado e

Parte do lugar proeminente que Gaspar Simões desfrutava entre os escritores daqui decorria do fato de ele haver mantido colaboração continuada com o suplemento literário de *O Jornal* por quase dois anos e de escrever constantemente para a *Revista do Brasil*. Além disso, teve artigos seus transcritos em *Dom Casmurro* e no *Diário de Notícias*, entre outros. Ele era também romancista e, sobretudo em função dessa segunda atividade, alvo de muitas críticas. Seu próprio colega de *Presença* Casais Monteiro, em artigo publicado no brasileiro *O Jornal*, pontuava: "Com efeito, não podemos deixar de reconhecer que, nele, o romancista está longe de valer o ensaísta e o crítico"[64]. Na polêmica travada entre Gaspar Simões e os neorrealistas, Casais Monteiro salientava que a postura de seu companheiro presencista não teria sido feliz:

[...] levou-o a exagerar de tal modo o seu ponto de vista, levando-o a extremos de tal intolerância, que acabou por afirmar que "os problemas da arte não são os problemas da vida" [referência ao já mencionado ensaio "Discurso sobre a Inutilidade da Arte", publicado por Gaspar Simões na *Revista de Portugal* no final de 1937]. [...] Nessa época, Gaspar Simões vivia uma fase de intolerante egocentrismo: "tinham-no cegado um pouco os fumos da glória de crítico do *Diário de Lisboa*, e falava num tom demasiado autoritário para que os jovens seus adversários pudessem tomar outra atitude senão a reação brutal[65].

Sem fazer menção a tais embates, num texto evocativo do impacto causado na cultura brasileira em decorrência da chegada de intelectuais portugueses que vieram para o Brasil no tempo da ditadura salazarista, Antonio Candido faz menção à ressonância de Casais Monteiro e Gaspar Simões por aqui. Além de tratarem do romance brasileiro de 1930, ambos também se destacaram por alargar o conhecimento de Fernando Pessoa no Brasil[66]. Em abril

---

uma obra como *Jubiabá* são sinais dos tempos, e dizem-nos muito sobre a profunda renovação que se está dando na nossa época: humanização da literatura e alargamento das 'zonas de interesse' do escritor" (Adolfo Casais Monteiro, "*Jubiabá*, de Jorge Amado II", *O Diabo*, n. 145, 4 abr. 1937, p. 2).

64. Adolfo Casais Monteiro, "Um Crítico Criticado", *O Jornal*, 4 jan. 1942.

65. *Idem, ibidem*.

66. Antonio Candido, "Intelectuais Portugueses e a Cultura Brasileira", em Márcia Valéria Zamboni Gobbi *et al.*, *Intelectuais Portugueses e a Cultura Brasileira – Depoimentos e Estudos*, São Paulo, Editora Unesp; Bauru, sp, Edusc, 2002, p. 26.

172 • GRACILIANO NA TERRA DE CAMÕES

de 1938, o artigo de Casais Monteiro "O Exemplo de Fernando Pessoa", antes saído no *Diário de Lisboa*, ganha republicação no *Boletim de Ariel* (Rio de Janeiro, ano 7, n. 215, abr. 1938). Em julho de 1940, a *Revista do Brasil* estampa "Apresentação de Fernando Pessoa", de autoria de Gaspar Simões. Casais Monteiro está à frente da publicação de uma antologia a respeito do autor de *Mensagem*, em dois volumes, cujo primeiro sai pela editora lisboeta Confluência em 1942[67]. Nesse mesmo ano, Gaspar Simões, juntamente com Luiz de Montalvor, faz publicar pela Ática o primeiro volume das *Obras Completas* de Fernando Pessoa[68].

## UMA VEZ MAIS JOÃO GASPAR SIMÕES

Não mais no calor da hora da crítica de jornal, a nova manifestação de João Gaspar Simões a respeito da obra de Graciliano Ramos ocorre em meio a um trabalho mais amplo do crítico, publicado também em 1942. Trata-se do estudo "Machado de Assis e o Problema do Romance Brasileiro", recolhido no livro *Caderno de um Romancista*[69]. Com o fito de conectar o autor de *Dom Casmurro* e o romancista de *S. Bernardo*, o texto percorre a obra daquele e acaba por desaguar neste, revelando o interesse mais amplo do ensaísta lusitano pelos problemas do romance em língua portuguesa que lhe era contemporâneo, no qual, obviamente, se incluía sua própria produção como ficcionista[70].

67. Fernando Pessoa, *Poesia / Fernando Pessoa,* introdução e seleção de Adolfo Casais Monteiro, 2 vols., [Lisboa], Confluência, 1942 (Antologia de Autores Portugueses e Estrangeiros; 1 e 3).

68. Fernando Pessoa, *Poesias,* Nota explicativa de João Gaspar Simões e Luiz de Montalvor, Lisboa, Ática, 1942. Por essa mesma editora e sob a organização desses mesmos dois intelectuais, sairiam, em 1944, as *Poesias de Álvaro de Campos* e, em 1946, os *Poemas de Alberto Caeiro* e as *Odes de Ricardo Reis.*

69. Cinco anos depois do lançamento desta obra, de modo indireto, José Osório de Oliveira alfinetava que o interesse de Gaspar Simões por Machado seria recente. "Ainda não há muitos anos, um plumitivo, que alguns brasileiros indevidamente consideram o melhor crítico literário português (sem conhecer todos os outros), se espantava quando eu dizia que o Brasil fora o berço e o ambiente de um dos maiores e, sem dúvida, o mais perfeito prosador da língua portuguesa. Hoje, esse crítico pontifica sobre Machado de Assis" (José Osório de Oliveira, "Carta aos Escritores do Brasil", *Atlântico: Revista Luso-Brasileira,* nova série, n. 5, 31 dez. 1947, p. 110).

70. Não por acaso, em nota explicativa ao livro, Gaspar Simões destaca que teria se valido, nas páginas que se seguiam, mais de "sua experiência de romancista do que de sua inteligência como crítico" (João Gaspar Simões, *Caderno de um Romancista: Ensaios,* Lisboa, Livraria Popular de Francisco Franco, 1942, p. 5). Até esse momento, como romancista, já havia publicado *Elói ou Romance numa Cabeça*

De início, Gaspar Simões parte da triste constatação de que, ao longo de toda a história da literatura brasileira, nossos romancistas, entre eles Machado de Assis, jamais teriam conseguido escrever um romance "capaz de ser considerado modelo de objetividade criadora, força dramática, penetração psicológica, veemência humana, um romance ao mesmo tempo expressão profunda da humanidade brasileira e de uma humanidade universal"[71]. Depois de arrolar tal exigente lista de atributos, o crítico lamenta que as produções romanescas tanto brasileiras quanto portuguesas teriam expressado apenas "o lado emotivo de nosso caráter" e o "lirismo de nosso temperamento". Apesar de revestido por uma "aparência analítica", Machado seria um lírico: "a sua obra é, antes, a expressão de uma sensibilidade [muitas vezes deformada] que se abandona do que a de uma imaginação que recria"[72].

Segundo Gaspar Simões, uma forma de arte superior deveria prescindir da "criação lírica" por si só em favor de uma "criação dramática" a mesclar arte e filosofia: "Na criação dramática entra ao mesmo tempo a capacidade deformativa do gênero lírico e a inteligência interpretativa do gênero filosófico"[73]. Assim, na opinião do crítico, os grandes romances contemplariam simultaneamente uma faceta lírica e outra dramática, objetividade e pessoalidade, que fariam, por exemplo, os personagens de uma obra ganharem vida e se desprenderem de seus autores, coisa que não aconteceria ao longo de toda a produção de Machado, mesmo quando se consideram as figuras de um Dom Casmurro ou de um Rubião. E na medida em que Gaspar Simões toma como elemento definidor do romance "a criação de personagens autónomas, de heróis independentes do romancista"[74], julga que as obras da segunda fase de Machado, por mais que introduzam a observação e análise no romance brasileiro, não seriam propriamente romances, mas, sim, "con-

---

(1932), *Uma História de Província* (em duas partes – 1934 e 1936), *Pântano* (1940), *Amigos Sinceros* (1941) e a novela *A Unha Quebrada* (1941).

71. João Gaspar Simões, *Caderno de um Romancista: Ensaios*, Lisboa, Livraria Popular de Francisco Franco, 1942, p. 236.

72. *Idem*, p. 238. Nesse ponto, o crítico português parte do pressuposto de que o lirismo seria uma espécie de interiorização criativa, dos que procuravam aproximar a realidade deles próprios.

73. *Idem*, p. 241.

74. *Idem*, p. 248.

fissões romanceadas"[75], uma vez que "sacrificavam a realidade em favor de devaneios verbais, longe da observação e da análise".

Por outro lado, na medida em que Machado se distanciou do realismo, em plena vigência dessa escola, teria integrado o romance brasileiro em sua única e possível evolução: a conciliação do "lirismo de nosso gênio" com o experimentalismo realista próprio do gênero romance. Conforme procura explicar o crítico português, se brasileiros e portugueses estávamos condenados a nunca atingirmos uma forma superior de romance, Machado, em meio a tal limitação, conseguiu "exprimir, com abandono e sagacidade, tudo aquilo que, de certo modo, constitui o fundo lírico de nosso génio comum"[76]. Para tanto, abandonou o modelo realista de seus primeiros livros e aceitou de braços abertos "aquela liberdade de movimentos que o romance inglês lhe mostrava", o que teria conferido a sua prosa profundeza e calor humano[77].

Feita essa exposição, algumas vezes vaga e contraditória, a respeito tanto das limitações de Machado de Assis (ao compará-lo com os grandes romancistas russos, ingleses e franceses) quanto de seu lugar proeminente na arte romanesca em língua portuguesa (mesmo quando colocado ao lado dos eméritos Camilo Castelo Branco e Eça de Queiroz), Gaspar Simões indica que as melhores produções do novo romance brasileiro vinham seguindo a lição do autor das *Memórias Póstumas de Brás Cubas*. O crítico português lista entre os "aprendizes" de Machado de Assis José Lins do Rego, Jorge Amado, Cyro dos Anjos, Erico Verissimo e Graciliano Ramos.

No entanto, a filiação de tais autores ao "quase europeu" bruxo de Cosme Velho parecia soar incoerente na pena de um crítico que já havia postulado que o romance brasileiro de 1930, em conformidade com os imperativos de uma recente busca/afirmação nacionalista, teria colocado de lado a concepção europeia de arte em prol do quadro dinâmico da vida brasileira.

É certo que os novos romancistas escolheram temas inteiramente brasileiros, é certo que sua linguagem é a fala do povo, natural e ingênua, primitiva e oral. Nada disto impede, todavia, que a estrutura técnica das suas obras, e, sobretudo, a sua li-

75. *Idem*, p. 246.
76. *Idem*, p. 256.
77. *Idem*, p. 259.

berdade de expressão, sejam de origem europeia. Machado de Assis está presente na obra deles. Os temas e o estilo não bastam a diferençar completamente as suas obras do mestre. Uma coisa, porém, as diferencia: a posição intelectual. Onde Machado de Assis usava a análise, usam os novos escritores a simples descrição[78].

Percebe-se, portanto, uma genealogia de caráter limitado nos elos estabelecidos pelo crítico, uma vez que o parentesco dos novos romancistas brasileiros com Machado se resumiria à "estrutura técnica" das obras e à "liberdade de expressão", distante da "rígida arquitetura objetiva própria do romance europeu". A empreitada de afirmação de uma literatura "genuinamente brasileira" não poderia ser creditada ao autor de *Dom Casmurro*, que, segundo Gaspar Simões, havia abdicado da representação da vida nacional e ao mesmo tempo renegara suas origens: "o pé descalço e a cor morena do rosto". Em sentido oposto, os romancistas de 1930 teriam deixado a "estilização deformante", o "disfarce" e a "linguagem polida e trabalhada" do fundador da ABL em prol da ficcionalização direta, ingênua, pessoal e primitiva de suas próprias recordações. Esse lastro na experiência pessoal teria conferido à prosa de Jorge Amado, José Lins do Rego, Graciliano e tantos outros um colorido local até então não observado na história da literatura brasileira.

Entretanto, do outro lado do Atlântico, os romancistas de 1930, em geral, recusavam a filiação de suas obras à matriz romanesca de Machado de Assis. Amparando-se em resquícios de percepções críticas novecentistas ainda correntes naquele momento[79], rebaixavam o autor de *Quincas Borba* por sua aparente frieza, pessimismo e desconexão em relação às matérias brasileiras. José Lins do Rego, por exemplo, na polêmica crônica "Um Escritor sem Raízes", estampada em "Autores e Livros", suplemento literário do estado-novista *A Manhã*, chega a destacar que Machado "ficará sempre à margem de nossa copiosa literatura. Não serviria nunca de modelo, se se quisesse tirar um retrato

---

78. *Idem*, p. 260.

79. Destaque para certos postulados da crítica de Sílvio Romero que rebaixavam o aparente caráter apolítico e estrangeirado do autor de *Dom Casmurro*, cuja obra seria supostamente marcada pela falta de exaltação patriótica e pelo baixo investimento na pintura da natureza local (Hélio de Seixas Guimarães, "O Escritor que Nos Lê", *Cadernos de Literatura Brasileira*, n. 23 e 24, 2008, p. 277).

de seu povo, e mesmo da elite de sua gente"[80]. Graciliano Ramos, por sua vez, em entrevista publicada em 1937, no periódico *Dom Casmurro*, repudiava o suposto absenteísmo do bruxo do Cosme Velho e ratificava por que dele se afastava: "o que mais me distancia de Machado de Assis é o seu modo de definir-se, a ausência completa da coragem de uma atitude. O escritor tem o dever de refletir a sua época e iluminá-la ao mesmo tempo. Machado de Assis não foi assim"[81].

Se Gaspar Simões, diferentemente de Graciliano Ramos, não tachava como problema a suposta alienação de Machado tanto em termos históricos quanto pessoais, por outro lado, o crítico português assinalava que o "frescor original" da brasilidade exalada por nossos romancistas de 1930 corria o sério perigo de se tornar redundante e repetitivo, uma vez que os novos autores padeceriam da autoimitação: "as suas imagens perderão o viço, tudo quanto neles era frescor e graça se transformará em convencionalismo"[82]. Curioso observar que, em 1941, o próprio Graciliano percebia esse declínio na produção de seus colegas de geração, mas seu diagnóstico apresenta outra orientação que não deixa, por sua vez, de se conectar com o ponto de vista manifestado por Gaspar Simões. Segundo o autor de *Vidas Secas*, desde a Intentona de 1935, Jorge Amado, José Lins do Rego, Rachel de Queiroz e Amando Fontes, com o receio de se esgotarem, teriam deixado de lado a ficcionalização de experiências interioranas, recorrentes em seus primeiros livros, para tratarem da representação sofisticada de cenas e situações que seriam estranhas e distantes a tais romancistas:

Rachel de Queiroz, Jorge Amado, José Lins do Rego, Amando Fontes. Há outros certamente. Há os que principiaram descrevendo coisas que viram e acabaram descrevendo coisas que não viram. Criaturas inteligentes e inquietas, não confiaram nos seus sentidos e entraram resolutamente a delirar. As suas personagens, vagas, absurdas, não comem, não bebem não sentem as necessidades comuns dos viventes ordinários: me-

---

80. José Lins do Rego, "Um Escritor sem Raízes", *A Manhã* (Rio de Janeiro), ano II, 28 set. 1941, p. 99 (Autores e Livros).

81. Graciliano Ramos, *Conversas*, organização de Thiago Mio Salla e Ieda Lebensztayn, Rio de Janeiro, Record, 2014, p. 283.

82. João Gaspar Simões, *Caderno de um Romancista: Ensaios*, Lisboa, Livraria Popular de Francisco Franco, 1942, p. 268.

xem-se, ou, antes, estão paradas num ambiente de sonho, procedem como os loucos, falam como os loucos. E há dezenas de imitadores, simples copistas. [...]

Os nossos melhores romancistas viviam na província, miúdos e isentos de ambição. Contaram o que viram, o que ouviram, sem imaginar êxitos excessivos. Subiram muito – e devem sentir-se vexados por terem sido tão sinceros. Não voltarão a tratar daquelas coisas simples. Não poderiam recordá-las. Estão longe delas, constrangidos, limitados por numerosas conveniências. Para bem dizer, estão amarrados. Certamente ninguém lhes vai mandar que escrevam de uma forma ou de outra. Ou que não escrevam. Não senhor. Podem manifestar-se. Mas não se manifestam. Não conseguem recobrar a pureza e a coragem primitivas[83].

Como se percebe, Graciliano e Gaspar Simões concordam, em certo sentido, que a força dos romancistas supracitados se encontrava na espontaneidade, na "pureza e coragem primitivas". Se por um lado tais prosadores corriam o risco de se repetirem ao recordarem "daquelas coisas simples", por outro, ao abdicarem de temas e motivos inscritos em suas experiências, certamente perderiam a vida e o colorido. Diante dessa encruzilhada, o crítico português elege *S. Bernardo*, "uma das obras mais significativas do moderno romance brasileiro", como tentativa de passagem do descritivo ao analítico, isto é, "da descrição meramente lírica e espontânea à visão refletida e dramática"[84].

Tal juízo valorativo favorável, que amplifica um posicionamento anterior a respeito desse mesmo livro[85], ancora-se no pressuposto crítico já repisado de que a principal missão do romance seria a construção de personagens vivas. Segundo Gaspar Simões, num cenário de prevalência de personagens com psicologias simplistas[86], *S. Bernardo* avultava no panorama literário bra-

---

83. Graciliano Ramos, "Decadência do Romance Brasileiro", *Literatura* (Rio de Janeiro), ano 1, n. 1, set. 1946.

84. João Gaspar Simões, *Caderno de um Romancista: Ensaios*, Lisboa, Livraria Popular de Francisco Franco, 1942, p. 269.

85. João Gaspar Simões, "Os Livros da Semana: *Angústia, S. Bernardo, Vidas Secas*, Romances por Graciliano Ramos", *Diário de Lisboa*, 1º set. 1938, p. 4.

86. Lembre-se do que o próprio Gaspar Simões disse de Jorge Amado na resenha sobre a obra de Graciliano Ramos vista no capítulo anterior: "É impossível que a humanidade seja como a vê o brasileiro Jorge Amado. Quem ler a frio a obra, aliás admirável, de Jorge Amado terá de reconhecer que ele nos dá do homem uma imagem parcialíssima. Na sua obra a humanidade está dividida em homens bons e maus. Os pobres e humildes são bons; os ricos e orgulhosos são maus" (*idem, ibidem*).

178 • GRACILIANO NA TERRA DE CAMÕES

sileiro de então, tendo em vista a força dramática do protagonista erigido por Graciliano em sua dualidade entre o homem e o mundo:

[...] aqui é o herói que importa, é o homem que comanda a ação, é o homem que enche o drama. [...] À psicologia ingénua e quase convencional da maior parte dos heróis do moderno romance brasileiro, cuja força é apenas reflexo da emoção com que o autor pinta o quadro em que ele se move, sucede-se aqui uma psicologia rica, verdadeira e humana. A paisagem e o conflito são iluminados por ela[87].

Conforme entende o crítico, a técnica adotada por Graciliano no drama de Paulo Honório (a livre interferência do escritor na ação, a investigação da alma humana, a estrutura da fábula e a composição em capítulos curtos) proviria de Machado de Assis. Por mais que o tema fosse totalmente diferente, em S. Bernardo, o analfabeto Paulo Honório faz um esforço tremendo para compreender a si próprio: "Contraditório e vário, quem escreve nunca se nos dá inteiramente. Parece procurar-se. Quando é brutal, pensamos que poderia não o ser. Por debaixo de uma dureza cínica aflora uma sensibilidade delicada"[88]. Todavia, Gaspar Simões não deixava de ajuizar que, assim como Machado de Assis, o romancista alagoano não teria conseguido escapar da índole lírica e satírica do romance em língua portuguesa, e, assim, não teria alcançado conferir a devida densidade analítica a seus personagens[89].

Ainda em 1942, Otto Maria Carpeaux, que já se referira a Gaspar Simões como o crítico mais "incompreensivo" de Graciliano[90], também trata o autor de Angústia como um "lírico". Contudo, para além da redução do conceito de lirismo, praticamente, à prevalência da função emotiva da linguagem assim como, muitas vezes, parece proceder o crítico português, Carpeaux qualifica o lirismo do romancista alagoano de "estranho":

87. João Gaspar Simões, Caderno de um Romancista: Ensaios, pp. 269-270.
88. Idem, p. 269.
89. Todavia, vale lembrar que, na já referida resenha a respeito de S. Bernardo, Angústia e Vidas Secas, Gaspar Simões assinalava que Graciliano seria "menos lírico do que qualquer dos outros romancistas a que me tenho referido" e que ele daria mais atenção "ao homem psicológico, do que à expressão lírica da vida" (João Gaspar Simões, "Os Livros da Semana...", p. 4).
90. Fernando Alves Cristóvão, "Conhecimento e Apreciação Crítica de Graciliano Ramos em Portugal", em Cruzeiro do Sul ao Norte: Estudos Luso-Brasileiros, Lisboa, Imprensa Nacional; Casa da Moeda, 1983, pp. 132-133. Ver a discussão realizada ao final do capítulo anterior.

DO FINAL DOS ANOS 1930 AO INÍCIO DOS 1940... • 179

Não tem nada de musical, nada do desejo de dissolver em canto o mundo das coisas; acredito-o incapaz de escrever a última página de *O Moleque Ricardo*, de José Lins do Rego, talvez a mais bela página de prosa da literatura brasileira. O lirismo de Graciliano Ramos é amusical, adinâmico, estático, sóbrio, clássico, classicista. [...] Não quer agitar o mundo agitado; quer fixá-lo, estabilizá-lo. Elimina implacavelmente tudo o que não se presta a tal obra de escultor, dissolve-o em ridicularias, para dar lugar aos seus monumentos de baixeza[91].

Para Carpeaux, portanto, por meio de uma forma depurada e seca, a eliminar tudo aquilo que não fosse essencial, Graciliano realizava a fixação e o entalhe do "mundo infernal" dos homens. Nesse movimento de apreensão clássica de modernos "monumentos de baixeza", constrói-se um lirismo negativo no qual se ressalta a impossibilidade de o canto do sujeito se dissipar pelo mundo, ou melhor, no qual o canto do sujeito é dissipado pelo "turbilhão demoníaco de angústia" que seria o mundo.

91. Otto Maria Carpeaux, "Visão de Graciliano Ramos", *Diretrizes*, 29 out. 1942, p. 6.

# Capítulo 8

# José Osório de Oliveira e a Revista *Atlântico*

O onipresente brasilianista José Osório de Oliveira não só não deu adeus à literatura brasileira, como em 1943 fez publicar o opúsculo *Aspectos do Romance Brasileiro*, resultado de uma conferência por ele proferida naquele mesmo ano, no Ateneu Comercial do Porto. Nessa palestra, ele se debruça, a um só tempo, sobre a amplitude e a especificidade da produção recente de nossos prosadores devotados ao romance. Se, por um lado, afirmava que nas obras de tais artistas prevaleciam quase majoritariamente "documentos humanos", sobretudo no caso dos nordestinos, por outro, valorava a atmosfera mística de um Cornélio Penna e as perquirições filosóficas e morais de um Octávio de Faria.

Paralelamente, não deixava de endereçar críticas à pressa e à precipitação detectadas na fatura romanesca dos últimos títulos de José Lins do Rego, Jorge Amado e Erico Verissimo. Por sua vez, pontua que, na contramão desses escritores, estavam os trabalhos recentes de Amando Fontes, Rachel de Queiroz e Graciliano Ramos. Com relação a este último, exalta *Vidas Secas* (última obra do romancista alagoano então publicada) que, embora não apresentasse a densidade psicológica de *Angústia*, atingia a perfeição artística ao conciliar sobriedade e vigor dramático.

Curioso observar as semelhanças entre as críticas que Osório de Oliveira direcionava a José Lins do Rego e aquelas que o próprio Graciliano fazia a seu

182 • GRACILIANO NA TERRA DE CAMÕES

colega paraibano naquele momento. Para o crítico português, como os romances nordestinos seriam "emanações da terra" que cobravam a "adesão do escritor à realidade, ou melhor, a simbiose entre o autor e a vida", Lins do Rego teria soçobrado ao tentar descrever, em *Riacho Doce*, a vida numa aldeia da Suécia, que mais parecia uma povoação sertaneja do Nordeste do Brasil[1]. Por seu turno, em 1941, Graciliano pontuava que o autor de *Doidinho*, em acentuado processo de decadência, teria descido mais um degrau com *Riacho Doce*:

> As admiráveis qualidades do escritor somem-se quase aí, ou seus defeitos avultam, agravados pelo fato de se mostrarem lugares e acontecimentos que ele não conhece bem. José Lins do Rego nasceu na zona da indústria açucareira, lá se criou, lá se educou. Ofereceu-nos cinco livros cheios de vida, numa língua forte, expressiva, a língua velha dos descobridores, conservada no Nordeste, com poucas corrupções. Largou isso e arriscou-se a digressões perigosas. [...] A primeira parte de *Riacho Doce* passa-se toda na Suécia. Embrenhando-se nessas regiões desconhecidas, José Lins do Rego repetiu muito do que já havia dito[2].

Partindo de um ideal de verossimilhança artística que pressupunha a existência de uma aparente correspondência entre obra e mundo, Graciliano tomava a fidelidade do escritor à própria trajetória como condição fundamental para se conferir "verdade" à produção literária. Se o autor de *Angústia* enunciava a generalidade de tal postulado, Osório de Oliveira parecia restringir tal asserção ao romance nordestino e, mais especificamente, ao caso de Lins do Rego, cujo estilo seria tributário do "contato com o massapê de sua região"[3].

Para além do paralelo entre o posicionamento crítico de Graciliano e o de Osório de Oliveira no que dizia respeito à questão vista acima, a aproximação entre eles ampliou-se na primeira metade da década de 1940. No exemplar de *Aspectos do Romance Brasileiro* que o brasilianista envia ao autor de *Vidas Secas* em 1943, está manuscrita uma calorosa dedicatória: "A Graciliano Ramos, com a admiração que há muito conhece, comunicando o prazer com que tem

---

1. José Osório de Oliveira, *Aspectos do Romance Brasileiro: Conferência para um Público Português*, Lisboa, s. ed., 1943, pp. 20-21.
2. Graciliano Ramos, "Decadência do Romance Brasileiro", *Garranchos*, organização, introdução e notas de Thiago Mio Salla, Rio de Janeiro, Record, 2012, p. 265.
3. José Osório de Oliveira, *Aspectos do Romance Brasileiro...*, p. 23.

JOSÉ OSÓRIO DE OLIVEIRA E A REVISTA *ATLÂNTICO* • 183

publicado, na *Atlântico*, as suas narrativas, esperando sempre o prometido exemplar da *Angústia*. José Osório de Oliveira. Lisboa, x-943"[4].

Com certo atraso, no ano seguinte, o romancista alagoano retribui-lhe a gentileza, remetendo-lhe, enfim, o solicitado romance *Angústia*. Na folha de rosto do exemplar enviado a José Osório, lê-se uma espécie de missiva:

> Muito obrigado pela remessa de seu *Aspectos do Romance Brasileiro*, recebido com atraso, porque as comunicações estão difíceis. Especialmente agradeço o que diz sobre mim, com benevolência, com injustiça. E a publicação de alguns capítulos de um livro que sairá este ano ou no princípio do vindouro. Agora lhe mando *Angústia*, que v. reclama. Não o remeti quando ele veio a lume porque naquele tempo, agosto de 1936, eu vivia fora do mundo. Entrei em circulação no começo de 1937. Penso que já lhe expliquei isto. Enviar-lhe-ei brevemente, se não me surgirem novas encrencas, o volume de memórias de que v. tem visto umas páginas.
>
> Adeus. Abraços do
> Graciliano
> Rio – Junho – 1944

Quando declara que enviará o "volume de memórias" de que Osório "tem visto umas páginas", Graciliano fazia referência a *Infância* (1945)[5], que teve três capítulos publicados na revista *Atlântico*, então secretariada pelo crítico português: "O Fim do Mundo" (*Atlântico: Revista Luso-Brasileira*, Lisboa, SPN/DIP, n. 2, out. 1942, pp. 306-310), "O Moleque José" (*Atlântico: Revista Luso-Brasileira*, Lisboa, SPN/DIP, n. 3, mar. 1943, pp. 111-115) e "O Barão de Macaúbas" (*Atlântico: Revista Luso-Brasileira*, Lisboa, SPN/DIP, n. 4, nov. 1943, pp. 131-134). Além dessas partes da referida obra memorialística, o periódico em questão também estampou o conto "Insônia" (*Atlântico: Revista*

---

4. José Osório de Oliveira, Dedicatória-bilhete aposta no exemplar *Aspectos do Romance Brasileiro: Conferência para um Público Português* (Lisboa, s. ed., 1943), do próprio Osório de Oliveira, enviado a Graciliano Ramos, São Paulo, Biblioteca do Instituto de Estudos Brasileiros.

5. Para ser mais preciso, até às quartas provas da primeira edição, tal obra chamava-se *Impressões de Infância*. Em carta ao tradutor uruguaio de *Angústia*, Serafín Garcia, escrita em 19 de julho de 1945, Graciliano assinalava: "As *Impressões da Infância* é que irão com certeza por estes dias: a gestação está no fim, foram revistas as quartas provas" (Graciliano Ramos, "Carta a Serafín Garcia", Rio de Janeiro, 13 out. 1945. Arquivo IEB/USP, Fundo Graciliano Ramos, Série Correspondência Ativa, Código de referência: GR-CA-046).

*Luso-Brasileira*, Lisboa, SPN/DIP, n. 5, jul. 1944, pp. 153-157), que inicialmente foi recolhido pelo autor em *Dois Dedos* (Rio de Janeiro, Revista Acadêmica, 1945) e depois em *Insônia* (Rio de Janeiro, José Olympio, 1947).

Antes dessas colaborações com *Atlântico*, Graciliano, ainda na segunda metade dos anos 1930, teve trechos de *Angústia* estampados na seção "Página da Gente Moça", do jornal *A Ideia Livre*, da pequena cidade de Anadia (distrito de Aveiro)[6]; a crônica "Um Anúncio", saída inicialmente em *Esfera*, e depois reproduzida em *O Trabalho – Semanário Republicano*, da cidade de Viseu[7]; e o trecho final de *Vidas Secas*, publicado na folha salazarista *Renovação*, do município de Vila do Conde[8]. Como se pode perceber, trata-se de escritos do autor alagoano estampados em jornais de província, num momento de afirmação do neorrealismo em que proliferavam páginas culturais de novos por todo o país[9]. Embora tais espaços ecoassem as propostas de um florescente e emergente grupo juvenil, tinham a circulação restrita e um papel subsidiário que vai se acentuando no caminhar para o final da década de 1930[10].

Nesse sentido, ao se examinar o conjunto dos textos de autoria do próprio Graciliano (não críticas sobre a obra dele) publicados na imprensa portuguesa, percebe-se que, em *Atlântico*, encontra-se sua participação mais efetiva, constante e duradoura em único periódico. Além disso, observa-se que outras duas colaborações do autor de *Angústia* com veículos lusos, ao longo dos

---

6. Graciliano Ramos, "Textos Escolhidos – Escritores Brasileiros. II – Graciliano Ramos" [Trechos de *Angústia*], *A Ideia Livre – Semanário Republicano e Defensor dos Interesses da Bairrada*, ano 1, n. 21, 10 dez. 1937.

7. Graciliano Ramos, "Um Anúncio" [De *Esfera*], *O Trabalho – Semanário Republicano*, 9 jun. 1938.

8. Graciliano Ramos, "Selecta de Graciliano Ramos" [Trecho final de *Vidas Secas*], *A Renovação*, ano 2, n. 64, 20 maio 1939.

9. Diante da dificuldade de lançamento e manutenção de revistas literárias, os jovens intelectuais portugueses de então optaram por implantar, no seio de títulos de jornais regionais já existentes, suplementos e páginas de "gente moça". Em geral, estas desfrutavam de autonomia em relação ao periódico em que saíam estampadas. Este seria o caso, por exemplo, da seção literária do jornal fascista *Renovação* (onde foi publicado um excerto de *Vidas Secas*), dominada por um grupo juvenil do qual faziam parte Fernando Namora, João Rubem, Armando Bacelar e outras figuras vinculadas ao neorrealismo [Cf. Luís Augusto Costa Dias, "A Imprensa Periódica na Génese do Neo-Realismo (1933-1945)", em António Pedro Pita & Luís Augusto Costa Dias (orgs.), *A Imprensa Periódica na Génese do Movimento Neo-realista (1933-1945): Pesquisa, Resultado, Catálogo*, Vila Franca de Xira, Museu do Neo-realismo, 1996, pp. 28-33].

10. *Idem*, p. 32.

ANGÚSTIA

Dedicatória-missiva aposta por Graciliano Ramos em exemplar da segunda edição de *Angústia* (1941) enviado a José Osório de Oliveira (Biblioteca da Faculdade de Letras da Universidade de Lisboa).

186 • GRACILIANO NA TERRA DE CAMÕES

anos de 1940, também ocorreram no âmbito do Acordo Cultural Luso-Brasileiro de 1941, no bojo do qual a revista *Atlântico*, conforme se verá adiante com mais detalhes, ocupava um lugar de destaque. Faz-se referência aqui a mais um capítulo de *Infância*, "História de um Cinturão", e ao conto "Minsk", que viria a ser coligido pelo escritor alagoano em *Dois Dedos* (1945), *Histórias Incompletas* (1946) e *Insônia* (1947). O primeiro foi publicado no lisboeta *Jornal do Comércio* com a indicação "Copyright Atlântico", ou seja, ganhara as páginas da referida folha por intermédio da troca de originais constantemente promovida entre a seção portuguesa do DIP e a seção brasileira do SPN, que conferiam o selo "Atlântico" aos artigos intercambiados[11]. O segundo saiu em *Litoral*, mensário de orientação luso-brasileira, e, depois, no livro *Contos do Brasil*, organizado por José Osório de Oliveira, que então ocupava o posto de secretário de redação de *Atlântico*[12].

Portanto, dada a relevância do papel de *Atlântico* na difusão de produções de Graciliano Ramos em Portugal, convém investigar a especificidade desse controverso periódico, resultado da cooperação entre os Estados Novos brasileiro e português, e o lugar nele ocupado pelo autor brasileiro[13].

## POLÍTICA ATLÂNTICA EM REVISTA

Prevista pelo segundo artigo do Acordo Cultural Luso-Brasileiro de 1941[14], a revista *Atlântico* foi oficialmente lançada em maio de 1942. Como

---

11. Graciliano Ramos, "História de um Cinturão", *Jornal do Comércio* (Lisboa), 19 nov. 1944. No recorte desse texto que consta do Arquivo Graciliano Ramos do IEB, há um carimbo com a informação: "Secretariado da Propaganda Nacional – Lisboa, Portugal – Seção Brasileira". Conforme explica a revista *Cultura Política*, o "Copyright Atlântico" denominava o serviço de troca de originais entre DIP e SPN, o qual teria sido completado com o aparecimento da *Atlântico: Revista Luso-Brasileira* ("Atividades do DIP", *Cultura Política*, ano 4, n. 47, dez. 1944, p. 183).
12. Graciliano Ramos, "Minsk", *Litoral: Revista Mensal de Cultura*, n. 2, jul. 1944; e José Osório de Oliveira (org.), *Contos do Brasil* (Antologia), Lisboa, Portugália, 1947[?].
13. Propositalmente, quando se tratou, no quarto capítulo deste trabalho, dos desdobramentos culturais e editoriais do Acordo de 1941, deixou-se de fora tal revista, uma vez que se julga mais adequado abordá-la, aqui, em conjunto com o exame da trajetória de Graciliano Ramos em Portugal ao longo dos anos 1940.
14. "e) A criação duma revista denominada *Atlântico*, mantida pelos dois organismos, com a colaboração de escritores e jornalistas portugueses e brasileiros" ("Documentos – Acordo Cultural Luso-Brasileiro", *Atlântico: Revista Luso-Brasileira*, n. 1, 23 maio 1942, p. 180).

principal instrumento editorial do intercâmbio pactuado entre as ditaduras salazarista e varguista, apresentava dois diretores: António Ferro, mandatário do Secretariado da Propaganda Nacional, e Lourival Fontes, responsável pelo Departamento de Imprensa e Propaganda. Apesar da direção conjunta, sua sede administrativa e redação ficavam na Seção Brasileira do SPN[15], órgão que, juntamente com a Seção Portuguesa do DIP, saiu do papel para viabilizar as diretrizes e ações previstas pelo referido acordo. José Osório de Oliveira, valendo-se do capital intelectual construído junto à intelectualidade brasileira e cabo-verdiana, secretariava o periódico, cuja direção artística estava a cargo do pintor Manuel Lapa.

O primeiro número de *Atlântico* trazia uma espécie de carta de princípios assinada por António Ferro, na qual, mediante o emprego do gênero didático, o diretor do SPN definia os objetivos culturais e propagandísticos do veículo, em consonância com a Política Atlântica então difundida[16]. De início, ele procurava definir o caráter "elástico" da palavra "atlântico", suposto resultado, a um só tempo "certo e poético", da soma dos vocábulos "lusitanidade" e "brasilidade"[17]. Nesse sentido, enquanto traço de união entre Brasil e Portugal, a liquidez das águas se converteria em "terra comum", "estrada real da glória fraterna", que, longe de distanciar, aproximaria os dois países, tendo em vista a construção de uma "pátria maior, pátria infinita"[18]. Apesar de reconhecer a independência e a autodeterminação de ambas as nações atlânticas, Ferro, como já foi visto, parte do suposto de que haveria uma única "raça" a unir brasileiros e portugueses.

Em conformidade com tais diretrizes, a revista se propunha a revelar Portugal novo aos brasileiros e o novo Brasil aos portugueses[19]. Referindo-se especificamente a Portugal, o objetivo era mostrar que o país não havia se fossilizado e, por conseguinte, enfatizar a pujança do novo momento português. Quanto ao Brasil, afirmava-se que este gostaria de exportar escritores

---

15. Situada mais precisamente na Rua de São Pedro de Alcântara, 45, 2º, D. – Lisboa.
16. Mais informações a respeito da "Política Atlântica" podem ser encontradas no quarto capítulo deste trabalho.
17. António Ferro, "Algumas Palavras", *Atlântico: Revista Luso-Brasileira*, n. 1, 23 maio 1942, s.p.
18. *Idem, ibidem.*
19. *Idem, ibidem.*

188 • GRACILIANO NA TERRA DE CAMÕES

e artistas "tipicamente brasileiros" e não os velhos escritores portugueses do passado. Assim, os dois Estados que se diziam "novos", e, por sua vez, atuavam fortemente na releitura dos tempos idos com o objetivo de construir sua legitimidade no presente, sinalizavam uma aparente mudança de perspectiva na relação bilateral até então construída: o intercâmbio passaria a deixar de lado o "teimoso comércio de antiguidades" para se centrar em inquietações e anseios do presente e do futuro[20].

Ainda no número inaugural de *Atlântico*, Lourival Fontes, por sua vez, ressaltava que os elos mais profundos que uniam Brasil e Portugal nunca se haviam rompido. Mesmo nossa Independência teria significado a quebra da subordinação política, mas não o rompimento dos laços morais entre brasileiros e portugueses, visto que ambos fariam parte da mesma "raça tronco"[21]. Apesar da suposta continuidade histórica dessa união (para Fontes, passado e presente estariam conectados, em chave hegeliana, pelo "patrimônio espiritual" comum que uniria os dois países), o momento em questão significava um ponto de inflexão na comunhão entre as duas pátrias atlânticas, em que os "interesses espirituais luso-brasileiros" teriam entrado num período de "iniciativas imediatas, práticas e claras"[22]. Diante da proatividade manifestada pelos órgãos propagandísticos de cada nação, caberia a escritores e jornalistas coordenarem vontades esparsas em prol da unidade e da defesa da herança partilhada entre Portugal e Brasil, missão que se tornava mais palpável mediante a criação da revista *Atlântico*.

Além de Portugal continental, Cabo Verde, entre as colônias lusas, também se encontraria representado nas páginas da revista, uma vez que o arquipélago africano passara a reivindicar uma fisionomia própria dentro do "mundo português", sobretudo por meio da ação do grupo articulado em torno da revista *Claridade*[23]. Ao invés de tomar tal fato como algo negativo, que

20. *Idem, ibidem.*
21. Lourival Fontes, "Unidade Espiritual", *Atlântico: Revista Luso-Brasileira*, n. 1, 23 maio 1942, p. 1.
22. *Idem*, p. 2.
23. Periódico editado em Mindelo, Ilha de São Vicente, a partir de meados da década de 1930, por iniciativa de um grupo de intelectuais, entre os quais se destacavam Baltasar Lopes, Manuel Lopes e Jorge Barbosa. Entre 1936 e 1960, de maneira assistemática, foram publicados nove números do periódico: dois em 1936; um em 1937; dois em 1947; um em 1948; um em 1949; um em 1958 e um último em 1960.

deveria ser repelido a todo custo pela metrópole, via-se a busca de um lugar ao sol pelos intelectuais cabo-verdianos como mais uma prova da "consciência transnacional ou supranacional entre luso-descendentes"[24]. Nesse movimento, nossa literatura (mais especificamente, a poesia de Jorge de Lima, os ensaios de Gilberto Freyre e o romance de 1930) exercera um papel importante: argumentava-se que os "descobridores" da realidade brasileira teriam ensinado aos poetas e prosadores crioulos o caminho de formação de uma literatura original: "espelho da terra e dos homens de Cabo Verde"[25]. Todavia, além de se restringir à esfera cultural, o processo de afirmação da singularidade insular caminhava lado a lado com a ratificação da similaridade entre colônia e metrópole, num discurso de aproximação e não de afastamento[26]. Como destaca ainda Osório de Oliveira, em texto estampado na própria revista *Claridade*, a empreitada cultural de "descoberta da própria terra" conduzida pelos claridosos atestava que o "alto nível mental dos cabo-verdianos é, há muito, uma das maiores provas da excelência da colonização portuguesa e da nossa capacidade colonizadora"[27].

Se *Atlântico* participava da engrenagem simbólica para legitimar a manutenção do império colonial português, o fato de o periódico contar com dois diretores procurava refletir não orientações distintas, mas a realização do "ideal de uma direção comum, como são comuns a Portugal e ao Brasil o patrimônio histórico, a língua, a cultura intelectual e tantas manifestações do sentimento"[28]. De acordo com tal ideal de comunhão, o veículo procurava apresentar-se como uma espécie de antologia de Portugal para brasileiros e

---

24. José Osório de Oliveira, "Notas – Representação de Cabo-Verde", *Atlântico: Revista Luso-Brasileira*, n. 1, 23 maio 1942, p. 171. Não por acaso, *Claridade* foi saudada pela revista coimbrã *Presença* como "a primeira manifestação de autêntico espírito moderno português fora da metrópole", cujos "particularismo indiscutível e personalidade própria sabiam integrar-se no universal sem perder as suas características" (Manuel Ferreira (org.), *Claridade, Revista de Cultura e Arte (1936-1960)*, Lisboa, ALAC, 1986, p. XXVII).

25. *Idem*, p. 172.

26. Cf. Thiago Mio Salla, "A Revista *Claridade* e o Discurso Freyriano: Regionalismo e Aproximação entre a Elite Letrada Cabo-Verdiana e a Metrópole Portuguesa nos Anos 1930", *Via Atlântica*, n. 25, jul. 2014, pp. 103-117.

27. José Osório de Oliveira, "Palavras sobre Cabo Verde para Serem Lidas no Brasil", *Claridade* (Mindelo, São Vicente, Cabo Verde), n. 2, ago. 1936, p. 4.

28. José Osório de Oliveira, "Notas", *Atlântico: Revista Luso-Brasileira*, n. 1, 23 maio 1942, p. 170.

do Brasil para portugueses. Nesse processo, por mais que a revista estivesse ancorada nos pressupostos da "política atlântica", José Osório de Oliveira buscava conferir a ela uma orientação mais cultural e literária, e menos explicitamente política e doutrinária. Em carta de 27 de fevereiro de 1942 a António Ferro, encontrada no Arquivo do SNI da Torre do Tombo, o brasilianista se mostra contrário à inclusão de falas dos presidentes e de outras figuras de destaque vinculadas aos governos português e brasileiro:

> Comunicou-me o Gastão de Bettencourt a sugestão de Vossa Excelência sobre a publicação, no 1º número da revista *Atlântico*, de algumas palavras de Sua Excelência o Senhor Presidente da República, de Sua Excelência o Senhor Presidente do Conselho, do Presidente da República do Brasil, do Ministro das Relações Exteriores daquele país e dos presidentes das embaixadas extraordinárias do Brasil e de Portugal. Deseja Vossa Excelência saber minha opinião. Permita Vossa Excelência que discorde dessa ideia, não, evidentemente, pelo significado político de tais palavras, mas pelo caráter de atualidade que teria a sua publicação, em desacordo com o caráter literário e cultural da revista. Vossa Excelência, porém, em seu superior critério resolverá.
>
> O Chefe de Redação de *Atlântico*,
> José Osório de Oliveira[29].

Para driblar tal contrariedade, como complemento ao primeiro número de *Atlântico*, publicou-se um único número do *Jornal do Atlântico*, tabloide avulso deliberadamente propagandístico de apenas oito páginas diagramadas em quatro colunas. Num rápido cotejo, observa-se a existência de identidade visual entre o título da revista e deste periódico agregado, sinalizando que ambos tinham a mesma matriz editorial.

No topo da metade da capa do *Jornal do Atlântico*, ao lado esquerdo, há a seguinte frase de Vargas: "Não compreendo que se possa ser Chefe da Nação Brasileira sem ser grande amigo de Portugal...". Já na mesma altura ao lado direito, transcrevem-se algumas palavras de Salazar: "Queremos que o encontro dos nossos povos seja tão efetivo e intenso como nunca foi...". Entre ambas as citações, estão o título do periódico e o texto de abertura, intitulado:

---

29. José Osório de Oliveira, "Carta a António Ferro", Lisboa, 27 fev. 1942, Torre do Tombo, Arquivo do SNI, caixa 549, doc. 0030. Documento inédito em livro.

"A Amizade Luso-Brasileira". Tal folha avulsa propunha-se a homenagear as grandes figuras de ambos os países, que colaboraram, dentro da perspectiva reivindicada pelo periódico, na revelação de "Portugal ao Brasil e do Brasil a Portugal". Se na capa são justapostos os chefes do executivo de cada país, nas páginas seguintes o mesmo acontece com representantes do clero e da diplomacia, os quais se teriam destacado nesse movimento coordenado de aproximação entre as duas "pátrias atlânticas"[30].

O gesto de não publicar o conteúdo do *Jornal do Atlântico* na revista *Atlântico*, mas sim numa folha avulsa, revela o esforço de Osório de Oliveira em não tornar ainda mais explícitos os fundamentos políticos e ideológicos que embasavam a publicação por ele secretariada. Apenas ocasionalmente o periódico deixava de lado a expressão cultural da "civilização lusíada" e abria espaço para questões mais imediatas:

A *Atlântico* é uma revista de cultura, de literatura e de arte. Por natureza, abstém-se de tratar, nas suas páginas, dos problemas sociais, políticos ou econômicos do mundo moderno até quando dizem respeito à vida do Brasil e de Portugal. O mesmo não pode suceder, porém, quando qualquer fator político envolva aquela solidariedade que os dois países se devem e interesse, portanto, aquela unidade de cultura, de espírito e de sentimento que o Brasil e Portugal formam no Mundo. Independentemente da especial posição política de Portugal perante a Guerra, entendeu, por isso, o diretor português da *Atlântico* dever testemunhar ao diretor brasileiro a sua solidariedade no momento em que os acontecimentos levaram o Brasil para a beligerância. Sendo órgão comum da intelectualidade dos dois países, esta revista não podia deixar

---

30. Desse modo, temos destaque para as figuras do cardeal brasileiro Dom Sebastião Leme e do cardeal português Dom Manuel Cerejeira; para o então embaixador brasileiro em Portugal Araújo Jorge e para um congênere deste no Brasil, Nobre de Mello. Além disso, o periódico ainda traz homenagens para o general Francisco José Pinto, recém-falecido. Ele fora o embaixador brasileiro em Portugal quando da comemoração do Duplo Centenário de 1940. Sua imagem, na qual traja vestes militares devidamente paramentadas, é acompanhada das seguintes saudações ao periódico: "Seja a revista *Atlântico* a mensagem das minhas afetivas saudações aos amigos portugueses de além-mar" (*Jornal do Atlântico*, n. 2, primavera 1942, p. 4). Da parte portuguesa, ganha deferência o embaixador português extraordinário, Júlio Dantas, enviado ao Brasil durante as comemorações do Duplo Centenário. A rápida biografia sobre ele rascunhada salienta seus feitos literários. Sob sua foto são transcritos os dizeres: "Através da revista *Atlântico*, saúdo o Brasil, os seus homens e a sua glória, com profunda admiração e perdurável reconhecimento" (*idem, ibidem*).

192 • GRACILIANO NA TERRA DE CAMÕES

de marcar, dentro do campo exclusivamente luso brasileiro em que age, a atitude fraterna que o sangue impõe, que o passado indiviso determina, que a eterna irmandade da língua e que a comunhão das almas, no Presente como no Futuro, justificam[31].

O "fato político" em questão dizia respeito à entrada do Brasil na Segunda Guerra Mundial ao lado dos Aliados, ao passo que Portugal mantinha sua condição oficial de neutralidade diante do conflito. Diante de tal desencontro entre as posições de um e outro governo, percebe-se o esforço do periódico em indicar que a "união espiritual" consubstanciada em *Atlântico* não seria comprometida, uma vez que a única política da revista seria a luso-brasileira[32]. Procedimento análogo se observa quando Lourival Fontes, demitido da chefia do DIP em julho de 1942, dá lugar ao major António Coelho dos Reis[33], e este, por conseguinte, passa o ocupar o posto de diretor da *Atlântico* juntamente com António Ferro. A revista logo enfatiza que a alteração de comando no órgão brasileiro não comprometeria a orientação do veículo, cujo "êxito alcançado no Brasil convence-nos de que seguimos o bom caminho da Aproximação"[34].

Todo esse esforço retórico para realçar os resultados alcançados e a integridade dos propósitos da revista abria caminho para a promoção de uma cultura tutelada a serviço do resgate de uma alegada essência lusíada que conferia legitimidade aos Estados Novos brasileiro e português, reforçando uma simbiose entre cada regime e sua respectiva ideia de nação, e, em chave mais ampla, entre ambos os governos e o conceito transnacional de "civilização

---

31. "Documentos – Amizade Luso-Brasileira", *Atlântico: Revista Luso-Brasileira*, n. 3, 15 mar. 1943, p. 211.

32. José Osório de Oliveira, "Notas – Liberdade e Responsabilidade", *Atlântico: Revista Luso-Brasileira*, n. 2, 31 out. 1942, p. 368.

33. Tal figura, membro integrante do gabinete do general Dutra, ficou à frente do DIP de agosto de 1942 a julho de 1943, quando foi substituído pelo capitão Amílcar Dutra de Meneses, que permaneceu na direção do órgão até a extinção deste em maio de 1945. Não por acaso, a partir do número 4 de *Atlântico*, de 21 de novembro de 1943, o capitão Amílcar aparece como diretor da revista ao lado de António Ferro, que figurou nessa função de modo ininterrupto de 1942 a 1949. Em 1950, último ano do periódico, quem esteve à frente dele pelo lado português foi António d'Eça de Queiroz. Da parte brasileira, convém ainda destacar que, depois do fim do Estado Novo, figuraram como diretores da *Atlântico* Óscar Fontenelle, Waldemar da Silveira e António Vieira de Melo.

34. José Osório de Oliveira, "Notas – Dupla Direção", *Atlântico: Revista Luso-Brasileira*, n. 2, 31 out. 1942, p. 367.

lusíada". Segundo o jogo argumentativo construído, apenas as ditaduras de Vargas e Salazar teriam conseguido recobrar os pilares da "união espiritual" que congraçava e fortalecia as duas pátrias atlânticas. Assim, a recuperação e o valor atribuído às manifestações artísticas, costumes, tradições, folclore etc. por parte dos Estados Novos de lá e de cá conferiam realismo e caráter providencial e progressista às políticas por eles conduzidas, na medida em que as conectavam com uma suposta alma luso-brasileira. Ao mesmo tempo, não se tratava da retomada de tradições inertes, mas de um trabalho ativo de restauração, seleção e elaboração destas de acordo com a perspectiva do poder central.

## MARÉS DA *ATLÂNTICO*

Na trajetória da *Atlântico*, que se estendeu de 1942 a 1950, identificam-se três séries distintas. A primeira delas compreendeu o período entre 1942 e 1945, totalizando seis volumes, publicados com periodicidade quase semestral. Em termos materiais, estes apresentavam um formato considerado grande (20,5 cm × 27,5 cm), um papel de maior qualidade e gramatura, bem como a impressão bem-realizada em três cores e algo em torno de duzentas páginas, o que conferia à revista um caráter austero e livresco. Alguns artigos, por sua vez, contavam ainda com imagens coloridas, o que realçava a qualidade gráfica do conjunto. Na capa, invariavelmente, há uma ilustração de uma concha sobre um fundo que poderia ser azul, cinza ou preto, a sinalizar a isotopia marinha e a comunhão atlântica que governava conceitualmente a realização da revista. De modo análogo, no miolo, também se observa o uso recorrente de imagens/desenhos com motivos náuticos e oceânicos, com o fito de indicar o final dos textos: âncoras, estrelas-do-mar, conchas etc. Segundo documento oficial pertencente ao acervo do SNI, a tiragem da revista, nessa fase inicial, seria de 5 mil exemplares[35].

---

35. Arquivo do SNI, pasta 65501, doc. 0050, *apud* Gisella de Amorim Serrano, *op. cit.*, p. 172. Nesse mesmo documento, sugere-se ao DIP a compra de 2 mil exemplares da revista como pagamento do custo de metade da publicação (*idem, ibidem*).

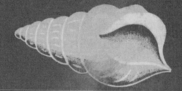

Capa do número de estreia da *Atlântico: Revista Luso-Brasileira*, datado de 23 de maio de 1942 (Biblioteca Florestan Fernandes, FFLCH/USP).

Nessa primeira série da *Atlântico*, os volumes se constituíam de três partes: na primeira, apresentavam-se discursos e estudos de caráter dissertativo (em perspectiva histórica e de crítica literária) a respeito do intercâmbio cultural entre Brasil e Portugal; na segunda, avultavam poesias e trechos em prosa que, de alguma maneira, procuravam caracterizar comportamentos, costumes e estereótipos das culturas brasileira e portuguesa. Quando se observam as produções artísticas publicadas no periódico, percebe-se que a ambiência discursiva a elas fornecida por *Atlântico* reforçava a dimensão documental de tais textos literários, que de alguma maneira davam a conhecer melhor as especificidades das nações que se irmanavam pela "política atlântica". A última parte voltava-se a figuras pertencentes ao universo cultural luso-brasileiro – escritores, pintores, músicos, atores, entre outros – e também concedia espaço a outras manifestações artísticas, além da literatura: teatro, música e cinema, sobretudo. Nela ainda se fazia presente a seção de "Notas", redigida por José Osório de Oliveira, na qual se noticiavam dados diversos da vida intelectual dos dois países e os desdobramentos do acordo firmado entre eles, bem como se realizava de maneira direta o louvor, sobretudo, às realizações do SPN e de seu diretor.

A segunda série de *Atlântico* restringiu-se ao intervalo 1946-1948. Nessa nova fase, o formato da revista diminui sensivelmente (cai para 18,7 cm × 25 cm), e o sumário passa a ser estampado na capa do periódico. Se os motivos marinhos deixam a capa, agora exclusivamente tipográfica, eles passam a ornamentar a folha de rosto: nela pululam âncoras, conchas, sereias e outros seres subaquáticos. Em termos gráficos, há decréscimo na qualidade do papel, bem como a impressão deixa de ser feita em três cores, e as ilustrações perdem o colorido. As subdivisões internas também deixam de existir. Diante de tais mudanças, José Osório de Oliveira explicava que o propósito do veículo não seria apresentar-se como um álbum luxuoso, mas sim como uma antologia. Se a revista se mostrava simples, por outro lado se tornava mais frequente e acessível: foram seis números em três anos.

Por sua vez, na terceira e última fase, entre 1949 e 1950, depois da perda da qualidade gráfica e de impressão, como mais um sinal da perda de pujança por parte do periódico, seu formato passa por novo encolhimento (18 cm × 23 cm), e ela chega ao fim já sem a presença de António Ferro à frente do SPN, que deixou tal órgão em 1949.

# 196 • GRACILIANO NA TERRA DE CAMÕES

A colaboração de Graciliano restringiu-se à fase mais prestigiosa da revista, isto é, a primeira. Ao seu lado, outros escritores brasileiros de prestígio também fizeram publicar textos em *Atlântico*: Mário de Andrade[36], Carlos Drummond de Andrade[37], Manuel Bandeira[38], Murilo Mendes[39], José Lins do Rego[40], Rachel de Queiroz[41], Erico Verissimo[42], Jorge de Lima[43], Vinícius de Moraes[44], Álvaro Lins[45], Caio Prado Júnior[46], entre outros. Tendo em vista essa expressiva participação, a intelectualidade nacional, ansiosa por estreitar os laços com Portugal, parece ter acolhido bem a revista. O autor de *Menino de Engenho*, por exemplo, celebra o aparecimento do periódico, decorrente do Acordo Cultural feito em "bases estáveis, mas mais duradouras" por Lourival Fontes[47]: "Ele procurou a inteligência, as artes, os homens de pensamento para agir, para com eles aproximar duas nações que, apesar de tantas afini-

---

36. Numa carta a Mário de Andrade, José Osório de Oliveira assim se referiu à presença do autor de *Macunaíma* em *Atlântico*: "Recebi três exemplares das suas *Poesias*, mas nenhum se perdeu pois cedi dois a jovens poetas que ansiavam por conhecê-lo. A elas me referi nas "Notícias da Poesia de Duas Maneiras", que publiquei no n. 2 da *Atlântico*. No 1° número, transcrevi parte de um ensaio sobre o Aleijadinho, e, no 3°, publiquei "A Dona Ausente", enviada pelo DIP. Só se fosse de todo impossível não daria nessa revista luso-brasileira, todo o lugar a Mário de Andrade" (José Osório de Oliveira, "Carta a Mário de Andrade", Lisboa, out. 1943, em Arnaldo Saraiva, *Modernismo Brasileiro e Modernismo Português*, Campinas, SP, Editora da Unicamp, 2004, p. 457). Além disso, de autoria do escritor paulista, publicaram-se ainda, na segunda série de *Atlântico*, um conjunto de cartas (série 2, n. 2, pp. 1-7) e a crônica "Calor" (série 2, n. 4, pp. 18-21), retirada do livro *Os Filhos da Candinha*.
37. Colaborou com os poemas "Voo sobre as Igrejas" (n. 1, s. p.) e "Versos à Boca da Noite" (n. 2, s. p.).
38. Destaque para os poemas "Última Canção do Beco" (n. 2, s. p.) e "Eu Vi uma Rosa" (n. 4, s. p.).
39. Referências a duas poesias: "Poema" (n. 2, s. p.) e "Estudo" (n. 3, s. p.).
40. Publicou apenas o artigo "O Bom e o Mau Fialho" (n. 2, pp. 231-233).
41. Fez-se presente com o conto "Não Jures pela Lua Inconstante" (n. 4, pp. 91-94), que depois seria recolhido por Osório de Oliveira na antologia *Contos Brasileiros* (Lisboa, Bertrand, s.d.), coletânea por ele organizada.
42. Teve um único texto publicado na revista *Crepúsculo* (n. 2, pp. 311-313), primeiro capítulo do romance *O Resto é Silêncio* (1943).
43. Colaborou tanto com os ensaios "Poesia Veloz, Homem Lerdo" (n. 2, pp. 209-210) e "À Margem de Euclides" (n. 3, pp. 56-59), quanto com os poemas "Janaína" e "Pela Fé de Zambi" (n. 6, s.p.).
44. Estampou no periódico dois poemas: "Elegia Quase uma Ode" (n, 2, s.p.) e "Allegro" (n. 3, s.p.).
45. Sua colaboração incluiu cinco artigos de crítica literária: "Notas sobre o Romantismo Brasileiro" (n. 1, pp. 50-53), "Uma Nova Geração" (n. 2, pp. 349-351), "O Crítico Tristão de Athayde" (n. 3, pp. 169-171), "Biografia de Gonçalves Dias" (n. 5, pp. 183-185) e "Sobre *Casa-Grande & Senzala*" (n. 6, pp. 187-189).
46. Autor do ensaio "Formação dos Limites Meridionais do Brasil", publicado no sexto número de *Atlântico* (pp. 36-44).
47. José Lins do Rego, "Atlântico", *A Manhã*, 12 ago. 1942, p. 4.

dades, viviam longe uma da outra. [...] Leio a revista *Atlântico* e acredito que se possa fazer mais alguma coisa de sério pela aproximação luso-brasileira"[48].

Do lado português, a revista contou com colaborações de João de Castro Osório, Gastão de Bettencourt, António Lopes Ribeiro, Adolfo Simões Muller, Luís Forjaz Trigueiros, Castro Soromenho, José de Almada Negreiros, Fernanda de Castro, Carlos Queiroz, Aquilino Ribeiro, Jorge de Sena, Sophia de Mello Breyner, José Régio etc. Em geral, figuras de destaque quer no sistema de propaganda oficial do salazarismo, quer na imprensa lusa, quer no cenário literário português, em função de seus méritos artísticos.

Diante desse quadro diversificado de colaboradores de ambos os países, percebe-se que *Atlântico* congregava nomes de diferentes tendências e posições político-ideológicas, até mesmo de opositores ao governo. Do lado brasileiro, sobressaem os esquerdistas Graciliano Ramos, Caio Prado Júnior e Rachel de Queiroz. Do lado português, avultam, sobretudo, os nomes de Aquilino Ribeiro, Jorge de Sena, Sophia de Mello Breayner e José Régio. Para além do conteúdo dos textos de tais artistas estampados em *Atlântico*, o simples fato de eles figurarem no periódico oficial corroboraria o esforço deste em promover a "união espiritual luso-brasileira", uma vez que as opções políticas individuais, segundo a retórica estado-novista de lá e de cá, não se sobreporiam ao ideal maior de "comunhão do mundo lusíada".

Em 1948, no opúsculo *Na Minha Qualidade de Luso-Brasileiro*, José Osório de Oliveira retoma algumas páginas de circunstância que dedicara ao intercâmbio literário entre Portugal e Brasil. Entre elas, um discurso pronunciado num jantar oferecido pelo SPN em homenagem a Álvaro Lins, no qual o crítico português recupera a iniciativa da revista *Atlântico* de recrutar escritores brasileiros das mais variadas tendências literárias e, sobretudo, políticas:

[...] como detesto as vagas afirmações, concretizarei dizendo que na *Atlântico* colaboraram escritores de tendências esquerdistas, como o admirável poeta Carlos D. de Andrade, e até comunistas militantes como o grande prosador Graciliano Ramos e o historiador Caio Prado Júnior, que foi o primeiro a aplicar o materialismo histórico como sistema, ao estudo da formação do Brasil contemporâneo. Não sei se pensou

---

48. *Idem, ibidem.*

198 • GRACILIANO NA TERRA DE CAMÕES

nesses escritores, e no inconformista Mário de Andrade, e nos independentes Manuel Bandeira, Jorge de Lima, Murilo Mendes, Vinicius de Moraes, José Lins do Rego, Erico Verissimo, Marques Rebelo, na trotskista Rachel de Queiroz, no católico democrata Tristão de Athayde, no liberal Álvaro Lins, não sei se pensou nesses, e em tantos outros espíritos livres do Brasil, naquele admirável romancista-poeta Jorge Amado, que, no prefácio de um livro de pura idolatria política, acusou os escritores brasileiros que colaboravam na *Atlântico* de terem traído ou desonrado a sua missão[49].

Em específico, Osório de Oliveira fazia referência nesse trecho ao prefácio da primeira edição brasileira da obra *Cavaleiro da Esperança*, na qual Jorge Amado traçou a biografia de Luís Carlos Prestes. Neste texto de 1945, o autor de *Jubiabá* condenava seus colegas que venderam a pena aos periódicos estado-novistas:

Outro dia, não faz muito, num discurso durante o Congresso Brasileiro de Escritores, alguém disse que ali se assistia à ressurreição da inteligência patrícia. É uma afirmação falsa e confusionista, sem nenhuma base nos fatos. Em verdade, a inteligência brasileira não morreu. Suicidaram-se alguns quantos escritores nas páginas de *Cultura Política* ou de *Atlântico*, na indiferença, no ceticismo, nos DIPS, na forma pela forma, na luta contra a arte social, nos grupinhos amargos, na bajulação a aventureiros chegados do estrangeiro para embasbacar botocudos, na adesão rasgada ou vergonhosa do Estado Novo, no trotskismo. A verdadeira inteligência brasileira resistia, no entanto, por vezes apenas com o silêncio, mas resistia[50].

Para além do criticismo manifestado por Jorge Amado[51], Osório de Oliveira continuava a ressaltar que o caráter plural da revista *Atlântico* poderia

---

49. José Osório de Oliveira, *Na Minha Qualidade de Luso-Brasileiro (Elementos para a História das Relações Literárias entre Brasil e Portugal)*, Lisboa, s. ed., 1948, pp. 29-30.
50. Jorge Amado, *Cavaleiro da Esperança*, São Paulo, Companhia das Letras, 2011, pp. 13-14.
51. O autor de *Jubiabá* não fora único a criticar *Atlântico*. Na esfera íntima, o poeta João Cabral de Melo Neto, em carta de 6 de dezembro de 1949, endereçada ao colega português Alberto de Serpa, toma a revista estado-novista, em chave desabonadora, como uma espécie de antimodelo a ser evitado no projeto de periódico que ambos tencionavam viabilizar: "Creio que Saudade [Maria da Saudade Cortesão Mendes, mulher de Murilo Mendes e filha de Jaime Cortesão] é a melhor indicada. O Lêdo [Ivo] era um bom elemento. Mas está muito ligado à turma filo-fascista do Lúcio Cardoso, Octávio de Faria etc., e anularia, com isso, a presença da "Bomba Atômica" [poema de Vinícius de Moraes], do José Régio, etc. Isto é: ia fazer o *Cavalo* uma espécie de *Atlântico*" (Solange Fiúza, "Cartas Inéditas de João Cabral a Alberto de Serpa. O Planejamento de *O Cavalo de Todas as Cores*", *Alea: Estudos Neolatinos*, Rio

ser aferido não só pelos colaboradores brasileiros, mas também pelos estudiosos e artistas portugueses que tiveram suas produções estampadas no periódico:

[...] De entre os escritores portugueses, colaboraram alguns, conhecidos como liberais, como democratas ou como socialistas; de qualquer modo, independentemente, quando não ideologicamente hostis ao Estado Novo, como Aquilino Ribeiro. E se não seria possível, em parte alguma, dar-se o caso de a redação de uma Revista editada por um organismo oficial pedir a colaboração de um doutrinário tão extremamente oposto à do Estado Novo, como António Sérgio, a verdade é que foi convidado a colaborar um romancista de tendências tão contrárias às do nacionalismo português, como Ferreira de Castro, cujo nome só não apareceu nas páginas da *Atlântico* por o autor de *A Selva*, que não António Ferro ou eu, ter achado isso mais conveniente, não fossem os seus correligionários estranhar[52].

Apesar dessa aparente abertura, cujos limites são circunscritos aos limites do convite a um aguerrido opositor do Estado Novo como António Sérgio, quando se examina um memorando interno de autoria do próprio Osório de Oliveira a respeito da estrutura do primeiro número de *Atlântico*, percebe-se que as coisas não seriam bem assim. A direção da revista exerceu o controle, sobretudo, dos nomes a serem selecionados para o primeiro número:

Na 2ª parte, indiquei, quase sempre, dois nomes para cada caso, para que Vossa Excelência escolhesse aquele que mais conviria. Ficaram escolhidos, como poetas, representando as sucessivas gerações: Eugénio de Castro, Teixeira de Pascoaes, Mário Beirão, Luiz de Montalvor, Carlos Queiroz e Tomaz Kim, não tendo sido escolhido nem José Régio nem Miguel Torga pela posição ideológica de um e outro[53].

---

de Janeiro, vol. 21, n.1, jan.-abr. 2019, p. 169). O trecho se refere a pessoa escolhida para representar e distribuir, no Brasil, a revista de poesia *O Cavalo de Todas as Cores*, editada conjuntamente por Cabral, então em Barcelona, e Serpa, que vivia no Porto. Tal publicação, de caráter antológico e combativa em termos políticos aos governos autoritários de Espanha, Portugal e Brasil, teve apenas um único número, lançado em 1950.

52. José Osório de Oliveira, *Na Minha Qualidade de Luso-Brasileiro...*, p. 30.

53. José Osório de Oliveira, Memorando sobre o primeiro número da *Atlântico: Revista Luso-Brasileira* endereçado a António Ferro, Lisboa, 27 fev. 1942, Torre do Tombo, Arquivo do SNI, caixa 549, doc. 0029-0029, p. 3. Documento inédito em livro.

200 • GRACILIANO NA TERRA DE CAMÕES

Como se sabe, em 1939, Miguel Torga teve o livro *Criação do Mundo. Quarto Dia* apreendido pela censura e, em função disso, ficou preso por alguns dias, passando, logo depois, a ser vigiado pela PIDE[54]. José Régio, que apresentou grandes afinidades ideológicas com o referido António Sérgio, colaborou com a opositora *Seara Nova* de 1933 a 1940 e, em diferentes momentos, posicionou-se de modo contrário ao dogmatismo estado-novista[55]. Todavia, o poeta presencista chegou a ter um texto publicado no terceiro número de *Atlântico*. Trata-se do poema "Chegada da Noite":

Amanhã, vibrará, na luz do dia, o açoite
Da luta fratricida e da discórdia.
Agora tudo é paz! Chegou a noite,
Capa de misericórdia...[56]

Desse poema avulta o caráter alegórico da oposição entre a noite, "capa de misericórdia", e o dia, palco "da luta fratricida e da discórdia". Em certo sentido, a inversão dos traços comumente atribuídos à luz e à escuridão procura sinalizar o desejo do poeta de evadir-se do mundo, onde prepondera a "hipócrita luz verdadeira do sol", em favor do bálsamo da noite silenciosa da morte. Tal escapismo (composto por uma sucessão de quadras com rima cruzada), por mais que revele o desapego em relação à vida presente, não direciona críticas diretas ao contexto imediato de vigência da ditadura salazarista (ou mesmo, em chave mais ampla, à Segunda Guerra Mundial). Ao mesmo tempo, a própria ambiência discursiva conferida ao texto pela revista fazia com que prevalecesse a beleza da poesia de José Régio, digna de figurar na antologia de artistas luso-brasileiros proposta por *Atlântico*.

Se houve oposição ao nome de José Régio no primeiro número de *Atlântico*, o mesmo não teria ocorrido com o de Aquilino Ribeiro, conhecido opositor do Estado Novo salazarista. O volume de estreia da revista traz o texto

---

54. Luís Reis Torgal, *Estados Novos, Estado Novo: Ensaios de História Política e Cultural*, Coimbra, Imprensa da Universidade de Coimbra, 2009, p. 406.
55. António Ventura, "As Ideias Políticas e a Intervenção Cívica de José Régio", *Revista de História das Ideias* (Coimbra), vol. 16, 1994, pp. 244-245.
56. José Régio, "Chegou a Noite", *Atlântico: Revista Luso-Brasileira*, n. 3, 15 mar. 1943, s.p.

"Os Avós dos Nossos Avós", título de um livro de Aquilino lançado pela Bertrand naquele mesmo ano de 1942. Nele, o autor traça o perfil de Aníbal, principal comandante cartaginês durante a Segunda Guerra Púnica, destacando o período em que ele esteve à frente do governo da Ibéria e da Hispânia. Aquilino registra que a península Ibérica teria exercido sobre o general africano "empolgante sedução": com os iberos, "Aníbal adquiriu conhecimentos de primeira ordem, sobretudo no que concerne às formas de luta do homem com o homem"[57]. Assim, num misto de biografia e ensaio histórico, o escritor se propõe a recuperar a ancestralidade portuguesa, deixando de lado a violência no tratamento linguístico e o retrato da vida agreste recorrentes em seus livros de caráter rural[58]. Nesse sentido, seja pelo recuo ao passado, seja pela recuperação das origens remotas da lusitanidade, o romancista não só evita o presente estado-novista, como corrobora a proposta do periódico.

Se se observa esse ajuste dos escritos de Régio e Aquilino aos pressupostos da revista, bem como a força centrípeta exercida pela ambiência discursiva de *Atlântico* no sentido de orientar-lhes a interpretação em favor da causa luso-brasileira, por outro lado, avulta o movimento de atenuar a imagem hostil de alguns autores, sobretudo dos neorrealistas[59]. Trata-se do esforço de realçar a porção de realidade contida na produção de tais escritores que convinha ao poder. Nesse movimento, omitiam-se não só as denúncias expressas nas obras, mas também a própria trajetória de engajamento à esquerda dos romancistas.

Em carta enviada a António Ferro em 5 de março de 1942, José Osório de Oliveira revelava sua preocupação de, ao não apresentar críticas a obras de autores neorrealistas, ser acusado de parcialidade e deliberada omissão, uma vez que a produção de tais romancistas lusos, então no auge da primeira fase do movimento[60], tinha ressonância entre os artistas brasileiros:

Como você sabe, a crítica literária, numa revista de literatura, é a parte mais melindrosa. Se não fizer a crítica a certos livros por causa da sua tendência (não falo

---

57. Aquilino Ribeiro, "Os Avós dos Nossos Avós", *Atlântico: Revista Luso-Brasileira*, n. 1, 23 maio 1942, p. 19.
58. Taborda de Vasconcelos, *Aquilino Ribeiro*, Lisboa, Editorial Presença, 1965, p. 208.
59. Alex Gomes da Silva, "Autores, Obras e Temas da Esquerda Brasileira e Portuguesa sob a Perspectiva do Projeto Cultural da Revista *Atlântico*", *Cadernos Cedem*, vol. 3, n. 1, 2012, p. 9.
60. Cf. Alexandre Pinheiro Torres, *op. cit.*

de livros de doutrina, mas de obras de ficção), vão acusar-nos de pretender esconder do Brasil a existência de uma literatura neorrealista, com preocupações sociais, que, aliás, a censura não viu inconveniente em consentir. Agrava o caso a circunstância de no Brasil ser, hoje, a mais generalizada. Se entregarmos a crítica a um só, vão acusar-nos de parcialidade na apreciação das obras pela escolha do crítico. Enfim, considero isto um problema e gostaria que você o resolvesse. Tenha paciência e desculpe o tempo que lhe tiro[61].

Para remediar essa questão, no primeiro volume de *Atlântico*, tem-se a publicação do artigo "Os Prosadores Mais Recentes", do jornalista e crítico Luís Forjaz Trigueiros, cujo nome vinha sendo associado ao intercâmbio literário luso-brasileiro[62]. Nesse texto, confere-se destaque ao aparecimento de uma corrente nova que, "poderosamente", estaria modificando os quadros "dessorados e anacrônicos da literatura portuguesa dos últimos anos"[63]. Todavia, em nenhum momento o articulista utiliza o rótulo "neorrealismo" para nomeá-la. Segundo ele, tratava-se de uma literatura antiliterária, cujas manifestações mais recentes seriam os romances *Avieiros*, de Alves Redol, *Esteiros*, de Soeiro Pereira Gomes, e a coleção de contos *Aldeia Nova*, de Manuel da Fonseca.

Para Trigueiros, o mérito dessas produções repousava no fato de elas trazerem uma lufada de ar necessária para abrir as letras portuguesas para as "janelas da vida"[64]. "Uma literatura que não foge do Homem, que o não ignora, na plenitude do seu sofrimento, das suas ambições, das suas lutas"[65]. Assim, os autores em questão se destacariam por terem fugido de uma "literatura pela literatura" e por terem perscrutado "recantos de uma humanidade não positivamente cor-de-rosa"[66]. Nesse movimento, por mais que se refira ao fato de *Avieiros* e *Esteiros* se debruçarem sobre a "vida dura" às margens do Tejo e de *Aldeia Nova* tratar da "terra selvagem e brava" do Alentejo, não há referências explícitas ao

---

61. José Osório de Oliveira, "Carta a António Ferro", Lisboa, 5 mar. 1942, Torre do Tombo, Arquivo do SNI, caixa 549, doc. 0025. Documento inédito em livro.

62. Castro Soromenho, "Política do Atlântico – Carlos Queiroz, Casais Monteiro, Gaspar Simões e Forjaz Trigueiros perante o Brasil Literário", *Vida Mundial Ilustrada*, 4 dez. 1941, p. 3.

63. Luís Forjaz Trigueiros, "Os Prosadores Mais Recentes", *Atlântico: Revista Luso-Brasileira*, n. 1, 23 maio 1942, p. 151.

64. *Idem, ibidem.*

65. *Idem, ibidem.*

66. *Idem, ibidem.*

fato de tais escritores utilizarem suas obras como canal de denúncia de situações que demandavam a atenção da ditadura salazarista[67].

Entretanto, como partia do pressuposto de que um livro só poderia representar dignamente um país se tivesse projeção universal ("Logo: tanto mais universal quanto mais caracteristicamente nacional")[68], valorava de modo diferente a produção dos três referidos autores. *Aveiros* e *Esteiros*, na medida em que centravam seus enredos na região do Tejo e apresentavam uma visão parcial do homem (os personagens desses autores "não riem e quase não sabem chorar"), não se enquadrariam na proposta do crítico. Na verdade, Trigueiros atribui a tais escritores a pecha da intencionalidade, ou seja, os documentos humanos por eles propostos resultariam em "momentos inverossímeis" e na "perda da realidade poética". Já em *Aldeia Nova*, livro mais lírico e menos intencional, a literatura não seria utilizada com um propósito declarado. Em função disso, sentia-se na sua prosa "o Alentejo todo". Sobretudo este último seria sintoma da florescência do romance português.

E, não por acaso, Manuel da Fonseca foi o único dos três prosadores neorrealistas mencionados que teve um texto estampado no número de estreia de *Atlântico*. Trata-se da narrativa "Solstício de Verão"[69], em que o artista descreve o retorno de um jovem a sua tacanha cidade natal. Contudo, convém lembrar que, um ano depois, tal autor foi alvo da censura salazarista: o romance *Cerromaior* (1943) só pôde ser publicado depois da realização dos cortes previstos pelos censores, que assim se expressavam:

Sem defender ou atacar qualquer tese ou preceito social, apresenta ao leitor fatos concretos que revelam profundas deficiências da estrutura social entre nós. A vida dura e miserável do trabalhador rural alentejano, a carência ao mesmo tempo de assistência social, a indiferença do abastado pelo humilde que trabalha em seu proveito, cenas pornográficas e imorais efetuadas por pessoas de melhor condição, são neste romance postas em evidência, podendo concluir-se que o seu autor não mediu os perigos para a sociedade, de narrativas sobre pretensos preconceitos demolidores que levam os fracos ou os menos preparados a meditações condenáveis[70].

67. Alex Gomes da Silva, *op. cit.*, p. 10.
68. Luís Forjaz Trigueiros, *op. cit.*, p. 151.
69. *Atlântico: Revista Luso-Brasileira*, n. 1, 23 maio 1942, pp. 114-122.
70. Cândido de Azevedo, *Mutiladas e Proibidas*, Lisboa, Caminho, 1997, pp. 124-125.

204 • GRACILIANO NA TERRA DE CAMÕES

Por mais que não realizasse um romance de tese, o relato cru da vida angustiosa do camponês sem qualquer proteção das autoridades não só violava a moral cristã, mas também escancarava a omissão estatal. Em 1944, Manuel da Fonseca envia um exemplar da segunda edição de *Cerromaior*, com a seguinte dedicatória: "A Graciliano Ramos, à sua arte tão humana, com a sincera e grande admiração de Manuel da Fonseca"[71].

Voltando ao artigo de Trigueiros, em consonância com o lugar-comum crítico de que a nova geração de prosadores lusos era tributária dos romancistas do Brasil, o crítico sinalizava que "um moderno escritor brasileiro influencia nitidamente a obra de Alves Redol e de Pereira Gomes: Jorge Amado. Outro escritor brasileiro está presente em certas páginas de Manuel Fonseca: José Lins do Rego"[72]. Tratava-se de influências de ordem exterior (com destaque para a agilidade dos períodos curtos e o conteúdo lírico da ação), que não tirariam a "personalidade portuguesa" dos referidos livros. Porém, em certo sentido, tal estratégia de vinculação dos três autores de lá aos romancistas daqui, se exaltava estes, acabava por reduzir a originalidade daqueles, cuja literatura documental entrava em choque com o *statu quo* salazarista.

Não apenas pelo estabelecimento do referido paralelo, mas em conformidade com o lugar de prestígio adquirido por Jorge Amado, José Lins do Rego, Erico Verissimo e Graciliano Ramos em Portugal, o romance brasileiro ganha valoração positiva nas páginas de *Atlântico*. Marques Gastão ressalta que as produções de nossos autores eram tão sinceras que seriam desprovidas de artifícios, isto é, abdicariam dos "exageros de escolas" e de toda sorte de "deformações de estéticas" na busca pelo aprofundamento do real mediante a "expressão lírica e humaníssima de uma mensagem eterna"[73]. Uma das exceções pontuais seria Jorge Amado. Não toda a obra dele, mas os momentos em que tal escritor dividia a humanidade em duas espécies, colocando sua pena a serviço do social e do político. Nesse último caso, tornava-se falso e inexato,

---

71. Manuel da Fonseca, Dedicatória aposta no exemplar *Cerromaior* (Lisboa, Inquérito), do próprio Manuel da Fonseca, enviado a Graciliano Ramos, São Paulo, Biblioteca do Instituto de Estudos Brasileiros.
72. Luís Forjaz Trigueiros, *op. cit.*, p. 152.
73. Gastão chega ao ponto de dizer que o "artifício no romance brasileiro não existe, de tal forma o romancista se identifica com as suas personagens e sabe exprimir-se na sua Arte" (Marques Gastão, "A Sinceridade do Romance Brasileiro", *Atlântico: Revista Luso-Brasileira*, n. 4, 21 nov. 1943, p. 152).

limitando a sua arte de prosador. Outra seria, contudo, a condição de Graciliano Ramos: "Mesmo quando um Paulo Honório, em *S. Bernardo*, vem de baixo, com todos os ódios e todos os desesperos da sua condição; vai para cima com a vingança e o ódio a espevitá-lo, numa quase total insensibilidade, não nos dá Graciliano, a par dos seus dons de observador, a sinceridade como fulcro da sua obra?".

José Augusto Cesário Alvim, representante do DIP na seção brasileira do SPN, em um conjunto de notas intituladas "Da Vida Brasileira", registrava em *Atlântico* o fato de Graciliano ter sido agraciado com o prêmio da Sociedade Felippe d'Oliveira de 1942, bem como o célebre almoço comemorativo do galardão e do cinquentenário do autor alagoano realizado no restaurante Lido de Copacabana:

[...] festa memorável de sentimento e de inteligência, que a melhor gente de letras do Brasil ofereceu a um dos mais expressivos, mais humanos e mais maduros prosadores de todas as nossas gerações literárias.

Já que não pude estar presente no almoço do Lido, já que lá não pude ter a satisfação de ouvir as grandes palavras de elogio pronunciadas por Augusto Frederico Schmidt, já que então me foi impossível transmitir a Graciliano Ramos o meu abraço de solidariedade e felicitações – fique, ao menos hoje, consignada aqui a imensa alegria com que acolhi a atribuição do alto e significativo prêmio a quem tanto e tão bem o merece[74].

Sincero, humano, verdadeiro, inimigo do verbalismo, maduro, merecidamente galardoado, enfim, são muitos os atributos positivos de Graciliano

---

74. José Augusto Cesário Alvim, "Da Vida Brasileira", *Atlântico: Revista Luso-Brasileira*, n. 3, 15 mar. 1943, p. 199. Entretanto, no discurso proferido em tal situação festiva, ao rememorar sua trajetória até aquele momento, Graciliano não deixou de mencionar ironicamente sua prisão pelo governo getulista em 1936, bem como seu périplo pelos cárceres fluminenses: "Embarquei em Maceió sem pagar passagem, saltei no Recife, embarquei de novo e estive alguns dias mal acomodado, não porém em situação pior que a de numerosos viajantes, pois o navio era uma insignificância, muito suja, e nos tinham reservado o porão. Aqui, num carro fechado, não pude admirar as roupas novas e os arranha-céus. Alojei-me num quarto molhado, transferi-me a outro, já ocupado por legiões de insetos domésticos, morei numa estalagem onde pijamas eram roupas de luxo, que se vestiam pelo avesso, porque muitos dos habitantes costumavam introduzir com habilidade as mãos nas algibeiras alheias e esvaziá-las. Muitos inconvenientes. E algumas vantagens: não íamos ao cinema, não concorríamos para homenagens indébitas a valores improvisados, não nos aborrecíamos com o aluguel de casa, enfim éramos forçados a cultivar a economia, a mais útil das virtudes agora. Não nos alimentávamos em demasia. Também não trabalhávamos. Deram-nos um longo repouso, quase espiritual – e isto muito contribuiu para melhorar os nossos costumes" (Graciliano Ramos, *Garranchos*, organização, introdução e notas de Thiago Mio Salla, Rio de Janeiro, Record, 2012, pp. 209-210).

206 • GRACILIANO NA TERRA DE CAMÕES

Ramos em *Atlântico*. Obviamente, em nenhum momento se faz referência à dimensão crítica inerente à fatura literária de seus livros e muito menos à sua simpatia pelo PCB, que se transformaria em adesão formal ao partido em 1945. Conforme lembra Torgal, tratava-se de um expediente regular por parte do salazarismo integrar, tanto quanto possível, escritores famosos no horizonte cultural estado-novista. Notório foi o caso do discurso comemorativo pelo centenário de Eça de Queiroz proferido por António Ferro, no qual este pretendia considerar aquele, sobretudo como um estilista, "neutralizando-lhe os aspectos ideológicos, que poderiam ser – e eram, com efeito – aproveitados politicamente pela oposição"[75]:

> Não! Eça de Queiroz não foi político, nem conservador, nem avançado, mas sim grande artista, um grande escritor português. O que ficou dele, porém, insistimos no seu perfil projetado através dos tempos, não foi o suposto escritor social, o caluniado, o falso demolidor de tradições, mas o apóstolo (se a palavra não fere...) duma vida portuguesa mais elegante, mais harmoniosa, mais civilizada. [...] Não nos restam dúvidas. Digam o que disserem, os textos de Eça de Queiroz (nunca o seu estilo, o seu tom), a obra em que se empenhou, juntamente com os seus companheiros, não teve finalidade política, mas foi pura e simplesmente obra de renovação nacional, a demolição necessária, indispensável para abrir caminho[76].

De modo análogo a tal leitura enviesada do mestre realista, *Atlântico* fazia avultar tão somente a mestria de Graciliano na pintura lírico-dramática da vida brasileira de então. Em conformidade com essa diretriz, mesmo a aludida "sinceridade" do artista alagoano na representação das mazelas sertanejas passaria a adquirir um suposto propósito nacionalista, despindo-se, assim, de sua fundante dimensão crítica e demolidora do passado e do presente da nação.

Esse deslocamento interpretativo operado pelo discurso que a revista construiu a respeito do conjunto da obra do autor alagoano também se faz presente quando se examinam as produções avulsas que Graciliano remeteu

---

75. Luís Reis Torgal, *História e Ideologia*, Coimbra, Minerva, 1989, p. 191 (coleção Minerva – Histórica, vol. 3).
76. António Ferro, *Eça de Queiroz e o Centenário do seu Nascimento*, Lisboa, Edições SNI, 1949, pp. 17 e 21. Trata-se de discurso pronunciado por António Ferro no círculo Eça de Queiroz, em 4 de fevereiro de 1946, na sessão de encerramento do centenário do nascimento do grande escritor, evento promovido pelo SNI.

para serem publicadas em *Atlântico*. Em tal ambiência discursiva, o potencial questionador, sobretudo, dos quadros de *Infância* nela recolhidos dá lugar à representação lírica da vida agreste de um passado individual em vias de suposta transformação por parte do Estado Novo. Ao mesmo tempo, ao juntar--se à plêiade de artistas que teriam atendido ao chamado do Acordo Cultural, o autor de *Vidas Secas* colocava-se em teoria não como um crítico do *statu quo*, mas sim como um colaborador e representante da cultura luso-brasileira, cujos retratos memorialísticos enriqueciam o álbum antológico proposto pelo periódico. Além disso, não se pode desconsiderar o simbolismo da presença do ex-preso político Graciliano nas páginas do veículo em questão, fato que, de algum modo, atestaria o valor e a amplitude da política atlântica conduzida pelo DIP e pelo SPN, capaz de atrair homens vinculados à esquerda.

## INFÂNCIA ATLÂNTICA

Todavia, antes de confirmar tais observações, convém examinar os quadros memorialísticos estampados por Graciliano Ramos ao longo da primeira série de *Atlântico*. Na estreia do escritor na revista[77], ele relembra o desespero de sua mãe ao ler, num folheto salesiano, o anúncio do final dos tempos previsto para a passagem do século XIX ao XX: "[...] um cometa brabo percorreria o céu e extinguiria a criação: homens, bichos, plantas. Riachos e açudes se converteriam em fumaça, as pedras se derreteriam. Antigamente a cólera de Deus exterminara a vida com água; determinava agora suprimi-la a fogo"[78]. Em oposição à crença cega de sua mãe nos "doutores que conheciam as trapalhadas lá do céu e adivinhavam as consequências delas", o menino Graciliano repudia tal profecia apocalíptica, revelando, assim, o quão incoerente e absurdo seria o universo religioso que lhe queriam impor. O olhar descrente da criança acaba por prevalecer ante obscurantismo católico, pois "o mundo estava imenso, com muitas léguas de comprimento – e desafiava, seguro, profecias e cometas"[79].

---

77. Graciliano Ramos, "O Fim do Mundo", *Atlântico: Revista Luso-Brasileira*, n. 2, 31 out. 1942, pp. 306-310.
78. *Idem*, p. 309.
79. *Idem*, p. 310.

208 • GRACILIANO NA TERRA DE CAMÕES

Obviamente, tal postura contrária a dogmas e predições não se coaduna-va com o lugar ocupado pela religião católica nos Estados Novos brasileiro e português. Para Salazar, a Igreja Romana apresentava-se como elemento formativo da alma da nação e traço dominante do caráter do povo luso[80], funcionando como elemento legitimador do governo, estabilizador da socie-dade e reforço da unidade moral do país[81]. No Brasil, Igreja e regime de 1937 mantiveram uma política de apoios e benefícios mútuos: este era legitimado por aquela, a qual, por sua vez, recobrava o espaço perdido no aparelho do Es-tado[82]. Não por acaso, o primeiro número de *Atlântico* reunia, logo de saída, o texto "Oração aos Novos Mestres"[83], de Tristão de Athayde, expoente da inte-lectualidade católica[84]. No quinto número da revista, avulta uma homenagem a tal crítico, cujo trabalho reforçava a união imaterial entre Portugal e Brasil, países "irmanados pelo mesmo culto de valores espirituais, pelo mesmo an-seio de uma ordem social orgânica"[85].

Tendo em vista outros alvos, a postura crítica de Graciliano se mantém nas páginas da revista. Em "O Moleque José", segundo texto do escritor estam-pado em *Atlântico*, o autor de *Angústia* retoma um episódio de sua infância no qual escancara as heranças perniciosas e violentas da escravidão. De início, traça uma espécie de genealogia dos negros que, quer ainda como escravos, quer já na condição semiescrava de agregados, serviram sua família ao longo de gerações. Em seguida, centra-se na figura de José, um dos últimos sujeitos de tal linhagem degradada, que, por ter sido acolhido por Sebastião Ramos, pai

---

80. António de Oliveira Salazar, *Salazar: Pensamento e Doutrina: Textos Antológicos*, Lisboa, Editorial Verbo, 1989, p. 188.

81. Manuel Gonçalves Martins, "O Estado Novo e a Igreja Católica em Portugal (1933-1974)", Comunica-ção apresentada no IV Congresso Português de Sociologia, Coimbra, 17-19 abr. 2000, disponível em <http://www.aps.pt/cms/docs_prv/docs/DPR462e076ebe701_1.PDF>, acesso em 3 fev. 2016.

82. Cf. Euclides Marchi, "Igreja e Estado Novo: Visibilidade e Legitimação", em Christiane Marques Szesz *et al.*, (org.), *Portugal-Brasil no Século XX: Sociedade, Cultura e Ideologia*, Bauru, SP, Edusc, 2003, pp. 209-231.

83. *Atlântico: Revista Luso-brasileira*, n. 1, 23 maio 1942, pp. 4-8.

84. Além disso, durante o Estado Novo, exerceu um importante papel de mentor intelectual e guardião dos valores morais do catolicismo junto ao ministro Gustavo Capanema (Lúcia Lippi Oliveira, "Apresenta-ção", em Lúcia Lippi Oliveira *et al.*, *Estado Novo: Ideologia e Poder*, Rio de Janeiro, Zahar, 1982, p. 11).

85. Marcello Caetano, "O Pensamento de Tristão de Athayde...", em "Homenagem Portuguesa a Tristão de Athayde", *Atlântico: Revista Luso-Brasileira*, n. 5, 27 jul. 1944, p. 2.

do narrador, não teria sido "comido pela verminose ou oferecido como cria de gato"[86]. Em meio à família Ramos, José, cuja marca de inferioridade racial estava assinalada pela anteposição do substantivo "moleque" ao seu nome, aparece como um "afilhado" a um só tempo ladino e submisso, que se valia da malandragem como artifício para enfrentar a brutalidade oriunda de sua condição servil e de desamparado tanto material quanto afetivamente. Graciliano invejava o moleque, que conseguia ludibriar a autoridade patriarcal e, assim, desfrutar de uma vida mais solta que, a ele, menino branco, estava vedada.

O quadro memorialístico evolui para a cena em que o pai do narrador, cuja brutalidade cega poderia aflorar a qualquer momento de modo imprevisível[87], tortura o moleque José. Este teria cometido alguma traquinagem insignificante, da qual procurava teimosamente se desvencilhar apesar da exposição de provas de sua culpa, mas recebeu uma punição severa:

De repente o chicote lambeu-lhe as costas e uma grande atividade animou-o. Pôs-se a girar, a ocultar-se entre as pernas do agressor, desviando dos golpes. E as palavras afluíram num jorro:

– Por esta luz, meu padrinho. Pelas cinco chagas de Nosso Senhor Jesus Cristo.

A súplica lamurienta corria inútil, doloroso ganido de cachorro novo. Muitas vergastadas falhavam, fustigavam as canelas do juiz transformado em carrasco. Este largou o instrumento de suplício, agarrou a vítima pelas orelhas, suspendeu-a e entrou a sacudi-la. Os gemidos cessaram. O corpo mofino se desengonçava, a sombra dele ia e vinha na parede tisnada, alcançava a telha, e os pés se agitavam no ar[88].

Em face dos castigos infligidos ao pobre moleque José e de tal retrato da naturalização da violência no sistema patriarcal, Graciliano revela o outro lado do discurso luso-tropicalista de Gilberto Freyre que preconizava a valo-

---

86. Graciliano Ramos, "O Moleque José", *Atlântico: Revista Luso-Brasileira*, n. 3, 15 mar. 1943, p. 111. Depois de sofrer algumas adaptações pontuais, foi recolhido em *Infância* (1945) com este mesmo título.

87. O exercício violento do mando se mostrava arbitrário, motivado por causas externas à situação concreta: "Atravessávamos, porém, momentos difíceis: não podíamos adivinhar se ele ia sossegar ou enfurecer-se. E o nosso procedimento o levava para um lado, para outro. Acertávamos ou errávamos como se jogássemos o cara ou cunho. Se os fregueses andavam direito na loja, obtínhamos generosidades imprevistas; se não andavam, suportávamos o rigor" (*idem*, p. 113).

88. *Idem*, p. 114.

rização do negro e do mestiço e a exaltação do caráter sincrético da colonização lusa, cuja plasticidade única teria permitido a influência da cultura negra nos costumes, na língua, na religião etc.[89]. Por meio de seu relato, o artista alagoano evidencia tão somente o caráter despótico, injusto e desumano das relações entre brancos e pretos no bojo da tirânica organização senhorial da família nordestina.

Em "O Barão de Macaúbas", terceira colaboração do artista alagoano em *Atlântico*, Graciliano relembra seu traumático contato inicial com as letras, a partir do asco que experimentara ao utilizar os materiais didáticos de autoria de Abílio César Borges, mais conhecido como Barão de Macaúbas[90]. Ao elaborar tais impressões de seu passado infantil, o narrador evidencia o caráter autoritário e moralista do ensino de então, em que prevalecia a imposição de pedantices rebuscadas, totalmente desconectadas do universo e das expectativas dos pequenos. Ao mesmo tempo, se o contato com os livros de leitura do "carrancudo, cabeludo e [...] perverso" barão de Macaúbas se assemelhava a um castigo, a associação entre escola e cárcere também se revelava uma constante no relato

89. O que não quer dizer que Freyre deixasse de reconhecer o sadismo dos brancos e a crueldade imposta por eles aos negros, algo que, em sua concepção, decorreria do sistema econômico fundado na escravidão. "Dele se deriva toda a exagerada tendência para o sadismo característica do brasileiro, nascido e criado em casa-grande" (Gilberto Freyre, *Casa-Grande e Senzala*, 51. ed. São Paulo, Global, 2011, p. 462).

90. Trata-se de uma figura emblemática ao longo do século XIX, destacando-se na produção de livros de leitura que marcaram a história do material didático produzido no Brasil. Utilizadas depois de findos os estudos da cartilha, tais obras obtiveram enorme sucesso, confirmado por sucessivas reedições (Márcia Cabral da Silva, Infância, *de Graciliano Ramos: uma História da Formação do Leitor no Brasil*, Tese (Doutorado em Teoria e História Literária), Universidade Estadual de Campinas, Campinas, SP, 2004, p. 59]. Antes de ser relembrado por Graciliano, o barão de Macaúbas já figurara como personagem do romance *O Ateneu* de Raul Pompeia, na figura do Dr. Aristarco Argolo de Ramos: "O Dr. Aristarco Argolo de Ramos, da conhecida família do Visconde de Ramos, do Norte, enchia o Império com o seu renome de pedagogo. Eram boletins de propaganda pelas províncias, conferências em diversos pontos da cidade, a pedidos, à sustância, atochando a imprensa dos lugarejos, caixões, sobretudo, de livros elementares, fabricados às pressas com o ofegante e esbaforido concurso de professores prudentemente anônimos, caixões e mais caixões de volumes cartonados em Leipzig, inundando as escolas públicas de toda parte com a sua invasão de capas azuis, róseas, amarelas, em que o nome de Aristarco, inteiro e sonoro, oferecia-se ao pasmo venerador dos esfaimados de alfabeto dos confins da pátria. Os lugares que os não procuravam eram um belo dia surpreendidos pela enchente, gratuita, espontânea, irresistível! E não havia senão aceitar a farinha daquela marca para o pão do espírito. E engordavam as letras, à força, daquele pão" (Raul Pompeia, *O Ateneu*, 2. ed. definitiva, Rio de Janeiro, Francisco Alves, s.d., pp. 8-9].

da trajetória escolar do menino Graciliano[91]. Em tal contexto educacional-prisional, ele teve de enfrentar uma mortificação ainda mais penosa:

Foi por esse tempo que me infligiram Camões, no manuscrito. Sim senhor: Camões, em medonhos caracteres borrados – e manuscritos. Aos sete anos, no interior do Nordeste, ignorante da minha língua, fui compelido a adivinhar, em língua estranha, as filhas do Mondego, a linda Inês, as armas e os barões assinalados. Um desses barões era provavelmente o de Macaúbas. [...] Deus me perdoe. Abominei Camões. E ao barão de Macaúbas associei Vasco da Gama, Afonso de Albuquerque, o gigante Adamastor, barão também decerto[92].

A esse trecho do relato memorialístico de Graciliano, o secretário da revista apôs a seguinte nota de rodapé: "É evidente que, quando o autor classifica de 'estranha' a língua de Camões, não fala como notável escritor, que é, da língua portuguesa, mas como a criança sertaneja que foi"[93]. Tal esforço de *Atlântico* por explicitar a separação entre o ponto de vista do menino Graciliano e a perspectiva do narrador adulto Graciliano, que se punha a ficcionalizar suas memórias infantis, evidencia o intuito do periódico de preservar, a todo custo, a figura de Camões. O "notável" autor de *Vidas Secas*, que vinha consolidando seu nome no cenário literário português, não manifestaria a sensação incômoda de estranheza para com as construções textuais do "gênio caolho", muito menos abominaria a figura deste. Tal comportamento iconoclástico cabia apenas ao garoto interiorano semianalfabeto, ou seja, a um

---

91. Mais especificamente, convém considerar os também capítulos de *Infância*: "Escola", "Adelaide" "Um Novo Professor" e "Os Astrônomos".

92. Graciliano Ramos, "O Barão de Macaúbas", *Atlântico: Revista Luso-Brasileira*, n. 4, 21 nov. 1943, p. 134. Em crônica de 1921, Graciliano, envolto pelo pseudônimo de J. Calisto, expressava de modo ainda mais enfático a repulsão que devotava ao Barão de Macaúbas e a Camões: "Na idade em que a inteligência começa a despertar, confusa, obrigá-la a embrenhar-se pelas complicadas asperezas dos lusos clássicos – que horror, santo Deus! [...] O descobrimento do caminho da Índia aos oito anos! É, positivamente, um abuso. Aquela mistura de deuses do Olimpo, pretos africanos, o Gama ilustre, o gigante Adamastor, o rei de Melinda, a linda Inês e seu gago amante, tudo, a meter-se atrapalhadamente num pobre cérebro em formação – com franqueza, é demais! Perdoem-me as cinzas do zarolho gênio, mas eu não sei se o meu ódio a ele era menor que o que me inspirava o barão de Macaúbas" (Graciliano Ramos, *Linhas Tortas*, 21. ed., Rio de Janeiro, Record, 2005, pp. 93-94).

93. José Osório de Oliveira, "Nota da Redação", em Graciliano Ramos, "O Barão de Macaúbas", *Atlântico: Revista Luso-Brasileira*, Lisboa, n. 4, 21 nov. 1943, p. 134.

212 • GRACILIANO NA TERRA DE CAMÕES

Graciliano do passado, e não ao colaborador de *Atlântico*, que ajudava a fortalecer os laços da "civilização lusíada".

No discurso de afirmação nacionalista propagandeado pelo Estado Novo, o autor de *Os Lusíadas* figurava como manifestação sublime da glória do gênio português. Nesse movimento, ressaltava-se apenas o caráter épico dos descobrimentos de modo a reforçar, no presente salazarista, a noção de que a grandeza da pátria lusa estava indissoluvelmente ligada à noção de império colonial. Segundo tal diretriz, recusar Camões equivaleria a recusar a magnificência da nação portuguesa (metrópole e colônias), bem como da própria "civilização lusíada"[94], daí a providencial aposição do paratexto esclarecedor ao pé da página do quadro memorialístico composto por Graciliano.

Para a Geração de 70, *Os Lusíadas* representavam ao mesmo tempo a glória e a decadência de Portugal. Antero de Quental pontuava: "Há nações para as quais a epopeia é ao mesmo tempo o epitáfio"[95]. Diante disso, para a construção gloriosa do passado pretendida pelo Estado Novo, fazia-se necessário "produzir uma contramemória da ideologia decadentista que marcou o século XIX segundo a qual os descobrimentos foram uma das causas da decadência de Portugal"[96]. Tal postura revisionista materializou-se nos programas de ensino portugueses, nos quais a epopeia camoniana ocupava posição de destaque na consagração da grandeza imperial da nação lusa:

Já nos programas de 1905 *Os Lusíadas* aparecem como "a mais perfeita escola de patriotismo em que pode iniciar-se a mocidade portuguesa", cabendo-lhe a primazia

---

94. Entre as notas do número de estreia de *Atlântico*, noticia-se o lançamento de uma estátua em homenagem a Camões em frente à Biblioteca Municipal de São Paulo, em comemoração ao 388º aniversário de fundação da cidade. O monumento simbolizaria a conexão entre o passado e o presente do "Mundo Lusíada": "A estátua, de quase três metros de altura, não ficará despaisada na cidade dinâmica que todos os dias se moderniza, porque, se os edifícios todos os dias crescem mais, e é, cada hora, mais vertiginosa a vida do grande centro comercial e industrial em que se transformou a antiga Piratininga, nem por isso em São Paulo deixam de viver as sombras do Passado" (José Osório de Oliveira, "Notas – Camões em São Paulo", *Atlântico: Revista Luso-Brasileira*, n. 1, 23 maio 1942, p. 175).

95. Antero de Quental, "No Tricentenário de Camões", *Prosas*, Lisboa, Couto Martins, s.d., p. 309.

96. Carlos Manuel Ferreira da Cunha, "O Camões do Estado Novo", em Maria do Céu Fraga *et al.*, *Camões e os Contemporâneos*, Braga, Centro Interuniversitário de Estudos Camonianos; Universidade dos Açores; Universidade Católica Portuguesa, 2012, p. 253.

no quarto e quinto anos, com a recomendação de que se façam "as omissões convenientes". [...] No programa de 1936 indica-se que por não ser possível a leitura integral, "o professor fará criteriosa escolha das passagens mais belas e mais apropriadas à leitura na aula, resumindo as restantes", para "dar a conhecer a índole, a estrutura e o plano de composição de cada obra – o que se haverá em especial conta em relação a *Os Lusíadas*". Mas em 1948 e em 1954, são explicitadas as estrofes a estudar. [...] No conjunto, predominam os conhecidos "episódios" (Adamastor, Velho do Restelo, Inês de Castro etc.) e são eliminadas as famosas passagens críticas ou que sublinham a decadência do Império. Tal como em 1936, nos programas de 1948 e de 1954 define-se a linha interpretativa a seguir: "há de insistir-se no significado nacional do poema e no que se possa patentear claramente como expressão pessoal do autor, dando também relevo ao valor cultural e ao sentido de alguns passos e do conjunto"[97].

Não se pode afirmar que, mediante as referências desabonadoras a Camões, Graciliano compartilhasse quer da exegese de *Os Lusíadas* realizada pela Geração de 70, quer, por antecipação, da leitura da epopeia camoniana feita pelos opositores ao regime salazarista, sobretudo depois do 25 de Abril[98]. De todo modo, fica marcada sua postura contra um sistema educacional autoritário e excludente, capaz de impor o ensino do português renascentista a uma criança sertaneja recém-alfabetizada e ainda distante da aquisição da variante culta brasileira vigente nas primeiras décadas do século XX. O resultado seria o embrutecimento da infância, cada vez mais afastada do clássico poema renascentista.

---

97. *Idem*, pp. 255-256.

98. Em 1977, ao defender a faceta de um Camões "subversivo e revolucionário", Jorge de Sena se colocava contra a imagem do autor de *Os Lusíadas*, até então, ainda em voga: "Pensarão alguns, acreditando no que se fez do pobre Camões durante séculos, que celebrá-lo, ou meditá-lo e lê-lo, é prestar homenagem a um reacionário horrível, um cantor de imperialismos nefandos, a um espírito preso à estreiteza mais tradicionalista da religião católica. Camões não tem culpa de ter vivido quando a inquisição e a censura se instituíam tão poderosas, se o condenarem por isso, condenamo-nos nós todos os que, escrevendo ou não escrevendo, e ainda vivos ou já mortos, resistimos durante décadas a uma censura opressiva, e a uma repressão implacável e insidiosa, escrevendo nas entrelinhas como ele escreveu" (Jorge de Sena, "Jorge de Sena – 1977", em Comissão Organizadora das Comemorações do Dia de Portugal, de Camões e das Comunidades Portuguesas, *Camões e a Identidade Nacional*, Lisboa, Imprensa Nacional-Casa da Moeda, 1983, p. 31).

## A MEDIAÇÃO EDITORIAL E A RESTRIÇÃO DE SENTIDO

Vistos isoladamente ou enquanto partes integrantes do volume autobiográfico *Infância*, os três quadros memorialísticos de Graciliano Ramos acima examinados, de fato, tornam evidente a postura crítica do escritor em relação ao caráter alienante, autoritário e opressivo de três grandes instituições: Igreja, Família e Estado. Todavia, como já se enunciou, quando se consideram tais escritos na ambiência discursiva de *Atlântico* e em consonância com os discursos construídos pela revista a respeito do autor alagoano, a coisa muda de figura. Os questionamentos do autor continuam a se fazer presentes, mas cedem espaço ao também patente caráter lírico e antológico das narrativas, que, justapostas aos trabalhos dos outros colaboradores do periódico, compõem o álbum de congraçamento literário entre Brasil e Portugal então visado pelos departamentos de propaganda de cada país.

Se, por um lado, o enquadramento editorial conferido por *Atlântico* aos escritos de Graciliano procurava ressaltar-lhes os méritos artísticos, por outro, tornava-lhes saliente também certa dimensão documental[99]. Na verdade, a "sinceridade" da prosa do romancista alagoano apontada por Marques Gastão teria se amplificado nas páginas da própria revista: do romance ele caminhara para a confissão, como se seu propósito ao revolver o solo fértil das memórias infantis fosse prioritariamente retratar o contexto histórico brasileiro na transição do século XIX ao XX e apresentá-lo ao público português.

Paralelamente, como explicita a nota de rodapé aposta por Osório de Oliveira ao texto "O Barão de Macaúbas", há o esforço declarado de separar o sujeito da enunciação, o grande escritor incensado pela revista, e o menino tacanho que protagoniza os textos memorialísticos. Mediante tal estratégia, fortalece-se a leitura que restringe os casos descritos pelo autor a um passado

---

99. Como viria a apontar posteriormente Antonio Candido, esses dois vetores aparentemente antagônicos teriam um papel estruturante em *Infância*: "Talvez seja errado dizer que *Vidas Secas* é o último livro de ficção de Graciliano Ramos. *Infância* pode ser lido como tal, pois a sua fatura convém tanto à exposição da verdade quanto da vida imaginária; nele as pessoas parecem personagens e o escritor se aproxima delas por meio da interpretação literária, situando-as como criações" (Antonio Candido, *Ficção e Confissão*, 3. ed. revista pelo autor, Rio de Janeiro, Ouro sobre Azul, 2006, p. 70). Segundo ainda o crítico brasileiro, os quadros de *Infância* se destacariam pela imaginação lírica, que revestiria de poesia a realidade (*idem*, pp. 102 e 122).

já supostamente superado pelos Estados que se diziam Novos, como se as narrativas em questão fossem estáticas e não conectassem, de modo dinâmico, adulto e criança, pretérito e presente por meio da permanência da opressão, da injustiça e da violência relatadas. Nesse sentido, o próprio enquadramento editorial conferido por *Atlântico* aos escritos de Graciliano contribuía para anestesiar-lhes os efeitos potencialmente subversivos, bem como os colocava a serviço da ideologia dominante. Em outras palavras, de modo indireto, valorizava-se a fatura artística dos retratos, a "verdade" neles contida, mas não o conteúdo crítico que eles portavam.

Em função do que foi exposto, percebe-se que Graciliano não estaria alienando sua pena nas páginas de *Atlântico*. Sem fazer concessões, salvaguardando sua autonomia artística e longe de tecer loas aos Estados Novos brasileiro e português, o escritor utiliza o prestigioso espaço da revista para divulgar, sobretudo, suas pujantes memórias de infância, além de ser bem-remunerado por isso[100]. Ao mesmo tempo, o periódico se valia da prestigiosa colaboração do artista alagoano para aquilatar e diversificar o colorido da coleção de textos estampada em suas páginas. Essa espécie de álbum luso-brasileiro, por sua vez, conforme se observou, visava a reforçar os laços atlânticos pretendidos pelas ditaduras de Getúlio e Salazar, interessadas, portanto, em se legitimarem de modo conjunto como autênticas restauradoras e mantenedoras da alegada essência da "civilização lusíada".

---

100. Conforme indicava José Osório de Oliveira ao se referir às balizas orientadoras de *Atlântico* discutidas com António Ferro: "ficou estabelecido que toda a colaboração literária (prosa ou verso) deve ser paga, e na mesma proporção que a colaboração artística. A tabela será esta: 150$00 a 200$00 por artigo, conto, poema etc., podendo pagar-se até 300$00, atendendo ao valor excepcional ou à extensão do trabalho" (José Osório de Oliveira, Memorando sobre o primeiro número da *Atlântico: Revista Luso-Brasileira* endereçado a António Ferro, Lisboa, 27 fev. 1942, Torre do Tombo, Arquivo do SNI, caixa 549, doc. 0029-0029, p. 2). No âmbito da Segunda Guerra Mundial, quando se reduziam os espaços das revistas e dos suplementos de jornais passíveis de receber as colaborações do autor, alguns veículos oficiais forneceram a Graciliano remuneração constante que lhe permitiu enfrentar as adversidades financeiras do momento. Além de *Atlântico*, mais notória se tornou sua duradoura colaboração com *Cultura Política: Revista Mensal de Estudos Brasileiros*, entre março de 1941 e agosto de 1944. Na trajetória jornalística do escritor, as 25 crônicas que redigiu para essa publicação, principal veículo de doutrinação ideológica do Departamento de Imprensa e Propaganda (DIP), representam sua colaboração mais intensa e duradoura em um único periódico (cf. Thiago Mio Salla, *Graciliano Ramos e a* Cultura Política: *Mediação Editorial e Produção do Sentido*, São Paulo, Edusp, 2016).

# Capítulo 9

## Manuel Anselmo e a
## *Família Literária Luso-Brasileira*

Ainda na esfera da divulgação e de apropriação crítica da obra e da figura de Graciliano por parte de periódicos e agentes ligados ao Estado Novo, tem-se, em 1943, a publicação do texto "Graciliano e a Angústia", recolhido no livro *Família Literária Luso-Brasileira* (Rio de Janeiro, José Olympio), por Manuel Anselmo. Diplomata português, ideólogo estado-novista e crítico literário, esse intelectual dedicou-se ao exercício da advocacia e desempenhou durante algum tempo funções diplomáticas no exterior. Revelava-se um ardoroso defensor de Salazar. Em 1934, ainda na casa dos vinte anos de idade, lança *As Ideias Sociais e Filosóficas do Estado Novo* (Porto, Livraria Tavares Martins, 1934). Segundo Teresa Leitão de Barros, tratava-se de "um estudo minucioso e documentado das modernas doutrinas sociais" que estariam na base do Estado Novo. A adesão de Manuel Anselmo a tal regime seria "uma consequência imposta pelo coração e pela razão, pelo instinto e pela inteligência. Por isso, na sua argumentação em favor das ideias que defende, há uma base reveladora de muito estudo e reflexão, e há um sopro de entusiasmo caloroso e apaixonado"[1].

---

1. *Apud* Manuel Anselmo, "Outras Obras de Manuel Anselmo", *Antologia Moderna: Ensaios Críticos*, Lisboa, Livraria Sá da Costa, 1937, s.p.

Em 1935, em *Gramática Política*, nova meditação doutrinária e política, colocava-se como "o mais humilde e desinteressado soldado de Salazar", governante descrito como o "mais completo chefe político da Europa"[2]: "Ele é a glória espiritual de nossos dias, glória da nossa cultura, glória do nosso direito e, até, glória da nossa literatura, porque o seu nome ficará, sem dúvida, ao lado dos melhores prosadores da nossa língua"[3]. Não por acaso, de regresso às lides de crítico literário dois anos depois, Manuel Anselmo abria seu livro *Antologia Moderna* com um ensaio a respeito do "Panorama Intelectual e Literário do Escritor Oliveira Salazar"[4], no qual ressaltava a então recente publicação em volume dos *Discursos* do ditador português. Referia-se a essa obra, escrita em "linguagem pura e sóbria, serena e límpida", como uma prova concreta de que a inteligência aparentemente fria e analítica do "chefe genial" se revelava, na verdade, ambiciosa e criadora, testemunho vivo de um pensamento político original no panorama europeu daquele momento[5].

Atuante como crítico literário na fase inicial da *Revista de Portugal*, dedica-se, sobretudo, à análise da obra de autores brasileiros e portugueses contemporâneos. Em 1939, dá à estampa o volume *A Poesia de Jorge de Lima*[6], obra celebrada por Jorge Amado como mais uma confirmação de que os modernos escritores brasileiros teriam encontrado seus melhores críticos em Portugal[7]. Tratava-se, até aquele momento, da mais completa exegese da obra do poeta alagoano[8].

No começo da década de 1940, assume o posto de cônsul português em Pernambuco. Em seguida, como desdobramento do Acordo Cultural de 1941, passa a promover e a presidir o Ciclo Cultural Luso-Brasileiro do Recife, isto é, um conjunto de conferências de caráter cultural, cujo lema seria "Brasili-

---

2. Manuel Anselmo, *Gramática Política – Ensaios Doutrinários*, Coimbra, Coimbra Editora Ltda., 1935, pp. 17 e 18.

3. *Idem*, p. 18.

4. Manuel Anselmo, "Panorama Intelectual e Literário do Escritor Oliveira Salazar", *Antologia Moderna: Ensaios Críticos*, Lisboa, Livraria Sá da Costa, 1937, pp. 15-21.

5. *Idem*, p. 20.

6. Manuel Anselmo, *A Poesia de Jorge de Lima: Ensaio de Interpretação Crítica*, São Paulo, Ed. do Autor, 1939.

7. Jorge Amado, "Do Poeta e sobre o Poeta", *Dom Casmurro*, 29 jul. 1939, p. 2.

8. "Jorge de Lima e a Crítica Portuguesa", *Dom Casmurro*, 12 ago. 1939, p. 8 (Block-Notes).

dade e Lusitanidade", a confirmar o lugar da Veneza brasileira como capital da inteligência e a reforçar a política atlântica de congraçamento entre Brasil e Portugal, animada pela "visão de lince" de Getúlio e pelo "génio criador" de Salazar[9]. Sediado no Gabinete Português de Leitura da capital pernambucana, tal evento contou com um conjunto de doze palestras que depois ganhariam o suporte livresco por subvenção do consulado português atuante nessa localidade[10]. Entre elas, podem-se destacar: "O Sentido da Colonização Portuguesa no Brasil", de Aderbal Jurema; "O Humanismo Financeiro de Salazar", de Manoel Lubambo; "Os Fundamento da Neutralidade Portuguesa", de Gilberto Osório de Andrade; e "Manoel Lubambo, a Amizade Luso-Brasileira e a Latinidade", do próprio Manuel Anselmo[11].

Nessa condição de cônsul de Portugal no Recife, de fomentador do intercâmbio luso-brasileiro e ainda de agente de propaganda salazarista, Anselmo expressa, na última conferência supracitada, um discurso eivado de impropriedades históricas a respeito da colonização portuguesa, com o fito deliberado de reforçar os propósitos do Acordo Cultural de 1941:

> O maior serviço que Portugal prestou à Latinidade foi ter descoberto e colonizado o Brasil. Não viemos aqui para buscar escravos e especiarias. Nem para colher flores e amores no litoral bordado de rochas loiras. A nossa missão foi outra: viemos aqui, em nome de Tordesilhas, para implantar neste sol a Cruz de Cristo e, nela, a emoção portuguesa que por essa altura dominava os mares. [...] Nunca quisemos outros juros que não aqueles que foram pagos pelos povos que ajudamos, com nossa Fé e a nossa cultura a tornar livres. Daí a brasilidade, expressão autónoma e americana da latinidade, e a importância daquilo que há de chamar-se eternamente de a Civilização do Ocidente[12].

---

9. Manuel Anselmo, "Discurso de Abertura pelo Cônsul de Portugal em Pernambuco Sr. Manuel Anselmo", em Aderbal Jurema, *O Sentido da Colonização Portuguesa no Brasil*, Recife, Ciclo Cultural Luso--Brasileiro, 1942, p. 12.

10. *Idem*, p. 13.

11. Cf. as pré-textuais de Manuel Anselmo, *Manoel Lubambo, a Amizade Luso-Brasileira e a Latinidade*, Recife, Edição do Ciclo Cultural Luso-Brasileiro, 1943. Segundo ofício do próprio Manuel Anselmo, o Ciclo Cultural Luso-Brasileiro teria logrado tanto êxito que, no Rio de Janeiro, o Gabinete Português de Leitura seguiu a mesma ideia, criando um ciclo de conferências versando temas e fatos portugueses. Cf. Carmem G. Burgert Schiavon, *op. cit.*, p. 107.

12. Manuel Anselmo, *Manoel Lubambo...*, pp. 31-33.

Se se põe a fantasiar o passado colonial é porque, em perspectiva teleológica, tem o objetivo de conectá-lo ao presente estado-novista no qual um "Chefe Genial" encaminharia a nação portuguesa para uma nova era de grandeza. Nesse contexto, enquanto o mundo destruía a si próprio, Salazar não se furtava a demonstrar seu "amor impoluto e desinteressado" ao Brasil, país com quem Portugal compartilhava o passado e as perspectivas gloriosas do futuro pós-Segunda Guerra. Num abraço de amizade luso-brasileira, abraço de família, as duas pátrias, com os corações "batendo em uníssono", venceriam as angústias do presente e projetariam no amanhã o triunfo da latinidade da "civilização lusíada".

Em consonância com tal pano de fundo, Anselmo faz publicar, em 1943, o seu *Família Literária Luso-Brasileira*. Logo de saída, percebe-se que a obra é dedicada com muitos salamaleques a Assis Chateaubriand, o todo-poderoso dono dos *Diários Associados*. Tal cadeia de periódicos, mais especificamente *O Jornal* do Rio de Janeiro, foi o suporte inicial dos textos do crítico português recolhidos posteriormente no referido livro. Todavia, em termos estratégico--diplomáticos, mais do que apenas agradecer a Chateaubriand a oportunidade de ter assinado, ao longo do ano de 1942, o rodapé literário "Folhetim Crítico Luso-Brasileiro" do prestigioso suplemento literário de *O Jornal*, também interessava a Anselmo granjear o apoio do influente empresário-jornalista ao Estado Novo luso, sobretudo, quanto à publicação de notícias favoráveis a Salazar por aqui, bem como no que dizia respeito ao combate às criticas feitas ao ditador por parte de portugueses exilados políticos no Brasil[13].

Na "Explicação Sinceríssima" com que inicia o livro, Anselmo sublinha que se debruçava sobre a obra de autores contemporâneos de Portugal e do Brasil, em virtude de ambos os países reunirem, naquele momento, "alguns dos melhores poetas, romancistas e ensaístas do mundo". Para além do

---

13. Cf. Ofício Confidencial do Cônsul de Pernambuco ao Presidente do Conselho e Ministro dos Negócios Estrangeiros, em 6 de abril de 1943, p. 1. M. N. E., 2º piso, Armário 50, Maço 68, *apud* Carmem G. Burgert Schiavon, *op. cit.*, pp. 213-214. A estratégia do diplomata português parece ter alcançado sucesso. Assim, Assis Chateaubriand teria se referido a ele: "Manuel Anselmo não é apenas cônsul, mesmo o embaixador das letras e inteligência portuguesas como todos lhe chamam: é o pró-cônsul do imperialismo intelectual de Portugal no Brasil" (Assis Chateaubriand, "Manuel Anselmo", *apud* Manuel Anselmo, *Manoel Lubambo...*, p. 69).

mérito literário do objeto e dos arroubos de exaltação luso-brasileira do crítico, o uso do conceito de "família literária" torna ainda mais patente a adequação do volume aos propósitos do Acordo Cultural 1941. Nesse sentido, enquanto agente da política atlântica, Anselmo se propõe examinar os desdobramentos e as diferentes facetas do "abraço espiritual" que uniria as literaturas das duas nações.

Entre os romancistas analisados, Anselmo confere especial destaque a José Lins do Rego[14], Antero de Figueiredo, Ferreira de Castro, Octávio de Faria e Graciliano Ramos. Com relação a este último, salienta que a "posição excepcional" ocupada pelo escritor alagoano na literatura brasileira contemporânea decorreria fundamentalmente das técnicas e objetivos diferenciados que ele empregava em suas obras. Mesmo quando comparado com os prosadores nordestinos de sua geração, o autor de *S. Bernardo* se destacaria por colocar a ação de seus romances dentro da cabeça das suas personagens, e não no exterior, tal como poderia ser observado, por exemplo, nas produções de José Lins do Rego e Jorge Amado.

Reforça-se, portanto, a faceta intimista da obra de Graciliano. Na contramão de um Gaspar Simões, mas em consonância com Albano Nogueira, Manuel Anselmo aproxima Graciliano de Proust e de Joyce. Tal como o prosador francês, o verdadeiro instrumento romanesco do escritor alagoano seria a memória pessoal[15]: "a sua obra é documento impressionante dos próprios passos pela vida do romancista". Do artista irlandês, manifestaria, sobretudo, a técnica de, em meio ao relato de caráter predominantemente memorialístico, misturar, na ação presente, passado e futuro. Em ambos os paralelos, de modo metonímico, Anselmo parece referir-se à *Angústia*, romance de Graciliano que mais se aproximou da experiência de autores que trabalharam a introspecção em vertiginosa profundidade[16].

---

14. O autor de *Doidinho* não teria deixado de se referir de maneira elogiosa ao crítico português: "Você, Manuel Anselmo, não é apenas o grande poeta, crítico, romancista e diplomata. É o Don Juan que nos conquistou de assalto a todos nós" (José Lins do Rego, "Você, Manuel Anselmo", *apud* Manuel Anselmo, *Manoel Lubambo...*, p. 72).

15. Manuel Anselmo, "Graciliano Ramos e a Angústia", *Família Literária Luso-Brasileira (Ensaios de Literatura e Estética)*, Rio de Janeiro, Livraria José Olympio Editora, 1943, p. 221.

16. Luís Bueno, *Uma História do Romance de 30*, São Paulo, Edusp; Campinas, SP, Editora da Unicamp, 2006, p. 621.

Mediante os expedientes descritos, o romancista alagoano fugiria do pitoresco das descrições de ambientes, algo que seria contrabalançado pelo "dom de insinuar as paisagens e os climas através dos dramáticos relatos memoriais que atribui às personagens"[17]. Esse resultado seria obtido por meio da engenhosa decomposição, em vários momentos, dos seres que povoam suas obras, "de forma a tirar delas, como se fosse serrim de dentro de bonecos, todos os mistérios da sua angústia humana"[18]. Em virtude disso, mesmo o espaço reduzido em que se passa o drama de Luís da Silva (duas casas e um quintal melancólico) revelaria toda a vida provinciana de Maceió, "com seus grupinhos, usos sociais, abusos sexuais etc."[19].

Talvez por escrever seu ensaio quando se encontrava no Brasil em missão consular, Manuel Anselmo correlaciona, de modo intenso, dados biográficos do autor alagoano, provavelmente retirados de entrevistas e perfis de Graciliano estampados na imprensa literária brasileira desde o final dos anos de 1930[20], com elementos recolhidos a partir da leitura de *Caetés*, *S. Bernardo*, *Angústia* e *Vidas Secas*:

O sertão de Buíque, em Pernambuco, tão admiravelmente descrito em *Vidas Secas*, obteve aquela dramática descrição romanesca porque Graciliano ali viveu até aos sete anos de idade. Daí, poder sublinhar-se, desde já, quanto a memória serve de instrumento romanesco deste autor. Em Viçosa, depois, Graciliano travou contato com aquelas emboscadas que fizeram o triunfo de Paulo Honório, em *S. Bernardo*. Aí conheceu os proprietários espoliados pela traição, as mulheres fracas e vencidas, numa palavra, todo o material romanesco que revela em *S. Bernardo*. Só em *Angústia*, porém, através do drama de Luís da Silva, Graciliano Ramos soube expor, com coragem e emoção, o drama do filho-família arruinado e, por isso, obrigado a vegetar numa cidade provinciana entre um jornalismo aguado e um emprego humílimo[21].

---

17. Manuel Anselmo, "Graciliano Ramos e a Angústia", p. 222.
18. *Idem, ibidem.*
19. *Idem, ibidem.*
20. Destaque para o perfil "Graciliano Ramos", publicado por José Condé na revista *O Cruzeiro*, em 15 de abril de 1939, e para o misto de depoimento e entrevista "Graciliano Ramos Conta sua Vida", estampado por Joel Silveira no periódico literário *Vamos Ler!*, também em abril do mesmo ano. Para mais informações ver Graciliano Ramos, *Conversas*, organização, introdução e notas de Thiago Mio Salla e Ieda Lebensztayn, Rio de Janeiro, Record, 2014, pp. 81-87 e 88-96.
21. Manuel Anselmo, "Graciliano Ramos e a Angústia", pp. 220-221.

Até então, os críticos portugueses haviam se centrado na obra romanesca de Graciliano, considerando, obviamente, o fato de ele ser proveniente do Nordeste e tematizar em sua obra as experiências colhidas em tal região. Parte dessa postura crítica pode ser atribuída à exígua divulgação da biografia do artista alagoano em Portugal. Por exemplo, na revista *Atlântico*, que, de início, costumava trazer a descrição dos colaboradores de cada número, o escritor ganha apenas um retrato seco: "Nasceu em Quebrangulo (Estado de Alagoas), em 1892. Romancista, publicou as seguintes obras: *Caetés, S. Bernardo, Angústia e Vidas Secas*"[22]. Mesmo na rápida entrevista a Castro Soromenho, publicada em 1939 no jornal portuense *O Primeiro de Janeiro*, há apenas a indicação de que Graciliano seria originário do Norte[23].

Em conformidade com a ponte que estabelece entre biografia e arte ficcional em Graciliano, Anselmo pondera que o pessimismo e a amargura do autor se materializariam literariamente no componente trágico de sua obra. O romancista alagoano não acreditaria na felicidade ou mesmo na possibilidade de triunfo: "Não há optimismo ou alegria, mesmo intelectual em Graciliano Ramos". Segundo o crítico português, tal cosmovisão estaria na base do espraiamento da angústia do autor para suas personagens, algo materializado textualmente, sobretudo pelo uso do relato memorialístico com ênfase na análise subjetiva.

Mediante essa proposição, o intelectual português parece colocar em segundo plano o quanto havia de recalque social na angústia manifesta pelos personagens de Graciliano. Desse modo, valendo-se de um expediente comum na crítica literária realizada por agentes vinculados ao Estado Novo quando se viam diante de autores considerados problemáticos, a leitura intimista e personalista do conjunto da obra do romancista alagoano proposta por Anselmo parece subvalorizar o componente ideológico patente desde *Caetés*. Entretanto, como já destacara o neorrealista Afonso de Castro Senda, a psicologia não se separaria da vida social em Graciliano, que conseguiria equilibrar o individual e o coletivo.

---

22. "Colaboradores – Graciliano Ramos", *Atlântico: Revista Luso-Brasileira*, n. 2, 31 out. 1942, p. 373.

23. Castro Soromenho, "Um Depoimento Literário Brasileiro: Marques Rebelo (Eddy)", *O Primeiro de Janeiro*, Porto, 9 ago. 1939. Cf. o sétimo capítulo deste trabalho.

## GRACILIANO E MACHADO

Se Manuel Anselmo divergia de Gaspar Simões ao destacar o psicologismo e o componente trágico (e não lírico) predominantes nas produções do autor alagoano, discordava também do crítico presencista quanto ao possível paralelo a ser estabelecido entre Machado de Assis e Graciliano. Segundo Anselmo, tal aproximação não passaria de um grave equívoco:

> Tenho reparado que é costume aparentar no Brasil a obra de Graciliano Ramos com a de Machado de Assis. Erro, esse, que me parece profundo. Enquanto em Machado preponderou um humorismo irônico comentando as ações romanescas e sempre subordinando estas a uma lógica psicológica de mestre, em Graciliano Ramos nota-se sobretudo angústia trágica dominando as próprias personagens. Enquanto na obra de Machado de Assis respira uma nobre e lúcida inteligência, na de Graciliano Ramos grita um protesto dialético e quase revolucionário[24].

De fato, as comparações ligeiras entre Machado de Assis e Graciliano Ramos acabaram se convertendo em lugares-comuns da crítica literária brasileira ao longo dos anos 1930 e 1940, o que explica, em parte, a implicância do autor de *Angústia* em relação ao bruxo de Cosme Velho, tal como pontuado aqui anteriormente[25]. No artigo "Literatura Brasileira – Romancistas de Hoje", estampado no número de estreia da revista portuguesa *Ocidente*, em maio de 1938, Agripino Grieco se propõe a apresentar ao público português nossos prosadores que então se destacavam na seara do romance. Apesar

---

24. Manuel Anselmo, "Graciliano Ramos e a Angústia", p. 221.

25. Em diagnóstico mais amplo, o próprio Graciliano, na crônica "Machado de Assis", alertava que as comparações entre o autor de *Dom Casmurro* e qualquer escritor então em atividade haviam se convertido numa espécie de praga de caráter nacionalista: "Tanto se repetiu o nome do velho presidente da Academia, com a afirmação de que ele influía demais na produção de hoje, que o homem se tornou odioso. Se um sujeito admitia a concordância e não trocava o lugar das palavras, o jornal dizia: 'Bem. Isto é Machado de Assis'. Se o camarada evitava o chavão e não amarrava três adjetivos em cada substantivo, a explicação impunha-se: 'Muito seco, duro. Esqueleto. Machado de Assis.' Faltavam num livro cinquenta páginas de paisagem? 'Claro. Esse homem aprendeu isso com Machado de Assis. É a história da casa sem quintal'" (Graciliano Ramos, "Machado de Assis", *Linhas Tortas*, Rio de Janeiro, Record, 2005, p. 153). Obviamente que ao se referir especificamente a questões como correção gramatical, estilo enxuto e preterição da descrição de ambientes, Graciliano parecia advogar em causa própria contra aqueles que procuravam aproximá-lo do romancista de *Quincas Borba*.

de ponderar que nenhum deles possuía "estilo diamantino e gosto da árdua sondagem das almas que caracterizam Machado de Assis", observa que Graciliano Ramos respirava bem na atmosfera romanesca do autor de *Dom Casmurro*. Em função disso, além de conferir maior densidade psicológica a suas obras, mostrava-se menos pitoresco do que seus colegas de geração.

Antes disso, em artigo a respeito da obra *Caetés* datado de 1935, o próprio Agripino Grieco atestava a larga influência de Eça de Queiroz nesse romance de estreia de Graciliano, ao mesmo tempo em que pontuava que em tal obra estaria presente um pouco do tom dubitativo, de eterno fronteiriço do "sim" e do "não" oriundo de Machado de Assis[26]. Apesar da precedência da ponte estabelecida por Grieco, parece ter sido Jayme de Barros, em *Espelho dos Livros* (Rio de Janeiro, José Olympio, 1936), o primeiro a utilizar, de modo mais específico, o paralelo entre Graciliano e Machado como ferramenta hermenêutica para se compreender melhor, sobretudo, o sentido da obra do autor de *Angústia*. Segundo ele, por "influência" do romancista carioca, Graciliano teria aberto mão do supérfluo, ao mesmo tempo em que não perderia tempo, nem espaço com descrições e paisagens[27].

Embora as postulações de Grieco e Barros tenham vindo antes, foi o renomado intelectual Álvaro Lins[28] quem conferiu mais elementos à aproximação entre os dois romancistas em questão, sedimentando tal perspectiva comparatista no horizonte da crítica literária de ambos os autores. Em seu rodapé literário do jornal *Correio da Manhã* de 18 de outubro de 1941, Lins estabelece que o primeiro ponto de contato entre Graciliano e Machado diria respeito ao fato de eles serem explicados por suas obras; isto é, nesse caso específico, a arte decifraria a vida, e não o caminho contrário:

---

26. Agripino Grieco, *Gente Nova do Brasil: Veteranos, Alguns Mortos*, Rio de Janeiro, José Olympio, 1935, *apud* Sônia Brayner (org.), *Graciliano Ramos*, 2. ed., Rio de Janeiro, Civilização Brasileira, 1978, p. 149 (Fortuna Crítica, vol. 2).

27. Jayme de Barros, *Espelho dos Livros*, Rio de Janeiro, José Olympio, 1936, p. 259.

28. Ao se referir a tal intelectual em *Família Literária Luso-Brasileira*, Anselmo declara de modo enfático: "Direi que o caso crítico de Álvaro Lins é, já hoje, apesar de o escritor mal ter completado ainda os trinta anos, um dos acontecimentos contemporâneos mais notáveis da língua portuguesa" (Manuel Anselmo, "O Crítico Álvaro Lins", em *Família Literária Luso-Brasileira (Ensaios de Literatura e Estética)*, Rio de Janeiro, Livraria José Olympio Editora, 1943, p. 143).

À maneira de Machado de Assis, o Sr. Graciliano Ramos, nas aparências, nas exterioridades, nada revela que o possa distinguir de um homem comum. Tudo o que ele tem de especial, de anormal, de misterioso, fica reservado para a sua literatura e não para a sua vida. A obra de Machado de Assis esclareceu o "mistério" Machado de Assis. Os romances do Sr. Graciliano Ramos esclarecerão mais tarde o "mistério" Graciliano Ramos[29].

Essa diretriz biografista invertida, segundo a qual o "artista genial" permitiria aclarar a psicologia do "homem comum", continua a pontuar a argumentação de Álvaro Lins. Em conformidade com ela, Graciliano e Machado se assemelhariam na contemplação, sem piedade, da miséria humana de seus personagens, como se manifestassem certa identidade de sentimentos em face da vida e da literatura. Apesar de tal ponto de contato, haveria especificidades no modo de cada criador expressar crueldade diante de suas criações:

[...] o Sr. Graciliano Ramos parece-me mais feroz e cruel na sua criação romanesca. O sentimento de Machado de Assis: indiferença e ceticismo; o seu humour era destruidor, mas sereno. O do Sr. Graciliano Ramos: ódio ou desprezo, sendo o seu humour – muito raro, aliás – de um caráter sombrio e áspero. Em conjunto, a sua obra constitui uma sátira violenta e um panfleto furioso contra a humanidade[30].

Se Álvaro Lins enfatizava as similaridades entre Graciliano e Machado, ao mesmo tempo em que não deixava de destacar as particularidades de um e outro artista, há quem, por outro lado, tratasse tais particularidades como diferenças irreconciliáveis, as quais inviabilizariam ou tornariam muito tênue o paralelo entre os dois autores. Trata-se dos casos de Almir de Andrade e Rosário Fusco, dois intelectuais vinculados ao Estado Novo brasileiro, que também abordaram criticamente a referida comparação. Em *Aspectos da Cultura Brasileira* (1939), o primeiro deles colocava o romancista alagoano lado a lado com Lúcio Cardoso. Todavia, aquele se diferenciava deste por conferir "contornos, cores e movimentos" às ideias e sentimentos ocultos em "pro-

---

29. Álvaro Lins, "Vidas Secas", *Correio da Manhã*, Rio de Janeiro, 18 out. 1941, p. 2. Texto posteriormente recolhido pelo autor em seu *Jornal de Crítica, 2ª Série*, Rio de Janeiro, José Olympio, 1943.
30. *Idem, ibidem.*

fundidades insondáveis". Nesse último caso, Graciliano apenas lembraria o romancista de *Dom Casmurro*:

> O que há de comum entre os dois é esse mergulho na sinceridade selvagem, essa eliminação de todas as máscaras sociais, essa penetração fria nos motivos que pretendemos ocultar e nas raízes da incoerência, da desordem e da miséria das intenções humanas. Não obstante, são muito diversos os caminhos que um e outro seguem para chegar ao mesmo ponto; não há comunicação entre eles, não indicam nenhuma comunhão de origem. Além disso, Machado de Assis como que se recolhe numa ironia passiva, num constante gargalhar e escarnecer da vida. [...] Ao passo que Graciliano Ramos enfrenta essa realidade cruel, aproxima-se dela, acompanha-a corpo a corpo, sem um movimento sequer de recuo ou ocultamento. Onde Machado de Assis nos aponta um abismo, um inferno humano que apenas de longe podemos contemplar como um objeto de piedade e de escárnio, Graciliano Ramos nos oferece um campo de luta, onde temos de penetrar com os nossos pés, correr de palmo a palmo, porque é essa a realidade do homem, é essa a atmosfera normal e permanente de todas as suas tentativas de construção e de equilíbrio[31].

Em registro muito parecido com o que Manuel Anselmo viria a adotar, Almir de Andrade contrapõe a ironia distanciada de Machado à concepção "guerreira da realidade humana" manifesta por Graciliano: "por mais cruel que seja a vida, nós a enfrentamos e a vivemos assim mesmo, porque é a nossa condição normal de existência"[32]. Assim, a perspectiva deste último se mostraria muito diversa, fazendo com que ele ocupasse no romance brasileiro "uma posição original e inconfundível"[33].

Rosário Fusco, na coletânea de artigos críticos *Vida Literária* (1940), recusava peremptoriamente a aproximação entre Graciliano e Machado, pois, segundo ele, tal confronto costumava considerar apenas a epiderme da expressão artística de um e outro autor, ao mesmo tempo em que deixava de lado a totalidade da obra do romancista alagoano até então publicada:

31. Almir de Andrade, *Aspectos do Romance Brasileiro*, Rio de Janeiro, Schmidt, 1939, pp. 98-99.
32. *Idem*, p. 100.
33. *Idem, ibidem*.

## 228 • GRACILIANO NA TERRA DE CAMÕES

No Sr. Graciliano Ramos muita gente foi descobrir originalidade apenas na linguagem, aproximando-o, por exemplo, de Machado de Assis. Entretanto, quem conhece, realmente, Machado de Assis, e conhece Graciliano Ramos, não poderá, honestamente, estabelecer semelhante, desastrado paralelo. *Caetés*, volume de estreia do autor de *Angústia*, tem tanto Machado de Assis como esse *Vidas Secas* tem, digamos, de Proust[34].

Como um desdobramento de tal posicionamento, Rosário Fusco reprovava o fato de muitos críticos restringirem a "originalidade" do romancista alagoano à esfera da expressão, quando esta seria apenas um meio de ele comunicar o que sente. Desse modo, para além da originalidade do estilo, Graciliano se destacava como maior romancista de então, não só pela qualidade da composição (arquitetura romanesca), mas também e, sobretudo, por enfaixar em suas obras não propriamente a "vida", mas o "eterno drama da beleza".

Voltando à crítica de Manuel Anselmo, se ele recusava o paralelo Graciliano-Machado, continuava a se valer da estratégia de aproximar o escritor alagoano de outros artistas como método interpretativo de alcance superficial. Em referência restrita à esfera do significante, o crítico português chega a enunciar que o autor de *Angústia* teria aprendido com Coelho Neto um "elegante acabamento sonoro das frases"[35]. Sobre esse último ponto, por mais que ao romancista alagoano seja atribuído certo classicismo, tal paralelo se mostra infundado, quer porque Graciliano se valia de um estilo enxuto e antirretórico, quer porque ele próprio, em algumas ocasiões, demonstrara aversão pelo autor das *Baladilhas*[36].

---

34. Rosário Fusco, *Vida Literária*, São Paulo, Panorama, 1940, p. 103.

35. Manuel Anselmo, "Graciliano Ramos e a *Angústia*", *Família Literária Luso-Brasileira (Ensaios de Literatura e Estética)*, Rio de Janeiro, Livraria José Olympio Editora, 1943, p. 221.

36. Em *Infância* (1945), o jovem Graciliano, ainda afeito a romances de aventura, expressava sua contrariedade silenciosa à prosa "insípida e obscura" do então idolatrado escritor maranhense: "Não me importava a beleza: queria distrair-me com aventuras, duelos, viagens, questões em que os bons triunfavam e os malvados acabavam presos e mortos. Incapaz de revelar a preferência, resignei-me e aguentei as *Baladilhas*, o *Romanceiro*, outros aparatos elogiados, que me revolveram o estômago. Cochilei em cima deles, devolvi-os receando que me forçassem a comentá-los. Para mim eram chinfrins, mas esta opinião contrariava a experiência alheia. Julguei-me insuficiente, calei-me, engoli bocejos" (Graciliano Ramos, *Infância*, Rio de Janeiro, José Olympio, 1953, pp. 226-227). Muito tempo depois, em entrevista

MANUEL ANSELMO E A *FAMÍLIA LITERÁRIA LUSO-BRASILEIRA* • 229

De todo modo, essa ligeira comparação proposta por Anselmo dizia mais de Coelho Neto e do crítico português do que do próprio Graciliano. Se o capital simbólico daquele escritor minguara vertiginosamente no panorama da moderna literatura brasileira, a comparação sugerida por Anselmo revelava que, diferentemente do observado no Brasil, o romancista maranhense desfrutava ainda de algum prestígio em Portugal, a ponto de ser utilizado para ratificar o lugar do autor de *Vidas Secas* como "um dos maiores e mais originais romancistas do Brasil"[37].

Por fim, ao fechar o artigo, curiosamente Manuel Anselmo declara que, embora *Angústia* e *S. Bernardo* já alçassem Graciliano ao panteão da literatura brasileira, faltava ainda a ele escrever um romance no qual utilizasse sua experiência humana "no hospital, na cadeia e no êxito literário carioca"[38]. De fato, ao longo dos anos 1940, o escritor alagoano publica não um romance propriamente dito, mas os contos "O Relógio do Hospital" e "Paulo", nos quais revive uma cirurgia de urgência a que fora submetido em 1932 (para a extração de um abcesso decorrente de uma psoíte); começa a difundir, de modo avulso, os quadros da prisão que depois viriam a compor suas póstumas *Memórias do Cárcere*; bem como, além de continuar a escrever crônicas sobre o ambiente intelectual do Rio de Janeiro, dá início à composição de um *roman* à *clef* inacabado a respeito da vida literária carioca, cujo primeiro capítulo é o conto "A Prisão de J. Carmo Gomes", recolhido de modo definitivo em *Insônia* (1947)[39].

---

a Otto Maria Carpeaux no final dos anos 1940, quando organizava uma coleção de contos para a Casa do Estudante do Brasil, o já romancista consagrado Graciliano disse com todas as letras: "Coelho Neto é uma droga" (Graciliano Ramos, *Conversas*, organização de Thiago Mio Salla e Ieda Lebensztayn, Rio de Janeiro, Record, 2014, p. 209).

37. Manuel Anselmo, "Graciliano Ramos e a Angústia", p. 223.

38. *Idem, ibidem*.

39. O texto manuscrito do segundo capítulo deste romance foi editado e publicado por Erwin Torralbo Gimenez no vol. 27, n. 79, da revista uspiana *Estudos Avançados*, em 2013. Com apresentação do professor português Fernando Cristóvão, os capítulos 3 e 4 foram estampados na revista *Colóquio/Letras*, n. 3-4, de Lisboa, em dezembro de 1971.

# Capítulo 10

# A Imprensa Periódica ao Longo dos Anos 1940: Jaime Brasil e Casais Monteiro

Conforme visto antes no artigo "Adeus à Literatura Brasileira", José Osório de Oliveira destacava que, em função de uma "fatalidade geográfica", em referência à Segunda Guerra Mundial, escasseavam espaços destinados à publicação de artigos sobre temas exclusivamente literários. De fato, em agosto de 1939, o Suplemento Literário do *Diário de Lisboa*, por iniciativa do próprio jornal, tem suas atividades encerradas[1]. Paralelamente, em decorrência do recrudescimento da censura salazarista, no ano seguinte, são fechados inúmeros periódicos, entre os quais os neorrealistas e importantes difusores da literatura brasileira em Portugal, *O Diabo* e *Sol Nascente*[2].

Em linhas gerais, a redução de espaços que usualmente eram destinados à crítica e à divulgação do novo romance brasileiro a partir, sobretudo, de 1940 pode ser apontada como uma das principais razões para a perda do destaque e da proeminência que nossa produção romanesca havia conquistado na imprensa cultural portuguesa ao longo da segunda metade da década anterior.

Ao mesmo tempo, a redução dos espaços destinados ao novo romance brasileiro fez-se acompanhar da emergência da produção romanesca propria-

---

1. Luís Bueno, "O Romance Brasileiro de 30 na Imprensa Periódica Portuguesa (1935-1945)", *Cadernos de Pesquisas em Literatura* (Porto Alegre, PUCRS), vol. 15, 2009, p. 132.

2. *Idem, ibidem.*

mente dita dos neorrealistas portugueses. Ou seja, as discussões e teorizações a respeito do romance deixavam de ter como plataforma as obras de Jorge Amado, Graciliano Ramos, José Lins do Rego etc., para se concentrarem no trabalho de Alves Redol, Soeiro Pereira Gomes, Manuel da Fonseca, entre outros. Tal processo se inicia com *Gaibéus* (1939), obra precursora do neorrealismo luso e alvo de intensa celebração por parte dos integrantes do movimento. Tome-se como exemplo o caso do texto de José Samuel, estampado na revista portuense *Pensamento* em abril de 1940[3]:

> Pelo menos não pode haver dúvidas de que coincidiu com o aparecimento em Portugal dos novos brasileiros a apresentação de uma geração nova com pontos de vista estéticos literários bem diferentes e talvez mesmo antagônicos da geração que a precedeu. Fenómeno muito recente este, não nos permitimos dar opiniões sobre o valor em bloco dessa geração. Podemos afirmar, contudo, que se pode orgulhar de pelo menos em tão curto espaço de tempo nos ter já dado um romancista como o autor de *Gaibéus*. É este novo romance que esperamos seja a primeira pedra de uma nova grande e bela construção literária que nos coloque ao lado dos países onde a literatura não morreu. Na verdade, esta obra de um jovem romancista português já se pode colocar ao lado daquelas outras vindas do Brasil...[4]

Pelo trecho em questão, percebe-se uma clara mudança de ponto de vista em relação aos escritores brasileiros: em chave teleológica, é o emergente romance luso que passa a ocupar o centro das atenções enquanto ponto de chegada da atividade crítica e romanesca desencadeada a partir das produções dos "novos brasileiros". Ao examinar a recepção das produções de nossos romancistas na imprensa literária portuguesa nos anos de 1940, Bueno identifica,

---

3. Assim como *Sol Nascente* e *O Diabo*, também teve suas atividades encerradas pela censura exercida pela PIDE no ano de 1940 (Luís Augusto Costa Dias, "A Imprensa Periódica na Génese do Movimento Neo-realismo (1933-1945)", em António Pedro Pita & Luís Augusto Costa Dias (orgs.), *A Imprensa Periódica na Génese do Movimento Neo-Realista (1933-1945): Pesquisa, Resultado, Catálogo*, Vila Franca de Xira, Museu do Neo-realismo, 1996, p. 45).

4. José Samuel, "A Moderna Literatura Brasileira e o Aparecimento de uma Nova Literatura Portuguesa", *Pensamento*, Porto, n. 139, 1 abr. 1940, *apud* Luís Bueno, "O Brasil invade Portugal: Literatura Brasileira e Portuguesa na Década de 1930", em Claudia Poncioni, José Manuel da Costa Esteves & José da Costa, *Hommes de Lettres et la Res Publica au Portugal et au Brésil*. Paris: Michel Houdiard Éditeur, vol. 1, 2013, p. 234.

nesse momento, um processo de "incorporação". Se por um lado passam a rarear artigos sobre literatura brasileira, por outro, livros e autores do romance de 1930 passam a figurar como referências em textos analíticos dedicados aos novos prosadores portugueses. "É como se, a esta altura, a familiaridade com nossa literatura fosse tamanha que tornasse, por um lado, supérfluo um esforço de divulgação e, por outro, possível a simples referência a autores."[5]

Em 1945, já havia quem diagnosticasse que a literatura de Alves Redol, Manuel da Fonseca, Carlos Oliveira, quando comparada ao nosso romance, teria ido além. Em *Os Novos Escritores e o Movimento Chamado Neorrealismo* (1945), o jornalista Jaime Brasil, um dos principais nomes da cultura libertária lusa na primeira metade do século XX, assinalava a ocorrência de um processo de emulação na relação travada entre prosadores brasileiros e os jovens escritores portugueses: estes teriam lutado bravamente, apesar de dificuldades internas (censura) e externas (Segunda Guerra Mundial), para superar aqueles. Segundo o ensaísta, quando o facho da criação artística parecia que ia passar de mão e rumar para o outro lado do Atlântico, onde brotara do vigor da selva tropical uma literatura desordenada e ainda bárbara, "a juventude intelectual da margem de cá retomou o facho para o erguer ao alto"[6]. Com a suposta vitória dos neorrealistas, a Europa não teria abdicado de seu primado em relação às artes e à inteligência[7].

Em vista de posturas como essa, Bueno lança ainda a hipótese de que o papel fundamental de nosso romance em Portugal, segundo a ótica, sobretudo, do grupo neorrealista, seria fomentar o desenvolvimento e a renovação das letras naquele país, algo que viria a se concretizar a partir do trabalho crítico e romanesco de Mário Dionísio, Alves Redol & Cia. Quando do início do neorrealismo luso, como não seria possível a seus integrantes teorizar no vazio, o romance brasileiro, muito vigoroso naquela altura, serviu-lhes "ao mesmo tempo de estímulo e tema para o debate"[8]. Todavia, quando as pro-

---

5. Luís Bueno, "O Romance Brasileiro de 30 na Imprensa Periódica Portuguesa (1935-1945)", *Cadernos de Pesquisas em Literatura* (Porto Alegre, PUCRS), vol. 15, 2009, p. 133.

6. Jaime Brasil, *Os Novos Escritores e o Movimento Chamado Neorrealismo*, Porto, Oficinas Gráficas de *O Primeiro de Janeiro*, 1945, p. 5.

7. *Idem, ibidem.*

8. Luís Bueno, *Relatório de Atividades Referente ao Estágio Pós-Doutoral realizado em Lisboa entre setembro de 2007 e fevereiro de 2008*, [inédito], 72p, p. 15.

234 • GRACILIANO NA TERRA DE CAMÕES

duções ficcionais dos jovens portugueses começam a se avolumar nos anos 1940, as resenhas aos livros de nossos artistas, publicadas na imprensa lusa no transcorrer dessa década, tornam-se cada vez mais escassas[9].

No caso específico de Graciliano Ramos, ao longo dos anos 1940, localizou--se apenas um único texto de jornal a respeito tão somente de sua obra, cuja publicação se deu no suplemento literário do importante jornal portuense *O Primeiro de Janeiro*, em 6 de agosto de 1947. Trata-se de uma resenha a respeito das obras completas do autor alagoano lançadas pela José Olympio no início do referido ano de 1947 e então distribuídas em Portugal numa parceria entre a casa brasileira e a editora Livros do Brasil. Dessa coleção faziam parte uma sequência de cinco volumes: as reedições de *Caetés*, *S. Bernardo*, *Angústia* e *Vidas Secas*, bem como, por fim, o lançamento do volume de contos *Insônia*[10].

A resenha em questão não fora assinada, mas, ao que tudo indica, sua autoria pode ser atribuída ao já mencionado Jaime Brasil, que, naquele momento, estava à frente do suplemento "Das Artes e das Letras", do jornal *O Primeiro de Janeiro*. De modo até então inédito na recepção de Graciliano em Portugal, tal texto concede destaque, inicialmente, ao livro *Caetés*, até então apenas citado de passagem na imprensa lusa[11]. Recuperando o longo ensaio de Floriano Gonçalves que abria o primeiro volume das obras completas do autor alagoano, Jaime Brasil transcreve:

> Mas no livro inicial era Eça de Queiroz lhe dando a estruturação do romance francês, bem equilibrado nos capítulos, muito movimento, muita dialogação. De Eça de Queiroz, sobretudo, lhe vem o gosto de caracterizar as personagens caricaturalmente, em ação, quando estão falando. [...] É ainda dos portugueses em geral o hábito de me-

9. *Idem, ibidem.*
10. Otto Maria Carpeaux assim se referiu a tais livros no calor do lançamento deles enquanto integrantes das Obras Completas de Graciliano lançadas por José Olympio em 1947: "São cinco volumes imponentes; têm algo de blocos semigeológicos, daqueles monumentos incompreendidos que povos extintos deixaram no meio do deserto; e muitos só reconhecerão neles, possivelmente, as pedras, rochas formidáveis cujas inscrições transmitem uma mensagem estranha. A estes seria preciso ensinar a ler os caracteres enigmáticos para que entendam a voz no deserto" (Otto Maria Carpeaux, "Graciliano e seu Intérprete", *O Jornal*, 23 fev. 1947).
11. Destaque para o "Balanço do Ano Literário no Brasil", publicado por José Osório de Oliveira em 8 de março de 1935, no *Diário de Lisboa*, no qual o brasilianista apenas lista *Caetés* em meio a um conjunto de romances de novos escritores do Norte.

ter o artigo antes dos nomes próprios, e de Eça particularmente o de procurar o detalhe ridículo para entremetê-lo na solenidade ou importância da cena ou situação[12].

Ajustado ao papel atribuído pelo próprio Jaime Brasil ao romance brasileiro no panorama das letras portuguesas daquele momento, o trecho acima parece confirmar que se deixavam de priorizar a novidade de nossa produção e o impulso que ela poderia proporcionar aos jovens escritores lusos. Nesse sentido, nada melhor do que destacar o livro de estreia de Graciliano que, além de apresentar um potencial mais limitado de influenciar os novos escritores portugueses, mostrava-se ainda tributário da técnica e da dicção de Eça de Queiroz. Assim, reafirmava-se o sentido do intercâmbio atlântico mais comumente conhecido até a chegada do romance de 1930 a Portugal, aquele segundo o qual a ex-colônia sul-americana importava os modelos literários da metrópole, e não o movimento contrário.

Paralelamente, em termos linguísticos, reforçava-se a imagem de que Graciliano, entre os brasileiros, seria "o mais moderno dos clássicos"[13]. Seu estilo elegante e castiço conseguiria atingir o equilíbrio de ser, a um só tempo, popular e policiado, como se operasse uma síntese entre a variante falada do português brasileiro e a variante escrita do idioma. Desse modo, tornava-se possível a um português lê-lo "sem recorrer ao dicionário dos exotismos brasílicos", ao mesmo tempo em que os brasileiros não se incomodariam com a maneira à lusitana de o artista colocar os pronomes. Em virtude de tal mestria, em suas obras não seriam observadas "as fantasias sintáticas e o amontoado de barbarismos, que tornam quase ilegíveis em Portugal alguns autores brasileiros, difíceis também de entender, aliás, duma ponta do Brasil à outra"[14].

Louvava-se, portanto, o fato de Graciliano se apresentar como um grande conhecedor da língua e dos autores portugueses, sabendo manter os valores herdados da tradição e conciliá-los com sugestões brasileiras. Nada, pois, de rupturas abruptas na linguagem, que o próprio romancista alagoano condenava veementemente ao se referir à prosa de alguns modernistas, "cabotinos" criadores de uma "língua nova do pé para a mão, uma espécie de esperanto,

12. [Jaime Brasil?], "Livros do Brasil: Obras de Graciliano Ramos", *O Primeiro de Janeiro*, 6 ago. 1947.
13. *Idem, ibidem.*
14. *Idem, ibidem.*

com pronomes e infinitos em greve, oposicionistas em demasia, e preposições no fim dos períodos"[15]. Ao mesmo tempo, seja em termos sintáticos, seja em termos lexicais, o autor de *Vidas Secas* também se diferenciava de seus colegas de geração que começavam a ser editados em Portugal pela Livros do Brasil por usar termos e construções mais familiares ao leitorado português[16].

Além de ressaltar os tributos que a obra de Graciliano teria pago a Portugal, o texto de Jaime Brasil também tratava do novo livro do autor alagoano que, em meio à coleção de *Obras Completas* do artista e por intermédio da Livros do Brasil, aportava em terras lusitanas: *Insônia*. A obra é descrita brevemente como uma compilação de diferentes gêneros curtos (contos, solilóquios, poemas em prosa, breves anedotas) em que avultariam as qualidades manifestas pelo escritor nos romances, com destaque para o estudo da realidade concreta *paripassu* com a análise psicológica profunda. Entre os textos de *Insônia* sublinhados pelo articulista, estava "Minsk", conto já apresentado ao público português na revista *Litoral* e que depois viria a figurar na coletânea *Contos do Brasil* organizada por José Osório de Oliveira. Este último, por sinal, não se furtava a situar o contista Graciliano entre os melhores de seu país e da língua portuguesa como um todo[17].

Diante do que foi exposto, quer pelo esforço de aproximar ainda mais do público português o já consagrado escritor brasileiro mediante a explicitação das influências lusas em suas obras, quer pela ênfase concedida ao recém-lançado *Insônia*, o texto de Jaime Brasil tinha o propósito claro de promover a chegada a Portugal das *Obras Completas* de Graciliano, então importadas e distribuídas por lá pela Livros do Brasil. No próprio título do artigo, está presente o nome da empresa portuguesa, que, juntamente com o da José Olympio, consta da capa de cada um dos cinco volumes mencionados. Esse último dado poderia fazer crer que se tratava de um trabalho de coedição, mas, como já se mencionou na Primeira Parte desta pesquisa, quando se examina o miolo das obras, percebe-se que não há nenhum outro dado da eventual parceria

---

15. Graciliano Ramos, *Linhas Tortas*, Rio de Janeiro, Record, 2005, p. 393.

16. Para mais informações a respeito dessa questão, consultar, na primeira parte deste livro, o tópico referente à editora Livros do Brasil.

17. José Osório de Oliveira, "Graciliano Ramos", em José Osório de Oliveira (org.), *Contos do Brasil* (Antologia), Lisboa, Portugália, 1947[?], p. 118.

entre as duas editoras: todo o trabalho foi realizado pela casa brasileira, e, tão somente, para a carga de exemplares comercializada em Portugal e colônias, acresceu-se a referência à Livros do Brasil.

De modo pouco usual, mesmo a distância, o próprio Graciliano se engajou na promoção de suas *Obras Completas* em Portugal. Ele remeteu exemplares autografados dos cinco livros a diferentes críticos e escritores portugueses. Entre eles estariam Ferreira de Castro, Jaime Cortesão, Mário Dionísio, João Gaspar Simões e Adolfo Casais Monteiro. Algumas das dedicatórias que acompanham os livros se revelam no mínimo pitorescas, na medida em que a persona artística de Graciliano, como era recorrente, valia-se do autorrebaixamento como estratégia retórica. Tomem-se algumas delas:

A Ferreira de Castro:
- Em *Caetés*: "Ferreira de Castro: Isto não vale nada. A reedição se explica porque a vida aqui está pela hora da morte. Graciliano Ramos. Rio – 1947";
- Em *Insônia*: "Ferreira de Castro: Isto não é, propriamente, *Insônia*: é remédio para insônia. Graciliano Ramos. Rio – 1947";
- Em *Angústia*, 1947: "A Ferreira de Castro envio esta complicação medonha. Graciliano Ramos. Rio – 1947".

A Jaime Cortesão:
- Em *Caetés*: "A Jaime Cortesão envio esta coisa muito velha, com bastante desgosto. Graciliano Ramos. Rio – 1947".

A Mário Dionísio:
- Em *Angústia*: "A Mário Dionísio envio este negócio confuso e horrível. Graciliano Ramos. Rio – 1947".

A João Gaspar Simões:
- Em *Angústia*: "João Gaspar Simões: Aqui vai novamente esta droga. Um dos nossos melhores críticos, Antonio Candido, pensa como V. E eu também penso. Graciliano Ramos. Rio – 1947"[18].

---

18. Graciliano Ramos faz referência ao rodapé literário de Antonio Candido estampado nas páginas do *Diário de São Paulo*, em 18 de outubro de 1945, no qual o crítico brasileiro se referia a *Angústia* nos

238 • GRACILIANO NA TERRA DE CAMÕES

- Em *Caetés*: "João Gaspar Simões: Peço-lhe que não leia isto, uma infâmia, com franqueza. A reedição foi feita por motivo de ordem econômica. Graciliano Ramos. Rio – 1947".

A Adolfo Casais Monteiro:

- Em *Caetés*: "A Adolfo Casais Monteiro envio esta horrível literatice, reeditada porque os tempos aqui estão duros. Graciliano Ramos. Rio – 1947".
- Em *Insônia*: "Adolfo Casais Monteiro: Numa dedicatória-bilhete, V. me pediu coisas novas. O que tenho de mais novo é isto, umas histórias bem chinfrins, Deus louvado. Abraço. Graciliano Ramos. Rio – 1947".

Nessa última "dedicatória-bilhete", o romancista alagoano, provavelmente, responde a uma demanda expressa por Casais Monteiro em mensagem redigida na folha de rosto do exemplar de *Sobre o Romance Contemporâneo*[19] enviado por este último a Graciliano havia sete anos: "A Graciliano Ramos, o grande escritor de tantos livros que estão entre os que mais amo da nova literatura brasileira. Com a estima de Adolfo Casais Monteiro. P.S. – Faço agora crítica de livros na *Seara Nova* – Rua da Rosa, 240, Lisboa – Mande-me os seus livros. Não publicou nada depois de *Vidas Secas*?". Apesar de a resposta do autor de *Infância* a tais linhas ter demorado tanto a chegar, o crítico português, como se verá adiante, não tardaria em dar continuidade ao diálogo com o confrade brasileiro.

seguintes termos: "Romance excessivo, contrasta com a discrição, o despojamento dos outros, e talvez por isso mesmo seja mais apreciado, apesar das partes gordurosas e corruptíveis (ausentes de *S. Bernardo* ou *Vidas Secas*) que o tornam mais facilmente transitório. Não sendo o melhor, engastam-se, todavia, em seu tecido nem sempre firme, entre defeitos de conjunto, as páginas e trechos mais fortes do autor" (Antonio Candido, "Notas de Crítica Literária – Graciliano Ramos (III)", *Diário de São Paulo*, 18 out. 1945, p. 4, em *Ficção e Confissão – Ensaios sobre Graciliano Ramos*, 3. ed. rev., Rio de Janeiro, Ouro sobre Azul, 2006, p. 47). Como se pode perceber, as restrições de Candido ao livro nem se comparam ao juízo depreciativo de Gaspar Simões, que trata a história de Luís da Silva como atestado da incapacidade dos não europeus em realizar obras introspectivas (Cf. a argumentação desenvolvida no segundo capítulo deste trabalho).

19. Adolfo Casais Monteiro, *Sobre o Romance Contemporâneo*, Lisboa, Editorial Inquérito, 1940. Exemplar pertencente à Biblioteca do IEB/USP.

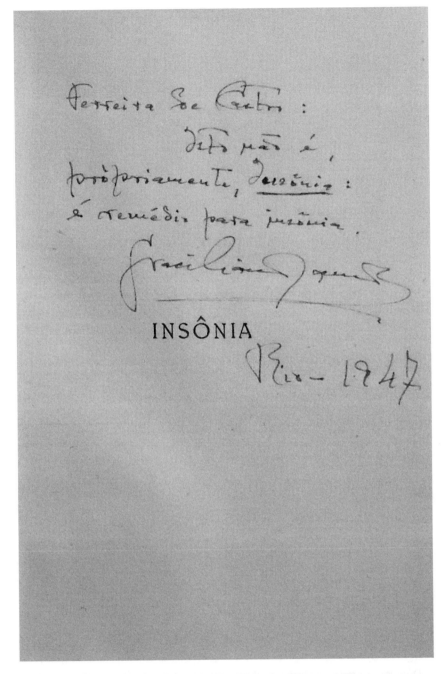

Dedicatória aposta por Graciliano Ramos em exemplar da primeira edição de *Insônia* enviado a Ferreira de Castro, na qual se pode ler: "Ferreira de Castro: Isto não é, propriamente, *Insônia*: é remédio para insônia. Graciliano Ramos. Rio – 1947"
(Museu Ferreira de Castro, Sintra, Portugal).

Dedicatória aposta por Graciliano Ramos em exemplar da segunda edição de *Caetés* enviado a Jaime Cortesão, na qual se pode ler: "A Jaime Cortesão envio esta coisa muito velha, com bastante desgosto. Graciliano Ramos. Rio – 1947" (Biblioteca Nacional de Portugal, Lisboa, Portugal).

Dedicatória aposta por Graciliano Ramos em exemplar da terceira edição de *Angústia*
enviado a Mário Dionísio, na qual se pode ler: "A Mário Dionísio envio
este negócio confuso e horrível. Graciliano Ramos. Rio – 1947"
(Casa da Achada – Centro Mário Dionísio, Lisboa, Portugal).

*[dedicatória manuscrita]*

ANGÚSTIA

Dedicatória aposta por Graciliano Ramos em exemplar da terceira edição de *Angústia* enviado a João Gaspar Simões, na qual se pode ler: "João Gaspar Simões: Aqui vai novamente esta droga. Um dos nossos melhores críticos, Antonio Candido, pensa como V. E eu também penso. Graciliano Ramos. Rio – 1947" (Biblioteca Pública Municipal Pedro Fernandes Tomás, Figueira da Foz, Portugal).

## INSÔNIA

Dedicatória aposta por Graciliano Ramos em exemplar da primeira edição de *Insônia* enviado a Adolfo Casais Monteiro, na qual se pode ler: "Adolfo Casais Monteiro: Numa dedicatória-bilhete, V. me pediu coisas novas. O que tenho de mais novo é isto, umas histórias bem chinfrins, Deus louvado. Abraços. Graciliano Ramos. Rio – 1947" (Faculdade de Letras da Universidade do Porto, Secretariado dos Departamentos, Porto, Portugal).

## CASAIS MONTEIRO AO FINAL DOS ANOS 1940

Desse esforço de divulgação empreendido por Graciliano, conseguiu-se identificar um único, mas importante fruto. Em 30 de abril de 1947, nas páginas de *O Primeiro de Janeiro* do Porto, Casais Monteiro, o último da lista de agraciados com as *Obras Completas* do velho Graça vista acima, dava início à publicação de um conjunto de ensaios a respeito do autor de *Angústia* que, depois, seriam recolhidos pelo crítico português no livro *O Romance (Teoria e Crítica)*, publicado pela José Olympio em 1964. O primeiro desses textos intitulava-se genericamente "O Romance Brasileiro Contemporâneo" e os derradeiros, "Graciliano Ramos sem Nordeste" e "A Confissão de Graciliano Ramos", saídos doze anos depois, adquiriram um caráter paradigmático na história da crítica sobre o autor alagoano.

Por ora, vamos ao ensaio inicial. Antes disso, todavia, convém retomar brevemente o panorama do tratamento conferido por Casais Monteiro ao romance brasileiro desde os anos 1930. Nas páginas de *Presença*, antes mesmo do surgimento da geração neorrealista como um grupo organizado, ele já se dedicava ao assunto[20]. Seu interesse genuíno por nossa literatura frutificou ainda em *O Diabo* e na *Revista de Portugal*. Especificamente, nas páginas desta última "consolidou uma posição de maior especialista em literatura brasileira em Portugal no seu tempo, com artigos saídos em sucessivos números"[21].

No número de estreia da *Revista de Portugal*, em conformidade com seu esforço constante de divulgação da literatura brasileira em terras portuguesas, Casais Monteiro trata, num único artigo, de três romances muito diferentes entre si e então à venda em Portugal. São eles: *A Bagaceira* (1928), *Salgueiro* (1935) e *Os Corumbas* (1933). A sequência revela a ordem de preferência do crítico, que não só dava mostras da amplitude da renovação literária em curso

---

20. Luís Bueno lembra que Casais Monteiro teria sido o primeiro, nas páginas de *Presença*, a tratar da literatura brasileira num artigo a respeito de Ribeiro Couto e Manuel Bandeira ainda no ano de 1932 (Adolfo Casais Monteiro, "Notas sobre Poetas Novos do Brasil" [Ribeiro Couto e Manuel Bandeira], *Presença*, n. 34, nov.-fev. 1932, pp. 14-15) (cf. Luís Bueno, "O Romance Brasileiro na Visão de Dois Críticos Portugueses", em Maria João Marçalo *et al.* (orgs.), *Língua Portuguesa: Ultrapassar Fronteiras, Juntar Culturas*, Évora, Universidade de Évora, 2010, disponível em <http://www.simelp2009.uevora. pt/pdf/slt56/06.pdf >, acesso em 10 abr. 2018).

21. *Idem, ibidem.*

no Brasil desde o final dos anos 1920, como fornecia ao público luso subsídios para palmilhar esse novo terreno editorial. Apesar do sabor de descoberta da vida brasileira e do entusiasmo despertado quando de seu lançamento, o livro de José Américo de Almeida mostraria uma série de defeitos, entre os quais a má construção e o "tropicalismo inoportuno de certas divagações, que pretendem ser lirismo e não passam de retórica"[22]. Por sua vez, o romance introspectivo de Lúcio Cardoso, no qual se privilegiava a "visão de dentro", se diferenciaria de tudo que o articulista até aquele momento conhecia dos modernos prosadores brasileiros. Todavia, por mais rica que fosse a análise psicológica, a obra falseava a realidade ao privilegiar apenas a faceta obscura do mundo. Por fim, diferentemente de seu colega presencista José Régio[23], Casais Monteiro considera que Amando Fontes teria operado uma espécie de síntese entre o retrato localista, o populismo (em que as intenções sociais não soariam em falso) e a introspecção em *Os Corumbas*. O crítico faz coro com aqueles que exaltavam a história da família de nordestinos que deixava a aldeia para tentar na cidade uma ilusória melhora de vida: "um dos melhores romances brasileiros deste século"[24].

Antes disso, nas páginas de *O Diabo*, empregou a formulação crítica "realismo lírico" para descrever o "poderoso" *Jubiabá*, de Jorge Amado. Segundo o crítico português, o autor baiano, sem se valer de um estilo seco, deixava de lado rodeios para desferir no leitor uma série de golpes rápidos e incisivos, equilibrando a exposição crua e impiedosa da verdade com a tradução dos mais delicados e íntimos "estados poéticos" do homem[25]. Em perspectiva mais ampla, mediante a incorporação do livro em questão às suas concepções acerca da evolução do romance em geral, Casais Monteiro postulava que esse contraste entre "a aspereza da vida cotidiana" e "a melodia interior"[26] fazia

---

22. Adolfo Casais Monteiro, "*Salgueiro; Os Corumbas; A Bagaceira*", *Revista de Portugal*, n. 1, out. 1937, pp. 138-141.

23. Lembre-se de que, na polêmica travada com Álvaro Cunhal, José Régio tachara *Os Corumbas* de obra esquemática, rudimentar, convencional, que teria um único fim: a propaganda (José Régio, "Cartas Intemporais do Nosso Tempo – A um Moço Camarada sobre Qualquer Possível Influência do Romance Brasileiro na Literatura Portuguesa – II", *Seara Nova*, n. 609, 15 abr. 1939, p. 168).

24. *Idem*, p. 140.

25. Adolfo Casais Monteiro, "*Jubiabá*, de Jorge Amado II", *O Diabo*, n. 145, 4 abr. 1937, p. 2.

26. *Idem, ibidem*.

246 • GRACILIANO NA TERRA DE CAMÕES

com que Amado trabalhasse pela superação do dilema infértil entre realismo e psicologismo, sem descambar para o "populismo" do romance "de classe" no qual o social imperaria sobre o literário. Tratava-se, portanto, da materialização de um novo espírito romanesco em conformidade com "o homem novo que estava nascendo"[27].

Alguns anos depois, no livro *Sobre o Romance Contemporâneo* (1940), Casais Monteiro destacava que, como já se havia falado abundantemente da literatura brasileira em Portugal, "pelo menos o suficiente para qualquer leitor não ter o direito de ignorar algumas de suas principais características", essa produção podia ser tomada por ele de modo ainda mais direto na discussão de algumas das facetas do romance moderno. Entre elas estaria a necessidade de introspecção no tratamento de certos objetos romanescos recentes, tais como os trabalhadores das cidades e dos campos vistos com personalidade própria, e não como meros acessórios literários. Caso tal verticalização não fosse operada, o resultado seria a produção de uma obra apologética e de propaganda. Diante desse cenário, para além da referência feita anteriormente ao modo por meio do qual Jorge Amado em *Jubiabá* e Amando Fontes em *Os Corumbas* teriam contornado a questão do proselitismo, o crítico, de passagem, menciona a especificidade de Graciliano Ramos, que mostrava "preocupar-se muito especialmente com a vida interior das suas personagens"[28].

Em linhas gerais, Casais Monteiro procurava se opor aos neorrealistas que tomavam os escritores brasileiros, pura e simplesmente, como exemplos de "antipsicologismo" e se colocavam a protestar contra a introspecção em geral, ou melhor, "contra tudo que leve o escritor a desinteressar-se por um momento das condições exteriores, dos aspectos exteriores, das consequências exteriores que influem na, pertencem ou dependem da vida das suas personagens"[29]:

Há pessoas que ao nascer já estão cansadas de fazer um pequeno esforço para compreender o que não salta aos olhos – é entre elas que se recrutam os detratores

---

27. Adolfo Casais Monteiro, "Figuras do Novo Brasil – *Jubiabá*, Romance de Jorge Amado", *O Diabo*, n. 142, 14 mar. 1937, p. 2.

28. Adolfo Casais Monteiro, *Sobre o Romance Contemporâneo*, Lisboa, Inquérito, 1940, p. 42 (Cadernos Inquérito).

29. *Idem*, p. 43.

de toda a literatura que não é compreensível por uma pessoa que tenha apenas instrução primária. Aclamar o que é fácil, eis uma atitude que pode nascer das melhores intenções, mas que é bom não tomar por, nem oferecer como concepção do romance contemporâneo[30].

Na contramão dos neorrealistas, insinuados no trecho acima, Casais Monteiro argumentava que só porque os romancistas brasileiros, diferentemente da praxe do romance europeu, não conferiam um lugar de relevo à introspecção, não se poderia concluir que eles lutassem contra a análise psicológica. Para desmontar essa última proposição, o crítico português tomava como elementos não só a preocupação de Graciliano com a vida interior das personagens, mas também o caráter analítico de *Banguê*, de José Lins do Rego, e, sobretudo, a produção de Erico Verissimo, que saberia fundir admiravelmente ação e análise.

## HORIZONTE DE LEITURA DO ROMANCE DE 1930

No texto de 1947 referido no começo desta subseção, Casais Monteiro confessa que não estaria mais *à la page* quando o assunto era o romance brasileiro. Todavia, deixando de lado as então mais recentes tendências dessa produção, o crítico se propõe a olhar panoramicamente para as obras de José Lins do Rego, Graciliano Ramos, Jorge Amado e Erico Verissimo, isto é, para os trabalhos de nossos romancistas já bem estabelecidos em Portugal, a partir do que o contato com tais romances teria significado para os leitores portugueses. Trata-se, portanto, não de um esforço de compreensão do sentido intrínseco dos livros, mas do impacto por eles causado no leitorado luso.

Antes, porém, Casais Monteiro imagina como teria sido a recepção do romance de 1930 por parte do público brasileiro:

Lendo os seus novos romancistas, os brasileiros puderam talvez ver com mais clareza o mundo em que viviam; deram-se talvez conta de muitas verdades, nem sem-

---

30. *Idem, ibidem.*

248 • GRACILIANO NA TERRA DE CAMÕES

pre agradáveis, ao mesmo tempo que a humanidade do seu próprio país lhes revela aspectos de beleza que nem suspeitariam. Mas muitos não teriam senão a surpresa de encontrar na "literatura" as coisas da vida que se tinham habituado a considerar impróprias dos livros, e aqueles romances limitar-se-iam a dignificar aos seus olhos as coisas humildes, simples e quotidianas, com prejuízo das histórias inverossímeis escritas num estilo não menos inverossímil[31].

Curioso observar a semelhança de tais posicionamentos com a visão que Graciliano manifestava, ainda nos anos 1930, em relação à produção romanesca de seus colegas nordestinos (referia-se, sobretudo, a José Lins do Rego, Jorge Amado, Rachel de Queiroz e Amando Fontes). Segundo o autor de *Angústia*, tais romancistas, então no auge de suas trajetórias, teriam lançado focos de luz sobre a "banda podre" da sociedade brasileira, instituindo como objetos romanescos parcelas da vida em subúrbios, fábricas, engenhos, prisões da roça, colégios de professor cambembe[32]. Para tanto, teriam se resignado a abandonar o asfalto e o café, e, desse modo, "viram de perto muita porcaria, tiveram a coragem de falar errado como toda a gente, sem dicionário, sem gramática, sem manual de retórica"[33].

Se tais artistas iluminaram porções pouco nobres do Brasil aos brasileiros, ao começarem a ser difundidos em Portugal no final dos anos 1930, teriam proporcionado a revelação "total" de nosso país ao público luso. As atenções deste se voltavam, principalmente, para a diversidade dos cenários e das vidas que neles se desenrolavam: "Para os cariocas e paulistas, para os mineiros, para os gaúchos, para os nordestinos, para todo esse quadro de uma humanidade bem diferente da nossa, sobretudo pelo caldeamento de raças e de culturas, pelo referver de forças sociais"[34]. Tratava-se, portanto, não de um acontecimento histórico, mas de um processo vivo, cujo frescor, visão huma-

---

31. Adolfo Casais Monteiro, "Romance Brasileiro Contemporâneo", *O Primeiro de Janeiro*, 30 abr. 1947. Texto republicado com correções em *O Romance (Teoria e Crítica)* (Rio de Janeiro, José Olympio, 1964), como parte introdutória do ensaio "O Leitor Português e o Romance Brasileiro Contemporâneo – Graciliano Ramos" (pp. 155-168). Tomou-se essa última versão como base para as citações aqui realizadas.

32. Graciliano Ramos, *Linhas Tortas*, 21. ed. Rio de Janeiro, Record, 2015, p. 129.

33. *Idem, ibidem.*

34. Adolfo Casais Monteiro, *O Romance (Teoria e Crítica)...*, p. 156,

na e multiplicidade despertavam a curiosidade do leitorado europeu e revelavam a abrangência de um mundo, a um só tempo próximo e desconhecido, posto em discurso ficcional.

Mundo este que também falava português, mas o português "errado" e "gostoso" do Brasil, que tanto chocou o público lusitano. Partindo desse estranhamento linguístico, Casais Monteiro desconstrói o lugar-comum de que um Jorge Amado ou um José Lins do Rego, por exemplo, escreviam como o povo falava. Na qualidade de artistas, tais autores, antes de se portarem como imitadores, teriam desbastado o "anquilosado" discurso literário mediante o recurso à sintaxe e ao vocabulário do idioma em sua modalidade oral. Desse modo, em consonância com o caminho desbravado pelos modernistas de 1922, teriam operado o ajustamento entre língua escrita e falada, do qual emergira uma "língua viva", instrumento basilar na produção das "obras vivas" dos romancistas brasileiros.

No registro romanesco desse Brasil desconhecido feito, em linguagem renovada, não seria de se estranhar que José Lins do Rego, Graciliano Ramos, Jorge Amado e Erico Verissimo alcançassem maior audiência em Portugal: era na obra deles que se revelava "a mais profunda expressão de humanidade", sobretudo nas produções dos três primeiros centradas na vida cotidiana e nas grandes forças que moldavam o "homem comum" do Brasil[35].

Interessante observar como, num curto intervalo de tempo, muda a opinião crítica de Casais Monteiro em relação ao autor de *Clarissa*. Se, em *Sobre o Romance Contemporâneo*, o romancista gaúcho se colocava acima dos nordestinos por dar densidade ao que se passava dentro dos homens e por não depender do pitoresco e da atualidade dos temas tratados, aqui aparece como autor de obras sem "uma vibração tão profunda da vida", nas quais haveria muito mais artifício do que espontaneidade. Além disso, tanto pela linguagem quanto pelas intrigas de seus romances, por se parecer menos brasileiro e mais europeu do que seus outros colegas listados acima, Verissimo caía mais facilmente no gosto dos leitores lusos, num cenário em que o mercado português começava a ser inundado pelas edições de Verissimo realizadas pela Livros do Brasil.

35. *Idem, ibidem.*

250 • GRACILIANO NA TERRA DE CAMÕES

Aos olhos de Casais Monteiro, se o capital simbólico de Verissimo parecia ter sofrido uma erosão no momento em que as edições portuguesas do romancista gaúcho obtinham sucesso no mercado editorial luso, paralelamente, o valor literário de Graciliano teria crescido exponencialmente na estima do crítico:

> É em Graciliano Ramos, talvez, que encontramos a mais equilibrada, e ao mesmo tempo a mais forte expressão romanesca desta época. Nunca ele se deixou arrastar, como por vezes Jorge Amado e Lins do Rego, por aquela tão humana fraqueza que faz um romancista saltar fora do nexo, da "lógica" romanesca, e desviar pelo recurso de uma conclusão "ideal" o curso de histórias que valem precisamente por serem recortadas em pleno cerne da vida real. Livros tão diferentes como *Angústia*, *S. Bernardo* e *Vidas Secas* são porventura aqueles que ficarão como a mais perfeita expressão duma época da literatura brasileira que viu surgir uma plêiade de romancistas sem igual no passado – e em que pela primeira vez o homem brasileiro pôde encontrar na literatura uma imagem de si de corpo inteiro[36].

Equilíbrio, força expressiva, ausência de proselitismo e respeito pela lógica do romance são alguns dos juízos valorativos com que Casais Monteiro elevava a posição de Graciliano. Mais do que isso, alçava-o ao lugar do "melhor entre os melhores autores" de nossa então renovada literatura, na qual, pela primeira vez, o homem brasileiro poderia, segundo ele, encontrar uma "imagem de si próprio em corpo inteiro"[37].

36. *Idem, ibidem.*
37. *Idem, ibidem.*

# À Guisa de uma Conclusão

Enquanto modesto esforço de historiografia literária e editorial, o presente trabalho procurou passar em revista as diferentes facetas da recepção da obra do escritor Graciliano Ramos pelos mais variados estratos da intelectualidade portuguesa. A partir de tal processo específico centrado na recuperação e análise de redes de sociabilidade jornalísticas, epistolares e editoriais, buscou-se lançar luz sobre o intercâmbio, muitas vezes tumultuado, entre Portugal e Brasil nos campos do livro e da literatura entre os anos 1930 e 1950. Antes disso, todavia, na primeira parte desta investigação, empreendeu-se a recuperação, em chave metonímica, da leitura do romance brasileiro feita em Portugal antes dos anos 1930 (com destaque para a acolhida da obra de Coelho Neto, então nosso prosador de maior ressonância por lá), bem como o prolongado trabalho de divulgação da prosa e da poesia brasileiras em terras portuguesas realizado pelo polivalente José Osório de Oliveira.

No primeiro caso, observou-se que Coelho Neto, editado pela portuense Lello num momento anterior à expansão da indústria brasileira do livro nos anos 1930, ganhara acolhida favorável em nossa antiga metrópole muito em função tanto de sua prosa ornamental de orientação lusitana quanto de seu exotismo na representação do *hinterland* brasileiro. Tais parâmetros avaliativos, quando comparados com as variáveis críticas prevalentes na recepção, em Portugal, do romance de 1930, permitem dimensionar melhor a chegada deste último por lá. Se certo "pitoresco" ainda motivará a valoração positiva da geração de Jorge Amado e Graciliano Ramos, o destaque maior recairá, principalmente, sobre a nova dizibilidade literária proposta por nossos autores, sobre o retrato humano e o esforço de veridicção presente em suas obras e ainda, de modo mais abrangente, sobre o modo como as produções deles se articulavam com a problemática do romance moderno, seja aquele de ênfase social, seja aquele de dimensão introspectiva.

Quanto a José Osório de Oliveira, almejou-se dimensionar o trabalho deste brasilianista que procurou não só divulgar a moderna literatura brasileira em Portugal, mas também, valendo-se de uma visão de conjunto, compreendê-la em perspectiva histórica. Tal empreendimento, além de aproximar o leitorado luso das novidades do romance de 1930 em específico, permitiu que se conhecesse uma plêiade de autores brasileiros maior do que tão somente Erico Verissimo, Jorge Amado, José Lins do Rego e Graciliano Ramos, isto é, nossos quatro prosadores mais referidos por lá. Além disso, contribuiu para problematizar o lugar-comum de que uma produção literária autenticamente brasileira seria coisa recente. Quer entre neorrealistas, quer entre presencistas, pontuava-se que ela teria começado com o romance de 1930, quando passou a apresentar feições próprias, sobretudo em termos linguísticos e conteudísticos. Não se tratava mais, portanto, da representação "artificial", e em conformidade com a variante lusitana do idioma, do sertão idealizado por um Coelho Neto, mas da construção da verossimilhança com base na recriação ficcional de falares e experiências vividas nos espaços narrados, em que já avultava a consciência dilacerada do subdesenvolvimento.

Na primeira parte deste livro, ainda tomou lugar o exame de outras três variáveis importantes para se compreender a presença do livro e da literatura brasileiros em terras portuguesas no período aqui privilegiado: 1. a difusão marcante de nossa produção editorial livresca em Portugal, sobretudo ao longo de boa parte dos anos 1930; 2. o Acordo Cultural de 1941 estabelecido entre os Estados Novos de Getúlio e Salazar; 3. e a atuação da Livros do Brasil e, em escala mais ampla, a edição de nossos autores realizada em solo português.

A articulação de tais fatores com o exame de diferentes aspectos da recepção de Graciliano na pátria de Camões permite divisar melhor que o processo

À GUISA DE UMA CONCLUSÃO • 253

de inversão na influência tipográfica entre Portugal e Brasil teria acompanhado a inversão no polo de influência literária entre esses dois países, isto é, ao mesmo tempo em que o Brasil passa de importador a exportador de livros para Portugal, o romance de 1930 impõe-se como referência, estímulo e motivo de debate para o neorrealismo luso que então vivia o seu nascedouro.

Nesse sentido, na difusão do romance de 1930 em Portugal, para além simplesmente do mérito artístico de nossos prosadores, entraram em cena 1. a expansão da indústria editorial brasileira, que, em decorrência de condições cambiais específicas, passou a se fazer presente em terras portuguesas, chegando até mesmo a alarmar editores e livreiros lusos; 2. em seguida, o esforço de aproximação oficial entre os governos brasileiro e português, num contexto de dificuldades enfrentadas pelos agentes do livro de um e de outro lado do Atlântico; 3. e, depois do enraizamento de nossos autores no gosto do leitorado português, quando já haviam findado as vantagens decorrentes da desvalorização do mil-réis ou o beneplácito oficial, a edição de romances brasileiros em Portugal, sobressaindo a empreitada de Sousa Pinto à frente da Livros do Brasil.

Em meio a tais processos de inversão de influência tipográfica e literária entre Brasil e Portugal, o nome de Graciliano não mereceu a mesma atenção de um Jorge Amado ou de um Erico Verissimo, campeões de venda e de repercussão crítica em terras portuguesas. O mesmo se pode dizer de estudos acadêmicos sobre a recepção de tais romancistas na pátria de Camões. Sobretudo o autor baiano já foi tema de investigações a respeito de sua presença e ressonância na cultura portuguesa no contexto dos anos 1930 e 1940[1], estudo que ainda se encontrava por fazer quanto a Graciliano, apesar de alguns esforços preliminares e panorâmicos. Diante desse contexto, o presente trabalho pretendeu demonstrar como a obra do autor de S. Bernardo também se constituiu em objeto de diferentes setores da crítica lusitana.

E na recuperação da trajetória de recepção da obra de Graciliano em Portugal não se pretendeu demonstrar se e como o artista alagoano teria "in-

---

1. Faz-se referência de modo mais específico ao livro *Ficção e Convicção – Jorge Amado e o Neorrealismo Literário Português* (São Paulo, Editora Unesp, 2008), de Edvaldo Bergamo, e ao catálogo da exposição *Jorge Amado e o Neorrealismo Português* (Vila Franca de Xira, Câmara Municipal de Vila Franca de Xira e Museu do Neo-Realismo; Lisboa, Clepul, 2012), organizado por David Santos e Fátima Faria Roque.

254 • GRACILIANO NA TERRA DE CAMÕES

fluenciado" o neorrealismo português, mas, em perspectiva mais modesta, examinar a acolhida da obra dele por lá, num contexto de preparação e posterior emergência do movimento literário capitaneado por Alves Redol, Mário Dionísio, Soeiro Pereira Gomes, Manuel da Fonseca, entre outros.

De início, na trajetória de recepção de Graciliano em Portugal, percebe-se que os juízos a respeito da obra do artista alagoano se inserem num debate mais amplo em torno da função da arte que então ganhava força por lá: de um lado, intelectuais mais próximos ao polo neorrealista valorizavam a dimensão humana e a crítica social presentes nas produções do autor, com destaque para Afonso de Castro Senda e Abel Salazar; de outro, avultava João Gaspar Simões, "mestre-escola" presencista, que, embora em chave desabonadora, atém-se à verticalização psicológica promovida por Graciliano. Quanto a esse último aspecto, figuras como Adolfo Casais Monteiro e Albano Nogueira, respectivamente um ex-diretor e um ex-colaborador de *Presença*, apesar de mais independentes de enquadramentos literário-ideológicos rígidos, também valorizaram o intimismo do autor de *S. Bernardo*.

A referida controvérsia em torno do papel da literatura, obviamente que com outros rótulos e com outros agentes por se tratar de outro contexto ideológico, também tinha lugar no Brasil, porém de modo ainda mais polarizado[2]: de um lado, estavam os ditos realistas, sobretudo nordestinos, e, do outro, os intimistas, em sua maioria católicos e afeitos a dramas urbanos e burgueses. Graciliano, autor situado à esquerda, obviamente tomará parte do primeiro grupo (atitude explicitada, sobretudo, na produção cronística e nas entrevistas concedidas por esse artista), por mais que sua obra ficcional não se restrinja a nenhum polo de tal embate. Para além dessas coordenadas do panorama brasileiro, interessante observar como quase a integralidade dos críticos portugueses, entre eles os neorrealistas, percebeu Graciliano como um autor intimista. Mário Dionísio descreve Graciliano Ramos como um autor "todo debruçado para dentro do Homem"[3]. Afonso de Castro Sen-

---

2. Luís Bueno, "O Romance Brasileiro na Visão de Dois Críticos Portugueses", em Maria João Marçalo *et al.* (orgs.), *Língua portuguesa: Ultrapassar Fronteiras, Juntar Culturas*, Évora, Universidade de Évora, 2010, s. p., disponível em <http://www.simelp2009.uevora.pt/pdf/slt56/06.pdf>, acesso em 10 jan. 2018.

3. Mário Dionísio, "Olhai os Lírios do Campo", *O Diabo*, n. 238, 15 abr. 1939, p. 2.

À GUISA DE UMA CONCLUSÃO • 255

da, por sua vez, trata-o como um "escritor de características essencialmente introspeccionistas"[4]. Ao mesmo tempo, tais intelectuais não deixam de ressaltar que Graciliano partiria do indivíduo para chegar à multidão, ou seja, na obra do autor de *Angústia* a sondagem psicológica da condição humana não se dissociava do interesse pelas relações sociais injustas de produção do regime capitalista.

Posicionamentos como esses permitem relativizar postulados a respeito da obra do escritor alagoano que foram se cristalizando na crítica brasileira. Com o passar do tempo, o nome de Graciliano Ramos, autor de esquerda que se consolida no cenário literário nacional em meio ao ambiente polarizado dos anos 1930, vai ficando cada vez mais associado ao romance realista de escrita concisa. Assim, sua proximidade com a experiência ficcional de autores católicos como Lúcio Cardoso e Cornélio Penna, com destaque para "a introspecção realizada em vertiginosa profundidade, o aspecto fantasmagórico que muitas vezes toma a narrativa e uma psicologia que extrapola qualquer previsibilidade"[5], vai perdendo espaço na consideração da crítica. Desprovida dessa moldura interpretativa, a percepção portuguesa de Graciliano como um autor, sobretudo, intimista ajuda a compreender melhor o caráter vário e complexo das práticas estéticas e mediações ideológicas enfeixadas pelo romancista brasileiro.

Não por acaso, mais do que louvar *Vidas Secas*, parcela significante da crítica portuguesa mostra sua predileção por *Angústia* e, principalmente, pela análise psicológica levada a termo em *S. Bernardo*. Em meio a críticas, Gaspar Simões não deixa de tratar essa última obra como um "livro forte", que não se compararia a nenhum outro do romance brasileiro moderno[6]. Albano Nogueira não conseguia imaginar um leitor que preferisse *Vidas Secas* a *S. Bernardo*, "obra de lugar marcado e insubstituível"[7]. Mário Dionísio trata tanto

---

4. Afonso de Castro Senda, "Panorama Literário do Brasil v", *O Diabo*, n. 193, 5 jun. 1938, p. 2.

5. Luís Bueno, *Uma História do Romance de 30*, São Paulo, Edusp; Campinas, SP, Editora da Unicamp, 2006, p. 621.

6. João Gaspar Simões, "Os Livros da Semana: *Angústia, S. Bernardo, Vidas Secas*, Romances por Graciliano Ramos", *Diário de Lisboa*, 1º set. 1938, p. 4.

7. Albano Nogueira, "*S. Bernardo e Vidas Secas*, Romances por Graciliano Ramos", *Revista de Portugal*, vol. 2, n. 5, out. 1938, p. 120.

256 • GRACILIANO NA TERRA DE CAMÕES

*Angústia* como a história de Paulo Honório como obras-primas. O ostensivo católico e antimarxista Manuel Anselmo pontuava que bastariam *Angústia* e *S. Bernardo* para ratificar o lugar de Graciliano como "um dos maiores e mais originais romancistas do Brasil"[8].

Como se vê, com exceção da crítica inicial de caráter colonialista de Gaspar Simões (que incidia mais sobre a literatura produzida nas Américas do que sobre Graciliano em específico), o autor de *S. Bernardo* foi acumulando considerável capital simbólico ao longo da recepção e da difusão de sua obra em Portugal. E um escritor de tamanha relevância cultural foi alvo de tentativa de apropriação por parte de *Atlântico: Revista Luso-Brasileira*, periódico editado pelo Secretariado da Propaganda Nacional do Estado Novo português e pelo DIP getulista, que mobilizou um grupo amplo de intelectuais de um e do outro lado do Atlântico. De modo geral, o conjunto de textos de Graciliano estampado nessa publicação representa sua participação mais numerosa, intensa e duradoura em um periódico português. Todavia, por mais que a ambiência discursiva de *Atlântico* procurasse ressaltar tão somente o caráter antológico da pintura lírico-dramática da vida brasileira presente nos quadros ali apresentados pelo autor de *Vidas Secas*, não conseguia silenciar a dimensão crítica inerente a seu fazer literário.

Para além das leituras e tentativas de apropriação da obra de Graciliano por agentes neorrealistas, presencistas ou estado-novistas, no transcorrer dos anos 1950, o capital simbólico do artista alagoano só fez aumentar em terras portuguesas. No obituário do escritor publicado no *Diário de Lisboa*, ele é lembrado pelo "impressionismo psicológico", por "uma aguda prospecção dos estados da alma", que lhe teria valido um lugar à parte entre os "afrescos humanos" de Erico Verissimo e as "interrogativas sociais" de Jorge Amado[9]. O texto resumia, ao final, que "a literatura portuguesa, patrimônio comum aos dois países, perdeu um dos seus mais belos escritores"[10]. No portuense *O Primeiro de Janeiro*, de modo mais específico, o autor de *S. Bernardo* é

---

8. Manuel Anselmo, "Graciliano Ramos e a Angústia", em *Família Literária Luso-Brasileira*, Rio de Janeiro, José Olympio, 1943, p. 223.
9. "O Romancista Graciliano Ramos Morreu no Rio de Janeiro", *Diário de Lisboa*, 21 mar. 1953.
10. *Idem, ibidem.*

lembrado como o "mais completo romancista das letras brasileiras, depois de Machado de Assis". Ele teria se destacado pelo classicismo e por não se ter abandeirado nas "hostes da literatura social"[11]. Nas páginas da revista *Ler*, o renomado romancista Ferreira de Castro, ainda sem estar completamente restabelecido de uma grave doença, assim se pronunciara a respeito de Graciliano Ramos, após o passamento do colega brasileiro:

Graciliano não era só um dos maiores romancistas que tiveram o Brasil e a língua portuguesa: ele era um dos maiores escritores do mundo contemporâneo. A sua obra possui o cunho sério e profundo das criações que não morrem; a sua forma, o ar sóbrio e significativo de uma legenda guardada para a Posteridade. O tempo há de aumentar cada vez mais o seu prestígio, como aumenta o das inscrições deixadas pelos homens de outrora em pedras que resistem a todos os desgastes dos séculos[12].

De modo análogo, Carlos de Oliveira, grande poeta e romancista neorrealista, conhecido pelo trabalho de depuração poética e perfeccionismo e, por isso, entre outros aspectos, recorrentemente aproximado a Graciliano Ramos[13], adota um tom encomiástico pouco habitual ao se referir ao autor de *S. Bernardo*, quando da passagem deste por Lisboa a caminho de Paris, em 1952. Em manuscrito não tornado público, destaca:

Com quatro romances curtos e descarnados, mas duma densidade incrível, este homem, que começou a escrever já na idade madura, conquistou inegavelmente o primeiro lugar entre os prosadores modernos da sua pátria. Ao que se depreende das breves impressões trocadas com os jornalistas, parece ter dado por terminada a sua carreira de escritor. Será lastimável que tal aconteça, mas como os quatro romances de Flaubert chegaram para fazer dele a maior figura do realismo francês, também os quatro romances de Graciliano lhe asseguram desde já um lugar primacial e inconfundível na literatura de língua portuguesa deste século[14].

---

11. "Morte do Notável Escritor Brasileiro Graciliano Ramos", *O Primeiro de Janeiro*, 22 mar. 1953, p. 1.

12. Ferreira de Castro, "Palavras de Ferreira de Castro sobre Graciliano Ramos", *Ler*, n. 14, maio 1953, p. 7.

13. Com destaque para os já mencionados *A Escrita Neo-realista* (1981), de Benjamin Abdala Junior, e *O Trágico em Graciliano Ramos e em Carlos de Oliveira* (2008), de Gonçalo Duarte.

14. Carlos de Oliveira, "De Passagem para Paris". Manuscrito não datado pertencente ao espólio de Carlos de Oliveira que consta do Museu do Neorrealismo de Vila Franca de Xira, referência a25/4.43, caixa 29,

Por fim, ainda nos 1950, convém assinalar que essa perspectiva de descolar Graciliano Ramos de seu contexto mais imediato, como meio de ressaltar a grandeza de sua literatura, avulta em um texto paradigmático a respeito do autor de *Vidas Secas* produzido por Casais Monteiro. Trata-se do ensaio "Graciliano sem Nordeste", publicado tanto em *O Estado de S.Paulo* quanto no *Diário de Lisboa* no ano de 1959[15]. Segundo Casais Monteiro, o centro do mundo para Graciliano não seria o Nordeste, mas sim a infinita miséria dos homens. "E nós sentimos o Nordeste através desta miséria, como através da particular miséria dos seus heróis sentimos a dos homens de qualquer parte da Terra"[16]. Diante de tal juízo a articular o local e o universal em Graciliano[17], percebe-se que não só a produção do autor alagoano vencia barreiras e afirmava-se para além do Nordeste e do Brasil, como também a verificação de sua universalidade ganhava acolhida e significativo desdobramento analítico na pena de um afamado crítico português.

Portanto, bem estabelecida de um e do outro lado do Atlântico, a obra de Graciliano se convertia em patrimônio cujo valor diferentes estratos da intelectualidade portuguesa ajudaram a definir e a ampliar a partir do final dos anos 1930.

---

documento 8. Como o escritor português, faz menção à curta passagem de Graciliano por Lisboa, fato ocorrido em abril de 1952, deduz-se que tal escrito date de pouco depois desse período.

15. Adolfo Casais Monteiro, "Graciliano sem Nordeste", *O Estado de S.Paulo*, 7 fev. 1959, e *Diário de Lisboa*, 23 abr. 1959.

16. *Idem, ibidem*.

17. Outros textos já haviam tratado da relação entre regional e universal em Graciliano (Cf. Astrojildo Pereira, "Graciliano Ramos", em Augusto Frederico Schmidt *et al.*, *Homenagem a Graciliano Ramos*, 2 ed., Brasília, Hinterlândia Editorial, 2010, pp. 96-98), mas "Graciliano sem Nordeste", que depois faria parte de um ensaio mais amplo de Casais Monteiro sobre o autor de *Angústia* presente em *O Romance (Teoria e Crítica)* (Rio de Janeiro, José Olympio, 1964, pp. 155-168), tanto pela expressão feliz que mobiliza quanto pelo aprofundamento da referida questão destaca-se na fortuna do autor alagoano.

# Anexos

# 1. Textos Avulsos de Graciliano Ramos Publicados na Imprensa Portuguesa

# PÁGINA DA GENTE MOÇA

ANO I — REDACTORES: E. Correia Pinto e Luiz Vieira — N.º 21

## Cartas femininas
### IV
### Querida Marta:

PEDES-ME que te escreva sempre, que te diga muitas coisas porque tu gostas de receber as minhas cartas.

Mas dizer-te o quê? Falar-te de quê?

Pode acaso esta folhinha de papel branco como a neve, transmitir-te o que eu penso quando te escrevo?

Os pensamentos são tão rápidos, tão rápidos e tão diferentes, amalgamam-se de tal maneira que nem chego a separar uns dos outros e por isso ainda mais difícil se torna, fixá-los sôbre o papel.

Olha, Marta, nêste momento estava a pensar no Hitler; vejo-o com o seus bigodes de charlot, a esfender a mão avaramente sôbre tôdos os países. Imediatamente se junta a este pensamento um outro, originado pelo primeiro, em que vejo tudo destruído, tudo em chamas, tudo em guerra; mas logo com a mesma rapidez vejo a chuva que cai mansamente, renti-

## Textos escolhidos
### Escritores brasileiros
### II - Graciliano Ramos

Graciliano Ramos é um dos novos romancistas brasileiros. A sua estreia no romance data de 1933 com o aparecimento de «Cahetés». Depois dêste publica «S. Bernardo», «Angustia» e «Vidas Sêcas».

Afastando-se um pouco da corrente dominante com Jorge Amado e Armando Fontes, de carácter eminentemente social, Graciliano Ramos demora-se mais na análise de caractéres e na observação psicológica, que por vezes atinge quási a perfeição. A linguagem dos seus livros é muito mais perfeita do que a de um Jorge Amado e o seu estilo é ao mesmo tempo melancólico e irónico.

Fui até ao fim da rua, lentamente, voltando-me de vez em quando. Aparentemente observava os letreiros das bodegas e as legendas revolucionárias.

As bodegas tinham nomes difíceis, julguei que os vagabundos me achavam diferente dos habitantes do bairro. Isto me fez apressar o passo e virar o rosto. Desejei retirar-me d'ali, ingressar de novo na sociedade dos funcionários e dos literatos.

Crianças de azul e branco, naturalmente de volta da escola, tinham a pele enxofrada, o rosto magro cheio de fome. Sentia-me um intruso.

A minha roupa era velha, a gravata enrolada como uma corda. Com certeza os rapazes do bairro tinham melhor aparência. Em dias de descanço usavam roupa nova, lenço de sêda, sapatos lustrosos. Mas havia em mim qualquer coisa que denunciava um extranho. As crianças olhavam-me como olhavam os homens que

## Ecos

DURANTE muito tempo o cinema foi considerado como uma mera distracção.

Ainda hoje muita gente persiste teimosamente nesta atitude, mas nestes últimos anos o nivel intelectual e cultural do cinema tem incontestàvelmente, subido muito. Alguns filmes têm mostrado que o cinema pode ser mais (e muito mais) do que um mero espectáculo para distrair — pode ser um espectáculo de elevado nivel intelectual e humano.

As suas possibilidades são, de facto enormes. Os seus meios de comunicação podem ser os mais directos, sendo-lhe assim possível provocar-nos várias emoções, muitas vezes profundas sem o mais leve esforço da nossa imaginação.

Como exemplos de cinema superior citemos alguns filmes «A Tragédia da noiva» de P «O Ruivo» (País de cocotte Julien Huvivier, «Ruas da ci de Charlie Chaplin ( Charl entre os mais recentes, « bemdita», «Ruas de Nova

---

"Textos Escolhidos – Escritores Brasileiros. II – Graciliano Ramos" [Trechos de *Angústia*]. *A Ideia Livre – Semanário Republicano e Defensor dos Interesses da Bairrada* (Anadia, Portugal), ano I, n. 21, 10 dez. 1937.

## — da gente moça —

direcção de MARIA SELMA e LOBÃO VITAL
redacção—Rua do Paraiso, 56—PORTO

# UM ANÚNCIO

## POR GRACILIANO RAMOS

L EIO num jornal de bastante circulação na capital da República êste anúncio curioso em letras grandes : «Intelectual sem emprêgo. Amadeu Amaral Júnior, jornalista desempregado, aceita esmolas, donativos, roupa velha, pão, dormida...». Sinto um arrepio e acompanho de longe os diferentes gestos e frases que essa publicação naturalmente provocava entre as diversas espécies de leitores—razões espalhadas e incompletos fragmentos de verdades contraditórias. E como os outros leitores, penso coisas inconciliáveis, deixo escapar, num espanto verdadeiro, algumas exclamações de sentido vasi .

"Um Anúncio" (De *Esfera*). *O Trabalho – Semanário Republicano*
(Viseu, Portugal), 9 jun. 1938.

Que transborda e nos inunda.

Não vale a pena ter pena
De nós, se só nos valemos.
Que o grito seja sincero,
O resto é vêr que morremos.

*De livro a publicar "Signo de Capricórnio"* — André Valmar

# SELECTA

## De GRACILIANO RAMOS

Fabiano retomou o carrêgo. Sinha Victoria desatou-lhe a correia prêsa ao cinturão, tirou a cuia e embarcou-a na cabeça do menino mais velho, sôbre uma rodilha de molambos. Em cima pôs uma trouxa. Fabiano aprovou o arranjo, sorriu, esqueceu os urubus e o cavalo. Sim senhor. Que mulher! Assim êle ficaria com a carga aliviada e o pequeno teria um guarda-sol. O pêso da cuia era uma insignificância, mas Fabiano achou-se leve, pisou rijo e encaminhou-se ao bebedouro. Chegariam lá antes da noite, beberiam, descansariam, continuariam a viagem com o luar. Tudo isso era duvidoso mas adquiria consistência. E a conversa recomeçou, enquanto o sul descambava.

—Tenho comido toucinho com mais cabelo, declarou Fabiano.

desafiando o céu, os espinhos e os urubus.

—Não é? murmurou Sinha Victoria sem preguntar, apenas confirmando o que êle dizia.

Pouco a pouco uma vida nova, ainda confusa, se foi esbuçando. Acomodar-se-iam num sitio pequeno, e que parecia dificil a Fabiano, criado solto no mato. Cultivariam um pedaço de terra. Mudar-se-iam depois para uma cidade, e os meninos frequentariam escolas, seriam diferentes dêles. Sinha Victoria esquentava-se. Fabiano ria, tinha desejo de esfregar as mãos agarradas à boca do saco e à coronha da espingarda de pederneira.

Não sentia a espingarda, o saco, as pedras miudas que lhe entravam nas alparcatas, o cheiro das carniças que empestavam o caminho. As palavras de Sinha

## PÁGINAS DE CULTURA

Já aqui se tem escrito sôbre a utilidade e valor das *páginas literárias*.

Com satisfação, notamos que dia a dia o número delas vai sendo cada vez maior. Todas fazem por visar o mesmo objectivo. E assim, transcrevemos o que diz João Rubem, nosso estimado colaborador, na *Página dos jóvens*, que se publica no jornal «Ecos de Sintra», sob a sua direcção e de Natya.

«Uma *página literária* realiza, de certa maneira restrita, uma acção cultural. Porque uma página vai registando as impressões de quem a colabora e vai sucessivamente impressionando quem a lê. Depende, evidentemente, de quem orienta a sua maior ou menor capacidade de captivar os leitores, mas embora deficiente, é sempre um bom estimulante da inteligência: não só pelos problemas que suscita, bem como pela reacção que se exerce da parte do público. Por tais razões se pode afirmar de que uma *página literária* é um bom agente de cultura.

Ninguem desconhece, também, de que grandes escritores principiaram a sua carreira literária como *escreventes* de jornais de província nessas pequenas folhas de arte.

No tempo actual as coisas

passam-se duma forma um pouco diferente: as *páginas literárias* não são meros arranjos de arte romântica, mas belos agentes de cultura, são portanto tentativas sérias para uma divulgação consciente dos problemas que mais ocupam o nosso cérebro, quer no dominio da arte quer no da ciência. Devido a isso estas pequenas páginas fala-se de *tudo um pouco* sem pedantismo.

Os valores novos vão expondo as suas ânsias e vão criando a sua mentalidade, enfim: a sua

personalidade enriquecendo-se, estrutura-se. Ora sendo assim as páginas de cultura realizam uma modesta tarefa, mas sem dúvida, eficaz.»

### Falta de espaço

Por absoluta falta de espaço, sai reduzida a nossa «Secção Literária», bem como deixamos de publicar vários originais, pelo que pedimos desculpa aos nossos estimados colaboradores.

Por isso, aquele canto empolga e, no silêncio da noite,
ondula e cresce como uma vaga de dor
preses a desfazer-se ao encontro àquela melodia:
todos os nús, todos os famintos, todos os leprosos do mundo,
todos os sacrificados, todos os humilhados, todos os ofendidos!
Cristo vem à frente, sôbre a crista branca dessa vaga imensa
[como outrora!
Estão presentes tôdas as crianças do mundo:
que assistiram ao espectáculo bárbaro
das grandes destruições em massa
— crianças inúteis que foram levadas ao colo das mãs
[desventuradas
atravês das ruas atulhadas de escombros
das cidades abertas,
tropeçando nos cadáveres dos seus,
que viravam para os céus distantes o protesto sereno da
[sua morte!
Aquele canto exprime tôdas as angústias humanas,
todos os sofrimentos, tôdas as sêdes, tôdas as injustiças,
tôdas as misérias dum mundo que rola à-tôa,
prêso de infames megalomanias!
Por isso, aquele canto extraordinário
no silêncio da noite, atrai
aquelas sombras que se despegam da Sombra
e caminham atrás da sua melodia
como fantasmas dum mundo morto!

Sérgio de Morais

"Selecta de Graciliano Ramos" [Trecho final de *Vidas Secas*]. *A Renovação* (Vila do Conde, Portugal), ano II, n. 64, 20 maio 1939.

# O FIM DO MUNDO

Minha mãe lia devagar, numa toada inexpressiva, fazendo pausas absurdas, engulindo vírgulas e pontos, abolindo esdrúxulas, alongando ou encurtando as palavras. Não compreendia bem o sentido delas. E, com tal prosódia e tal pontuação, os textos mais simples se tornavam obscuros.

Essas deturpações me afastaram do exercício penoso, verdadeiro enigma. Isso e o aspecto desagradável do romance em quatro volumes, enxovalhado e rôto, que as vizinhas soletravam e gaguejavam, achando intenções picarescas nas gravuras sôltas, onde a tinta esmorecia sob nódoas. «Um grupo estranho e por igual...» Falta o adjectivo que rematava a legenda de uma das ilustrações. Julgo que era *vistoso*. Várias pessoas numa caixa com rodas, puxada por dois cavalos, diferente dos carros de bois que chiavam nos caminhos sertanejos. Em cima da caixa emproava-se um tipo de chicote e bigodes, um cocheiro, segundo me disseram, nome inadequado, na minha opinião. Cocheiro devia tratar de cochos, objectos que não se viam no livro. Tudo ali discordava da nossa linguagem familiar. «Um grupo estranho e por igual vistoso». Parecia cantiga.

Minha mãe repetiu isso até decorar a história de Adélia e D. Rufo. Cansou-se, transferiu-se para uns folhetos de capa amarela, publicações dos salesianos. Passava horas no marquesão prêto da sala de visitas, os olhos esbugalhados, atenta, a boca franzida, volvendo de longe em longe, com saliva, a página piedosa. Enchia-se de milagres ingénuos, parábolas, biografias de santos, lendas, conselhos exigentes, ofertas indefinidas e ameaças. Extasiava-se com as acções de D. Bosco, óptimo velhinho, semelhante a Frei Caetano, o missionário que andou muitos anos elevando as almas caboclas.

Abandonava essas alturas, tomava-se de pavores, metia-se na camarinha, a esconder-se dos castigos eternos. Excitava-se, desanimava, encontrando talvez na consciência qualquer miüdeza censurada na brochura de capa amarela. Fugia da terra, espiava o além. Em seguida se ausentava da prosa severa, caía no vulgar, comentava os mexericos da vila, repreendia os moleques, resmungando, largando muxoxos. Não admitia que falássemos em muxoxo. Era uma birra esquisita. Se um de nós soltava a expressão condenada, irritava-se como se ouvisse ofensa grave e corrigia: *tunco*. Não gostávamos de onomatopeia: insistíamos no vocábulo perseguido, sabendo que isto nos rendia desgôsto.

A existência ordinária, entregue a negócios terrestres e caseiros, durava duas, três semanas, até o correio trazer o fornecimento mensal de literatura religiosa. Surgiam as beatas estigmatizadas, D. Bosco, diálogos singelos, casos edificantes, delícias vagas do céu e torturas minuciosas do inferno.

Purificando-se nessa boa fonte, minha mãe às vezes necessitava expansão: transmitia-me arroubos e sustos excessivos. Uma tarde, reünindo sílabas penosamente, na gemedeira habitual, teve um sobressalto e chegou o rosto ao papel com arregalada surprêsa. Releu a passagem — e os beiços finos contraíram-se, os olhos abotoados cravaram-se no espelho de cristal. Certamente se inteirava de um sucesso mau e recusava aceitá-lo. Antes de mergulhar no pesadelo, segurava-se aos trastes mesquinhos — o espelho, o relógio, as cadeiras — e buscava amparar-se em alguém.

Atraíu-me, segredou queixas sumidas e insensatas. Perplexa, ora se voltava para as janelas, ora examinava o livrinho aberto na sola do marquesão, negra e côncava. Não se conservou muito tempo indecisa. Na doentia curiosidade arrojou-se à leitura, desperdiçou uma hora afligindo-se em demasia. Levantou-se, atravessou o corredor, a sala de jantar, arreou na prensa de farinha do alpendre. Segui-a, sentei-me perto, calado, esperei que ela me chamasse. As nossas desavenças, as travessuras insignificantes e as punições injustas sumiram-se. Julguei-a fraca e boa, desejei poder aliviá-la, dizer qualquer coisa oportuna. Sentia o coração pesado, um bôlo na garganta, e propendia a alarmar-me também. Odiei a brochura, veio-me a idéia de furtá-la, escondê-la ou rasgá-la.

A pobre mulher desesperava em silêncio. Apertava as mãos ossudas, inofensivas; o peito magro subia e descia; limitando a mancha vermelha da testa, uma veia engrossava. Diversas pessoas da família tinham a mancha curiosa. Em momentos de excitação ela se avivava, quási roxa, da sobrancelha à raíz do cabelo — e essas criaturas, se se enfureciam, avizinhavam-se da loucura.

Afinal minha mãe rebentou em soluços altos, num chôro desabalado. Agarrou-me, abraçou-me violentamente, molhou-me de lágrimas. Tentei livrar-me das carícias ásperas. Porque não se aquietava, não me deixava em paz?

A exaltação diminuíu, o pranto correu manso, estancou, e uma vozinha triste confessou-me, entre longos suspiros, que o mundo ia acabar. Estremeci e pedi explicações. Ia acabar. Estava escrito nos desígnios da Providência, trazidos regularmente pelo correio. Na passagem do século um cometa brabo percorreria o céu e extinguiria a criação: homens, bichos, plantas. Riachos e açudes se converteriam em fumaça, as pedras se derreteriam. Antigamente a cólera de Deus exterminara a vida com água ; determinava agora suprimi-la a fogo.

Eu ignorava o século, os cometas, a tradição. E estendia fraternalmente a minha ignorância a todos os indivíduos. Não percebendo o mistério das letras, achava difícil que elas se combinassem para narrar a infeliz notícia. Provàvelmente minha mãe se tinha equivocado, supondo ver na fôlha desastres imaginários. Expus esta conjectura, que foi repelida. A desgraça estava anunciada com muita clareza. Olhei o muro de tejolo, considerei-o indestrutível.

Algum tempo depois eu e minha irmã brincávamos junto dêle. Corríamos daí para o copiar, voltávamos, descansávamos um instante na sombra, corríamos de novo. Numa dessas viagens, alcançando a prensa de farinha, ouvimos um grande barulho. Virámo-nos. O muro tinha desaparecido. Vimos entulho, barro, uma nuvem de poeira, árvores no quintal sùbitamente crescido, fundos de casas, o descaroçador do Cavalo Morto. Enquanto não se fêz outra parede, habituámo-nos a saltar os escombros, admirar ferrinhos caprichosos, a máquina devorando capulhos, pastas de algodão a esvoaçar, lentas, formando uma saraiva grossa e fofa. A diligência do motor, os giros das rodas, da polia, da correia, das serras, substituíam os rumores que nos embalavam durante a safra. Ganhámos experiência, discutimos. E a minha confiança nas construções minguou.

Naquela tarde, porém, informando-me da horrível profecia, eu ainda não acreditava nos desmoronamentos. O muro estava inabalável. Convenci-me de que um fenómeno duvidoso e afastado, quási sem nome, não teria fôrça para derrubá--lo. Também me pareceu que Deus não eliminaria por atacado, sem motivo, seu Afro, Carcará, José da Luz, André Laerte, mestre Firmo, D. Marica, Rosenda, os meninos de Teotoninho Sabiá: E padre João Inácio. Quem tinha contado ao sujeito do livro que Deus estava resolvido a matar padre João Inácio? Padre João Inácio tinha poderes. Recusei o vaticínio, firme. Conversa: o mundo não ia acabar. Um mundo tão vasto, onde se arrumavam desafogadamente a vila e a fazenda, resistiria.

Minha mãe estranhou a manifestação rebelde, tentou provar-me que os doutores conheciam as trapalhadas do céu e adivinham as consequências delas. Mas queria certificar-se de que se enganava, pelo menos na parte relativa ao enorme incêndio. Refutou a minha afirmação com descomposturas enérgicas lançadas em tom amável. Foi serenando, terminou o debate como se nos referíssemos a visões de sonho. Teimava em declarar-me um animal. Não conseguiu intimidar-me. E era essa ausência de mêdo, indiferença aos perigos distantes, ao fogo, ao extermínio, que a tranqüilizava.

Esteve alguns dias apreensiva, folheando a brochura, os olhos arregalados, séria. Enfim abandonou o cataclismo, embrenhou-se em novos temores.

O cometa veio ao cabo de uns dois anos e comportou-se bem.

Minha mãe foi observá-lo da porta da igreja, sem nenhum receio, esquecida inteiramente da predição. Nêsse tempo nós nos tínhamos mudado, vivíamos longe da vila. O mundo estava imenso, com muitas léguas de comprimento — e desafiava, seguro, profecias e cometas.

GRACILIANO RAMOS

"O Fim do Mundo". *Atlântico: Revista Luso-Brasileira* (Lisboa) SPN/DIP, n. 2, out. 1942, pp. 306-310.

# O MOLEQUE JOSÉ

A PRETA Quitéria engendrou vários filhos. Os machos fugiram, foram presos, tornaram a fugir — e antes da abolição já estavam meio livres. Sumiram-se. As fêmeas, Luísa e Maria, agregavam-se à gente de meu avô. Maria, a mais nova, nascida fôrra, nunca deixou de ser escrava. E Joaquina, produto dela, substituíu-a na cozinha até que, mortos os velhos, a família não teve recursos para sustentá-la. Aí Joaquina se libertou. E casou, diferençando-se das ascendentes. Luísa era intratável e vagabunda. Em tempo de seca e fome chegava-se aos antigos senhores, acomodava-se na fazenda, resmungona, malcriada, a discutir alto, a fomentar a desordem. Ao cabo de semanas arrumava os picuás e entrava na pândega, ia gerar negrinhos, que desapareciam comidos pela verminose ou oferecidos, como crias de gato. Parece que só escaparam os dois recolhidos por meu pai.

A moleca Maria tinha a natureza da mãe. E, não podendo revelar-se, lavava pratos e varria a casa em silêncio, morna, fechada, isenta de camaradagens, esperando ganhar asas e voar. Realizou êsse projecto.

O moleque José, tortuoso, subtil, ria constantemente, falava demais, suave e persuasivo, tentando harmonizar-se com tôdas as criaturas. Repelido, baixava a cabeça. Voltava, expunha as suas pequenas habilidades sem se ofender, humilde, jeitoso, os dentes à mostra. Realmente não era alegre. Os olhos brancos ocultavam--se, frios e assustados, os beiços tremiam às vezes, mas isto se disfarçava numa careta engraçada que amolecia a cólera das pessoas grandes. E José se escapulia, escorregava, brando e gelatinoso, das mãos que o queriam agarrar. Apanhado na malandragem, mentia com semvergonheza inocente. Juntava os indicadores em cruz, beijava-os: «Por Deus do céu, pelas cinco chagas de Nosso Senhor Jesus Cristo, por esta luz que nos alumia». Franzino, magrinho, achatava-se. Uma insignificante mancha trémula.

Nunca o vi chorar. Gemia, guinchava, pedia, soluçava infinitas promessas, e os olhos permaneciam duros e enxutos. Isto me fazia inveja. Enchia-me de vergonha, desejava conter as minhas lágrimas fáceis e admirava o negrinho, considerava-me inferior a êle. Quási da minha idade, tinha-se desenvolvido muito, afectava modos consideráveis, hábil e astuto.

Eu o tomava por modêlo. E, sendo-me difícil copiar-lhe as acções, imitava-lhe a pronúncia, o que me rendia desgôsto. A arrelia de minha mãe esfriava a ambição de melhorar e instruir-me, forçava-me a recuperar a fala natural. Haviam obrigado o moleque a tratar-me por senhor, não admitiam que me reconhecesse indigno, me privasse voluntàriamente daquele respeito miúdo. José, indiferente às minhas desvantagens, perseverava na obediência, modesto, a proteger-me.

Íamos com freqüência ao sítio que meu pai cultivava perto da rua, para lá do cemitério novo. Debaixo das árvores do aceiro, descansando sôbre fôlhas sêcas, conservava-me horas entorpecido, a olhar as fileiras de mandioca, as cêrcas, periquitos que namoravam espigas amarelas. José vadiava nos ranchos vizinhos. Logo ao sair de casa, dobrando a esquina do Cavalo Morto, reünia-se a um lote de garotos. E o bando aumentava, diante do muro do seu Paulo Honório era um pelotão ruïdoso, que enfeitava a areia com flores de mulungu. As mulheres da lavoura percebiam nas corolas encarnadas formas indecentes, pisavam-nas furiosas, dirigiam insultos às moitas. Os pirralhos ocultos gritavam, corriam pelo mato, espalhavam no chão outras flores, vermelhas e peludas, ficavam de tocaia, aperreando as mulheres. Montado no meu carneiro branco, eu me espantava da indignação delas, queria saber porque esmagavam com os pés coisas tão bonitas. Achava tola a brincadeira e enjoava-me dos meninos barulhentos. Certo dia um se aproximou de mim e puxou conversa, usando palavras misteriosas. José interveio:

— Cala a bôca. Êle é inocente, não entende isso.

Entristeci, humilhado por anunciarem a minha ignorância. Quis reclamar, fingir-me esperto, mas desanimei, confessei interiormente que êles procediam de modo singular. Afastei-me sério, livre de curiosidade.

O meu carneiro branco morreu, os passeios ao sítio findaram, entrei na escola, os diabinhos maliciosos se distanciaram.

José conhecia lugares, pessoas, bichos e plantas. Uma vez enganou-se. Presumiu enxergar meu bisavô num cavaleiro encourado visto de longe:

— Seu Ferreira de gibão, no cavalo de seu Afro.

Discordei. Meu bisavô só vestia couro no trabalho do campo. Na rua apresentava-se de colarinho e gravata, à feira, à missa, às eleições, ao júri. E não viajava em animal emprestado. Quando o homem se avizinhou, notámos o equívoco — e isto me deu satisfação. Senti o moleque próximo e falível. Eu julgava a ciência dêle instintiva e segura. Modifiquei o juízo e alimentei a esperança de, com esfôrço, decorar nomes também, orientar-me em caminhos e veredas.

Apesar do êrro, o prestígio de José não diminuíu. Convenci-me de que êle se havia expressado bem e repeti com entusiasmo:

— Seu Ferreira de gibão, no cavalo de seu Afro.

Acabei por dividir a frase em dois versos, que a princípio declamei e depois cantei:

> *Seu Ferreira de gibão,*
> *No cavalo de seu Afro.*

Minha mãe se aborreceu, atirou-me os qualificativos ordinários: estúpido, idiota. Mordi os beiços, fui esconder-me no armazém, olhar o bêco. Mas, trepado na janela, as pernas caídas para fora, não esquecia o disparate e monologava, batendo com os calcanhares no tejolo:

> *Seu Ferreira de gibão,*
> *No cavalo de seu Afro.*

José deu-me várias lições. E a mais valiosa marcou-me a carne e o espírito. Lembro-me perfeitamente da cena. Era de noite, chovia, as goteiras pingavam. Na sala de jantar meu pai argüía o pretinho, que se justificava mal. Nenhum indício de tempestade e violência, pois a culpa era leve e meu pai não estava zangado: contentar-se-ia com algumas injúrias. Achando-se disposto a absolver, aceitava fàcilmente as explicações. A um desconchavo do acusado, a voz áspera se amaciava, um riso grosso estalava — e a calma se restabelecia. Atravessávamos, porém, momentos difíceis: não podíamos adivinhar se êle ia sossegar ou enfurecer-se. E o nosso procedimento o levava para um lado, para outro. Acertávamos ou errávamos como se jogássemos o cara ou cunho. Se os fregueses andavam direito na loja, obtínhamos generosidades imprevistas; se não andavam, suportávamos o rigor.

Provàvelmente é o que sucede em tôda a parte, mas ali essas viravoltas se expunham com muita clareza.

Naquela noite José, como de costume, negou uma traquinada insignificante. Apertado na inquirição, continuou a negar. Vieram provas, surgiu a evidência. O negro estava obtuso, não percebeu que devia soltar ao menos uns pedações de confissão e defender-se depois, jurar por esta luz, pelas chagas de Cristo, que não reincidiria. Perdeu o ensejo — e a autoridade se arrenegou de chofre, não por causa da falta, venial, mas por causa da teimosia, agravada talvez com a recordação de qualquer facto estranho. Agora o infeliz precisava resignar-se ao castigo. E resistia, procurava ingènuamente abrandar a raiva esmagadora. A infracção aumentava, confundia-se com outras mais velhas, já perdoadas, e estas cresciam também, tornavam-se crimes horríveis.

Quando meu pai se tinha irado bastante, segurou o moleque por um braço e arrastou-o à cozinha. Segui-os, curioso, excitado por uma viva sêde de justiça. Nenhuma simpatia ao companheiro desgraçado, que se agoniava no pelourinho, aguardando a tortura. Nem compreendia que uma intervenção moderada me seria proveitosa, originaria o reconhecimento de um indivíduo superior a mim. Conservei-me perto da lei, desejando a execução da sentença rigorosa. Não me afligiam receios, porque ninguém me acusava, ninguém me bulia a consciência. Não distinguindo perigos, supunha que êles se haviam inteiramente dissipado.

As brasas no fogão cobriam-se de cinza, morriam sob chuviscos, a água da bica salpicava o ladrilho escorregadio, a labareda fumacenta do candeeiro oscilava. Num murmúrio, o pobrezinho beijava os dedos finos. De repente o chicote lambeu-lhe as costas e uma grande actividade animou-o. Pôs-se a girar, a ocultar-se entre as pernas do agressor, desviando-se dos golpes. E as palavras afluíram num jôrro:

— Por esta luz, meu padrinho. Pelas cinco chagas de Nosso Senhor Jesus Cristo!

A súplica lamurienta corria inútil, doloroso ganido de cachorro novo. Muitas vergastadas falhavam, fustigavam as canelas do juíz transformado em carrasco. Êste largou o instrumento de suplício, agarrou a vítima pelas orelhas, suspendeu-a e entrou a sacudi-la. Os gemidos cessaram. O corpo mofino se desengonçava, a sombra dêle ia e vinha na parede tisnada, alcançava a telha, e os pés se agitavam no ar.

Foi aí que me veio a tentação de auxiliar meu pai. Não conseguiria prestar serviço apreciável, mas estava certo de que o moleque havia cometido um grave delito e resolvi colaborar na pena. Retirei uma acha de lenha do feixe molhado, encostei-a de manso a uma das solas que se moviam por cima da minha cabeça. Na verdade apenas toquei a pele do negrinho. Não me arriscaria a magoá-lo, queria sòmente convencer-me de que seria capaz de fazer alguém padecer. O meu acto era a simples exteriorização de um sentimento perverso, que a fraqueza limitava. Se a experiência não tivesse gorado, é possível que desenvolvesse a tendência ruim e me tornasse um homem forte. Malogrou-se — e tomei rumo diferente. Com certeza José nada sentiu. Cobrei alento e cheguei-lhe de novo ao pé o inofensivo pau de lenha. Nesse ponto o moleque berrou com desespêro, a dizer que eu o tinha ferido. Meu pai abandonou-o. E, vendo-me armado, nem olhou o ferimento: levantou-me pelas orelhas e concluíu a punição transferindo para mim tôdas as culpas de José. Fui obrigado a participar do sofrimento alheio.

GRACILIANO RAMOS

"O Moleque José". *Atlântico: Revista Luso-Brasileira* (Lisboa), n. 3, mar. 1943, pp. 111-115.

# O BARÃO DE MACAHUBAS

DECEPÇÃO. Esperei que me dessem um livro bonito, de estampas coloridas e prosa fácil, comparável à do folheto de capa amarela, percorrido em oito dias, e davam-me um grosso volume escuro e feio, cartonagem severa, antipática. Nas fôlhas delgadas, incontáveis, as letras fervilhavam, miúdas, e as ilustrações avultavam num papel brilhante como rasto de lesma ou catarro sêco.

Principiei a leitura de má vontade. E logo emperrei na história dum menino vadio que, dirigindo-se à escola, se entretinha a conversar com os passarinhos e recebia dêles opiniões sisudas e bons conselhos.

— Passarinho, queres tu brincar comigo?

Maneira de preguntar esquisita, pensei. E o animalejo, atarefado na construção dum ninho, exprimia-se de modo ainda mais confuso. Ave sabida e imodesta, que se confessava trabalhadora em excesso e orientava o pequeno vagabundo no caminho do dever.

Em seguida vinham outros irracionais, igualmente bem intencionados e bem falantes. Havia a moscazinha, que morava na parede duma chaminé e voava à toa, desobedecendo às ordens da mãe, criatura cheia de ponderação. Tanto voou que afinal caíu no fogo.

Êsses dois contos me intrigaram com o barão de Macahubas. Examinei-lhe o retrato e assaltaram-me preságios funestos. Um tipo de barbas espessas, como as do mestre rural visto anos atrás. Carrancudo, cabeludo, homem notável. E perverso. Perverso com a môsca inocente e perverso com os leitores. Que levava a personagem barbuda a ingerir-se em negócios de pássaros, de insectos e de crianças? Não tinha semelhança nenhuma com êsses viventes. O que êle tencionava era elevar as crianças, os insectos e os pássaros ao nível dos professores.

Não me parecia desarrazoado os brutos se entenderem, brigarem, fazerem as pazes, narrarem as suas aventuras, sem dúvida curiosas. Tinha reflectido nisso, admitia que os sapos do açude da Penha manifestassem, cantando, coisas ininteligíveis para nós. Os fracos se queixavam, os fortes gritavam mandando. Constituíam uma sociedade. Sapos negociantes, sapos vaqueiros, o reverendo sapo João Inácio, o sapo José da Luz, amigo da distinta farda, sapos traquinas, filhos do cururu Teotoninho Sabiá, o sapo alfaiate mestre Firmo, a sapa Rosenda lavadeira a tagarelar os mexericos da beira da água. O nosso mundo exíguo se alargaria um pouco, enfeitar-se-ia de sonhos e caraminholas.

Infelizmente um doutor, utilizando bichinhos, impunha-nos a linguagem dos doutores.

— Queres tu brincar comigo?

O passarinho, no galho, respondia com preceito e moral. E a môsca usava adjectivos colhidos no dicionário. A figura do barão manchava o frontispício do livro — e a gente percebia que era dêle o pedantismo atribuído à môsca e ao passarinho. Ridículo, um indivíduo hirsuto e grave, doutor e barão, pipilar conselhos, zumbir admoestações.

E isso ainda era condescendência. Decifrados a custo os dois apólogos, encolhi-me e desanimei, incapaz de achar nexo nas páginas seguintes. Li-as soletrando e gaguejando, nauseado. Lembro-me dum dêsses horrores, que bocejei longamente. Um sujeito, acossado por inimigos brabos, ocultava-se numa caverna. A aranha providencial veio estender fios à entrada do refúgio. E os perseguidores não incomodaram o fugitivo: se êle estivesse ali teria desmanchado a teia.

D. Marica resumiu essa literatura, explicou-a. E o meu desalento aumentou.

Julguei que ela fantasiava, não enxergara a narrativa simples nas palavras desarrumadas e compridas.

Venerei e temi o barão de Macahubas, considerei-o um sábio enorme, confundi a ciência dêle com o enigma apresentado no catecismo.

— Podemos entender bem isso?

— Não: é um mistério.

Os meus infelizes miolos ferviam, evaporavam-se, transformavam-se em nevoeiro, e nessa neblina flutuavam môscas, aranhas e passarinhos, nomes difíceis, vastas barbas pedagógicas. Achava-me obtuso. A cabeça pendia em largos cochilos, os dedos esmoreciam, deixavam cair o volume pesado. Contudo cheguei ao fim dêle. Acordei desanimado, bambo, certo de que nunca me desembaraçaria dos cipoais escritos.

De quem seria o defeito, do barão de Macahubas ou meu? Devia ser meu. Um cidadão importante e idoso, coberto de rugas e responsabilidades, com certeza escrevia direito. Não havia talvez desordem na composição. Só eu me atrapalhava nela, os outros meninos viam fàcilmente o fugitivo esconder-se na gruta, a aranha fabricar a teia misericordiosa. Meu pai tinha razão quando me afligia por causa de duas consoantes encrencadas. Minha mãe tinha razão quando me chamava idiota. Realmente êles se contradiziam às vezes, amaciavam-se, mas isto não suprimia o julgamento anterior. Humilhava-me e na horrível cartonagem só percebia uma confusão de veredas impenetráveis, com muito espinho, atoleiro e pedra. Não valia a pena esforçar-me por andar nelas. Na verdade nem desejava tentar qualquer esfôrço: o exercício me produzia enjôo.

Restava-me, porém, uma débil esperança, pois naquela idade ninguém é inteiramente pessimista. Receava tornar ao pesadelo e segurava-me à ilusão de que o terceiro livro não fôsse tão ruim como o segundo. Procurava enganar-me amparando-me numa incongruência. De facto, reconhecendo-me inepto era absurdo pretender melhoria de situação. Não me conformava. E se o catecismo tivesse para mim algum significado, pegar-me-ia a Deus, pedir-lhe-ia que me livrasse do barão de Macahubas. Nenhum proveito a libertação me daria: os organizadores comuns de histórias infantis eram provàvelmente como êle. Em todo o caso ambicionei afastar-me das torturas conhecidas. Não me poderiam oferecer coisa pior que a teia de aranha, a môsca e o pássaro virtuoso.

As minhas pobres aspirações debandaram. Recebi um livro corpulento, origem de calafrios. Papel ordinário, letra safada. E, logo no intróito, o sinal do malefício: as barbas consideráveis, a sisudez cabeluda. Dêsse objecto sinistro guardo a lembrança mortificadora de muitas páginas relativas à boa pontuação. Eu me avizinhava dos sete anos, não conseguia ler e os meus rascunhos eram pavorosos. Apesar disso emaranhei-me em regras complicadas, resmunguei expressões técnicas e encerrei-me num embrutecimento admirável. No catecismo e na tabuada não havia sentido, mas aí apenas me obrigavam a decorar um certo número de linhas.

— Sete vezes nove?

Sessenta, pouco mais ou menos. A exigência de D. Marica não se inquietava com unidades.

— Quantos são os inimigos da alma?

Em três palavras isentava-me da imposição. Estranhava que se juntasse a carne ao diabo: naturalmente o autor da resposta se havia equivocado. Quis insurgir-me contra o disparate, mas os sortilégios da tipografia começavam a dominar-me. Em falta de explicação, imaginei um diabo carnívoro. A redacção não exprimia bem essa idéia. Paciência. Tôdas as frases artificiais, ambíguas, me deixavam perplexo. Enfim, a minha obrigação era papaguear algumas sílabas. D. Marica não entrava em minúcias, talvez aceitasse o diabo carnívoro. Um mistério, curto, por felicidade.

O outro mistério, o que se referia a pontos, vírgulas, parêntesis e aspas, estirava-se demais e produzia um sono terrível.

Foi por êsse tempo que me infligiram Camões, no manuscrito. Sim senhor: Camões, em medonhos caracteres borrados — e manuscritos. Aos sete anos, no interior do Nordeste, ignorante da minha língua, fui compelido a adivinhar, em língua estranha, as filhas do Mondego, a linda Inês, as armas e os barões assinalados. Um dêsses barões era provàvelmente o de Macahubas, o dos passarinhos, da môsca, da teia de aranha, das regras de pontuação. Deus me perdõe. Abominei Camões. E ao barão de Macahubas associei Vasco da Gama, Afonso de Albuquerque, o gigante Adamastor, barão também decerto.

GRACILIANO RAMOS

---

*Nota da Redacção :* É evidente que, quando o autor classifica de «estranha» a língua de Camões, não fala como notável escritor, que é, da língua portuguesa, mas como a criança sertaneja que foi.

"O Barão de Macahubas". *Atlântico: Revista Luso-Brasileira* (Lisboa), n. 4, nov. 1943, pp. 131-134.

# INSÓNIA

SIM ou não? Esta pregunta surgiu-me de chofre no sono profundo e acordou-me. A inércia findou num instante, o corpo morto levantou-se rápido, como se fôsse impelido por um maquinismo.

Sim ou não? Para bem dizer não era pregunta, voz interior ou fantasmagoria de sonho: era uma espécie de mão poderosa que me agarrava os cabelos e me levantava do colchão, brutalmente, me sentava na cama, arrepiado e aturdido. Nunca ninguém despertou de semelhante maneira. Uma garra segurando-me os cabelos, puxando-me para cima, forçando-me a erguer o espinhaço, e a voz soprada aos meus ouvidos, gritada aos meus ouvidos: «Sim ou não?»

Nada sei: estou atordoado e preciso continuar a dormir, não pensar, não desejar, matéria fria e impotente. Bicho inferior, planta ou pedra, num colchão. De repente a modôrra cessou, a mola me suspendeu e a interrogação absurda me entrou nos ouvidos: «Sim ou não?» Encostar de novo a cabeça ao travesseiro e continuar a dormir, dormir sempre. Mas o desgraçado corpo está erguido e não tolera a posição horizontal. Poderei dormir sentado?

Um, dois, um, dois. Certamente são as pancadas dum pêndulo inexistente. Um, dois, um, dois. Ouvindo isto, acabarei dormindo sentado. E escorregarei no colchão, mergulharei a cabeça no travesseiro, como um bruto, levantar-me-ei tranqüilo com os rumores da rua, os pregões dos vendedores, que nunca escuto.

Um, dois, um, dois. Não consigo estirar-me na cama, embrutecer-me novamente: impossível a adaptação aos lençóis e às coisas moles que enchem o colchão e os travesseiros. Certamente aquilo foi uma alucinação; esforço-me por acreditar que uma alucinação me agarrou os cabelos e me conservou dêste modo, inteiriçado, os olhos muito abertos na escuridão, cheio de pavores. Que pavores? Porque tremo, tento sustentar-me em coisas passadas, frágeis, teias de aranha?

Sim ou não? Estarei completamente doido ou oscilarei ainda entre a razão e a loucura? Estou bem, é claro. Tudo em redor se conserva em ordem: a cama larga não aumentou nem diminuíu, as paredes sumiram-se depois que apertei o botão do comutador, a faixa de luz que varre o quarto é comum, igual à que ontem me feriu os olhos e me despertou sùbitamente.

Porque fui imaginar que êste jacto de luz é diferente dos outros e funesto? Caí na cama e rolei fora daqui nem sei que tempo, longe, muito longe, gastando-me no espaço. Partículas minhas boiaram à toa entre os mundos. De repente uma janela se abriu na casa vizinha, um jôrro de luz atravessou-me a vidraça, entrou-me em casa e interrompeu a ausência prolongada.

Sim ou não? Quem me está fazendo na sombra esta horrível pregunta? Com a golfada de luz que penetrou a vidraça, alguém chegou, pegou-me os cabelos, levantou-me do colchão, gritou-me as palavras sem sentido e escondeu-se num canto.

Arregalo os olhos, tento convencer-me de que a luz é ordinária, emanação de um foco ordinário aqui da casa próxima. Se alguém tivesse torcido uma lâmpada para a esquerda ou tocado um botão na parede, eu teria continuado a rolar na imensidão, fora da terra. Mas isto não se deu — e a réstia que me divide o quarto muda-se em pessoa.

Quem está aqui? Será um ladrão? Aventura inútil, trabalho perdido. Não possuo nada que se possa roubar. Se um ladrão passou pelos vidros, procurá-lo-ei tateando, encontrá-lo-ei num canto de parede e direi baixinho, para não amedrontá-lo: «Não te posso dar nada, meu filho. Volta para o lugar donde vieste, atravessa novamente os vidros. E deixa-me aí qualquer coisa.» Não, nenhum ladrão se engana comigo. Contudo alguém me entrou em casa, está perto de mim, repetindo as palavras que me endoidecem: «Sim ou não?»

Sim, não, sim, não. Um relógio tenta chamar-me à realidade. Que tempo dormi? Esperarei até que o relógio bata de novo e me diga que vivi mais meia hora, dentro dêste horrível jacto de luz.

Um, dois, um, dois. Tudo isto é ilusão. Ouvi uma pancada dentro da noite, mas não sei se o relógio está longe ou perto: o tique-taque dêle é muito próximo e muito distante.

Sim ou não? Deverei levantar-me, andar, convencer-me de que saí daquele sono de morte e posso mexer-me como um vivente qualquer, ir, vir, chegar à janela e receber o ar da madrugada? Impossível mover-me. Para alcançar a janela preciso atravessar esta claridade que me fende o quarto como uma cunha, rasga a escuridão, fria, dura, crua. Se a escuridão fôsse completa, eu conseguiria encostar--me de novo, cerrar os olhos, pensar num encontro que tive durante o dia, recordar uma frase, um rosto, a mão que me apertou os dedos, mentiras sussurradas. Inùtilmente.

O relógio lá em baixo torna a bater. Conto as pancadas e engano-me. Duas ou três? Daqui a uma hora certificar-me-ei. Uma hora imóvel, os cotovelos pregados nos joelhos, o queixo nas mãos, os dedos sentindo a dureza dos ossos da cara. O que há de sensível nesta carcaça trémula concentrou-se nos dedos, e os dedos apalpam os ossos da caveira.

Um, dois, um, dois. Evidentemente me equivoco, não ouço o tique-taquear do pêndulo: o relógio afastou-se, gastará uma eternidade para me dizer se foram duas ou três as pancadas que me penetraram a carne e rebentaram ossos.

Que está aqui a martelar no escuro, sim ou não, sim ou não, roendo-me, roendo-me? Será um rato faminto que roeu a porta, se chegou a mim e continuou a roer interminàvelmente? Não. Se fôsse um rato, eu me levantaria, iria enxotá-lo. Usaria as pernas, que se tornaram de chumbo, atravessaria a zona luminosa, acenderia um cigarro.

Houve agora uma pausa nesta agonia, todos os rumores se dissiparam, a vidraça escureceu, o soalho fugiu-me dos pés — e senti-me cair devagar na treva absoluta. Sùbitamente um foguete rasga a treva e um arrepio sacode-me. Na queda imensa deixei a cama, vim sentar-me à mesa e fumar.

Sim ou não? A pergunta corta a noite longa. Parece que a cidade se encheu

de igrejas, e em tôdas as igrejas há sinos tocando, lúgubres: «Sim ou não? Sim ou não?» Porque é que êstes sinos tocam fora de hora, adiantadamente?

A pessoa invisível que me persegue não se contenta com a interrogação multiplicada: aperta-me o pescoço. Tenho um nó na garganta, unhas me ferem, uma horrível gravata me estrangula.

Porque estão rindo? Hem? Porque estão rindo aqui no meu quarto? An, an! Não há motivo. An, an! An, an! Um sujeito acordou no meio da noite, não reatou o sono, vejo sentar-se à mesa e fumar. Apenas. Inteiramente calmo, os cotovelos pregados na madeira, o queixo apoiado nas munhecas, o cigarro prêso nos dentes, os dedos quási parados, percorrendo lentos as excrescências duma caveira.

Tôda a carne fugiu, tôda a carne apodreceu e foi comida pelos vermes. Um feixe de ossos, escorado à mesa, fuma. Um esqueleto veio da cama até aqui, sacolejando-se, rangendo.

Sim ou não? Lá está o diabo do relógio a tique-taquear, a matracar: «Sim ou não?» Desejaria que me deixassem em paz, que não me viessem fazer perguntas a esta hora. Se pudesse baixar a cabeça, descansaria talvez, dormiria junto à pilha de livros, despertaria quando o sol entrasse pela janela.

Um, dois, um, dois. Que me dizia ontem à tarde aquêle homem risonho, perto duma vitrina? Tão amável! Penso que discordei dêle e achei tudo ruim na vida. O homem amável sorriu para não me contrariar. Provàvelmente está dormindo.

Terá parado o maldito relógio? Terá batido enquanto me ausentei, consumi séculos da cama para aqui?

Um silêncio grande envolve o mundo. Contudo a voz que me aflige continua a mergulhar-me nos ouvidos, a apertar-me o pescoço. Estremeço. Como é possível semelhante coisa? Como é possível uma voz apertar o pescoço de alguém? Rio, tento libertar-me da loucura que me puxa para uma nova queda, explico a mim mesmo que o que me aperta o pescoço não é uma voz: é uma gravata. A voz diz apenas: «Sim ou não?» Hem!, que vou responder?

Há no mundo uma terrível injustiça. Porque dormem os outros homens e eu fico arreado sôbre uma tábua, encolhido, as falanges descarnadas contornando órbitas vazias? Hem? Os vermes insaciáveis dizem baixinho: «Sim ou não?»

A luz que vinha da casa próxima desapareceu, a vidraça apagou-se, e êste quarto é uma sepultura. Uma sepultura onde pedaços do mundo se ampliam desesperadamente.

Sim ou não? Como entraram aqui estas palavras?, por onde entraram estas palavras?

Enforcaram-me, decompus-me, os meus ossos caíram sôbre a mesa, junto do cinzeiro onde pontas de cigarros se acumulam. Estou só e morto. Quem me chama lá de fora, quem me quere afastar do túmulo, obrigar-me a andar na rua, tomar o bonde, entrar no café?

Sim ou não? Sei lá! Antes de morrer, agitei-me como um doido, corri como um doido, uma enorme ansiedade me consumiu. Agora estou imóvel e tranqüilo. Como posso fumar se estou imóvel e tranqüilo? A brasa do cigarro desloca-se vagarosamente, chega-me à bôca, aviva-se, foge, empalidece. É uma brasa animada; vai e vem, sôlta no ar, como um fogo-fátuo. Os meus dedos estão longe dela, frios e sem carne, metidos em órbitas vazias. Tôda a vontade sumiu-se, derreteu-se, e a brasa é um ôlho zombeteiro. Vai e vem, lenta, vai e vem, parece que me está preguntando qualquer coisa.

Evidentemente sou um sujeito feliz. Hem? Feliz e imóvel. Se alguém comprimisse ali o botão do comutador, eu veria no espelho uma cara sossegada, a mesma que vejo todos os dias, inexpressiva, indiferente, um sorriso idiota pregado nos beiços.

Amanhã comportar-me-ei direito, amarrarei uma gravata ao pescoço, percorrerei as ruas como um bicho doméstico, um cidadão comum, arrastado para aqui, para acolá, dizendo frases convenientes. Feliz, completamente feliz.

Novos foguetes rompem a escuridão e acendem novos cigarros. Feliz e imóvel. Se a noite findasse, erguer-me-ia, caminharia como os outros, entraria no banheiro, livrar-me-ia das impurezas que me estão coladas nos ossos. Mas a noite não finda, todos os relógios descansaram — e a terra está imóvel como eu.

O silêncio é um borburinho confuso, um sôpro monótono. Parece que um grande vento se derrama gemendo sôbre as árvores dos quintais vizinhos. Um zumbido longo de abelhas. E as abelhas partem os vidros da janela escura, o vento vem lamber-me os ossos, enrolar-se no meu pescoço como uma gravata.

Frio. A tocha quási apagada do cigarro treme, os dedos que percorrem buracos de órbitas vazias tremem. E a tremura reproduz o tique-taque dum relógio.

Desejaria conversar, voltar a ser um homem, sustentar uma opinião qualquer, defender-me de inimigos invisíveis. As idéias amorteceram como a brasa do cigarro. O frio sacode-me os ossos. E os ossos chocalham a pergunta invariável: Sim ou não? Sim ou não?

GRACILIANO RAMOS

"Insónia". *Atlântico: Revista Luso-Brasileira* (Lisboa), n. 5, jul. 1944, pp. 153-157.

# MINSK

### CONTO POR GRACILIANO RAMOS

Quando tio Severino voltou da fazenda, trouxe para Luciana um periquito. Não era um cara-suja ordinário, de uma côr só, pequenino e mudo. Era um periquito grande, com manchas amarelas, andava torto, inchado, e fazia: — «Eh! eh!»

Luciana recebeu-o, abriu muito os olhos espantados, estranhou que aquela maravilha viesse dos dedos curtos e nodosos de tio Severino, deu um grito selvagem, mistura de admiração e triunfo. Esqueceu os agradecimentos, meteu-se no corredor, atravessou a sala de jantar, chegou à cozinha, expôs à cozinheira e à Maria Júlia as penas verdes e amarelas que enfeitavam uma vida trémula. A cozinheira não lhe prestou atenção, Maria Júlia franziu os beiços pálidos num sorriso desenxabido. Luciana desorientou-se,

"Minsk". *Litoral: Revista Mensal de Cultura* (Lisboa), n. 2, jul. 1944.

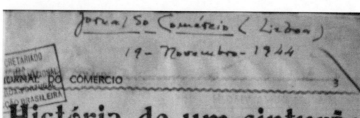

"História de um Cinturão". *Jornal do Comércio* (Lisboa), 19 nov. 1944 (Arquivo IEB/USP, Fundo Graciliano Ramos).

# GRACILIANO RAMOS

nasceu em Quebrangulo (Alagoas) em 1892. Embora a publicação do seu primeiro romance: *Cahetés*, diste apenas um ano do aparecimento de *S. Bernardo*, vê-se que maior espaço de tempo separa as duas obras, tão seguro do estilo, da técnica e da psicologia o escritor se apresenta no segundo romance. Num país de precoces, Graciliano Ramos apareceu tarde, por isso mesmo revelando, logo no segundo livro, uma maturidade e um domínio perfeito da matéria e do processo, que são raros na literatura brasileira. Dois anos depois, um terceiro livro: *Angústia*, deu-lhe, definitivamente, um dos lugares primaciais entre os romancistas brasileiros, não só de hoje mas de de sempre. Outros dois anos decorridos, este escritor que não se apressou nem se multiplica, construindo a sua obra como um bom artesão, respeitador do instrumento de trabalho que é a língua, deu nova prova do seu talento, da sua arte e da sua profunda humanidade, no livro *Vidas Secas*. Apresentado como romance, esse livro é, realmente, constituído por uma série de quadros e cenas da vida sertaneja, tão destacáveis que alguns dos seus capítulos os inciuiu mais tarde, o autor, num volume de *Histórias Incompletas*, de que extraímos esta para o representar como contista. Nesse gênero publicou ainda, recentemente, o livro *Insónia*, e quer com aquele volume, quer com este, conquistou um dos primeiros lugares entre os contistas do seu país e da nossa língua. Como memorialista, com o livro *Infância*, tornou-se um dos raros casos notáveis nas literaturas de língua portuguesa. Alguns dos capítulos desse livro de memórias são, aliás, narrações tão objectivas que o autor pôde, legìtimamente, deslocá-las para o volume de *Histórias Incompletas*.

Este conto é extraído do volume
*HISTÓRIAS INCOMPLETAS*

# MINSK

QUANDO tio Severino voltou da fazenda, trouxe para Luciana um periquito. Não era um cara-suja ordinário, de uma cor só, pequenino e mudo. Era um periquito grande, com manchas amarelas, andava torto, inchado, e fazia: — «Eh! eh!».

Luciana recebeu-o, abriu muito os olhos espantados, estranhou que aquela maravilha viesse dos dedos curtos e nodosos de tio Severino, deu um grito selvagem, mistura de admiração e triunfo. Esqueceu os agradecimentos, meteu-se no corredor, atravessou a sala de jantar, chegou à cozinha, expôs à cozinheira e a Maria Júlia as penas verdes e amarelas que enfeitavam uma vida trémula. A cozinheira não lhe prestou atenção, Maria Júlia franziu os beiços pálidos num sorriso desenxabido. Luciana desorientou-se, bateu o pé, mas receou estragar o contentamento, desdenhou incompreensões, afastou-se com a ideia de baptizar o animalzinho. Acomodou-o no fura-bolo e entrou a passear pela casa, contemplando-o, ciciando beijos, combinando sílabas, tentando formar uma palavra sonora. Nada conseguindo, sentou-se à mesa de jantar, abriu um atlas. O periquito saltou-lhe da mão, escorregou na folha de papel, moveu-se desajeitado, per-

119

"Minsk". *Contos do Brasil* (Antologia). Seleção, prefácio e notas de José Osório de Oliveira. Lisboa, Portugália, 1947[?]

# 2. Proposta de Edição da Fortuna Crítica de Graciliano em Portugal

Graciliano Ramos em Portugal – A Fortuna Crítica do
Escritor Alagoano na Imprensa Portuguesa
dos Anos de 1930 a 1950

*Organização de Thiago Mio Salla*

# Nota Editorial

A presente proposta de edição procurou coligir os principais artigos, ensaios e entrevistas a respeito tanto da obra de Graciliano Ramos quanto da figura do autor de *Vidas Secas* publicados quer em revistas literárias e jornais diários portugueses, quer em livros de autoria de críticos lusitanos. As únicas exceções são textos sobre o artista alagoano e suas produções estampados no periódico carioca *Esfera: Revista de Letras, Artes e Ciências*, que se identificava como um órgão de intercâmbio luso-brasileiro e, entre outros atributos, apresentava considerável circulação e divulgação em terras portuguesas[1].

Tendo em vista o pressuposto de mapear e documentar a recepção de Graciliano em Portugal em momentos específicos no transcorrer das décadas de 1930, 1940 e 1950, os escritos aqui reunidos foram dispostos em ordem cronológica. Em função disso, privilegiou-se a primeira edição de tais textos publicada seja em periódico, seja em livro. Desse modo, por exemplo, optou--se por trazer as versões dos três diferentes ensaios sobre Graciliano Ramos publicados por Adolfo Casais Monteiro primeiramente na imprensa em 1947

---

1. Para mais informações a respeito de *Esfera* e do papel de tal periódico como "órgão de intercâmbio luso-brasileiro", c.f. a segunda parte deste trabalho.

e em 1959, e não a redação final da reunião de tais artigos em livro feita pelo autor em 1964[2].

Mantiveram-se os títulos originalmente empregados pelos diferentes autores. Todavia, no caso de trechos sem um nome específico, extraídos de contextos textuais maiores (livros, sobretudo), decidiu-se por batizar tais excertos em conformidade com seu conteúdo, primando-se, em regra, pela economia e pela concisão.

No processo de fixação dos textos apresentados nesta proposta editorial, na medida em que boa parte deles data de diferentes períodos e obedecem a padrões ortográficos variados, optou-se por uniformizar as grafias, atualizando-as segundo as normas correntes preconizadas pelo Novo Acordo Ortográfico da Língua Portuguesa de 1990. Paralelamente, procurou-se manter a pontuação de caráter autoral, apesar de terem sido realizadas intervenções pontuais no uso de vírgulas, sempre com o objetivo de esclarecer passagens consideradas confusas ou de difícil compreensão.

Realizaram-se também a solução ocasional de erros tipográficos mediante a supressão ou o acréscimo de letras e a padronização de formatações especiais (com destaque para caixa-alta e baixa, negrito, itálico e sublinhado), bem como do uso das aspas, de modo a se conferir unidade ao todo.

---

2. Sob o título "Graciliano Ramos", Casais Monteiro recolheu no livro *Romance (Teoria e Crítica)*, publicado pela José Olympio em 1964, os seguintes artigos: "O Romance Brasileiro Contemporâneo", *O Primeiro de Janeiro*, 30 abr. 1947; "Graciliano Ramos sem Nordeste", *O Estado de S.Paulo*, 7 fev. 1959 e *Diário de Lisboa*, 23 abr. 1959; "A Confissão de Graciliano Ramos", *O Estado de S.Paulo*, 21 fev. 1959.

# *Vidas Secas* de Graciliano Ramos[1]

## *Eneida de Moraes*

Hoje, mais intensamente que nunca, vai-se a toda obra de arte, na ânsia de nela encontrar uma expressão real de vida. As do passado, como as presentes, só se fixaram ou ficam pelo que representam real e positivamente, servindo a esta ou àquela finalidade, refletindo determinadas épocas, hábitos, costumes, tipos. No presente, a exigência é tanto maior porque os deveres do artista cresceram dentro da sociedade, para com ela. Não é mais possível ao homem e principalmente ao artista viver isolado, dentro de si, só para si. As necessidades ambientes exigiram que o artista rompesse com o isolamento e o jogaram dentro das multidões ativas. O espectador distante se tornou componente direto dos espetáculos. A realidade impôs-se. Não mais a quase realidade, mas a integral, nua, sem claros-escuros: aquela que analisa e disseca, descreve e explica.

Há os que julgam que pensar assim é liquidar a emoção, o humano, mesmo o poético das obras de arte. É não querer ver que a emoção, o humano, o grandioso em arte serão tanto mais profundos quanto maior for a expressão [de] vida real. E está claro que só a existência de determinadas qualidades,

---

1. Eneida de Moraes, "*Vidas Secas* de Graciliano Ramos", *Esfera*, n. 1, maio 1938, p. 27.

independente do material que se tome para o trabalho, fazem do escritor um artista, quer dizer, um criador de obras de arte.

Um grande escritor francês pintou, em traços soberbos, a literatura vazia dos romances vazios, depois de declarar que "a literatura é a arte das artes". Que não se pode comparar a literatura a nenhuma outra arte. As outras se especializam, ela é um conjunto de todas. Ela contém e reúne todas. O progresso do conhecimento e do espírito estão nela contidos. Todo o saber se reúne dentro dela. E apresenta o quadro: "A literatura (fora da realidade) tem todas as taras mórbidas da decadência. Subanálise de salão, subimpressionismo de *kodak*, e de estenografia, atmosfera de vitrine, deboche e ironia, casos excepcionais, peças únicas, quintessência, abstração, pessimismo, resíduos de Stendhal, caricaturas de Dostoiévski, psicologia de jesuítas, filosofia de papel, cirurgia de pontas de alfinete, ignorância erudita, cerimônias fúnebres".

Obras que têm um só valor: o de não despertar nenhum interesse.

Objetiva ou subjetivamente servir para alguma coisa, ser útil, é o primeiro dever que distinguirá, no caos dos artistas, os homens.

\* \* \*

Essas considerações ocorrem-nos da leitura de *Vidas Secas*, o último romance de Graciliano Ramos. Ali nada se perde. Tudo é vida, profundamente vida real, vivida. Natureza e homem dentro do mesmo enorme sofrimento. Os personagens são determinados pelo ambiente hostil, árido, fechado. Vivem não a vida que precisavam e desejavam, mas aquela que lhes é imposta pela natureza. As cóleras surgem para desaparecer momentos depois. Vão assim sucedendo-se, sem soluções. Os menores sentimentos humanos são brutalmente esmagados ou adiados, tal é o peso dos sofrimentos.

Fabiano é o homem que não recebendo nenhum socorro, nenhum auxílio do meio em que vive, sentindo em torno de si ódios invisíveis, mas diretos, nada mais pode dar em retribuição do que aquele mesmo ódio. Não há lágrimas a não ser quando a "claridade do sol" enche os olhos de água. As emoções talvez houvessem existido, mas não para a geração de Fabiano, neto e filho de vaqueiros. "Outros antepassados mais antigos haviam-se acostumado a percorrer veredas, afastando o mato com as mãos" e sofrendo da mesma miséria.

Não há amor sentimento. Quando o coração de Fabiano se une ao de Sinha Vitória é unicamente num "abraço cansado", aproximando farrapos. Quando Fabiano pensa na família, sente fome. Amor, carinho, doçura são lá possíveis naquele ambiente, naquela gente que tem contra si todas as iras espalhadas pelo mundo? Quando a própria voz é esmagada para "não estragar forças?".

Mas Fabiano não é um fracassado. Se os sentimentos humanos não se exteriorizam, ele os mantém, como um avaro, expandindo-os em seus monólogos interiores. Nada o abate. Discute consigo mesmo e reconhece sua nulidade para qualquer ação mais violenta. A força física da qual se sente possuidor, amolenta-se diante de forças maiores. Fabiano tem o sentido de que, individualmente, nada vale. E sua única expressão: "você é um bicho" é um desabafo de quem quer "vencer dificuldades". Às vezes chega a pronunciar em voz alta: "Fabiano, você é um homem" como a estimular-se... Porque Fabiano luta desesperadamente para ficar homem quando tudo leva-o ao irracional, quando vivendo longe dos homens só se dá bem com os animais. Só com eles fala livremente. Só por eles é entendido. Fala pouco com os homens, achando as palavras "inúteis e talvez perigosas". A ignorância que lhe é imposta não o impede de se interrogar: "tinha o direito de saber? Tinha? Não tinha?". Nunca vira uma escola. Por isso não conseguia defender-se, "botar as coisas nos seus lugares". E deseja conhecer tudo o que sabe o seu Tomás da bolandeira, seu Tomás que "estragava os olhos em cima de jornais e livros, mas não sabia mandar: pedia".

Fabiano não é um fracassado. Se atende aos berros do patrão, berros sem precisão, se ouve as "descomposturas com o chapéu de couro debaixo do braço", isso não significa que ele se tenha adaptado à servidão. É ainda seu isolamento que o obriga a obedecer sem discutir. É servo e não servil. Diante de cada sofrimento, ele sente a "sorte ruim", mas "deseja brigar com ela e vencê-la". E esta sua vontade é tão grande, tão grande que de todas suas lutas ele sempre sai vencedor, mesmo quando, após perder para o soldado amarelo, considera-o um infeliz "que nem merecia um tabefe pelas costas da mão". Seus instintos de vingança levam-no a desejar entrar para um bando de cangaceiros e fazer "um estrago nos homens que dirigiam o soldado amarelo". Porque aí também, Fabiano sente que o soldado amarelo, isolado, nada representa, nada vale.

Nunca se conforma. Sabe que está sendo sempre roubado: nas contas com o patrão, nos impostos da prefeitura, nas lutas mesquinhas com a autoridade. "O pai vivera assim, o avô também." E para trás não existia família. "Contar mandacaru, ensebar látegos, aquilo estava no sangue."

Em *Vidas Secas* não há personagens centrais. Há cinco criaturas vivendo a mesma vida, sentindo os mesmos sentimentos, todos frutos do mesmo ambiente. Para os dois meninos o futuro previsto é o presente do pai, e o mais próximo é esperar que "eles se espojem na terra fofa do chiqueiro das cabras". Os meninos andarão para o sul, metidos num sonho: uma cidade grande, cheia de pessoas fortes. Aprenderiam em escolas coisas difíceis e necessárias. Os meninos serão os homens fortes e brutos que o sertão mandará para a cidade e que esta – quem sabe – tornará homens brutos e fracos. Para a mulher as dúvidas são as mesmas do marido. Apenas ela deseja talvez mais intensamente que ele. Ela ainda tem sonhos: uma cama de lastro de couro "como outras pessoas" possuem, uns sapatos de verniz que usa nas festas, "caros e inúteis", um corte de chita vermelha. Para a mulher a preocupação é esquecer, mesmo quando tudo se combina para fazê-la lembrar. Foi forçada a secar suas fontes de carinho. Se beija alguém, é a cachorra Baleia porque esta lhe traz um preá que acalmará, por segundos, a grande fome existente.

E nada maior do que Baleia. Só ela merece e distribui carinhos. Só ela tem os olhos mansos e sabe ainda pôr, dentro de tanta aspereza existente, umas notas de ternura. Graciliano Ramos conseguiu magistralmente a interpretação dos sentimentos desse animal que, parte integrante da família, serve a esta com ilimitada dedicação. A parte mais emocional de *Vidas Secas* é, sem dúvida, a morte de Baleia. Ali não é um cão que morre. O que se liquida, justa ou injustamente, é mais um dos elos sentimentais da família.

Vários críticos chamaram a *Vidas Secas* um romance sobre a seca. Ou da seca. Não nos agrada a classificação. O livro de Graciliano – ele que em todos seus romances demonstra sua profunda acuidade psicológica – é um romance análise, romance vida real e, por isso mesmo, enormemente humano, emocional. Tão análise que não nos dá, em absoluto, um sentido regional. Em qualquer idioma que seja traduzido o que dirá é a vida real, vida-vida de uma enorme parte do Brasil: o Nordeste, sua espantosa miséria, a angústia tremenda de seus habitantes.

# Panorama Literário do Brasil v[1]

*Afonso de Castro Senda*

Depoimento em volta do efêmero e do eterno na obra de arte, e palavras de ensaio sobre Graciliano Ramos e sua obra.

Foi apontado, no artigo anterior[2], um juízo sobre a reflexão do fenômeno estético, – que, num desenvolvimento sucinto, salientava as possibilidades ou impossibilidades duma arte pura, ou impura. Verificamos que a arte pura, reduzida ao seu próprio conceito (conceito absoluto – a arte em si – a arte como fórmula metafísica), não tem sentido, visto que arte, melhor, a obra de arte, não é uma fórmula isolada, mas sim a resultante duma integração de complexos.

Surgiram, em seguida, umas considerações sobre a razão ou sem razão das querelas em volta deste problema, – sendo nós levados à conclusão de que a base dessas querelas (o sentido social ou não social da arte) residia, vistas bem as coisas, fora do conceito – Arte.

Ao leitor competia desenvolver.

---

1. Afonso de Castro Senda, "Panorama Literário do Brasil v", *O Diabo*, n. 193, 5 jun. 1938, p. 2.
2. Afonso de Castro Senda, "Panorama Literário do Brasil iv", *O Diabo*, n. 188, 1 maio 1938, p. 2.

Seria agora uma excelente ocasião de vermos se as reflexões do leitor, na consecução desse fio de ideias, se identificavam com as que ficaram por expor. Mas visto que se antepõe uma outra questão, vamos analisá-la sumariamente:

Caídos ainda no debate em volta do valor da arte segundo é mais ou menos influenciada pela realidade do tempo, e, segundo esta influência, tem maiores ou menores probabilidades de ir além do temporal, – não teremos nós andado, porventura, sobre caminhos muito errados?

– Vejamos:

(Inicialmente devemos abstrair a ideia, perfilhada por alguns dos defensores da chamada arte pura, de que, quando se fala numa arte na qual se agitem os problemas sociais do tempo, é assim uma espécie de reportagem de jornal noticioso. A ideia é demasiado ilógica, se não quisermos dizer sofística, para que mereça ser posta em discussão.)

Verificamos já, nas considerações que preambulavam o artigo antecedente, desta série, que a obra de arte, visto que era o reflexo do psíquico (antes que tudo) do autor, figurava como resultante materialista dos conflitos mais proximamente passados (sentido dinâmico) que formaram o subconsciente do indivíduo. Aproximando, agora, sem mais delongas, do ponto de hoje, nós vemos que, se a literatura, melhor: se este ou aquele escritor (alarguemos este juízo a toda obra de arte; mais: a toda expressão de humanidade) fica, tal sucede, não por os seus motivos diretos (chamemos diretos àqueles saídos dum julgamento consciente) serem ou não do temporal, isto é: interpretações desse aspecto do temporal – ou ausência dos mesmos, segundo o critério ou formação mental do artista –, mas, sim, quando o artista atinge determinado nível de realização (como força inconsciente evoluída, digamos: apurada) que o projetou do efêmero para o eterno. Este ponto salienta-nos que não é por o artista se encerrar na badalada "torre de marfim", abandonar os dramas de seu momento social – que atinge o eterno – ou tendo conceitos diversos buscar o contrário, seja: a interpretação do seu acidente histórico.

Sabe-se suficientemente que um e outro critérios ilógicos e irreais, visto que o imortal na obra de arte só pertencerá àquele que, abandonando à sua natural realização, consegue uma superioridade de afirmação tal – capaz de imprimir fundo de eternidade à sua obra.

Não será, pois, o critério, em França, de André Gide, entre nós, de José Régio, que se apresentam a lutar por uma arte alheia ao temporal, – porque, analisadas as coisas serenamente, se temos razões para crer que estes fiquem, não as temos menos para guardar a convicção plena de que ficam igualmente um Romain Rolland e um Gorky; porque a craveira de uns e outros atingiu esse ritmo de superioridade, capaz de transpor o temporal.

E, como se sabe, ao lado de Rolland e Gorki, e em oposição a Gide e Régio, estão declaradamente um Barbusse, um Malraux e um Guéhenno, lá fora, um Abel Salazar entre nós – alargando a literatura às artes plásticas – se pretendermos fazer distinção no caso do último – sobretudo como obra realizada – e está toda uma geração cujas provas de capacidade artística começam a tomar relevo.

Assim, a ausência ou a presença do temporal na obra de arte, – encontrada com o critério exposto no artigo precedente, nada tem com o efêmero ou com o eterno da mesma.

O resto e a correlação com as ideias anteriormente expostas ficam para outra oportunidade – se é que o leitor se não sente impelido a pô-las em contato.

Ora, neste ponto, a literatura brasileira de hoje é uma flagrante realidade. Toda ela vive numa angustiosa exteriorização do seu acidente social. E, no entanto, ninguém poderá dizer que ela, por esse facto, não há de transpor, mesmo como fenômeno literário – o seu momento. Até que ponto? Será difícil prevê-lo – tendo mesmo em conta que é ainda muito jovem. O certo, porém, é ser ela uma literatura para marcar o renascimento e enriquecer um patrimônio de eternidade. Insisto: marcar-lhe o sentido de profundidade? – tarefa inútil e mesmo sem interesse de maior. Sabemos, simplesmente, que é uma literatura com um superior princípio – para qualquer destino.

Este, ela o realiza e determina na própria realização. Apenas nos compete contemplá-lo.

Graciliano Ramos – já aqui foi apontado – é um escritor de características essencialmente introspeccionistas, nomeadamente nos seus três primeiros livros: *Caetés, S. Bernardo, Angústia. Vidas Secas*, o último agora aparecido nas edições da Livraria José Olympio, – sem esconder o fundo subjetivo do autor, diverge inteiramente dos processos de realização dos três primeiros, – como teremos ocasião, adiante, de verificar.

Dir-se-á que Graciliano Ramos capricha em construir os seus livros ao contrário dos outros romancistas, melhor: da maneira que os outros não construíram. Ao lê-lo temos a impressão do diferente, do novo.

Visto de passagem o caso de *Caetés*, em que Graciliano mostra já a sua agudeza, simultaneamente de penetração e de revelação psicológica, um desses muitos enredos das pequenas cidades, com todo o seu estendal de intrigas, de compromissos amorosos, – de forçado exílio, – o caso atinge relevo em *S. Bernardo*.

*S. Bernardo* é um livro cheio de perplexidades, de arrebatamentos, de pensamentos glaciais, de decisões despóticas. O curioso, porém, é que este despotismo é transmitido ao leitor da maneira contrária do comum. Assim é só que irrefletidamente nos damos conta dele, queremos dizer: o despotismo do personagem que em *S. Bernardo* toma as vezes do autor do livro, a que Graciliano Ramos dá o nome de Paulo Honório, é levado à percepção do leitor pelos outros personagens – pelos personagens que entram em contato com Paulo Honório.

Geralmente um romancista, ainda quando o é de introspecção, coloca-nos a ver o mundo, senão pelas suas normas morais, pelos seus sentidos. E nós somos levados a permanecer com ele, a julgar pelos dados que ele nos aponta. Graciliano Ramos escreve doutra maneira. Julga o mundo, é um dos figurantes do mundo que disseca – mas o leitor, por ele posto no meio dos ambientes do romance, julga indiretamente, quero dizer: pelos pontos opostos; e então, muito à sua maneira, cria simpatia ou antipatia pelos personagens – coloca-se a viver com eles, – julgando, tal qual na vida cotidiana, pelos seus naturais raciocínios.

E assim como sucede aqui, sucede com o próprio desenvolvimento do livro: começa por um ponto, segue a sua ordem, e só o final, posta a história pelo romancista através do livro, estabelece a relação com o começo; de tal maneira, porém, que o livro não fica desarticulado, quebrado em enredos mais ou menos urdidos. Todo ele é um corpo único – um trabalho que começa no princípio e acaba no fim: princípio e fim estes que não são o princípio e fim de tragediazinhas caseiras, mas uma parcela da vida de todos os dias.

Com *Angústia*, culmina o desdobramento interior de Graciliano Ramos. É um trabalho no qual o leitor se sente atirado para o mundo dos grandes dramas psicológicos – a viver o desencontro dos personagens a que Graciliano Ramos transmite vida. Luís da Silva é um homem dotado de hipersensibilidade, a quem todos os pequenos arranhões penetram fundo. Nele concentra Graciliano Ramos os mais febris momentos do mundo íntimo do homem. Nele realça, do contato com o meio que o cerca, a intensidade duma época poderosamente dramática – de vivo desespero.

Pequenas existências passadas no meio de pequenos mundos, enormes pela agitação, – que o romancista retrata vigorosamente. Páginas como aquelas em que aos nossos olhos se desenrola a cena de Vitória (criada de Luís da Silva: Luís da Silva representando aqui Graciliano Ramos) a esconder no cofre subterrâneo do quintal a mensalidade, – e as moedas que, propositadamente, deixa rolar pra debaixo dos móveis a experimentar a criada, – são páginas que se não esquecem, sobretudo quando Luís da Silva, espiador dos gestos de Vitória, tendo-lhe subtraído, por necessidade de dias, algumas – ao repô-las, o faz com um lucro para Vitória de cem por cento. A perplexidade e o abatimento de que esta se toma, ao ver, no dia seguinte, que o seu segredo havia sido violado, são duma estranha intensidade. Fica aqui aberto, numa consciência até então tranquila, o mundo do desespero maior, o impossível regresso duma tranquilidade.

Luís da Silva tem suores frios, comove-se, acusa-se – mas não foi com menos tragédia que ele penetrou nos mundos privados de Vitória.

Para as páginas finais de *Angústia*, temos quadros dum desnorteamento esmagador: acrescidos estes apontamentos de múltiplos e estranhos pormenores, atingidos com Marina – frustrada noiva – por culpa própria de Luís da Silva – na tentativa de abortar o produto dos (agora inversamente) também frustrados amores de Julião Tavares, – sedutor rico – símbolo do homem que domina do alto o meio ambiente em que decorre a história. Vem depois a sua morte às mãos de Luís da Silva – caso que desde a consumação aniquila para sempre a vida deste.

Ante o cadáver na rua, de madrugada, Luís da Silva arrepia-se, repele-se ao seu próprio contato, deambula – e entra em casa finalmente – tomado dum desvairamento que enche a parte última do livro. Páginas intensas, enormes. O morto vive-lhe pela frente – tudo o denuncia, tudo o sobressalta – tudo nele é delírio, é febre, é aniquilamento. Luís da Silva está, doravante, irremediavelmente perdido.

Seria necessária uma análise detalhada a todo o livro, para dele conseguir dar uma ideia completa ou sequer ajustada. Não só, todavia, não é esse o meu fim, como o espaço o não permite: pretendo apenas apresentar na generalidade o escritor e a sua obra (aliás, a tarefa é pesada e outros mais argutos a realizarão), – ensaiando, ao mesmo tempo futuros e mais cuidados (porque mais detidos) apontamentos. Anoto, pois, mais o seguinte:

*Angústia* sendo um livro de introspecção, de profunda luta interior, não é um livro em que a norma dos personagens é o declarado egocentrismo. Também não é (diretamente, pelo menos) um livro de crítica ou análise. *Angústia* é um livro que reproduz – Vida.

Vida cheia de drama, – vida dum superdesespero, em que o homem-indivíduo – só o é por esse mesmo desespero, por esse mesmo drama, – rebelado no contato com o período de tensão coletiva e histórica que se atravessa. Temos nele a apreensão do desencontro do social do tempo com o homem eterno portador dum destino de impossível estagnação. Destino em si mesmo determinado e só em si construído e realizado. Luís da Silva vive esmagado por este desencontro – desencontro de que ele, como todos, é um dos aspectos. Por fim, na consecução da morte, esse nervosismo levado ao máximo – e o aniquilamento, que é afinal, uma intensificação da própria vida – um mais fundo mergulho na escala da vida mais poderosamente viva.

\* \* \*

Em *Vidas Secas* os cenários mudam completamente: se até aqui nos aparecia um Graciliano Ramos a viver nos seus personagens, – agora Graciliano Ramos coloca-se de fora a conduzir o leitor pelos meandros de sua história. Porque teria perdido ou abandonado a anterior agudeza psicológica? – Não. A diferença de *Vidas Secas* ante os livros anteriores reside no seguinte: enquanto nos primeiros Graciliano Ramos nos dava mundos de preponderância subjetiva (objetivos apenas na medida em que tinha de haver interferência do autor e do público) em *Vidas Secas* o caso inverte-se: aqui, prepondera a melhor objetividade – existindo o subjetivo apenas no fenômeno de criação estética – no fenômeno arte. Isto em relação ao autor. Em relação aos personagens, os mesmos pormenores de sutil penetração, melhor: de análise psicológica; esta amplamente confirmada; nos primeiros livros, segundo o ambiente e os temperamentos, doseamento de intensidade psíquica; neste, de harmonia com a alma simples dos figurantes, e segundo estas, na medida dos particulares de cada qual, o mesmo adequado doseamento.

*Vidas Secas* – trata, como diz o título, de vidas secas. Vidas secas, isto é, existências esmagadas no embrutecimento da selva tropical – ora abundante de chuvas até ao excesso volvido destruição, – ora abafada em secas esterilizantes. O problema da seca, vivo, como em José Américo, mais: vivo como na grande parte da literatura brasileira, mais ainda vivo como a própria realidade brasileira.

Neste, surge-nos uma família que, fugida à seca – que a expulsou do seu acampamento – se lança ao mundo em busca de refúgio. Encontra uma casa desabitada que transforma em habitação, ainda a seca – que também aí batera, – não tinha desaparecido. Passada esta, surge o proprietário a garantir a inviolabilidade dos seus haveres. Os intrusos humilham-se e, a rogos, ficam como caseiros. Passam-se as peripécias do dia a dia sertanejo. A terra, o clima dissolvendo e escravizando os corpos, esmagando vidas, – inicialmente tão belas como todas as outras, – digo como a vida anterior aos empresários e aos grandes trustes.

Novamente a seca os ataca em pleno acampamento, e ei-los de outra vez à procura do mundo, – em busca da vida a todo o momento fugitiva.

A história deste livro é simples – de enredo concentrado em cento e noventa páginas. Mas que mundo grandioso, e que sugestão de sínteses! Como nos anteriores, Graciliano Ramos transmite vida a seus personagens, – de que faz parte Baleia – uma cadela fidelíssima aos seus amos – participante dos mesmos infortúnios e do mesmo destino errante.

Graciliano Ramos, escritor humaníssimo, dedicou ao mundo psicológico desta todo o seu carinho – e trouxe-no-la capaz de sentir o peso de sua desdita, capaz de auscultar para além do seu sofrimento particular. Bela, a dor geral também tomou vulto, – também os olhares significam lutas e desesperos, – dedicação, ódio, tristeza, impotência.

Antes da segunda fuga à seca, Baleia, doente, tem de ser abatida.

Graciliano Ramos, tal um Axel Munthe nos *Hommes et Bêtes* – emprega toda a sua sensibilidade e enternecida aproximação para lhe auscultar o sofrimento. Como Axel Munthe quando é seguido por um cão a quem mata a fome – passagem que no leitor penetra sutilmente, – Graciliano Ramos transmite-nos o lento finar de Baleia, o corpo a esfriar desde baixo, os olhos a enevoarem-se, os sentidos a fugirem, a fugirem. E morre.

\* \* \*

Mais uma vez bato na tecla: nunca nestas considerações devem ser procurados intuitos de crítica. Não me interessa o julgamento crítico. Interessa, sim, e isso porque é muitíssimo mais livre e imensamente agradável, – a compreensão, a divagação sobre leituras feitas. A crítica exige responsabilidades que estoutro processo dispensa. E o meu interesse único é, ao mesmo tempo que servir um prazer particular e fazer exercícios para uma realização larga tanto quanto possível da própria vida, lançar algumas ideias à colaboração geral, – certo de que só a colaboração geral determina e seleciona as obras de real merecimento.

A literatura brasileira, mais do que uma literatura brasileira, é um povo e uma humanidade. Interpretá-la, compreendê-la, contribuir para a compreensão geral, eis a única aspiração destes artigos. Só o humano prolonga e enriquece o próprio humano.

# Cartazes 8 – Graciliano Ramos[1]

*Josué Montello*

Numa época em que a tendência dominante no romance brasileiro era a formação dos chamados ciclos, mediante os quais se fazia de um volume a continuação de outro, com título diverso, Graciliano Ramos, fugindo à regra, sempre terminou, na última página de cada livro, o interesse da narrativa e a angústia das personagens.

José Lins do Rego, na mesma paisagem do engenho, criara uma existência em três livros. Jorge Amado fazia ainda da velha Bahia tradicional um grande romance que viria a terminar com *Capitães da Areia*[2] e de que fazem parte – *Suor, Cacau, País do Carnaval*[3], *Jubiabá* e *Mar Morto*. No sul, distanciado da corrente que ainda hoje tem as suas origens naquele salão comprido da Livraria José Olympio[4], Erico Verissimo, é certo que mudando sempre de paisagens, ainda hoje está contando a história de Clarissa, nascida há mais de um lustro já professora, e que existirá talvez por muito tempo, pelo me-

---

1. Josué Montello, "Cartazes 8 – Graciliano Ramos", *O Trabalho – Semanário Republicano*, 9 jun. 1938. Na publicação portuguesa, há a indicação de que se trata de texto reproduzido do periódico carioca *Dom Casmurro*.
2. Grafado originalmente na publicação portuguesa como "*Capitais*" da Areia.
3. Grafado originalmente na publicação portuguesa como "*Paris*" do Carnaval.
4. Grafado originalmente na publicação portuguesa como José "Olimpo".

nos, enquanto houver no belo escrito gaúcho, a ironia, a ternura e a piedade. Também Amando Fontes[5] não escapou desta fascinação que a facilidade do conhecimento justifica.

*Rua do Siriri*, há pouco tempo surgido, parece que foi feito para continuar com mais tristeza, aquele desmoronamento doloroso de *Os Corumbas*[6], em 1930.

José Lins do Rego libertou-se dos engenhos; Jorge Amado, no prefácio do seu último romance, tem por encerrado o poema em seis cantos sobre a Bahia dos literatos, dos fazendeiros, dos estudantes, dos negros, dos homens do cais e dos meninos atrevidos e sem guias. Graciliano Ramos não teve necessidades destas transformações. Personagens e ambiências não são caminhos cruzados na sua obra levantada na pesquisa, na silenciosa análise profunda, que faz desse homem calado de Alagoas o mais eslavo dos nossos escritores.

O Paulo Honório, que aparece em *S. Bernardo*, só a gente não perde de vista porque ele se gruda em nossa memória com toda a força das formidáveis criações literárias. Não surge mais, em nenhuma referência, nos volumes subsequentes. E assim se processa com Luís da Silva[7]. E assim sucederá certamente com Fabiano, que irrompeu em *Vidas Secas*, trouxe à literatura do Brasil a inquietação da sua sensibilidade rude e indagadora. Fabiano diverge de Luís da Silva e Luís da Silva de Paulo Honório. Nenhum ponto de contato. Nenhum encontro por mais sutil e instantâneo. Também a paisagem adquire novos panoramas e risca sulcos imprevistos.

Aí está para mim a maior força de Graciliano romancista. É essa capacidade de se tornar diferente a cada momento que imprime maior grandeza à sua angústia criadora. Esta lhe assegura, com certeza, no dia de amanhã, quando passarem da moda as atuais ilusões literárias, a leitura sempre nova, envolvente e perturbadora, de todos os seus volumes. O conhecimento de um não acarreta a indiscrição literária do conhecimento dos outros...

---

5. Grafado originalmente na publicação portuguesa como "Armando" Fontes.

6. Grafado originalmente na publicação portuguesa como "*Corunhas*".

7. Grafado originalmente na publicação portuguesa como "fins da Sélva".

# Millet e Graciliano Ramos[1]

*Abel Salazar*

O pouco que conheço da moderna literatura brasileira devo-o a Afonso de Castro Senda e a Sylvia de Leon Chalreo. Dessa literatura o que mais admiro é Graciliano Ramos; e na obra deste as *Vidas Secas*. Dizer que é a ela que mais admiro não corresponde a dizer que seja ela a obra suprema da literatura brasileira atual: – porque uma tal afirmação compete apenas ao juízo dos tempos. Não tenho de resto qualquer pretensão à afirmação de valor, nem mesmo de crítica literária, mas apenas a focar a perfeita identidade de espírito existente entre *Vidas Secas* e a obra de Millet, de Israels e de Meunier.

Identidade de espírito, comunhão de sentir e de exprimir existente sobretudo com Millet: para a compreender bastará que o leitor de *Vidas Secas* pouse os olhos sobre as telas ou desenhos de Millet; ou que o conhecedor de Millet leia uma vez *Vidas Secas*. O parentesco emocional das duas obras salta então imediatamente à vista; e por tal forma que a comparação referida quase nos dispensa de qualquer comentário.

---

1. Abel Salazar, "Millet e Graciliano Ramos", *Esfera*, n. 4, ago. 1938, pp. 13-16. Texto republicado em *Vértice*, n. 117, vol. 13, maio 1953, pp. 295-299. O manuscrito deste ensaio pertencente ao Arquivo IEB/USP, Fundo Graciliano Ramos, código de referência: GR-MT-10, Caixa 034.

Quem quer que leia páginas críticas sobre *Vidas Secas* pensa automaticamente em Millet; quem quer que leia qualquer ensaio, artigo ou crítica sobre Millet pensa automaticamente em *Vidas Secas*: por tal forma uma comunidade profunda existe no sentimento e na expressão das duas obras.

Toda obra de Millet é "vida seca"; mas as "vidas secas" encontram a sua mais completa expressão em telas como *Going to Work* (Glasgow Art Gallery) e no célebre *Homme à la Houe*. Nesta última Millet ergue-se a um trágico *poignant* que supera, na expressão, Graciliano; mas no restante, Graciliano, como realização, está a par de Millet. *Going to Work* e *Homme à la Houe*, assim como muitos dos croquis e esbocetos de Millet superam o famoso *Angelus*, mais sentimental, mas impregnado do mesmo espírito, como dele está igualmente impregnado o lirismo de *Glaneuses*.

Quase toda obra de Millet é, em suma, *Vidas Secas*. Erguendo-se por vezes ao sublime, ele paira, em geral, precisamente ao mesmo nível que Graciliano; por tal forma que a obra de Millet se diria a expressão pictórica de Graciliano como a de Graciliano, em *Vidas Secas*, se diria a expressão literária de Millet.

A mesma forma de síntese, os mesmos processos de realização. Eliminação de todo o elemento pitoresco, de todo o supérfluo, condensação do assunto e de emoção, polarização de todos os recursos de expressão. O homem entre o céu e a terra, reduzidos à sua expressão esquemática, quase simbólica; o céu e a terra reduzidos ao seu mistério. A luz banhando tudo: e no meio o homem reduzido a sua ossatura animal que aprisiona uma alma embrionária – mas profunda, vertiginosa na potencialidade do seu embrião. O homem que pensa e sente, sem imagens nem conceitos, entre o mistério do céu e da terra, no mistério da luz: que pensa, e sente, sem imagens nem conceitos, frente ao seu próprio mistério. A alma, que não chega a definir--se, entre dois mistérios, que se fecham: – e a certeza inconsciente do Nada que tudo absorve...

Todo o drama humano, em potencialidade de embrião, com o mistério da terra sobre os olhos, com o mistério do céu sobre o dorso, com o mistério da alma no seu próprio abismo: – e, à volta, tudo luz...

Uma ascensão; depois o auge: *Going to Work*; depois a descensão: *Homme à la Houe* – a descida lenta para essa mesma terra fechada em seu mistério. A alma fatigada, no corpo que a pouco e pouco se curva, se afunda no mistério da terra: sob o eterno céu, no esplendor eterno da luz... *Homme à la Houe*... o frêmito anestesiado, petrificado já, do cansaço no mistério, que freme no entanto com o mistério, indiferente já, e resignado, sempre em revolta e já vencido... O corpo e alma que se preparam, num grito patético e mudo, para se precipitarem no abismo...

Em Graciliano, como Millet, a condensação máxima do drama humano, do patético do mistério. Nem repouso dos olhos nas copas verdejantes, nos campos floridos, nem frescura de penumbras, nem cantatas d'águas cristalinas. Nenhum repouso florido ou sensual: apenas e somente terra, céu, corpos, almas e luz...

E o que é terrível, o que eleva o patético ao seu paroxismo, é que tais almas não chegam sequer a soltar o grito da dor, de angústia, da dúvida ou do temor; nem chegam à resignação estoica ou consciente; nem mesmo emudecem, ou sequer pasmam...

...Porque a vida as impele, as esmaga, as mecaniza, as brutaliza, no imperativo e sem apelo *Going to Work*...

*Going to Work* até que, petrificado quase o corpo e a alma, tudo se curva sobre a terra e tudo se torna cinzento na alma – na grande e trágica fadiga do drama que não chega sequer a definir-se.

\* \* \*

Em suma o drama humano reduzido ao seu esquema. Porque tudo aquilo com que o homem o tem definido historicamente – arte, poesia, religiões – pouco ou nada acrescenta a esse esquema. São apenas gritos, exclamações, divagações – quase pueris, afinal, em face do drama essencial, jamais definido.

E é porque o homem, em Millet e Graciliano, encontra o seu próprio drama reduzido à sua forma nua, essencial, sem ornatos, que ele estremece e se inquieta...

Por isso Millet e Graciliano são mais terríveis, mais profundos, mais hipnotizantes que Dante ou Shakespeare, que toda a retórica patética ou trágica da literatura.

É que a literatura, a poesia, o drama, é apenas o ornato mais ou menos retorcido desse drama essencial; é que as próprias religiões são apenas o *décor* desse drama: – ornatos e *décor* onde o homem esquece, como na embriaguez, a sua essencialidade, o seu esquema, a sua simplicidade. Porque o drama é simples: simples porque se reduz a Mistérios, e os Mistérios não se definem, constatam-se, sofrem-se.

E é porque Millet e Graciliano reduzem o drama à sua simplicidade, que atingem a grandeza humana e patética.

O resto é retórica, retórica formal, literária, beletrista: retórica poética, teatral. O resto é poesia que o homem lança a seus próprios olhos. Retórica ingênua, poética, mística, ou então pedante, suficiente, como a Teologia e a Metafísica.

Millet e Graciliano desnudam o esquema de sua Retórica Histórica, limpam-na dos Lugares-comuns beletristas ou metafísicos. E o homem, então, estremece, como exatamente nos velhos tempos da pedra polida, ou dos druidas. Suas vozes dizem-nos que não demos um passo, quanto ao fundamental, em milenários de História; suas vozes dizem-nos que após séculos e séculos de lutas, entusiasmos, delírios e massacres, estamos, ainda e sempre, no mesmo ponto.

Millet e Graciliano erguem-se em frente dos templos milenários, da epopeia de ambição do homem desvairado, correndo atrás da história em delírio, com visões de uma pré-história feroz; e o homem, abrindo os olhos, encontra-se em face do eterno drama primitivo, nu, desamparado e só, ante o mistério.

\* \* \*

Depois dos ouropéis do dinheiro, do poder, das honrarias, o homem fica reduzido a Fabiano. Fica-o ainda quando põe de lado as futilidades retóricas da arte, da poesia, da metafísica. Fica-o ainda quando põe de lado as futilidades das religiões.

Com estas futilidades o homem consegue esquecer o drama; consegue, pelo menos, envolvê-lo em ilusões, e criar miragens.

Mas o drama persiste sob as miragens; e o homem encontra Fabiano quando menos espera.

O que é terrível é que a Fabiano – todos os Fabianos de todos os tempos – não é permitida nenhuma miragem, nenhuma ilusão; e que, ao mesmo tempo, nem sequer tem a consciência plena do seu drama. Sente-o apenas na plenitude potencial do embrião. Homem-Fabiano, Bicho-Fabiano...

ANEXO 2 – PROPOSTA DE EDIÇÃO DA FORTUNA CRÍTICA... • 311

Fabiano não pode, como o teólogo, diluir a sua angústia em discussões; como o metafísico, dissolver o seu drama em dialética; como o poeta, embriagar-se de apóstrofes; como o tirano ou o magnata, afogar-se na miragem do poder.

Fabiano não consegue realizar-se, e por esta realização participar nas gestações do mundo, fundir-se no movimento do cosmos, realizar um devir: não consegue realizar o seu próprio drama, que assim fica em tensão. Assim ele atinge um maior paroxismo que no maior dos poetas, na mesma indecisão do seu estado embrionário. O drama de Fabiano é potencialmente indefinido. Daí o seu caráter universal, e a sua lógica. A sua lógica porque o absurdo fundamental da vida intelectual e emotiva do homem, e seu paradoxo histórico tem sido a definição do mistério, isto é, a definição do indefinível. Porque a metafísica, a filosofia e as religiões não são mais do que definições do indefinível. É esse o seu paradoxo, e a contradição que as rói. Uma religião está morta já quando começa a definir-se porque então está definindo o mistério: – e a religião não vive senão do mistério. A religião anula assim a própria substância que a nutre. Por isso a única religião viva é a indefinida, o religiosismo indefinido.

É essa a mística de Fabiano, de todos os Fabianos. É essa a única verdadeira, porque é essa a única que compreende apenas emoção e mistério, sem definições. Daí a grandeza mística de Fabiano, do Fabiano de Graciliano, como do Fabiano de Millet. Daí o patético sublime das "vidas secas", quer elas sejam as de Graciliano ou as do pintor de *Barbizon*. Daí a emoção profunda das *Glaneuses*, do *Going to Work*, do *Homme à la Houe*.

Em *Angústia* há ainda muita retórica psicológica, como no *Angelus* retórica sentimental. Mas em *Vidas Secas*, como no *Going to Work*, no *Homme á la Houe*, Graciliano, como Millet, suprime por completo a retórica. Atinge assim um campo determinado, uma das formas supremas da arte. Aquela em que a forma se limita ao preciso para exprimir a emoção que forma o seu conteúdo. Cristalização de forma que atinge quase a perfeição do grito ou da dor, ou ainda, no polo oposto, o riso ou o sorriso. Esta forma é própria daquelas épocas, como a atual, em que o homem está cansado de retóricas; daquelas épocas em que a retórica se tornou insuportável lugar-comum.

A arte, qualquer que ela seja, plástica ou literária, procura então um novo equilíbrio entre os seus elementos fundamentais, a forma e a emoção. A hegemonia da forma, própria das épocas retóricas, cede o lugar à hegemonia da emoção, própria das épocas em crise; depois, forma e emoção processam novo equilíbrio.

Este processo de um equilíbrio novo entre a forma e a emoção é um elemento característico da nova literatura, ou pelo menos, de certas correntes da nova literatura. Tal elemento é manifesto na nova literatura brasileira, quer seja em Erico Verissimo, em Graciliano ou em Gilberto Freyre.

Independentemente desta circunstância particular, a analogia frisada neste artigo – decerto evidente – entre Graciliano e Millet tem um alto interesse sob o ponto de vista da moderna caracterologia. É uma documentação a ajuntar outras conhecidas (Kretschmer e sua escola) sobre a identidade biotipológica de certas estruturas intelectuais e sobre o evidente parentesco caracterológico existente com evidência manifesta entre os variados tipos de obra d'arte.

*  *  *

Todo homem, quando despe a sua retórica intelectual ou moral, e a sua retórica de civilizado, encontra em si o drama de Fabiano e do *Homme à la Houe*: do homem de Graciliano e do homem de Millet. Como do homem de Israels e de Constantin Meunier, como do homem de La Nain, de todos, enfim, que souberam exprimir o mesmo drama.

O homem volta com eles à essencialidade da sua tragédia, reduzida ao seu nudismo esquemático. É um regresso cíclico à essencialidade de sua tragédia: a estupefação ante o mistério. Essa mesma estupefação que tem gerado, através da história, os cânticos, a magia, os deuses e os demônios, os anjos e os vampiros, a metafísica e as religiões, as artes e a poesia.

Ei-lo pois que regressa, numa crise, ao sempre mesmo ponto; ei-lo, em suma, mais ou menos; por toda a parte, Fabiano...

...Fabiano, precisamente como nos velhos tempos em que o egípcio, desiludido, e desamparado, dialogava a sós com o seu espírito. Como nos velhos tempos – há milhares de anos – em que foram escritas as *Considerações de um Sensato*, e as *Admirações de um Velho Rei*...

...E depois?...

Depois, é preciso não esquecer que o mesmo generoso Rá, que outrora aquecia o velho egípcio, é ainda o mesmo que aquecia o *Homme à la Houe*, e o mesmo que aqueceu Fabiano. E que enquanto o generoso Rá, sempre condescendente ante as ingratidões do homem, o aquecer e iluminar com sua luminosa Lúcia, sempre ele renascerá da crise, com nova fé e vigor... E desta forma, hoje como outrora, o homem repetirá ainda o hino milenário de Ikhounaton...[2]

---

2. Há ao final do texto a indicação (Portugal) / (Especial para *Esfera*).

# Os Livros da Semana: *Angústia, S. Bernardo, Vidas Secas*, Romances por Graciliano Ramos[1]

*João Gaspar Simões*

Voltamos hoje ao romance brasileiro. Suponho de um certo interesse para nós portugueses a meditação sobre determinados problemas que o romance brasileiro contemporâneo nos pode sugerir. Não é possível iludirmo-nos: o romance brasileiro tornou-se de uns anos para cá uma realidade literária de primeira ordem. O romance brasileiro de hoje não se emancipou apenas do romance português; sobre certos aspectos ultrapassou-o. É certo que os seus horizontes são, por ora, limitados. No meu artigo sobre Lins do Rego tive ocasião de me referir a esses limites: o elemento renovador do romance americano não pode deixar de ser considerado uma espécie de regresso às origens. De fato, a plasticidade de visão, a bem dizer o fator mais importante desse renovamento, se, por um lado, dá força e frescura ao romance, por outro restringe-lhe as possibilidades. Haja o que houver, o romance não se deve afastar muito, suponho eu, daquilo que ele foi na pena dos mestres: um estudo do homem. Pode, é certo, derivar noutros sentidos: pode estudar o homem em função da família, em função da sociedade, em função da política, em função da natureza, em função da inteligência, em função de suas

1. João Gaspar Simões, "Os Livros da Semana: *Angústia, S. Bernardo, Vidas Secas*, Romances por Graciliano Ramos", *Diário de Lisboa*, 1º set. 1938, p. 4.

próprias aspirações individuais etc. De qualquer modo, porém, será *estudo do homem*. Quer dizer: o homem há de ser sempre, desta ou daquela maneira, o objeto central do romance.

Não sei se me estou fazendo compreender. É talvez preciso explicar-me melhor. Vejamos. O fato de o romance ser, em princípio, um estudo do homem obriga o romancista a uma verdade, debaixo de um ponto de vista psicológico, humano, até certo ponto secundário, caso ele se deixe dominar pela convicção de que o papel do romance é outro: por exemplo, a expressão plástica da realidade. O povo é muito mais plástico na descrição do real que o homem cultivado. A sua visão é muito mais direta e espontânea. Não lhe pesa na memória o fardo da cultura. Uma história contada por um homem do povo tem um sabor sem mescla. Ninguém saberá exprimir como ele o pitoresco de certas figuras. Mas uma coisa é a frescura da expressão e o pitoresco da vida, outra a verdade complexa dela. O homem mais pitorescamente descrito por um campônio pode não ser só pitoresco. O Byron coxo troçado pelo rapaz português não era apenas um coxo: era Byron. Ora, como o romance não tem de ser, por definição, uma visão pitoresca do homem, mas sim sua visão verdadeira – um seu estudo – todo o romancista que se limitar a ver no homem apenas o seu lado pitoresco falseia-o. O homem visto por certos romancistas modernos brasileiros soa falso.

É impossível que a humanidade seja como a vê o brasileiro Jorge Amado. Quem ler a frio a obra, aliás admirável, de Jorge Amado terá de reconhecer que ele nos dá do homem uma imagem parcialíssima. Na sua obra a humanidade está dividida em homens bons e maus. Os pobres e humildes são bons; os ricos e orgulhosos são maus.

Claro que o romance não é só um estudo do homem. Estou a ouvir daqui justíssimas objeções. Porque ele não é só isso é que eu considero o romance brasileiro contemporâneo uma bela expressão da arte romanesca. Mas o fato de o romance poder ser também coisa diferente de um estudo do homem nem por isso deixaram de respeitar, no fundo, essa sua missão. Só por isso, o *D. Quixote* pode ser tudo quanto fantasiosos exegetas têm querido que a obra de Cervantes seja, embora nunca tenha deixado de ser o que é – uma profundíssima imagem do homem. O romance pode, de fato, ser poético e caricatural, pitoresco ou satírico: mas há de partir de uma premissa verdadeira. Tem de se partir de uma visão *exata* do homem. *Exata* quer dizer: assente sobre dados objetivamente controláveis. O *Malhadinhas*, de Aquilino, é um romance exato em sua rudimentaridade, no seu pitoresco, no seu caricatural. Se o não fosse, não poderia resistir ao tempo, como inevitavelmente resistirá. Ora, é por não haver exatidão, verdade, em certas figuras do romance brasileiro moderno, não obstante a poesia com que mergulham e o prestígio plástico com que nos são descritas, que se pode dizer que o romance brasileiro esquece, por deficiências de visão dos romancistas, que o romance é, fundamentalmente, *um estudo do homem*. Daí a limitação dos seus horizontes. Daí certos romances brasileiros correrem o perigo de virem a cansar a admiração do tempo.

*Paulo e Virgínia* foi, na sua época, uma obra admirável. Hoje é uma obra quase ilegível. Por quê? Porque a visão do homem que Bernardin de Saint-Pierre nela exterioriza é falsa. O Romantismo não nos deixou grandes romances, graças precisamente à falsa visão que os românticos tinham do homem. Ora, é inegável que certas personagens do romance brasileiro de hoje têm o seu quê das de Bernardin de Saint-Pierre: são tão inocentes e tão ingenuamente boas como *Paulo e Virgínia*.

Estas objeções não invalidam de modo algum o grande mérito do romance brasileiro contemporâneo. Tudo na vida tem verso e reverso. O romance português contemporâneo sofre de uma carência trágica de força, de frescura, de plasticidade. Essa plasticidade e essa força encontram-se, por vezes, só na obra daqueles romancistas que mais perto ficaram do povo. Em Aquilino, por exemplo. É na obra de tais romancistas, porém, que a visão do homem se torna mais limitada. Mas, por outro lado, o romance português pode subir a uma altitude a que o romance brasileiro dificilmente ascenderá. Para isso basta que surja num romancista nacional a força de expressão com que são dotados os melhores brasileiros aliada a um amadurecimento das faculdades de observação psicológica a que só um europeu, de certo modo, pode aspirar.

\* \* \*

Entre os novos romancistas brasileiros, Graciliano Ramos é um dos mais considerados. Não é, porém, dos mais conhecidos em Portugal. Jorge Amado e José Lins do Rego são, talvez, os que gozam entre nós de maior reputação. Erico Verissimo, que eu ainda não conheço, começa agora a ser divulgado. Os

318 • GRACILIANO NA TERRA DE CAMÕES

três romances de Graciliano que acabo de ler são, com *Caetés*, publicado em 1933, toda a sua obra. *Angústia, S. Bernardo* e *Vidas Secas*, eis os títulos desses três romances de Graciliano Ramos. O último já foi publicado em 1938.

A primeira impressão que nos provocam as obras dos novos romancistas brasileiros é a do exotismo. Quer-me parecer que é ao seu exotismo que elas devem em parte seu rápido êxito em Portugal. Só assim se explica que leitores de fraca cultura e mediana compreensão tenham aceitado nelas facilmente novidades – direi modernismos – que até hoje lhes têm parecido intragáveis em obras portuguesas. O monólogo interior, forma muito explorada pelos novos romancistas brasileiros, não é novidade entre nós. José Almada Negreiros usou-o em sua *Engomadeira* muito antes que James Joyce lhe tivesse dado foros de cidade no *Ulisses*. Ora, à obra de Graciliano Ramos não é estranho o exotismo. Mas Graciliano parece ter tentado ultrapassá-lo. *Angústia* é um livro onde se adivinham sugestões de Dostoiévski, embora essas sugestões não vão além do desenho psicológico do conflito. Não devo ocultar que foi a leitura deste romance de Graciliano Ramos que me sugeriu, em parte, as considerações com que abro este artigo. De fato, em *Angústia* está patente a incapacidade do escritor americano (não só brasileiro, note-se) para descer ao estudo do homem no que nele há de mais complexo. *Angústia* é, afinal, melhor: pretende ser a confissão de um crime no tom patético e perturbado dos romances dostoievskianos. O protagonista desta obra tenta, por assim dizer, libertar-se de uma obsessão, confessando-se. Freud e Dostoiévski dão-lhe o tom e o movimento obsidiante do estilo. Depois do crime, praticado num estado quase sonâmbulo, vem a crise. O criminoso liberta-se da crise confessando-se. Este é o tema da obra. Graciliano quis dar vida interior e a expressão analítica dela a um ser que se nos afigura destituído de interioridade, sobretudo destituído da consciência dessa interioridade. Daqui, até certo ponto, a deficiência de toda a obra de Graciliano[2]. Esta deficiência traduz-se

---

2. "João Gaspar Simões afirmou que o americano é incapaz de introspecção – e com esta premissa arrasou-me. Veja só. Nada mais falso que um silogismo" (Graciliano Ramos, "Carta a Antonio Candido", em Antonio Candido, *Ficção e Confissão*, São Paulo, Editora 34, 1992, p. 8). "É flagrante a demonstração de preconceito colonialista que alimenta a respeito do Brasil, onde, segundo o crítico português, os 'tipos humanos' são incapazes de possuir 'psicologia complexa', interioridade, consciência de interioridade'" (Eunaldo Verdi, *Graciliano Ramos e a Crítica Literária*, Florianópolis, Editora da UFSC, 1989, p. 79).

em *Angústia*, por um convencionalismo, psicológico, que reduz o protagonista a mera criação literária. Nos outros dois romances traduz-se em um igual convencionalismo, embora já não de caracteres, mas apenas de técnica. É convencional a atribuição da autoria de *S. Bernardo* a um homem confessado de letras gordas e inimigo de toda a expressão escrita. É convencional, em *Vidas Secas*, a redução a quadros de quase puro monólogo interior a vida de um pobre vaqueiro, sua mulher e filhos, tipos característicos de psique vegetativa, destituídos de qualquer espécie de interioridade anímica. Isto é: Graciliano Ramos tentou dar existência a qualquer coisa que não existe. Graciliano Ramos quis aplicar à expressão de psicologias rudimentares métodos que só se enquadram bem à expressão de psicologias complexas. Insisto: isto só foi verdadeiramente nefasto em *Angústia*. *S. Bernardo* e *Vidas Secas*, não obstante ser discutível o processo usado pelo romancista, são duas obras fortes. Não receio dizer que Graciliano Ramos se revela aí um dos novos romancistas brasileiros mais capazes de penetrar com exatidão no íntimo do homem.

É possível que esta minha última afirmação pareça estranha. Dir-se-á contrariar as minhas considerações anteriores. A verdade, todavia, é Graciliano Ramos, embora, talvez, menos lírico do que qualquer dos outros romancistas a que me tenho referido, ser aquele que se me afigura mais capaz de descer *exatamente* ao estudo do homem. O fato, mesmo, de haver escolhido para tema de um seu romance o caso do pobre funcionário de *Angústia* denuncia um gosto pela análise psicológica que só condições particulares de temperamento e meio comprometeram. A verdade é que *Angústia* é um vai e vem continuado entre o presente do protagonista e seu passado. Ora, se é certo a nossa vida interior ser sulcada pelos raios de uma memória em que Bergson assenta a continuidade psíquica do homem – a memória é o leito do rio que nós somos – a verdade é a vida interior não ser só isso.

O que torna extraordinariamente verdadeiras, profundas, as reações de Raskolnikoff não são as suas reminiscências, sim, o jogo, simultâneo do que nele é vontade, inteligência, sensibilidade e determinação do inconsciente. O escrúpulo que Dostoiévski põe no estudo das reações do seu herói perante o crime e o remorso é que o tornam impressionantemente verdadeiro. Ora, Graciliano Ramos deixa-se levar poeticamente, literariamente, antes, pela imaginação toda sensível à vida interior, sem cuidar da verdade – a tal *exatidão* –

[das reações] do seu herói; compraz-se em exibir perante nós, a propósito e a despropósito, o passado pitoresco dele. Por isso o vemos matar o rival sem nos comovermos. Não há verdade na sua dor, não há verdade na sua obsessão. Há, sim, deliciosas reminiscências de infância, até nos momentos que deviam ser só dramáticos. E quando não é a frescura dessas reminiscências que nos domina, domina-nos o seu caricatural. Isto não nos impede, porém, de pensar que um tema destes só pode merecer interesse a quem dá mais importância ao homem psicológico do que à expressão lírica da vida. Graciliano é um desses escritores. Por isso, quando ele abandona os casos de humanidade complicada, para tratar tipos humanos brasileiros, atinge uma verdade, uma *exatidão*, a que nenhum dos seus camaradas chegou ainda.

S. *Bernardo* é, quanto a mim, o melhor livro de Graciliano Ramos (excluso *Caetés* porque não o conheço). O fato de ele ter dado ao herói da obra a missão de a escrever não a enfraquece. Torna-a, apenas, um tanto convencional. Mas a verdade é não poucas obras-primas do romance terem sido escritas segundo o mesmo convencionalismo. Há qualquer coisa de camiliano nas primeiras páginas deste romance. Nelas se nos dá conta de que o autor da obra tentou fazê-las escrever por amigos entendidos em assuntos literários, mas teve de desistir da colaboração deles. Quando um deles lhe mostrou o que havia escrito, Paulo Honório, o herói da obra, replicou: "– Vá para o inferno, Gondim. Você acanalhou o troço. Está pernóstico, está safado, está idiota. Há lá ninguém que fale dessa forma!". Honório queria a obra escrita como se fala. Os letrados disseram-lhe: não pode ser. "Foi assim que sempre se fez. A literatura é a literatura, seu Paulo. A gente discute, briga, trata de negócios naturalmente, mas arranjar palavras com tinta é outra coisa. Se eu fosse escrever como falo, ninguém me lia". Isto são palavras de um literato. Este literato podia ser português. Mas, como Paulo Honório era brasileiro, opôs-se a que o romance fosse escrito "em língua de Camões, com períodos formados de trás para diante", como ele diz com graça. Pôs-se por isso a escrevê-la nessa forte e irreverente língua em que os escritores brasileiros estão a criar sua literatura. Resultado: Paulo Honório contou-nos a sua vida com uma segurança, uma força e um cinismo impressionantes. Graciliano Ramos criou com Paulo Honório um dos mais humanos caracteres do romance brasileiro moderno. Enquanto escreve, Paulo Honório revela-se-nos.

Contar a sua vida, melhor, fazer um exame de consciência, pois o suicídio da mulher o abalou, eis o seu propósito. Mas Graciliano Ramos conseguiu que Honório se mostrasse tal como é, sem remorsos, sem a consciência daquilo que nele é mau! Contra o costume em literatura, em que o criminoso se vem penitenciar de seus crimes, Graciliano Ramos pôs-nos em frente de um homem que se nos mostra em toda a ferocidade do seu caráter, orgulhoso quase de assim ser. Daí o cinismo com que Paulo Honório fala dos seus crimes, das suas brutalidades. Nunca tínhamos visto raciocinar tão alegremente um bandido.

Nesta narração o estilo não é a coisa menos importante. Pelo contrário. Paulo Honório tinha razão em desprezar a prosa com períodos de trás para diante. Os dele são todos diretos. As palavras exprimem sem hesitações o que ele quer. Veja-se este período: "Madalena soltava o bordado e enfiava os olhos na paisagem. Os olhos cresciam. Lindos olhos". Foi, assim, indicando apenas o estado e a natureza do que vê, que Graciliano Ramos pôde chegar a uma tal simplicidade. Os olhos cresciam, diz. E, de fato, nós vemo-los crescer absurdamente. Por quê? Porque precisamos destes choques na imaginação para se nos quebrarem os maus hábitos: a comodidade da nossa visão. Mas não é só o estilo linguístico que é original e forte. O estilo da narração, a construção propriamente dita, caracteriza-se por uma sobriedade de linhas que chega a isto. Honório quer casar. Encontra uma mulher. Vai pedi-la. E então exprime-se assim: "Dona Glória, comunico-lhe que eu e sua sobrinha dentro de uma semana estaremos embirados. Para usar linguagem mais correta, vamos casar. A senhora, está claro, acompanha a gente. Onde comem dois comem três. E a casa é grande, tem uma porção de caritós. Dona Glória começou a chorar".

Não se pode ser mais sóbrio. Todo este romance é dominado pela mesma preocupação: dizer o máximo com o menor número de palavras. Daí a força excepcional desta obra. Paulo Honório é uma figura inolvidável; não se compara com nenhuma outra do romance brasileiro moderno. Nenhuma se nos impôs até agora com tanta exatidão.

Depois de *S. Bernardo*, Graciliano Ramos escreveu *Vidas Secas*. Este livro é completamente diferente dos outros pela técnica. Graciliano parece-me insatisfeito com os seus processos. Por isso os renova constantemente. Nesta obra voltou, porém, à reminiscência inconsciente. Pôs de parte o contracenar das personagens e a narração em primeira pessoa. Limita-se a pôr-nos em face de certos momentos da vida dos heróis. Vemos um por um monologando e agindo. Daí a divisão do livro em pequenos quadros. "Mudança", "Fabiano", "Cadeia", "Sinha Vitória", "O Menino mais Novo" etc. Depois de ter mostrado o vaqueiro Fabiano perdido com a família no sertão, fugindo à seca, vai-nos dando, sucessivamente, pequenos episódios da vida de cada um, através do que pensam, do que sentem, do que lembram. Suponho que William Faulkner tenha dado a Graciliano certas sugestões de técnica. Há uma obra deste escritor americano nos mesmos moldes.

Não obstante a monotonia do processo e o seu convencionalismo, *Vidas Secas* é uma obra com poesia e verdade. A poesia aqui não compromete a exatidão dos caracteres. Creio que Graciliano Ramos abandonará esta técnica. Apesar das suas deficiências, *Vidas Secas* é um livro admirável[3].

---

3. Ao final, o texto traz a seguinte indicação bibliográfica: "(Edições da Livraria José Olympio Editora, Rio de Janeiro)".

# S. *Bernardo* e *Vidas Secas*, Romances por Graciliano Ramos[1]

*Albano Nogueira*

Eis que, depois de uma série de nomes a assinar uma série de importantes espécies, o romance brasileiro começa a conquistar o nosso público mais lúcido. Já o não consegue, todavia, sem primeiro ter sido moda no reduzido meio das nossas elites mais conscientes. Razões são estas para que desde logo o não consideremos banalidade e para que comecemos a suspeitar do seu valor. Mas: qual o motivo de tal prestígio? Quais as qualidades que entre nós o impuseram? Julgo não me enganar se o referir (o motivo), mais do que ao que para nós nos aparece como exotismo, – à atitude que os próprios romancistas assumem perante a realidade. Não sei até que ponto vai o convívio dos romancistas do Brasil com os romancistas norte-americanos e com os ingleses de certa tendência. Julgo-o, no entanto, de modo a revelar a sua poderosa influência sobre aqueles. E ainda bem que assim é, – pois, se bem julgo, a ele devemos aquela maneira de ver claro e de ver direito (combate sem literatura com a realidade), que nos maiores romancistas brasileiros nossos conhecidos (e únicos conhecidos até há pouco) encontramos. Ora, é talvez devido a tais características que o romance brasileiro deve, entre nós, o favor (se assim

---

1. Albano Nogueira, "*S. Bernardo* e *Vidas Secas*, Romances por Graciliano Ramos", *Revista de Portugal*, vol. 2, n. 5, out. 1938, pp. 118-120.

posso referir-me ao que justamente lhe é concedido) com que é olhado: – a vida sem literatura, a expressão direta e a arretórica, o erguer das personagens pelo simples suceder das peripécias, a definição dos caracteres pelo simples jogo da ação. Foi isto, pelo menos (além do mais que não interessa agora), o que um Lins do Rego e um Jorge Amado nos trouxeram, – eles que foram os primeiros mensageiros em Portugal da novidade brasileira. Mas ainda bem que a fama dum Graciliano Ramos só agora chega até nós. Ainda bem – porque ele vem contrariar a generalização apressada daqueles que apenas viam no brasileiro um romance como o caracterizado acima, não raro vagamente dirigido por um populismo proselitista. De onde que ele seja ainda uma novidade, – uma novidade que vem afinal aproximar-se de certo tipo de romancista fortemente enraizado na Europa.

Tal como acima me aconteceu em circunstância idêntica, ignoro até que ponto irão as possíveis relações de intimidade entre Graciliano Ramos e os romancistas feitos no clima europeu. Seja como for, exista ou não, tenha ou não existido esse convívio, o que me parece certo é o autor de S. *Bernardo* estar mais próximo do meridiano médio europeu de que os seus compatriotas de nome mais ressonante em Portugal. Pode por este lado aquele perder em exotismo (se é que tal é necessário); não perde, porém, em profundidade humana, encarada a humanidade das personagens naquele aspecto que mais nos tenta ou tem tentado. Com Graciliano Ramos o romance recolhe do cenário à personagem e da ação desta à sua cabeça. Quero dizer: o que em outros é narração, notícia de fatos, reconstituição pela exterioridade, – em Graciliano Ramos faz-se interiorização, rememoração, monólogo. E, como consequência, senão lógica pelo menos razoável (dado que uma e outra atitudes costumam corresponder a uma diferença de posição ante vários outros problemas), o drama de massa (ou de homem-tipo) faz-se drama de indivíduo, ainda por muito que pareça significar o contrário o caso de *Vidas Secas*...

Ai está: a ação recolheu à cabeça, a narrativa fêz-se monólogo. Daí um ver por dentro e um julgar por dentro, – o que caracteriza também um Joyce, um Huxley, um Morgan, um Olecha, um Montherlant, um Proust, um Céline, um Mauriac e tantos outros que propositada e despropositadamente esqueço. Bem sei o que tem de atrabiliária, ou antes: o que tem de vaga esta enumeração. Não esqueço, por exemplo, que entre Proust e Graciliano há distâncias infinitas. Negá-lo seria o mesmo que negar a diferença entre o dia e noite. Mas não é menos certo que há um ponto (seja embora o único) em que ambos se encontram. Esse é o referido atrás, o da visão interior, o da vivificação das personagens pelo próprio íntimo fluir das suas virtualidades. É nisto: neste desenvolver da ação dentro da personagem, neste compromisso que leva a narrar o fato apenas porque se apresenta a razão, a motivação ou a fonte dele – ou que leva a isto irresistivelmente por se narrar aquele – é nisto que estará o parentesco de Graciliano com Proust e destes com os romancistas enumerados linhas acima. Podemos, contudo, apertar mais o cerco, fugir da ampla generalização estabelecida; – e então será talvez um Joyce aquele que marca menos delida deixou gravada no romancista brasileiro. Com efeito, os livros deste são um entretecer quase constante de monólogo, – de monólogo, senão no rigor da sua forma – o que acontece por vezes em *S. Bernardo*, tanto mais que este livro é escrito pelo próprio herói –, pelo menos na técnica da sua realização. Daqui o inesperado de certas associações – e até a indelével beleza de muitas que, por essa beleza que contêm e pela sua força de sugestão, nos lembram algumas que povoam o último livro do nosso Miguel Torga.

Já deixei entrever que há diferenças entre os dois livros de Graciliano. Mais: que essas diferenças são profundas. Decerto, a par do que fica dito em ambas se denuncia a presença dum mesmo estilo (e por estilo entendo a *forma* e ainda a peculiar atitude do romancista ante as realidades que fez viver e o modo como no-las dá), estilo que aquela forma sintética, dura e quase agressiva alia um modo de encarar as realidades pela apreensão de dois ou três traços dominantes e mais reveladores. De isto resulta às vezes um excessivo esquematismo, – sobretudo em *Vidas Secas* (e particularmente nos primeiros capítulos), onde não há a intensidade de narração feita pelo próprio herói, como em *S. Bernardo*. Mas é certo também ser de tal economia que resulta um dos maiores motivos da força deste romancista. Algumas páginas de *S. Bernardo* são, sob esse aspecto, excepcionais. Leia-se, por exemplo, o capítulo XIX, que nos dá até oportunidade de recordar Joyce. E, já que particularizei, injustiça seria esquecer, em *Vidas Secas*, as páginas referentes à cadela Baleia e as consagradas à heroica aventura do menino mais novo (um menino que Unamuno certamente admiraria como dos seus). Mas continuemos o que havíamos encetado: a anotação breve das diferenças entre um e outro romance.

Suponho ser raro o leitor que a *S. Bernardo* prefira *Vidas Secas*. É que, não obstante este último não ser de desprezar, *S. Bernardo* atinge uma acuidade, uma intensidade e uma altura – que estão longe de serem atingidas por aquele. Talvez que, em equilíbrio de médias, *Vidas Secas* possa acumular alguns pontos a seu favor: nele há mais construção romanesca – e até, pode dizer-se, construção romanesca levada longe em demasia. De fato, mais do que sequente, o conflito (ou seja: a ação, no mais amplo sentido da palavra) progride pela junção de quadros, talvez por demais confinados em limites rígidos. Mas é curioso notar que, enquanto *S. Bernardo* encerra um conflito, o qual não pode dizer-se inexplorado, *Vidas Secas* apresenta porventura em si (isto é: desprendido do que o pode inferiorizar e esquecido o que pode superiorizar aquele), um maior interesse romanesco. Apesar disso (e assim volto a exprimir uma pessoal predileção), pela profundidade da sua sondagem, pela sequência do conflito (pois o prejudicado pela narrativa do próprio herói nisso encontra o seu perdão); pela figura do herói, granítica e frágil; pela passagem, tão perturbante, de Madalena (é de notar o pouco interesse ligado pelo herói ao seu filho); pela feliz insinuação de certas cumplicidades criminosas daquele; pelo seu tom brusco, sacudido, sintético, – *S. Bernardo* é dos livros que têm um lugar marcado e insubstituível. Há só agora que esperar novos livros de Graciliano Ramos (não conheço os restantes dois já publicados), para então sabermos da direção do seu rumo: – estes que nos têm prendido, tão diferentes um do outro, levam-nos a que com eles não arrisquemos mais do que interrogação. Interrogação, é claro, que terá uma resposta digna.

# Literatura Brasileira – A Personalidade de Graciliano Ramos, no Romance[1]

*António de Oliveira Coelho*

Entre os escritores da moderna geração brasileira, destaca-se como um dos maiores prosadores da língua portuguesa e um dos mais profundos e originais temperamentos de romancista, a figura curiosa de Graciliano Ramos.

Efetivamente a personalidade do autor de *Angústia* é deveras notável e, diremos mais, única, muito embora o romance brasileiro nos tenha dado romancistas como Jorge Amado, vibrante, apaixonado e impulsivo, mas formidável no seu sentido humano; José Lins do Rego, minucioso, intenso de vibração psicológica e trágica; Rachel de Queiroz, evocadora de vidas dolorosas e dramáticas e de paisagens tristes e agrestes; Amando Fontes, esmerilador da angústia e da dor de certas mulheres, criador de quadros humildes; e Erico Verissimo, romancista dos quadros simples da pequena burguesia. No entanto, Graciliano Ramos, por vezes tumultuoso e duma crueza introspectiva que roça pela tortura, atingindo as maiores altitudes em certas páginas de *S. Bernardo* e nesse roteiro duma alma que se sente deslocada e esmagada no meio em que vive, que é *Angústia*, acusa uma faceta das mais interessantes da moderna literatura brasileira, tanto mais que algumas páginas dos seus

---

1. António de Oliveira Coelho, "Literatura Brasileira – A Personalidade de Graciliano Ramos, no Romance". *Humanidade: Defesa e Propaganda do Ultramar Português*, n. 89, 18 dez. 1938, p. 5.

livros dão-nos a impressão de estarmos diante duma mentalidade de pura formação eslava ou nórdica, tal a acuidade dos problemas que o escritor se põe a debater.

De fato, Graciliano Ramos tem o sentido do drama humano. Nos seus livros desce ao mais fundo e dramático da alma dos seus personagens. Nada escapa ao seu olho crítico e analista. As revoltas íntimas, as ambições frustradas, as ilusões desfeitas pelo vendaval da vida, os castelos de areia construídos, numa noite com amor e a seguir destruídos pela realidade, enfim, o próprio amor que será zombado pela crueza da vida, quer dizer todas as ações dos seus personagens são desfibradas minuciosamente, tão dolorosamente que chegamos a sentir-nos tocados pela sua amargura e pela sua tragédia.

Todos esses seres estranhos que povoam a galeria típica de Graciliano Ramos são quase sempre uns vencidos, uns falhados. Nenhum deles consegue viver a sua vida, a vida ambicionada. São arrastados, umas vezes por eles próprios, pela sua timidez, outras, pelo tempo e pelos acontecimentos que surgem, superiores sempre às suas forças, ou que parecem sê-lo, incapacitando-os, por isso, de reagir, de lutar. São seres amorfos, incompreendidos nas suas ambições e desejos, incapazes por educação e por temperamento de rasgarem no nevoeiro em que vivem uma vida própria, consentânea com sua maneira de ser. São figuras presas a recordações, a um passado longínquo e triste, a uma ilusão qualquer. Apesar de tudo, que sentido e que intensidade o do seu drama, o do seu conflito, o do seu sofrimento! Vivem elas e vivemos nós sob a impressão terrificante do seu desespero íntimo. Chegamos a pensar: e se nós os ajudássemos a construir outra vida? Mas não. O drama deles é também o nosso. Em cada um de nós há uma personagem de Graciliano Ramos. Simplesmente em nós vivem afogadas pelas outras personagens que conduzimos ao longo da nossa existência e em Graciliano Ramos vivem, sentem e sofrem a sua vida.

Em *Angústia*, quanto a mim (só conheço *Angústia* e *S. Bernardo*), o melhor livro de Graciliano Ramos, que lembra pelo recorte sombrio de suas personagens certos nórdicos, o escritor põe Luís Silva a monologar sobre o drama da sua vida, atirando-nos de súbito para a tragédia íntima que esfacela e tortura esse moço, perdido na vida, acorrentado a um passado que o persegue e a uma timidez que o não deixa vencer, que o anquilosa num tormento constante, que o junge a uma vida mesquinha e revoltante. Efetivamente a vida desse doente de espírito é angustiante e cheia de perplexidade, de irresoluções e receios que a sua timidez constrói a cada passo, ao longo do seu caminho. Como ele, triste e vencido, todos os outros comparsas vegetando à sua volta. Nenhum deles – exceção feita a Julião Tavares, rico e conquistador, figura nitidamente do nosso meio – vive a sua vida. Os outros seguem agarrados ao sonho interior, inatingível.

A galeria de Graciliano Ramos é fértil em tipos desgarrados, seres extraviados. Atente-se em Tarquínio[2], abandonando a fazenda e reavivando de vez em quando o seu passado de senhor absoluto; em Camilo, indolente e incapaz dum esforço, entregue à leitura. Atente-se neles e vejam-se as suas figuras roçando pelo ridículo, tocadas aqui e ali dum *humour* muito especial e ao mesmo tempo confrangedor. Mas outros surgem que ficam também perdurando, tal a intensidade com que estão debuxados e a vida imprimida pelo escritor. De fato os retratos de Marina e da mãe, das vizinhas entrevistas apressadamente, de Moisés, vago agitador sempre a folhear jornais e barafustar, marcam a garra de Graciliano Ramos. Em simples pormenores, que vida intensa, que observação psicológica. E sempre sobressaindo a tibieza de Luís da Silva, incapaz de reagir, pela que os acontecimentos arrastarão, títere obedecendo a todas as sugestões.

Graciliano Ramos sentiu e como que viveu essa personagem que se vai autobiografando, com tanta naturalidade e sinceridade que nos surpreende e nos chega a arrepiar. Assistimos a todas as suas reações, a todas as suas reflexões e a todos os seus atos. Por isso o vemos ir roubar Vitória, negra que passa os dias lendo os anúncios dos navios entrados e contando o dinheiro escondido, no quintal, com receio de ser roubada...

Todas essas figuras, todo esse mundo debruçado sobre o escuro das suas existências vive e sofre a nosso lado, mas não o percebemos, e nem as compreendemos. Foi preciso Graciliano Ramos revelar-nos para vermos todo o seu drama angustioso...

Já em S *Bernardo*, romance também introspectivo, mais movimentado e arejado, menos denso e doloroso, aberto à vida e à paisagem, o drama das

---

2. Na verdade, trata-se de Trajano, Trajano Pereira de Aquino Cavalcante e Silva, avô de Luís da Silva, protagonista do livro em questão.

personagens não é tão profundo e amargo. Sente-se perpassar a asa da tragédia, mas a rudeza, a quase brutalidade de Paulo Honório, afasta para longe o sentido dramático que passa em *Angústia*. É que o drama de Paulo Honório é o reflexo da sua educação e da sua rebeldia, da sua quase ferocidade de homem acostumado a vencer de *maneira decisiva*, do seu *selvagismo* próprio de quem viveu no interior, e não dum exasperado e agudo intelectualismo feito de dúvida e incerteza. Sendo um livro de menos densidade doentia, não deixa, contudo, de vibrar na dor de Madalena, sugestivo retrato feminino, e em certos monólogos de Paulo Honório, ricos de verdade e de observação, no seu tom – quase diríamos ingênuo e simples – de homem que não compreende certos segredos da alma humana...

Graciliano Ramos confirma a exuberância da seiva literária do Brasil. A sua arte viva e humana marca uma nova trajetória no romance brasileiro, integrando-o na corrente artística que vem dos nórdicos, talvez mais que dalguns rumos do século passado. Em todo o caso, entre os nomes da moderna geração, Graciliano Ramos é o romancista, mais que nenhum, da angústia e tragédia humanas.

# Um Depoimento Literário Brasileiro: Marques Rebelo (Eddy)[1]

*Castro Soromenho*

Ao fundo da Livraria José Olympio, num grupo de escritores, Graciliano Ramos, o grande romancista brasileiro, fala-nos do Brasil e da sua literatura contemporânea. Graciliano não faz crítica e não aparta valores para estabelecer paralelos.

É evidente a sua grande simpatia pessoal e intelectual por Jorge Amado e José Lins do Rego, mas isto não o inibe de se referir largamente e com agrado, sem estabelecer contrastes, aos trabalhos de todos os escritores que, fora do domínio da literatura que se caracteriza pelo regresso à arte pela arte, são caminheiros da grande jornada da nova literatura deste imenso país, onde a terra e o homem são novos – e os escritores os veem pela primeira vez com olhos e alma "brasileiros".

Graciliano é do Norte, mas não faz a "política" dos escritores dessa terra profundamente dramática, onde as secas e a fome criaram gentes miserandas que as personagens do seu livro *Vidas Secas* simbolizaram.

Em presença do drama que se desenrola na sua terra, o escritor não podia tomar outra atitude que não fosse a que ressalta transbordante de força, de

---

1. Castro Soromenho, "Um Depoimento Literário Brasileiro: Marques Rebelo (Eddy)", *O Primeiro de Janeiro*, 9 ago. 1939. Texto recolhido em Graciliano Ramos, *Conversas*, organização de Thiago Mio Salla e Ieda Lebensztayn, Rio de Janeiro, Record, 2014, pp. 97-100.

sinceridade, de legítima revolta, da sua obra de romancista, toda ela um grito de protesto que ecoou por todo o Brasil.

Através das palavras de Graciliano Ramos, que é para a maioria dos brasileiros o seu primeiro romancista, surge-nos, com mais evidência que na sua própria obra, a terra ardente e seca e o homem amarrado à sua tragédia, entregue ao fatalismo, agora abandonando-se, acossado pela sede e fome, ao caminho do litoral, o braço a ofertar-se ao trabalho da terra alheia, para, logo que tombem as primeiras chuvas, regressar ao seu "chão", caminhando do sertão para o litoral e do litoral para o sertão durante toda a vida!

– Quando os nossos olhos se abrem para este mundo de miséria e dor, é impossível não reagir, não clamar contra tanto infortúnio – diz-nos Graciliano com veemência. – E eles querem que nos calemos, de braços cruzados, ou que façamos arte pela arte...

E depois, com uma voz cansada, o romancista evoca a sua vida, o isolamento em que o obrigaram a viver durante um ano de sofrimentos, que foi uma noite de angústia, longe, muito longe, em terra estranha, entre vagabundos, onde estudou curiosos tipos de desventurados que um dia aparecerão nos livros que a sua dolorosa experiência deve à Literatura.

– Depois do que lhe acabo de dizer, bem vê que eu não posso falar, não lhe posso dar a entrevista. E creia que tenho pena que os portugueses, nossos irmãos, fiquem desconhecendo algumas verdades que eu gostaria de dizer.

E mudando de tom:

– Você já ouviu o Jorge?

– Conversei muito com o Jorge Amado, mas também não se deixa entrevistar, como você, como outros que vieram de longos caminhos, da Ronda de América, ou de mundos "sombrios...".

– Sim, todos nós viemos de muito longe..., embora a maioria não tenha deixado o seu canto. É que a alma também faz grandes jornadas, e essas são as mais dolorosas. Olhe, vem aí o Marques Rebelo, o homem da *Oscarina*, um grande contista.

– Já o esperava, marcamos encontro aqui para uma entrevista.

Marques Rebelo e o autor de S. *Bernardo* são amigos, mas disputam sobre assuntos literários. Agora Eddy, que é "carioca", entre gargalhadas que enchem a livraria, defende a arte pela arte, que é tema que angustia o autor de *Angústia*. O homem do Norte não pode compreender a arte pela arte, que é capricho de escritores que escrevem com tinta de rosas, porque no mundo há tanto sofrimento, tanta miséria, tanta injustiça que o caminho dessa literatura não pertence à vida.

E o tempo passa, um a rir, falando e gesticulando desordenadamente, ora sentado, ora de pé; o outro muito sério, arrepiado com as palavras do antagonista, deixando cair palavras calmas que dizem dos problemas literários que lhe interessam, que o apaixonam, onde documento humano é tudo e o resto paisagem...; – e nós a esperar que eles acabem de não chegar a acordo, mas que fiquem amigos, como sempre. [...]

# Obras-Primas de Graciliano Ramos[1]

### *Mário Dionísio*

Aqui se levanta uma alínea do problema do romance moderno. Deverá ele ser feito objetivamente à feição dum Eça de Queiroz, por exemplo? Deverá ele ser feito, pelo contrário, subjetivamente à feição dum Dostoiévski, ou duma maneira cerebral como fazem os sequazes de Proust? Ou estará o caminho do romance moderno no encontro dum equilíbrio entre estas duas maneiras, numa técnica que consiga pôr em equação o exterior e o interior, que consiga harmonizar o que o indivíduo tem de coletivo com o que ele tem de mais individual?

[...] Por agora, basta-nos notar que o que nos leva a aproximar Lins do Rego de Jorge Amado é justamente a semelhança do processo. São ambos escritores do exterior. Difícil encontrar nos seus personagens o clima subjetivo de cada um. Em ambos vemos os indivíduos agrupados, ou melhor: vemos grupos de indivíduos, quer nas multidões dispersas de Lins do Rego, quer nas multidões unificadas pela "consciência de massa" de Jorge Amado.

---

1. Título atribuído pelo editor. Trecho extraído de Mário Dionísio, *Erico Verissimo: Um Escritor Brasileiro*, edição de Vânia Pinheiro Chaves e introdução de João Marques Lopes, Lisboa, Clepul, 2011, pp. 49-51. Dissertação apresentada por Mário Dionísio em 1939 para a conclusão de sua Licenciatura em Filologia Românica, na Faculdade de Letras da Universidade de Lisboa.

336 • GRACILIANO NA TERRA DE CAMÕES

Um escritor brasileiro, porém, vamos encontrar que se opõe nitidamente a esta visão de romance. E, lidos simultaneamente estes três romancistas, ficaremos eternamente na hesitação a respeito da estrutura da Humanidade: será realmente o indivíduo uma simples parcela da coletividade (Jorge Amado e Lins do Rego), ou será, pelo contrário, a coletividade uma simples reunião de indivíduos?

O escritor que nos sugere o segundo ponto de vista é o autor dessas duas obras-primas intituladas *S. Bernardo* e *Angústia*: Graciliano Ramos[2].

Dissemos "obras-primas" e supomos não ter exagerado. Depois de segunda leitura destas obras, perguntamo-nos várias vezes: o que há aqui a mais? O que há aqui a menos? E de todas essas vezes nos quis parecer que Graciliano Ramos, nesses dois romances de clima interior em que são aproveitados para a compreensão psicológica do Homem os mínimos pormenores do dia a dia, o mínimo reflexo de qualquer emoção, conseguiu o resultado surpreendente de não ter posto nada a mais, de não ter posto nada a menos.

Podíamos aqui referir-nos ao curioso processo técnico que Graciliano usou na produção de *S. Bernardo*. Mas neste simples apontamento sobre a sua obra, não merecerá a pena focar esse caso. Porque no que Graciliano Ramos é de fato um escritor invulgar, é no estudo do Homem, no aprofundamento do Homem, quer o seu personagem seja um proprietário de terras como em *S. Bernardo*, quer ele seja um habitante anônimo de grande cidade como em *Angústia*.

Num artigo publicado numa revista brasileira, faz Abel Salazar este curioso confronto entre o escritor Graciliano Ramos e o pintor Millet:

"A mesma forma de síntese, os mesmos processos de realização. Eliminação de todo o elemento pitoresco, de todo o supérfluo, condensação do assunto e de emoção, polarização de todos os recursos de expressão. O homem entre o céu e a terra, reduzidos à sua expressão esquemática, quase simbólica; o céu e a terra reduzidos ao seu mistério. A luz banhando tudo: e no meio o homem reduzido a sua ossatura animal que aprisiona uma alma embrionária – mas profunda, vertiginosa na potencialidade do seu embrião. O homem que pensa e sente, sem imagens nem conceitos, entre o mistério do céu e da terra,

---

2. Graciliano Ramos é também autor de *Vidas Secas* que ainda não conhecemos [nota de Mário Dionísio].

no mistério da luz: que pensa, e sente, sem imagens nem conceitos, frente ao seu próprio mistério. A alma, que não chega a definir-se, entre dois mistérios, que se fecham: e a certeza inconsciente, do Nada que tudo absorve..."[3].

E mais adiante:

"Todo o homem, quando despe a sua retórica intelectual ou moral, e a sua retórica de civilizado, encontra em si o drama de Fabiano[4] e do *Homme à la Houe*[5]"[6].

É este de fato o clima das obras de Graciliano, o clima de que o Homem tem mais de interior, de mais humano, isto é: de mais essencial.

Se nos permitirem o exagero da imagem, diremos que os romances de Graciliano nos parecem uma voz, uma imensa voz dolorida, cheia de modulações, de momentos de vitória e de derrota, uma voz surgida de corpo nenhum, isolada, penetrante – uma voz isolada na noite.

---

3. Abel Salazar, "Millet e Graciliano Ramos", Rio de Janeiro, n. 4, ago. 1938, p. 13. Artigo que integra esta proposta de edição da fortuna crítica do escritor alagoano em Portugal.
4. Personagem de Graciliano Ramos [Nota de Mário Dionísio].
5. Quadro de [Jean-François] Millet [Nota de Mário Dionísio].
6. Abel Salazar, *op.cit.*, p. 15.

# Machado de Assis e o Problema do Romance Brasileiro – Graciliano Ramos[1]

*João Gaspar Simões*

É bom abrirmos os olhos diante dos perigos que ameaçam a arte de ficção quando se esquecem certos princípios fundamentais a todas as artes. Mais do que nenhum outro, vejo o romance brasileiro sob a ameaça de um tal perigo. De fato, se Machado de Assis pode ser considerado, até certo ponto, antes escritor europeu que brasileiro, isso se deve àquela como que flexibilidade intelectual de que só os homens das velhas tradições participam. Há, na verdade, um abismo entre Machado de Assis e os novos romancistas do Brasil. Na obra do primeiro há uma inteligência e uma sensibilidade conscientes diante do mundo. O processo criador de Machado de Assis é a análise. Pelo contrário, na obra dos modernos romancistas brasileiros dá-se uma confusão entre o homem e a realidade. Nestes escritores, em vez de uma inteligência que analisa e de uma sensibilidade que se sente consciente dos seus limites, há uma receptividade que reage, instintiva, inconsciente. O processo criador de tais artistas é a descrição. Daí, é certo, a grande frescura das suas obras. Dir-se-á que estes homens estão no mundo pela primeira

---

1. Título parcialmente modificado pelo editor. Trecho extraído de João Gaspar Simões, "Machado de Assis e o Problema do Romance Brasileiro", em *Caderno de um Romancista: Ensaios*, Lisboa, Livraria Popular de Francisco Franco, 1942, pp. 265-271.

vez. Tudo que veem e sentem é visto e sentido como inédito. Assim se explica a força e a invenção do seu estilo. Tais escritores não precisam de seguir o exemplo de Flaubert quando dizia a Maupassant que para descrever uma árvore com palavras originais era preciso olhá-la tanto tempo quanto fosse preciso para ela deixar de ser uma árvore como qualquer outra e nos surgir no espírito única e diferente. O segredo da originalidade deles é exatamente o contrário: olham e veem logo diferente, como se, de fato, tudo fosse novo para eles. Eis por que o trabalho destes escritores se limita à descrição maravilhada do mundo. Não analisam a vida, pois lhes falta a consciência da qualidade homem-mundo. Eis por que as suas obras se nos afiguram tão veementes, tão espontâneas, tão novas. Impossível encontrarem-se na Europa obras assim.

Tal espontaneidade, porém, é perigosa. O homem envelhece depressa e a espontaneidade de um velho é muito parecida com a decrepitude. A frescura murcha, as palavras estiolam, as imagens cansam: o escritor ingênuo breve começará a imitar a sua própria ingenuidade. Não há nada tão pernicioso em arte como a autoimitação. Eis por que a descrição não basta. O escritor tem de ir além. As coisas não são apenas o que parecem: tem outro lado, são profundas e pérfidas. É então que a inteligência intervém, que a análise se aproxima. A verdadeira arte chega então. Machado de Assis não o ignorava. A lição de à-vontade e franqueza que deu aos modernos romancistas brasileiros não é tudo. Receio, porém, que eles só tenham colhido essa. Machado de Assis não se cansou de apregoar que a arte é difícil, e os modernos escritores brasileiros parece não o terem ouvido. Eis o que redundará em seu prejuízo. Breve reconhecerão que o mundo maravilhoso que estão pintando é limitado. E então passarão a repetir-se; as suas imagens perderão o viço, tudo quanto neles era frescor e graça se transformará em convencionalismo. É o fim de todas as sensibilidades demasiado novas. Os escritores norte-americanos já sabem o que isso significa. Na já citada *The Story of American Literature*, Lewisohn observa como os escritores norte-americanos se esgotam rapidamente. Assim a atribuição do Prêmio Nobel a Sinclair Lewis pareceu aos americanos um anacronismo. Quando tal consagração lhe foi concedida já a arte deste escritor tinha envelhecido. Lewis imobilizara-se numa espécie de autoimitação, incapaz de se renovar. "*Yet somewhere near middle age, he stops*"[2], escreve Lewisohn, *"he is finished; he imitates himself"*[3]. Quão diferente a arte europeia, exclama Lewisohn! E evoca os nomes de Thomas Mann e André Gide, sempre inquietos e novos.

Machado de Assis, se se não soube renovar indefinidamente (o seu último romance *Esaú e Jacob* é já uma repetição), teve a medida certa dos seus recursos e da sua arte. Quando foi preciso mudar de caminho, voltou as costas a *Iaiá Garcia* e *Helena*, e enveredou pelo *D. Casmurro*. Realmente, Machado de Assis tinha uma consciência estética e um conhecimento da natureza humana que os modernos romancistas brasileiros não têm. Prova-o o caso de Cyro dos Anjos, quando, ao querer renovar o solilóquio interior de Machado de Assis, escreveu uma obra tão superficial e insípida como é o *Amanuense Belmiro*. Não menos eloquente é o caso de Graciliano Ramos, escritor dos mais bem dotados, quando pretendeu tratar o romance psicológico em *Angústia*. A Graciliano Ramos se deve, no entanto, uma das obras mais significativas do moderno romance brasileiro. Refiro-me a *S. Bernardo*. Não é que este livro seja manifestamente superior às demais obras de ficção contemporâneas. É, porém, um caso à parte. Graciliano marca, realmente, nesta obra uma tentativa para a passagem do descritivo ao analítico, ou seja, da descrição meramente lírica e espontânea à visão refletida e dramática.

*S. Bernardo* não se caracteriza pela originalidade. Dir-se-á que nesta obra o romance brasileiro voltou ao ponto de partida. A sua técnica, não só já a liberdade com que a narrativa é traçada e a livre interferência do escritor na ação, mas a própria estrutura da fábula e a composição em capítulos curtos, é a técnica de Machado de Assis. É certo que o tema é diferente. Quem conta a história é, convencionalmente embora, quase analfabeto. Repare-se, porém, no esforço do narrador para se compreender a si próprio. Contraditório e vário, quem escreve nunca se nos dá inteiramente. Parece procurar-se. Quando é brutal, pensamos que poderia não o ser. Por debaixo de uma dureza cínica aflora uma sensibilidade delicada. Ao contrário dos demais romancistas brasileiros, Graciliano Ramos não se serve do herói como pretexto para exprimir

---

2. Ludwig Lewinsohn, *The Story of American Literature*, New York, London, Harper & Brothers, 1932, p. 506.

3. *Idem, ibidem.*

a sua própria sensibilidade emocionada e devaneadora. Não: aqui é o herói que importa, é o homem que comanda a ação, é o homem que enche o drama. E pela primeira vez, na minha opinião, se pode falar em drama a propósito do moderno romance brasileiro. De fato: o herói de *S. Bernardo* não é apenas o que parece. O retrato que de si próprio nos traça é contraditório e inquieto. Não o podemos julgar pelos seus atos, senão antes pelo que ele devia ter feito ou pelo que sente que devia fazer. À psicologia ingênua e quase convencional da maior parte dos heróis do moderno romance brasileiro, cuja força é apenas reflexo da emoção com que o autor pinta o quadro em que ele se move, sucede-se aqui uma psicologia rica, verdadeira e humana. A paisagem e o conflito são iluminados por ela. É certo que ainda não se pode falar de análise a propósito desta obra. Em todo caso é manifesto o esforço do próprio herói para se compreender a si mesmo. Quando diz querer calcar a mulher a pés, sentimos que mente. As suas violências ocultam um grande fundo de ternura. Debatem-se nele a timidez e o orgulho. Entre o homem que age e o homem que sente há nesta personagem um abismo. É a dualidade entre o homem e o mundo a manifestar-se pela primeira vez no moderno romance do Brasil.

* * *

Eis por que *S. Bernardo*, de Graciliano Ramos, é, quanto a mim, uma das obras mais significativas do moderno romance brasileiro. Evidentemente que os modernos romancistas do Brasil respiram força e frescura. Mas não devemos esquecer que a principal missão do romance é a criação de personagens vivas, imagens do próprio homem. Se os romancistas portugueses e brasileiros têm provado incapacidade para cumprirem essa missão, convém, no entanto, a ela não renunciarem de todo. Machado de Assis foi-lhe fiel. Se a sua obra não nos deu uma figura tão profunda e tão rica quanto seria para desejar, a culpa não foi dele. A alma humana é o principal tema da sua obra. O homem – eis o que ele pretendeu atingir e aprofundar. Lírico como ele era, líricos como somos, é-nos talvez impossível aspirarmos à criação de grandes heróis de romance. Não esqueçamos porém o exemplo de Eça de Queiroz. Se Eça de Queiroz conseguiu levantar para a eternidade a figura do Conselheiro Acácio, foi graças a qualidades fundamentais do gênio português e brasileiro. Refiro-me a uma certa índole satírica que o próprio Machado de Assis não desdenhou. O romancista de língua portuguesa que queira criar uma figura novelesca verdadeiramente grande não pode esquecer tal dom. Sarcasmo e lirismo dão-se as mãos no nosso temperamento. Da fusão do lirismo com o sarcasmo, isto é, da fusão do homem amoroso e contemplativo com o homem satírico e ativo pode nascer um dia esse romance capaz de transcender a pura exaltação lírica que nele impera hoje. *S. Bernardo* é uma promessa. Por enquanto, todavia, mera promessa. Para ser mais do que isso, falta-lhe a riqueza de pormenorização e a profundidade da análise, matéria celular dos verdadeiros heróis de romance. O lirismo é uma grande virtude, mas lirismo sem inteligência é pouco, lirismo sem penetração analítica é quase nada.

1942

# Graciliano Ramos e a *Angústia*[1]

*Manuel Anselmo*

I

A posição excepcional do romancista de *Angústia* no romance brasileiro contemporâneo deriva, em grande parte, do fato de Graciliano Ramo se distinguir, pela técnica e objetivos romanescos, da maioria dos seus pares. Trata-se de um romancista que põe a ação dos romances dentro da cabeça das suas personagens e, diferentemente de um Lins do Rego e um Jorge Amado, não no exterior. Daí, acontecer que até mesmo a cadela "Baleia", das *Vidas Secas*, represente uma notável criação; e que, no *S. Bernardo*, a figura central Paulo Honório se interponha arbitrariamente entre o leitor e as outras personagens.

Graciliano Ramos vê como um trágico a realidade humana e social. Sente-se que ele escreve, por isso, os seus romances como uma desafronta pessoal. A angústia invade todas as personagens, quer o Luís da Silva atormentado pela infidelidade de Marina, quer o menino mais novo de *Vidas Secas* após a aventura em cima do bode, quer a Madalena de *S. Bernardo*, vítima de Honório e de si mesma, quer em *Caetés* com João Valério e Manuel Tavares. Direi

---

1. Manuel Anselmo, "Graciliano Ramos e a *Angústia*", em *Família Literária Luso-Brasileira*, Rio de Janeiro, José Olympio, 1943, pp. 220-223.

mesmo que personagem central de todos os seus romances é a angústia dialética de Graciliano Ramos, provocada pela própria experiência vital.

O sertão de Buíque, em Pernambuco, tão admiravelmente descrito em *Vidas Secas*, obteve aquela dramática descrição romanesca porque Graciliano ali viveu até aos sete anos de idade. Daí, poder sublinhar-se, desde já, quanto a memória serve de instrumento romanesco deste autor. Em Viçosa, depois, Graciliano travou contato com aquelas emboscadas que fizeram o triunfo de Paulo Honório, em *S. Bernardo*. Aí conheceu os proprietários espoliados pela traição, as mulheres fracas e vencidas, numa palavra, todo o material romanesco que revela em *S. Bernardo*. Só em *Angústia*, porém, através do drama de Luís da Silva, Graciliano Ramos soube expor, com coragem e emoção, o drama do filho-família arruinado e, por isso, obrigado a vegetar numa cidade provinciana entre um jornalismo aguado e um emprego humílimo.

Luís da Silva é, ainda, um travesti do Graciliano Ramos que, tendo sido o menino mais novo de *Vidas Secas*, crescera em Viçosa ao lado de Paulo Honório, Madalena e Padilha, encontrara em Palmeira dos Índios o capital romanesco de *Caetés*, e fora para Maceió, cheio de drama e inquietação, aprender com Gorki a perspectiva de uma nova concepção de vida e com Coelho Neto um elegante acabamento sonoro das frases.

Eis, pois, a memória – como em Proust – o verdadeiro instrumento romanesco de Graciliano Ramos. A sua obra é documento impressionante dos próprios passos pela vida do romancista.

II

Tenho reparado que é costume aparentar no Brasil a obra de Graciliano Ramos com a de Machado de Assis. Erro, esse, que me parece profundo. Enquanto em Machado preponderou um humorismo irônico comentando as ações romanescas e sempre subordinando estas a uma lógica psicológica de mestre, em Graciliano Ramos nota-se sobretudo angústia trágica dominando as próprias personagens. Enquanto na obra de Machado de Assis respira uma nobre e lúcida inteligência, na de Graciliano Ramos grita um protesto dialético e quase revolucionário.

A criada Vitória, de *Angústia*, entre o seu papagaio e o cofre de dinheiro enterrado no quintal, representa um aspecto dessa angústia que o romancista lê em todos os seres. Não há otimismo ou alegria, mesmo intelectual em Graciliano Ramos. Tudo é trágico, enfermo, infeliz, como a própria paisagem seca e dramática que conheceu em Buíque. Ninguém é feliz – porque Graciliano não acredita na felicidade.

O seu processo romanesco, além de memorial, permite-lhe, como a Joyce, que misture na ação o presente com o passado e o futuro. Não sendo um descritor de ambientes, a verdade é que poucos romancistas brasileiros possuem, como Graciliano, o dom de insinuar as paisagens e os climas através dos dramáticos relatos memoriais que atribui às personagens. Assim, em *Angústia*, o drama de Luís da Silva, não obstante passar-se quase exclusivamente entre duas casas e um quintal melancólico, revela completamente toda a vida provinciana de Maceió, com seus grupinhos, usos sociais, abusos sexuais etc. etc... Isso porque Graciliano procura decompor as personagens em vários momentos memoriais, de forma a tirar delas, como se fosse serrim de dentro de bonecos, todos os mistérios da sua angústia humana.

## III

Sim, angústia humana borbulhando como água a ferver dentro de uma chaleira. Sinha Vitória, de *Vidas Secas*, sofre continuamente a ambição de uma cama de couro, igual à de "seu" Tomás da bolandeira. Fabiano gasta o dinheiro destinado a compras para a família, bebendo e brigando com o soldado amarelo, Marina trai Luís da Silva pelo dinheiro de Julião Tavares. Madalena morre sob a tirania e o ciúme de Paulo Honório. Todas as personagens são gritos, são reações, são bandeiras de revolta. Ninguém triunfa, ninguém é feliz.

O gênio romanesco de Graciliano aproveita, porém, essa angústia cósmica e dialética para resplandecer. Utilizando um processo de análise subjetiva através do relato memorial das personagens, a sua obra ganha uma verdade humana que não é, apenas, nordestina. A lição de Gorki fê-lo compreender os ex-homens e os vagabundos que conheceu quer em Buíque, quer em Viçosa e Palmeira dos Índios. Coelho Neto e Euclides da Cunha ensinaram-lhe, porém, a descrever essas infelicidades gritantes num tom literário sereno, graças aos períodos curtos e à pureza lexicológica da linguagem.

Falta a Graciliano Ramos escrever, ainda, um romance em que utilize a sua experiência humana no hospital, na cadeia e no êxito literário carioca. Bastarão, porém, livros como *Angústia* e *S. Bernardo* para afirmá-lo, desde já e para sempre, como um dos maiores e mais originais romancistas do Brasil.

# Graciliano Ramos[1]

*José Osório de Oliveira*

Graciliano Ramos nasceu em Quebrangulo (Alagoas), em 1892. Embora a publicação do seu primeiro romance: *Caetés*, diste apenas um ano do aparecimento de *S. Bernardo*, vê-se que maior espaço de tempo separa as duas obras, tão seguro do estilo, da técnica e da psicologia o escritor se apresenta no segundo romance. Num país de precoces, Graciliano Ramos apareceu tarde, por isso mesmo revelando, logo no segundo livro, uma maturidade e um domínio da matéria e do processo que são raros na literatura brasileira. Dois anos depois, um terceiro livro: *Angústia*, deu-lhe, definitivamente, um dos lugares primaciais entre os romancistas brasileiros, não só de hoje mas de sempre. Outros dois anos decorridos, este escritor que não se apressou nem se multiplica, construindo a sua obra como um bom artesão, respeitador do instrumento de trabalho que é a língua, deu nova prova do seu talento, da sua arte e da profunda humanidade, no livro *Vidas Secas*. Apresentado como romance, esse livro é, realmente, constituído por uma série de quadros e cenas da vida sertaneja, tão destacáveis que alguns dos seus capítulos incluiu

---

1. José Osório de Oliveira, "Graciliano Ramos", em *Contos do Brasil* (Antologia), seleção, prefácio e notas de José Osório de Oliveira, Lisboa, Portugália, 1947[?], p. 118.

mais tarde, o autor, num volume de *Histórias Incompletas*[2], de que extraímos esta para apresentar o contista[3]. Nesse gênero publicou ainda, recentemente, o livro *Insônia*, e quer com aquele volume, quer com este, conquistou um dos primeiros lugares entre os contistas do seu país e da nossa língua. Como memorialista, com o livro *Infância*, tornou-se um dos raros casos notáveis nas literaturas de língua portuguesa. Alguns dos capítulos desse livro de memórias são, aliás, narrações tão objetivas, que o autor pôde, legitimamente, deslocá-las para o volume de *Histórias Incompletas*[4].

---

2. Em *Histórias Incompletas* (Porto Alegre, Livraria do Globo, 1946), Graciliano republicou os seguintes capítulos de *Vidas Secas* (1938): "Cadeia", "Festa" e "Baleia".

3. Osório de Oliveira refere-se ao conto "Minsk", publicado inicialmente, com ilustrações de Axel Leskoschek, na coletânea *Dois Dedos* (Rio de Janeiro, Revista Acadêmica, 1945, pp. 91-99), em seguida em *Histórias Incompletas* (Porto Alegre, Livraria do Globo, 1946, pp. 45-54) e, por fim, em *Insônia* (Rio de Janeiro, Livraria José Olympio Editora, 1947, pp. 77-86). Postumamente, este conto ainda foi recolhido por Ricardo Ramos, filho de Graciliano, no volume *Histórias Agrestes – Contos Escolhidos* (São Paulo, Cultrix, 1960, pp. 39-44).

4. De *Infância* (1945), constam em *Histórias Incompletas* os seguintes capítulos: "Um Incêndio", "Chico Brabo", "Um Intervalo" e "Venta-Romba".

# Livros do Brasil: Obras de Graciliano Ramos[1]

*Jaime Brasil*

Temos a nossa frente os cinco primeiros volumes das obras completas de Graciliano Ramos. Os quatro primeiros são as reedições dos seus romances: *Caetés, S. Bernardo, Angústia* e *Vidas Secas*. O último é a primeira edição de *Insônia*, livro publicado este ano. Não vamos analisar cada uma dessas obras, tanto mais que sobre as primeiras há muito se pronunciou a crítica. O conjunto das obras de Graciliano Ramos permite, contudo, estudar a evolução desse escritor, sem dúvida o mais completo romancista das letras brasileiras, depois de Machado de Assis.

Quando surgiu nas letras, há cerca de quinze anos, o escritor não perfilhou os arrojos da modernidade nem se abandeirou nas hostes da literatura chamada social. Construiu o seu primeiro livro, *Caetés*, conforme a técnica do romance e sobretudo do romance português do último quartel do século passado, que se filiava no romance francês de então. Quer dizer: Eça de Queiroz está presente nessa obra. E não só na construção como no estilo. Se as cenas da vida da província evocadas pelo autor lembram Machado de Assis, a efabulação, os diálogos, os caracteres das personagens são ecianos.

---

1. [Jaime Brasil?], "Livros do Brasil: Obras de Graciliano Ramos", *O Primeiro de Janeiro*, 6 ago. 1947.

Isto mesmo reconhece o crítico brasileiro Floriano Gonçalves, no exaustivo "Ensaio de Interpretação" que ocupa setenta e cinco páginas do primeiro volume das *Obras de Graciliano Ramos*. Escreveu esse crítico: "Mas no livro inicial era Eça de Queiroz lhe dando a estruturação do romance francês, bem equilibrado nos capítulos, muito movimento, muita dialogação. De Eça de Queiroz, sobretudo, lhe vem o gosto de caracterizar as personagens caricaturalmente, em ação, quando estão falando". Mais adiante, lê-se no mesmo ensaio: "É ainda dos portugueses em geral o hábito de meter o artigo antes dos nomes próprios, e de Eça particularmente o de procurar o detalhe ridículo para entremetê-lo na solenidade ou importância da cena ou situação".

Apartou-se o romancista da influência queiroziana no seu segundo romance *S. Bernardo*, menos caricatura e galhofeiro, revelador do rumo que deveriam seguir os outros romances, interiorísticos, mais preocupados com os problemas eternos da condição humana do que com as aparências. Foi a pensar neles, de-certo, que o citado crítico escreveu: "Finalmente, Graciliano é o único legítimo representante do pensamento machadiano no romance, é mesmo o único que traz uma conceituação geral da vida do homem. É obra essencialmente revolucionária, porque mostra a estrutura social brasileira viciada nas origens, anulando as possibilidades de evolução e libertação do homem. O quadro de vida que ele pinta em seus romances pesa sobre a criatura como um fator de dissolução inevitável. Cria monstros no campo e assassinos na cidade. E o tema de seus romances evoluciona de um crime ou em torno dele".

Nos últimos romances de Graciliano Ramos, *Angústia* e *Vidas Secas*, há qualquer coisa de Dostoiévski, de *Crime e Castigo*, sobretudo na análise do crime e do ambiente mórbido que o cria. Em *Angústia* o sexual e o erótico ocupam grande lugar, e em *Vidas Secas* o social, o drama do camponês brasileiro, o cabra, fustigado pelas secas periódicas, sobrepõe-se a tudo. A paisagem interior é, porém, o que mais parece interessar o romancista. E se lhe ficou o gosto pelas belas frases, à Eça, plasmou o falar brasílico por forma a ser hoje um clássico dessa variante do português, forjada ao calor dos trópicos na amálgama das vozes indígenas com as ádvenas de portugueses rudes e negros selvagens. No livro *Insônia*, Graciliano Ramos arquiva um punhado de contos que reúnem todas as qualidades dos seus romances. Contos só, não; novelas também. Se alguns são na verdade contos, solilóquios, poemas em prosa, breves anedotas postas com brilho literário e certo poder comovente, outras composições do volume acusam a garra do ficcionista, são novelas construídas, estudos de características, análises psicológicas profundas. Pouco mais ou menos a meio do volume, encontram-se dois escritos a documentar os dois gêneros. Um é o conto "Minsk", história dum periquito que era o encanto duma pequenina e que esta, com a mania de andar de costas, esmaga, numa dessas brincadeiras inocentes. O outro é a novela "A Prisão de J. Carmo Gomes", desfibração dum caso da "psicose da camisa verde" e análise objetiva de costumes contemporâneos.

A arte de Graciliano para fixar as personagens, sobretudo os medíocres, os tímidos, os apagados, é magistral. Além do perfil da D. Aurora da camisa verde, que denuncia à polícia o irmão por ele não ter camisa da mesma cor; o retrato do Dr. Silveira, médico de bairro que ao cumprimentar o novo governador, seu condiscípulo que não o reconhece, e vexado por o político o tomar por um pretendente termina por lhe pedir um emprego; a figura ingênua do rapaz estudante, que teima em escrever um conto para ser considerado intelectual pelos hóspedes da pensão onde vive, são estudos profundos dum ficcionista da realidade que é também um penetrante psicólogo.

O estilo de Graciliano Ramos, elegante e castiço, faz a síntese do brasileiro tal qual se fala e do português que se escreve. É, a um tempo, popular e policiado. Não desce ao calão e ao barbarismo, mas é enriquecido com vozes novas. Um português pode lê-lo sem recorrer ao dicionário dos exotismos brasílicos, e os brasileiros não se ofuscarão com a sua maneira de colocar os artigos ou os pronomes. Assim como para tocar um instrumento é necessário conhecer-lhe a gama dos valores sonoros, para escrever é indispensável saber manejar as sutilezas da linguagem. A virtuosidade do artista executante pode introduzir variantes na emissão dos sons, dar mais ou menos alma à execução, assim ao escritor é lícito criar novos valores expressivos e introduzir alterações na ordem do discurso; ir mais longe, porém, é desrespeitar o auditor ou o leitor. Ora, Graciliano Ramos mantém-se dentro do limite razoável: sem cair nunca nas fórmulas estereotipadas, nos modelos arcaicos que são já lugares-comuns, não se permite as fantasias sintáticas e o amontoado de barbarismos, que tornam quase ilegíveis em Portugal alguns autores brasileiros, difíceis também de entender, aliás, duma ponta do Brasil à outra. Como António Sérgio – segundo cremos – disse de José Régio, Graciliano Ramos é, entre os brasileiros, "o mais moderno dos clássicos".

# O Romance Brasileiro Contemporâneo[1]

*Adolfo Casais Monteiro*

Colhido de surpresa, receio bem que entre o mal de reduzir este artigo a uma lista de nomes com uns escassos adjetivos para cada um, e o mal de não ir além de vagas generalidades é por este último que optarei – porque é sem dúvida o mal menor. Falar do romance brasileiro contemporâneo não é, com efeito, tarefa que honestamente se realize de um dia para o outro. Mas, já que o meu testemunho me é exigido, sem apelo, ele aqui fica; mas não deixe o leitor de ter em mente o seguinte; que não estando *à la page* sobre o assunto, só muito irregularmente tendo tido conhecimento dos romances que se têm publicado nestes últimos anos, não poderei referir-me às mais recentes tendências por ele manifestadas.

E, como mesmo não passando das generalidades há que limitar-se a uma perspectiva, talvez seja preferível encarar o romance brasileiro dos nossos dias segundo o que ele significa para os leitores portugueses. A revelação que constituiu para os brasileiros o aparecimento dos romances de Jorge Amado, de Graciliano Ramos, de Lins do Rego, de Verissimo, de José Geraldo Vieira,

---

1. Adolfo Casais Monteiro, "O Romance Brasileiro Contemporâneo", *O Primeiro de Janeiro*, 30 abr. 1947. Texto que veio a integrar o ensaio mais amplo "O Leitor Português e O Romance Brasileiro Contemporâneo – Graciliano Ramos", em *O Romance (Teoria e Crítica)*, José Olympio, 1964, pp. 155-168.

de Amando Fontes, de Lúcio Cardoso, de José Américo de Almeida, de Marques Rebelo, de Cyro dos Anjos, e de tantos outros, teve sem dúvida foros de sensacional, pelo que representava de triunfo num campo em que a estatura de Machado de Assis parecia avantajar-se tanto que à sua sombra não surgiria mais nenhum que não parecesse pequeno. A verdade é porém que, para os leitores portugueses, essa descoberta tinha um sentido muito mais profundo: eram com efeito estes romancistas quem ia trazer aos portugueses leitores de romances a revelação do Brasil.

Lendo os seus novos romancistas, os brasileiros puderam talvez ver com mais clareza o mundo em que viviam; deram-se talvez conta de muitas verdades, nem sempre agradáveis, ao mesmo tempo que a humanidade do seu próprio país lhes revela aspectos de beleza que nem suspeitariam. Mas muitos não teriam senão a surpresa de encontrar na "literatura" as coisas da vida que se tinham habituado a considerar impróprias dos livros, e aqueles romances limitar-se-iam a dignificar aos seus olhos as coisas humildes, simples e quotidianas, com prejuízo das histórias inverossímeis escritas num estilo não menos inverossímil. Mas, para o leitor português, a revelação era total. E aquilo mesmo que em alguns desses romances poderia depois vir a ser considerado "localismo" exagerado, recurso a um pitoresco rapidamente esgotado, isso mesmo valia para nós, que desconhecíamos o cenário, quase tanto como as vidas que nele se desenrolavam.

Mas para essas vidas ia, sobretudo, o nosso interesse. Para a variedade de tipos humanos que nos eram revelados. Para os cariocas e paulistas, para os mineiros, para os gaúchos, para os nordestinos, para todo esse quadro de uma humanidade bem diferente da nossa, sobretudo pelo caldeamento de raças e de culturas, pelo referver de forças sociais. Para os dramas de toda a espécie gerados numa época em que a unidade do povo brasileiro era um processo vivo, e não um acontecimento histórico.

Mas, se a imensidade e a diversidade do Brasil estavam por uma grande parte na origem do nosso interesse, se a satisfação da curiosidade não podia deixar de ser um importante fator a ter em conta, é preciso conservar presente, contudo, que a mais forte impressão nos foi dada pela maneira como esses romancistas souberam arrancar da sua época uma visão profundamente humana, e múltipla, pois que ao leitor menos preparado salta sem dúvida à vista a que ponto esses escritores refletem diversamente o mundo, a que ponto o estilo de cada um difere de autor para autor.

Chocou, e sem dúvida ainda choca muitos leitores portugueses, que a maior parte desses romancistas tenha ido deliberadamente ao encontro daquela "língua errada do povo", o português "gostoso" do Brasil, para que muito antes deles surgirem apelava Manuel Bandeira num dos seus poemas. E, com efeito, aí como em tantas outras coisas, os romancistas foram precedidos pelos poetas, e não há dúvida que, sem estes, não poderia ter nascido essa geração de romancistas que por volta de 1930 se afirma. E que enorme papel não tem esse *Macunaíma* de Mário de Andrade, essa obra que abre caminhos para todos os lados, obra em prosa, sim, mas de essencial significação poética. Sim, ainda hoje há quem resista ao ajustamento que os escritores brasileiros fizeram entre o que ameaçava tornar-se em duas línguas diferentes: a literária e a do povo. Erro será pensar-se que eles se puseram a escrever como o povo; a simples verdade é que, mesmo um Lins do Rego, mesmo um Jorge Amado, não deixaram de ser artistas, isto é, de pôr de parte qualquer ideia de "imitar" nos seus livros a linguagem falada; o que se lhes deve é o desbastar de uma língua literária anquilosada, pelo vigoroso recurso ao vocabulário e à sintaxe da língua falada, na medida em que aquela não podia dispensá-lo, para se tornar, de fato, o instrumento de novas criações literárias. Só numa língua viva se escrevem obras vivas.

Não é para estranhar que, de todos esses romancistas, tenham sido Lins do Rego, Graciliano Ramos, Jorge Amado e Erico Verissimo os que maior audiência encontraram entre nós.

Era na obra deles que mais larga e profunda expressão de humanidade se nos revelava; era, pelo que toca aos três primeiros, a vida e os problemas do brasileiro e do Brasil, a vida quotidiana e as grandes forças que a moldavam, a sorte do "homem comum" e a luta dia a dia por "um lugar ao sol". Por estranho paradoxo, este "lugar ao sol" que serve de título a um dos mais populares romances de Erico Verissimo é na obra deste muito menos uma realidade do que na dos seus pares. Não há de fato na sua obra uma vibração tão profunda da vida: há muito mais *arte* do que espontaneidade, muita habilidade em tecer intrigas capazes de apaixonar as almas sensíveis; e as obras de Verissimo são muito melhor aceites pelo leitor europeu, precisamente porque ele parece um europeu, tanto pela linguagem, como pelas intrigas dos seus romances, que não comportam a violência de situações e de contrastes que encontramos em Jorge Amado ou em Lins do Rego. E é curioso notar que, sendo o menos "brasileiro" dos quatro, pela linguagem e pelo estilo, ao mesmo tempo é aquele em cuja obra se sente menos viva a marca tanto das paixões mais elementares como das forças sociais mais prementes. É uma arte de fuga, e não admira, pois, que ele tenha sido, de todos, o romancista preferido pela burguesia.

É em Graciliano Ramos, talvez, que encontramos a mais equilibrada e ao mesmo tempo a mais forte expressão romanesca desta época. Nunca ele se deixou arrastar, como por vezes Jorge Amado e Lins do Rego, por aquela tão humana fraqueza que faz um romancista saltar fora do nexo, da "lógica" romanesca, e desviar pelo recurso a uma conclusão "ideal" o curso de histórias que valem precisamente por serem recortadas, em pleno cerne da vida real. Livros tão diferentes como *Angústia, S. Bernardo* e *Vidas Secas* são porventura aqueles que ficarão como a mais perfeita expressão desta época da literatura brasileira, que viu surgir uma plêiade de romancistas sem igual no passado – e em que pela primeira vez o homem brasileiro pôde encontrar na literatura uma imagem de si próprio em corpo inteiro.

# Graciliano Ramos[1]

*Eneida de Moraes*

Também chamado "o Velho Graça" – O melhor é não procurar subtítulos – Histórias íntimas que talvez não agradem

Todo mundo acha e muita gente diz que Graciliano Ramos é um sujeito implicante e ranheta. Todo mundo tem razão. O velho Graça, como o velho Borba, cultivam um mau humor constante, cotidiano, que no primeiro é uma atitude e no segundo uma razão de ser dentro da vida.

Quem já não ouviu Graciliano chamar de burro pessoas inteligentíssimas? Todos os seus biógrafos acentuam sempre a parte azeda que ele cultiva, mas o velho Graça é apenas um sentimental docíssimo que se enfeita de ranheta. Um rabugento para constar.

\* \* \*

Vi esse homem em várias fases bem diversas da vida. A primeira, rapidamente, quando Graciliano chegou das Alagoas vindo num porão infecto, descido do seu posto de diretor da Imprensa Oficial de Palmeira dos Índios,

---

1. Eneida de Moraes, "Graciliano Ramos", *Esfera*, n. 21, abr./maio 1949, pp. 20-21.

onde fora também prefeito e diretor da Instrução Pública. Um político municipal, como se vê. Confesso que naquele tempo não o conhecia, nem de nome. Ignorância, naturalmente, pois quando Graciliano realizou, forçado, essa travessia, já havia publicado *Caetés* e *S. Bernardo*; era já o escritor cuja história está muito contada e que não julgo necessário repetir aqui.

O velho Graça ficou, então, naquele presídio, como um sujeito que "está sofrendo errado".

Vem depois o nosso segundo encontro, numa enfermaria. Graciliano recém-voltava da Ilha Grande, de cabeça raspada, feiíssimo (a falta de cabelos o tornava pior do que hoje), um jeito de bicho triste.

– Graciliano não é tão feio assim, diz o Borba. Feio sou eu e mais feio do que eu é o Raimundo Magalhães Júnior.

Graciliano de pijama, sentado em bancos incômodos, pernas cruzadas, balouçantes, pitando cigarros, achando todo mundo burro, odiando insolentemente todos. Aí começa uma etapa que talvez não seja bom contar. Nosso herói é capaz de arrancar desta cronista um título que muito a orgulha: mulher que só fala a verdade. Mas a verdade aqui é que nos fizemos camaradas, bons amigos, o velho Graça e eu. Achei que devia interferir em certos detalhes de sua vida. Graciliano não mudava o pijama com a assiduidade que era de esperar, e seu banho diário costumava ser um pouco... adiado.

– Graciliano, vai tomar banho, rapaz, tua mulher vem te ver hoje!

– Graciliano, hoje é dia de visitas, muda o pijama!

Dava um pouco de trabalho, mas sempre se conseguia alguma coisa.

Depois era preciso encher o tempo e jogávamos crapô. Inicialmente Graciliano insultou: "Jogo besta, jogo de caftinas". Mas aderiu logo depois, e raro era o dia em que não procurava parceiros para uma partida. (A doutorinha Nise da Silveira que o diga.) Insistia, rogava. Tornara-se um craque no crapô.

Saiu *Angústia*. Éramos poucos na enfermaria da Casa de Correção, todos bem doentes. Recebemos exemplares com dedicatórias e resolvemos promover um almoço em homenagem ao autor. Convocamos urgentemente o major-diretor do presídio, um sujeito bonacheirão, sem nenhuma prática policial de tratar com presos políticos. Convencemo-lo, fizemos mil juras de guardar o mais inviolável dos segredos (se Filinto Müller soubesse, o homem perderia o emprego e seríamos recambiados para a Detenção – aquele horror!). Foi um almoço digníssimo, sem discursos, com a boia melhorada pelo major-diretor, e Heloísa – mulher do Graça – conseguiu vencer a vigilância levando embrulhada num grande pacote de algodão uma garrafa de cachaça para o homenageado. Tudo certo. Nesse dia Graciliano exibia roupa limpa, banho tomado e um certo penteado com os cabelos nascentes. O banquete correu sem incidentes. Na última hora o major também compareceu para dizer seu entusiasmo:

– É meu prisioneiro o meu romancista predileto.

Pobre major! Não era certamente um carcereiro à la Müller.

Assisti outras fases dessa vida graciliana. Fui vê-lo algumas vezes na pensão do Catete onde pontificavam outros; o quarto era ruim, sujo, a pensão triste como todas as pensões. O velho continuava a chamar de burro todo mundo. Assisti à sua revolta e ao seu nojo em colaborar na *Cultura Política*, aquela célebre "realização do Estado Novo". – "Mas Graça, precisas viver, que diabo!" – "Mas isso é sujeira!".

Os encargos da família crescendo, as meninas precisando estudar. Heloísa procurando emprego e o velho Graça numa vida dura, roendo unhas.

Pouco depois encontro-o com o pessimismo exacerbado, ideias negras.

– Graciliano, como vais?

– Mal. Estou com um buraco deste tamanho no pulmão.

O buraco que ele fazia com as mãos era muito maior do que o pulmão.

Mas o papel de Margarida Gauthier não era bem o que ele desejava. O buraco fechou e sumiu da vida desse velho que – aqui para nós – só conversa coisas de vinte anos, numa bruta preocupação de fingir que está novíssimo. Depois vem *Vidas Secas*, e a morte da cachorra Baleia surge como uma das páginas mais belas da literatura brasileira. Antes, em 1942, começara seu estrelato. Ganhara o prêmio Felippe de Oliveira (conjunto de obras). Fizera cinquenta anos. Não creio que ele contasse esse "desastre" a alguém. Mas seus amigos o sabiam e houve uma bruta homenagem. Um mundo de discursos. Não compareci ao jantar porque estava novamente nas grades, mas, quando saí, um amigo – para que me sentisse presente – guardara-me um cardápio. Pobre Graça! Perdi esse documento que com certeza faz parte dos arquivos do João Condé, mas jamais esquecerei que havia um "*hors-d'oeuvre* à *Caetés*" e um "peru à *Angústia*". Esse peru, assim, até hoje, me persegue. Não consigo comer nenhum peru sem senti-lo à angústia. O mau gosto do cardápio vingou-me de certas coisinhas contra o velho Graça. A vingança é que ele engoliria aquele peru e o *hors-d'oeuvre*...

Depois vem as *Histórias de Alexandre, No Mundo dos Meninos Pelados*[2] e *Infância*. Firmara-se o estrelato. Não adianta dizer mais nada. Graciliano tem uma infinidade de inimigos e outro tanto de amigos. Mas ninguém mais o pode negar; está definitivamente enquadrado na história da literatura brasileira, com um papel claro, definido e firme.

Deve agora ter muitos pijamas para mudar; tornou-se um homem limpo que deve tomar muitos banhos sem conselhos. Não precisa mais dos apelos, de ninguém nem mesmo para as pequeninices higiênicas.

Envelhece achando as mulheres belíssimas, sabendo diferençar, com segurança, uma perna bonita e foi, por isso mesmo, um dos que mais odiaram as saias compridas. Com o avançar da idade tem conversas impróprias até catorze anos. É um cavalheiro de hábitos meio desconhecidos. Sabe-se que não abre mão de uma cachacinha e que no verão se exibe na livraria José Olympio em mangas de camisa; sabe-se também que é inspetor de ensino secundário.

Continua ranheta, sistematicamente rabugento por atitude. No fundo, é a Baleia das *Vidas Secas*.

---

2. Na verdade, *A Terra dos Meninos Pelados*, publicada em 1939, com ilustrações de Nelson Boeira Faedrich, pela gaúcha Livraria do Globo.

# Graciliano Ramos Fala ao *Diário Popular* Acerca dos Modernos Romancistas Brasileiros[1]

*Castro Soromenho*

Rio de Janeiro, agosto. Ao fundo da Livraria José Olympio, no mesmo banco onde o encontrei há onze anos, sentado, as pernas cruzadas, em mangas de camisa, o casaco dobrado sobre as pernas, Graciliano Ramos como que continua uma conversa interrompida durante esse lapso de tempo. Tenho a impressão de que o deixei ontem, que adiara por algumas horas a nossa conversa, que onze anos foram onze horas, tão presentes são os problemas dessa época, em relação à literatura. Mas isto é só aparência, porque a realidade é muito diferente, dado que as situações mudaram por completo, no Brasil e em Portugal, quanto à evolução e à decadência do romance.

– Vocês não têm um grande romancista moderno – diz-me Graciliano. – A vossa projeção está na crítica e na poesia.

– Sim, isso é verdade. A minha geração ainda não revelou um grande romancista, mas, desde 1938, formou-se um movimento literário que vem marcando apreciável ascensão. Esse movimento vale muito mais como grupo do que por unidades, e, entre estas, as mais reclamadas são precisamente as menos qualificadas. Razões de circunstância... que você não aceita, nem eu,

---

1. Castro Soromenho, "Graciliano Ramos Fala ao *Diário Popular* Acerca dos Modernos Romancistas Brasileiros", *Diário Popular* (Lisboa), 10 set. 1949, pp. 4 e 9.

nem o Casais Monteiro, a quem você se refere com tanta admiração... Vocês, brasileiros, têm um grande romancista, que é você, Graciliano; mas onde está, por onde se perdeu o vosso movimento literário, que encontrei, em plena ascensão, há onze anos?

– Não; há onze anos, nós já estávamos no período da decadência do romance, iniciado em 1935. Você não sentiu isso, porque vivíamos da projeção do movimento de 1930-1935, intenso, forte e, ao mesmo tempo, anárquico.

Graciliano Ramos, o mais respeitado e apreciado romancista brasileiro, no seu país e no estrangeiro, começa por se referir ao movimento modernista, que pôs termo a uma literatura "fabricada" numa língua estranha, com ideias importadas, falsa e medíocre. Uma literatura feita por sujeitos pedantes, balofos e ridículos, amarrados a um academismo estéril, de todo alheados dos fatos nacionais, sem arte nem vida.

– Olhávamos para esse panorama com desânimo, e com enjoo líamos a retórica boba que se arrumava em livros que nada significavam, nada traduziam, que não eram brasileiros nem de parte alguma – uma imitação e falsificação incompreensíveis.

– Mas, Machado de Assis...

– Machado estava longe – atalhou Graciliano. – Foi após essa época que se caiu em período de estagnação, no academismo estéril, na imitação, na retórica. Mas o mais grave era que essa literatura tinha grande aceitação do público e da crítica. Recordo-me do extraordinário êxito que teve *Canaã*, uma novela medíocre e falsa, pavorosa, que dá engulhos. Da literatura do começo do século, muito pouco, quase nada se salvou.

– E os modernistas?

– Devemos muito aos modernistas, que, embora nada tivessem construído, souberam empunhar e meter a fundo a picareta, espalhar o terror e abrir caminho. Abrir caminho foi tudo, e muito, o que eles fizeram. Em 1930, o terreno estava mais ou menos desobstruído.

"Empalhados" os literatos do começo do século e preparado o caminho pelos modernistas, abre-se novo e largo horizonte à literatura brasileira. O que desde então se passou na vida literária pertence à história dos nossos dias, onde pela primeira vez se fez a revelação do verdadeiro Brasil, em muitos dos seus mais característicos aspectos, trazendo o homem e seus problemas à literatura, a realidade e contradições de sua própria vida, enquadrado no seu meio social.

Mas deixemos Graciliano Ramos, grande prosador e grande romancista, falar sobre esse novo movimento literário, marcar-lhe as suas características, dando-nos, em síntese, a evolução e a decadência do romance brasileiro aparecido depois de 1930:

– Foi nessa época que de vários pontos surgiram, em número apreciável, escritores desconhecidos, que se afastavam dos preceitos rudimentares da nobre arte da escrita. Mas a verdade é que, sem saberem escrever, trouxeram qualquer coisa de novo à literatura brasileira. Meteram-se pela sociologia e economia e lançaram no mercado romances causadores de enxaqueca ao mais tolerante dos gramáticos. Foi um escândalo. Mas estavam ali pedaços do Brasil, e isso já era alguma coisa de importante. A literatura enriquecia-se de novos assuntos, novos problemas, nova vida, mas tínhamos que lastimar a maneira absurda e inclassificável como se escrevia. E este foi um grande mal. As barbaridades foram aceitas, lidas, relidas, multiplicadas, traduzidas e aduladas. Havia uma pureza e uma coragem primitivas nos escritos da arrancada, e daí o êxito dessa literatura. Porém, a sua decadência começou cedo, porque se perderam essas qualidades. Começaram descrevendo coisas que viram e acabaram descrevendo coisas que não viram. E, por desgraça nossa, a maioria não aprendeu a escrever. Raros são os que estudaram os problemas e a língua.

Deixamos o grande romancista de *S. Bernardo*, porque a vida chamou-nos para o caminho de Buenos Aires, mas em breve continuaremos a nossa conversa para nós mesmos e para o público.

# Graciliano Ramos[1]

*Marques Gastão*

Graciliano Ramos, romancista brasileiro, cuja obra enfileira na estirpe de Lins do Rego, Marques Rebelo, Erico Verissimo e Jorge Amado, na literatura do Brasil, esteve em Lisboa, de passagem para Paris, acompanhado de sua esposa. O grande escritor, já com sessenta anos, velho fisicamente, ia assistir às comemorações do grande Victor Hugo. Na lista dos passageiros da Panair apenas esta indicação: Graciliano Ramos, professor. Mas o nome de Graci-

---

1. Marques Gastão, "Graciliano Ramos", em *Às Portas do Mundo*, Lisboa, Comp. Nacional Editora, 1952, pp. 322-325; "O Escritor Graciliano Ramos Passou Hoje em Lisboa para ir a Paris à Comemoração de Victor Hugo", *Diário de Lisboa*, 24 abr. 1952, p. 9. Vale ainda ressaltar que uma versão editada desta entrevista foi publicada no *Jornal do Brasil* de 30 abril de 1952 (p. 7), com o título "O Sr. Graciliano Ramos em Viagem para Paris". A matéria apresenta a seguinte nota introdutória: "Não lhe Agrada Falar de Literatura ou de Política. É um Analfabeto Sertanejo – Disse que um Dia se Deu a Escrever Coisas sem Nexo". Com o título "Declarações do Escritor Graciliano Ramos em Lisboa", esse mesmo texto adaptado também ganhou as páginas do *Correio da Manhã* de 30 de abril de 1952 (p. 4). Por fim, o presente texto foi incluído no livro *Conversas* (organização, introdução e notas de Thiago Mio Salla e Ieda Lebensztayn. Rio de Janeiro, Record, 2014, pp. 255-260). Sobre o estabelecimento da entrevista que ora se apresenta ao leitor, convém destacar que entre a versão publicada primeiramente na imprensa e depois retrabalhada em livro pelo jornalista há diferenças substanciais. Neste último formato, sem as limitações espaciais comuns ao suporte jornal, são acrescidos trechos inteiros tanto de perguntas e comentários de Gastão quanto de respostas de Graciliano. Diante disso, optou-se por apresentar aqui o texto veiculado na obra *Às Portas do Mundo*, pois ele representa a última vontade autoral do repórter.

liano Ramos só podia ser o do escritor que um dia criou a figura de Paulo Honório, nesse romance sertanejo que se chama *S. Bernardo*, e abordamo-lo no restaurante.

– Sim, sou eu... – a entrevista principiou.

Graciliano Ramos parece-nos fatigado e pouco disposto a falar.

– Vim à Europa para respirar um pouco... E não me agrada falar de literatura ou de política... Sou um analfabeto sertanejo que um dia se deu a escrever coisas sem nexo...

– Mas... o que pensa da literatura brasileira? – insistimos.

– Oiça: eu não quero responder, porque a minha resposta parece mal... Não sou otimista, em relação com a literatura brasileira... Os que fizeram alguma coisa calaram-se depois, e esse silêncio é uma cobardia... Minha cobardia e deles...

– Mas a que atribui esse silêncio?

– A tantos fatores! Não há novos valores no romance brasileiro, depois do surto do romance nordestino de 1932 a 1935... Depois, foi a curva descendente da literatura de ficção.

– Não será pessimismo?

– Talvez seja o pessimismo da minha idade, talvez seja a opinião de um selvagem, mas é uma opinião...

– E na poesia?

– Qual poesia? A clássica ou a moderna? Para mim, eu não entendo essa coisa que os modernos chamam poesia, e é melhor não falarmos nela. Sabe? Eu tinha sete anos quando me meteram Camões nas mãos e me fizeram decorar *Os Lusíadas*. Ficou-me o gosto da lírica do épico e o canto V com o Velho do Restelo, o Adamastor... Posso lá entender os poetas de hoje...

E voltando ao romance, Graciliano Ramos, que criou *Vidas Secas* e *Angústia*, diz-nos:

– Veja, por exemplo, o Estado de São Paulo. Não deu um romance, um grande conto...

Fala-se depois da arte e da divisão de opiniões sobre subordinação ou não a uma ortodoxia, seja ela qual for, e Graciliano responde:

– O comunismo e o fascismo mataram a arte. A arte é uma consequência das superestruturas da política. A dependência da arte à política está no interior do indivíduo. Se eu tiver interesse nessa dependência, a subordinação é quase inconsciente. Na arte há persistência de valores e quando os seus autores são gênios acabam ganhando a eternidade.

Graciliano Ramos, que, na sua juventude, foi um rebelde desinteressado, esteve preso durante um ano, segundo nos confessou, e entende que o amadurecimento de ideias se ganha com a idade. Hoje, pouco escreve. Publicou *Infância*, um livro de memórias e pouco mais. Os seus livros do passado vão ser reeditados. Agora procura o repouso, ao lado de sua esposa. Nascido em Quebrangulo, no interior de Alagoas, tem a sinceridade abrupta no falar. Considera Machado de Assis (infelizmente, segundo a sua opinião, porque não apareceu outro) como o maior escritor brasileiro, embora manifeste a sua "indignação" pelo fato de o autor de *Esaú e Jacó* não ter emitido opiniões pessoais, nos seus livros, sobre os grandes acontecimentos do seu tempo, talvez porque Graciliano pense que o escritor deve interferir na vida do seu tempo. Admira Lins do Rego e Marques Rebelo, este como contista, e falando de Erico Verissimo afirma:

– É um influenciado pela literatura norte-americana: celuloide mascarado; pedaços de vidas sem continuidade... ou um exagerado ou um deformado... A literatura brasileira deste tempo é uma literatura falhada... E na Europa? Onde estão os novos valores? Os que substituíram Balzac e Tolstói e o Eça, d'*Os Maias*?

Graciliano Ramos confessa depois o seu desconhecimento da nova literatura portuguesa e, falando da literatura em geral, diz:

– É impossível julgar o moderno. Li grandes escritores numa posição de passividade e hoje penso que as novas correntes são menos inteligentes do que o catolicismo. O artista da Renascença não tinha obrigação de fazer isto ou aquilo – fazia porque estava no seu inconsciente o mandato e criava o que sentia. E sabe o que me apetece perguntar? O que foi que fizeram a Alemanha, a Itália e a Rússia? Do período clássico, temos grandes valores nos três países, mas depois de Hitler, de Mussolini e de Stalin o que há? Onde estão o Balzac, o Tolstói, o Dostoiévski, o Goethe, o Michelangelo, o Leonardo da Vinci do nosso século? Talvez falta de perspectivas? Não, os nossos mestres continuam a ser aqueles grandes homens do passado!

Fala-se depois das relações luso-brasileiras, e Graciliano Ramos confessa-nos:

– Portugal e Brasil são um todo, tão juntos, tão irmanados que penso ninguém poder cortar o cordão umbilical que os une. A nossa língua é a língua portuguesa. Quiseram um dia criar, artificialmente, a língua brasileira... Disparate! Pois repare: pois se nem há diferença na prosódia. Estamos aqui a falar português e não brasileiro e português, não é verdade?

Graciliano Ramos, que é amigo pessoal de José Osório de Oliveira, com quem esteve há pouco no Rio e onde assistiu a um dos banquetes realizados em honra da Embaixada Cultural Portuguesa, disse-nos, a despedir-se:

– Foi útil a visita dessa Embaixada e penso que devem estreitar mais os laços entre intelectuais portugueses e brasileiros, indiferentemente de opiniões políticas. Todo brasileiro é, quer queira quer não queira, um português de coração. Tudo quanto se faça para os aproximar é pouco para benefício das duas pátrias[2].

---

2. As afirmações feitas por Graciliano nesta entrevista (sobretudo as críticas a Erico Verissimo e a seus demais colegas de geração, além da menção à morte da arte como decorrência do comunismo e do fascismo) causaram viva polêmica no Brasil. Em decorrência de tal repercussão, Graciliano se valeu de entrevistas e depoimentos para rebater e desmentir as palavras a ele imputadas pelo entrevistador lusitano, apresentado como um fascista a serviço do repressivo Estado salazarista. O acompanhamento dessa polêmica pode ser conferido em Graciliano Ramos, *Conversas*, organização, introdução e notas de Thiago Mio Salla e Ieda Lebensztayn, Rio de Janeiro, Record, 2014, pp. 261-277.

# De Passagem para Paris

*Carlos de Oliveira*

De passagem para Paris, onde vai assistir às comemorações do 150º ano do nascimento de Victor Hugo, esteve entre nós umas horas o grande romancista brasileiro Graciliano Ramos[1].

Com quatro romances curtos e descarnados, mas duma densidade incrível, este homem, que começou a escrever já na idade madura, conquistou inegavelmente o primeiro lugar entre os prosadores modernos da sua pátria. Ao que se depreende das breves impressões trocadas com os jornalistas, parece ter dado por terminada a sua carreira de escritor. Será lastimável que tal aconteça, mas como os quatro romances de Flaubert chegaram para fazer dele a maior figura do realismo francês, também os quatro romances de Graciliano lhe asseguram desde já um lugar primacial e inconfundível na literatura de língua portuguesa deste século.

---

1. Manuscrito não datado (referência a25/4.43, caixa 29, documento 8) pertencente ao espólio de Carlos de Oliveira, acervo que se encontra depositado no Museu do Neorrealismo de Vila Franca de Xira. Considerando o fato aqui relatado, isto é, a rápida passagem do escritor alagoano por Portugal em abril de 1952, pode-se supor que tal documento tenha sido produzido pouco depois desse período. Agradeço a Leonardo Gandolfi, professor da Unifesp, por ter não apenas me informado a respeito da existência desse documento, como também pelo fato de, gentilmente, ter-me enviado uma cópia escaneada dele.

# 372 • GRACILIANO NA TERRA DE CAMÕES

É curioso notar que de todos os romancistas brasileiros da geração de 1930, a que pertenciam entre outros Jorge Amado, Lins do Rego e Verissimo, deve ter sido Graciliano o que menos se leu entre nós e mesmo no Brasil.

Com efeito *Caetés, Angústia,* e *Vidas Secas* têm apenas duas edições e *S. Bernardo* três[2]. Em contrapartida, veja-se por exemplo como a obra de Erico Verissimo vai sendo continuamente reeditada em tiragens brasileiras e portuguesas. A facilidade quase cinematográfica de narrar e a não menos fácil ideologia pequeno-burguesa são as grandes armas do triunfo imediato de Verissimo e as razões que levaram Graciliano a dizer dele:

– É um influenciado pela literatura norte-americana; celuloide mascarado; pedaços de vida sem continuidade... ou um exagerado ou um deformado[3,4].

---

2. Na verdade, se considerarmos as edições da obra de Graciliano até o momento referido pelo autor, *Angústia* já teria chegado à quarta edição. As informações a respeito de *Caetés, Vidas Secas* e *S. Bernardo* se mostram corretas.

3. Trata-se da exata reprodução de trecho da entrevista concedida por Graciliano, quando de sua curta estada em Lisboa, a Marques Gastão. Tal texto desse jornalista português integra a presente edição (cf. pp. 367-370).

4. Ao fim do documento, há três linhas rasuradas, das quais é possível transcrever, com alguma dificuldade, apenas o início do trecho: "Alheio à grande publicidade e à [glória efêmera]...".

# Vida Literária – Graciliano Ramos[1]

*João Mendes*

Faleceu, há pouco, o romancista brasileiro do Nordeste, Graciliano Ramos. Apesar do tomo reduzido da sua obra, dele disse Lins do Rego, na homenagem que lhe prestaram os homens de letras, entre os quais Jorge de Lima e Jorge Amado: "Viemos aqui proclamar que Graciliano é o maior de todos nós". Embora não estejamos convencidos dessa afirmação, pronunciada, talvez, no calor duma manifestação amiga a um doente desenganado, não queremos, contudo minimizar o valor romanesco deste poderoso evocador da desolação humana.

Dir-se-ia que o romancista, sem fé na vida, nem no homem, nos diz com um sorriso amargo de desilusão: "– Querem ver uns quantos pobres-diabos do nosso tempo e do Nordeste brasileiro?". E vai os chamando a depor, para que eles mesmos nos contem as suas histórias mesquinhas. E lá começam eles (os romances são contados na primeira pessoa, exceto o último, *Vidas Secas*), pequenos funcionários, um proprietário rural ou um pobre vaqueiro do Ceará, saídos da rotina e das fatalidades dos ambientes pequenos, lá começam eles a desenrolar o seu sudário de pusilanimidade e a tragédia da sua humanidade reduzida. E, coitados!, para cúmulo da tragédia, nem sequer

1. João Mendes, "Vida Literária – Graciliano Ramos", *Brotéria*, vol. 57, fasc. 7, 1953, pp. 78-81.

se dão conta que vieram a cair numa espécie de subumanidade inferior. Pobres-diabos!

O escritor não comenta, nem desenvolve, romanescamente, por qualquer contraste ou análise. Depois de ouvirmos o relato, parece limitar-se a olhar para nós e a dizer-nos: "– Está vendo? É isto". E dá-se o caso como subentendido, como se autor e leitor tivessem vergonha de se compadecer. Diante do romancista, que os colocará diante de nós, os infelizes nem se atreveram a falar muito, porque ele não deixava. É uma tragédia pessoal, contada em resumo, sem aquela prolixidade narrativa de explicações e motivos, que são desabafo e alívio dos que sofrem. Nada de conversa fiada; mas linguagem seca, sem enfeites nem encarecimentos, sem paisagem nem amabilidades. O que tem a dizer, diga-o depressa! E o que é certo é que eles conseguem resumir bastante bem, passando da linguagem direta a indireta, sem que se perca a vivacidade do diálogo. Essa arte maravilhosa que tinha Eça de Queiroz tem-na, também, Graciliano Ramos, só que com mais dureza, e mais sacudida de pontos finais.

Podíamos dizer, de modo geral, que no decurso destes romances, se nota uma estrutura psicológica fundamental: uma timidez diante de uma implacabilidade. A implacabilidade da vida e suas leis (viria a dar no mesmo se disséssemos a implacabilidade do romancista que tem tal concepção da existência), e o acanhamento do homem, tímido desajeitado, que se atrapalha e estraga tudo, mesmo o que lhe podia ser favorável.

A implacabilidade severa que paira sobre este mundo fechado, encarna, por exemplo, em *Caetés*, nas convenções sociais do mundo burguês, que inibem João Valério diante do amor de Luísa. Este homem que, às escondidas, não temera o adultério, depois de morrer o marido da amante, atrapalha-se, e tem medo do que diga o mundo. Em *S. Bernardo*, a inexorabilidade personifica-se em Paulo Honório que, nascendo filho das ervas, se fez por si mesmo, e foi o rico proprietário rural da fazenda S. Bernardo. O esforço na luta pela vida criou-lhe um calo no coração, e todos tremem e se agacham diante dele: o Padilha, o Mendonça, o Casemiro, o Marciano; ou, então, ficam com os destinos destroçados, como Madalena. Em *Angústia*, a aguda obsessão sensual de Luís da Silva, nada pôde contra um mundo cego que o oprime, que lhe rouba e desonra a noiva, e o deixa entregue à sua própria angústia, inútil e abafada. Em *Vidas Secas*, é a fatalidade das estiagens do Ceará, e a prisão do homem à sua própria condição econômica, que levam Fabiano[2] à naturalidade na desgraça, à aceitação da decadência e da abjeção. Um dia, no cérebro rude do matuto, levantou-se, com certa ufania, a preocupação elevada de cuidar da educação dos dois filhos, que já estavam grandinhos. Mas o que ele lhes queria ensinar era precisamente os segredos do seu ofício de vaqueiro. Terrível ironia! Assim passava, naturalmente, a fatalidade de pais a filhos...

E diante da vida impiedosa, como reagem os personagens? Como vítimas, e vítimas sem honra, já o indicamos. Falhos de qualquer apoio transcendente e da liberdade de espirito que ele lhes daria, erram na vida, ao acaso, descentrados, contorcendo-se, comprometidos na sua bisonha pusilanimidade. Diante do romancista, ou da sua férrea visão do universo, andam às voltas, num ciclo fechado de obsessões e alucinações, que se repetem como as grades de uma prisão. É curioso notar nestes livros uma certa constância de motivos dominantes, que andam sempre a vir à tona da consciência dos personagens. É a reversibilidade do destino, num mundo pequeno onde não há fugas para o exterior.

Vários contos do volume *Insônia* revelam bem a tendência para o desvairo febricitante, donde se ausenta a psicologia propriamente humana, sem fins a prosseguir, sem personalidade, sem coração. Já os heróis de *Caetés* e *Angústia* andam próximos da psicologia mecânica, da fisiologia desamparada da alma. Os movimentos tornam-se maquinais, de atrações e repulsas instintivas, onde, de humano, só ficou a angústia vaga, a saudade sem nome que o homem tem de si mesmo.

A secura do estilo de Graciliano Ramos é o reflexo destas "vidas secas" dos seus personagens, mesmo dos que não são perseguidos pela estiagem periódica do Ceará. O Paulo Honório é seco, porque a fúria de enriquecer o tornou duro e metálico. Como seco é Luís da Silva, tipo de desagregado pusilânime, cheio da "covardia que a vida áspera me deu", que se confina, por desforço, na sensualidade, mas numa sensualidade covarde e sem ousadia; vindo a acabar numa alucinação onde se perdem os limites entre a vida e o irreal. A sua vida sem sentido nenhum é, de fato, uma *Angústia*, onde o coração do homem, sem rumo nem raízes, se dissolve na poeira das sensações desconexas, sem

---

2. Na versão publicada em *Brotéria*, João Mendes sempre se refere a Fabiano como "Fabião".

desejar, sequer ao menos, uma unidade pessoal, senhora dos próprios passos e destinos. E secas são, finalmente, as famílias do Fabiano das *Vidas Secas*, a melhor de todas as obras de Graciliano Ramos, a mais humana e a mais sã, e, nas entrelinhas, a mais compadecida. Aqui se aperta ao máximo este mundo reduzidíssimo, onde a humanidade se animaliza, e o coração se encolhe num entardecer de infinita tristeza. Até a cadela Baleia, elemento imprescindível do pequeno clã sub-humano, faz o comentário à vida dos donos, conformados na pequenez. É um símbolo que os acompanha e define.

E todas estas vidas, mesmo as dos "vigários" que aqui, e além, se entreveem nas redações de pequenos semanários de província, todas estas vidas são secas porque lhes falta um amor, o atrativo de um ideal transcendente. Diz o introdutor das *Obras de Graciliano Ramos*, que este mundo romanesco é o melhor das apologias da Revolução, porque chama por ela, incapaz de soluções dentro de si mesmo.

Não sei, ao certo, qual seria o modo de pensar do romancista acerca deste ponto. Mas qualquer que tenha sido a sua intenção, o que se vê claramente é que nenhum dos seus personagens possui, sequer ao menos, uma esperança de redenção. Poderia mesmo dizer-se que o que tornou Paulo Honório implacável foi, precisamente, a ânsia de redimir-se da situação inferior em que nascera. A revolução não viria a fazer da humanidade um Paulo Honório em ponto grande?

O que falta a toda esta obra, o que ela postula com uma evidência meridiana, é um amor essencial, que liberte os homens das pequenas e grandes fatalidades. Mas Graciliano Ramos dá-nos a impressão de um juiz inexorável, de palavras secas e cortantes, diante de quem não há apelação nem agravo. É como se nos dissesse: "– A vida é assim, e acabou-se". Estilo e humanismo falhos de doçura, de amor e de misericórdia, fatalismo sombrio de que ele e suas criaturas romanescas não sabem defender-se, porque não têm nada que invocar a seu favor. Energia, pois, meramente de fachada. Porque no fundo, são todos débeis, sem o apoio de qualquer ideia moral, desolados por uma grande estiagem do coração e de afetos transcendentes. E daí o degenerarem facilmente para maníacos insignificantes, possuídos de obsessões e sem fronteiras nítidas entre o real e alucinação. O que eles precisam não é da revolução, é de quem os leve ao amor verdadeiro.

# A Propósito e a Despropósito do Último
# Livro de Graciliano Ramos[1]

*José Fernandes Fafe*

Graciliano começa por nos dar satisfações: de ter saído da sua natural toca brasileira, de ter andado de avião, como um gafanhoto, a saltar de terra em terra, e de ter acabado por escrever um livro que é sobre as suas atribuições e, como não poderia deixar de ser, sobre uma coisa que sempre o intrigou muito: o homem.

Quanto a ter feito o livro, Graciliano apenas nos dá uma razão: "esses viventes entraram-me na alma e *necessito* apresentá-los, embora tenham sido uma visão ligeira"[2]. E aqui está uma particularidade interessante de que é possível falar-se.

O sublinhado de "necessito" é meu. Quis assim acentuar o muito que essa palavra diz acerca da criação artística. Fala de toda uma força que exige a expressão, de algo sem o que a obra de arte nunca poderá ser mais do que um tricô, habilidoso ou não, devotado ou não.

Sobre este ponto Graciliano encontra-se com um lítera muito inteligente, chamado André Gide, para quem a obra de arte é um ato que se realiza quando a existência cotidiana não nos basta. De resto, a justeza dessa afirmação

---

1. José Fernandes Fafe, "A Propósito e a Despropósito do Último Livro de Graciliano Ramos", *Vértice*, n. 139, abr. 1955, pp. 225-228. O título do artigo faz referência à obra póstuma *Viagem*, lançada em 1954, pela Livraria José Olympio Editora, e proibida pelo governo português em agosto de 1955 (cf. p. 112).
2. Graciliano Ramos, *Viagem*, 2. ed., Rio de Janeiro, Livraria José Olympio Editora, 1955, p. 9.

afiança-a o próprio livro que está em causa. Feita a viagem, satisfez ela completamente "o velho Graça"? Aninharam-se-lhe, pacificamente, na memória, as recordações dela? Não, fizeram-se exigentes fantasmas, incômodos, cuja única maneira de nos libertarmos deles (sabe-o muito bem um escritor com a experiência de Graciliano) é imobilizá-los em letras.

Uma necessidade de criar para poder viver, porque respirar, dormir, comer já não bastam para um bom equilíbrio do organismo – eis o "contraste" pelo qual se conhece o artista, quanto a mim. Por esse sinal se distingue a autenticidade profunda do *fait-divers*, das obrigações voluntariamente assumidas e cumpridas à margem e semelhança das compras a prestações, do embutido beneditinamente talhado. Sabem o que o Tolstói respondeu a Andreiev, quando este lhe perguntou o que era preciso para escrever bem? "Se tem a ideia dum livro, mas puder deixar de o escrever, então não o escreva".

Bem sei que tudo isso implica a inimitabilidade da linguagem de quem é sincero. E é assim. Alguém poderia imitar esse relato de Graciliano ou as atribuições de quem é de Alagoas e se vê "encrencado" pelo progresso? Alguém poderia imitar as reações do "ranheta" que, fiel a si próprio, não tem vergonha de desconfiar, perguntar, embaraçar?...

Os fantasmas da memória não são invenção dos literatos, gente esquisita.

São, muito simplesmente, vestígios deixados por emoções profundas. Porque há (parece-me que tenho razões para escrever essa "paliçada") graus de intensidade nas emoções que, quanto mais intensas são, tanto mais influenciam a formação duma personalidade.

É por causa dessa diversa importância que as experiências têm para um sujeito que não acredito muito na eficácia da visita dos artistas aos locais de trabalho. O artista vai, certa tarde, ver os pedreiros picarem a pedra; certa noite, embarca numa traineira para a pesca; nas noites vagas, frequenta as tabernas dos subúrbios...

Claro que tais experiências têm sua utilidade. Mas não a ponto de poderem dar um contributo importante para a criação das epopeias dos trabalhadores, dos pescadores, de coisas assim como a plenitude do *Germinal*, que é o romance da mina[3].

---

3. Apesar das acusações de leviandade que fazem a Zola a respeito do seu inquérito das condições de vida dos mineiros (cf. Albert-Marie Schmidt, *Huit Mois avec le* Germinal, *Boletim da Gilde*, jun. 1954), é

ANEXO 2 – PROPOSTA DE EDIÇÃO DA FORTUNA CRÍTICA... • 379

São instantâneos que não deixam rastros visíveis nos caracteres ("carácter", etimologicamente, quer dizer "marca"). São contatos superficiais que não podem vicejar naquela camada profunda do pensamento que comanda a criação artística, lá, donde os tais fantasmas da memória se erguem impiedosos a exigir a expressão.

E de duas uma: ou os artistas não têm dentro de si esses temas e, do ponto de vista do romance epopeico que se pede, tal experiência é insuficiente; ou têm-nos no coração e, nesse caso, a deslocação apenas lhes poderá servir para reavivar pormenores, rigorizar contornos, pouco mais...

Aqueles que muito nobremente querem fazer do povo português motivo central da sua arte (o que não é o único caminho do realismo, frise-se bem) têm de ir mais longe do que "debruçar-se..."[4].

* * *

Em 2 de dezembro de 1947, mais de uma centena e meia de pescadores pereceram num naufrágio, ao largo de Matosinhos. Teria havido alguém que não se emocionou perante a nova? Eu emocionei-me e, ainda mais, quando certo amigo, médico na vila, me levou a ver o cemitério onde jazem os cadáveres que o mar devolveu a terra, isso num dia de aniversário do naufrágio, quando as mulheres e as crianças, de luto, carpiam diante das lápides que lembravam, assim, a desgraça:

Com 19 anos
Tão novo a morte encontraste
sem auxílio e sem carinho,
A negra vida deixaste,
sem conheceres teus filhinhos.

O mar que a vós vos roubou
A nós deixou desolados

---

incontroverso o seu estudo de todas as greves do fim do Império, a sua vida de vários meses na região mineira, a sua descida à mina etc... (cf. *Zola par lui-même*, de Marc Bernard, Ed. Du Seuil) [Nota de José Fernandes Fafe].

4. Os padres operários perceberam isto (cf. "Communiqué de 73 Prêtes-ou-vriers", em *Les Prêtes Ouvriers*, Ed. De Minuit) [Nota de José Fernandes Fafe].

A praia vos arrojou
Pai e filho abraçados.

O meu amigo pediu-me que escrevesse qualquer coisa sobre aquilo. Queria, por vários motivos, ser-lhe agradável e tentei extrair alguma prosa da emoção sincera que sentira. Mas foi tudo literário, deslocadamente literário, o que saiu. Sem proveito, esperei que as palavras se alinhassem à altura de um homem que morre nos trabalhos do mar. Entretanto, um jornalista com prática de muitos anos também foi solicitado e não conseguiu nada, honestamente...

Apesar disso, sentia-me em falta para com um amigo que confiara em mim a ponto de me supor capaz de levantar um monumento de fraternidade em memória aos pescadores. Até que um dia, Augusto Gomes[5] nos mostrou *A Maldição do Mar*. E logo então comuniquei ao meu amigo que me sentia desligado do compromisso. O monumento estava ali – pintado em vez de escrito – mas estava ali!

E eu sou crente de que eu não falhara por inépcia propriamente literária. Mas por uma outra espécie de inépcia: por desconhecimento da intimidade, coisa que não se aprende indo ver os pescadores às vezes, para lavar do surro da cidade, ou "estudando" naufrágios por relatórios. Esse conhecimento adquire-se como o Gomes o fez: vivendo ali ao pé da praia; acordando tantas vezes em criança, aos gritos das mulheres anunciadores dos naufrágios; estando de pé, firmemente, nas areias, quando o mar lhes arremessa os afogados...

Cem anos que se viva, há coisas que nunca se podem esquecer. E são essas as que marcam. E é à luz delas que se compreende quem as sofre.

Mas, afinal, o que tem isto a ver com o último livro de Graciliano? É que, a certa altura, o "velho Graça", ao escutar a biografia dum lutador, a "série" duma vida espantosa, pensa: "por quê?". Interrogação que exprime todo um desejo de romancista de olhar o objeto do centro do objeto. E é na velha casa de Gori que procura a resposta: "Doze metros quadrados. E neles um garoto viveu os primeiros anos. Isto marca uma pessoa para uma vida inteira"[6].

Todos temos os nossos fantasmas da memória.

---

5. Referência ao pintor associado ao neorrealismo luso Augusto de Oliveira Gomes (1910-1976), originário de Matosinhos, cidade ao norte de Portugal, local da referida tragédia relembrada por José Fernandes Fafe.

6. Graciliano Ramos, *Viagem*..., p. 153. Referência à casa natal de Stalin, localizada na cidade de Gori, na Geórgia.

# Graciliano sem Nordeste[1]

### *Adolfo Casais Monteiro*

A crítica é, como toda a literatura, uma forma de imprudência. Porque o crítico tem sempre de supor no seu leitor a boa-fé de não procurar "caves nos andares nobres", como me escrevia uma vez Fernando Pessoa; tem de supor que não vai ser interpretado pelo que não disse, e julgado à luz duma opinião que lhe será atribuída só por não ter dito que a não tinha. O crítico não pode escrever um tratado como introdução a cada artigo; e resta saber se, mesmo assim, não haveria ainda o risco de ser mal-entendido...

Digo isto porque, tendo escrito o título que rotula estas páginas, me lembrei logo que ele podia ser tomado como "afirmação" de que Graciliano "nada tem a ver com o Nordeste". Coisa que não está no meu pensamento, não estando tampouco, porém, o seu contrário. Porque de se supor que a sua obra "tem tudo a ver" com o Nordeste só pode resultar, entendo eu, a impossibilidade de lhe darmos o devido lugar.

---

1. Adolfo Casais Monteiro, "Graciliano Ramos sem Nordeste", *O Estado de S.Paulo*, 7 fev. 1959 e *Diário de Lisboa*, 23 abr. 1959 (Suplemento Literário). Texto que, com algumas modificações, veio a integrar o ensaio mais amplo "O Leitor Português e O Romance Brasileiro Contemporâneo – Graciliano Ramos", em *O Romance (Teoria e Crítica)*, José Olympio, 1964, pp. 155-168.

Não repetirei aqui o que não há muito escrevi (a propósito de Guimarães Rosa), sobre o sentido em que me parece dever entender-se a expressão "literatura regionalista"[2]. O que eu dizia pode resumir-se nisto: que não há grande escritor regionalista; o grande escritor supera o "material" em que se funda (ou que lhe serve de pretexto); regionalista é o autor que não mete nos seus personagens a alma do mundo.

Graciliano Ramos não "depende" do Nordeste, eis o que afirmo. Mas, impregnada de elementos nordestinos, a sua obra constitui não obstante uma expressão autêntica (apesar de unilateral) dum ambiente de problemas, de formas de vida tipicamente nordestinas. Todavia não é por isso que a sua obra nos importa; a verdade e a autenticidade estão em Graciliano, como homem que tem uma "visão" a comunicar, não estão no Nordeste, homens e coisas que existiram, existem e continuarão a existir independentemente do lugar que têm na obra do autor de *Vidas Secas*.

Mas no escritor que supera o regionalismo, o regional assume a sua verdadeira dimensão, isto é, encontra o seu "justo" lugar. O autor regionalista faz da região o centro do mundo, acentua a desproporção entre o pequeno e o grande mundo, pois, de tanto querer dar relevo ao particular, nos instila a dúvida sobre se este será importante, assim, faz ressaltar a pequenez e a estreiteza, à força de querer elevar o pormenor às proporções de realidade autônoma. Em Graciliano o Nordeste não é o centro do mundo; o centro do mundo é a infinita miséria dos homens. E nós sentimos o Nordeste através desta miséria, como através da particular miséria dos seus heróis sentimos a dos homens de qualquer parte da Terra.

Ninguém ficou conhecendo a Rússia através de Tolstói ou Dostoiévski (bastaria a "distância" da transposição estilística, já que é mínima a proporção dos que os leram no original, para tornar impossível tal conhecimento), mas sim a Rússia "de" cada um deles. Não uma Rússia falsa: mas, dela, só uma verdade relativa ao mundo de cada um. Falta que, porém, não os impediu de terem enorme ressonância mundial, e de quase não haver literatura em que esta não se tenha feito sentir. Não precisamos do conhecimento da Rússia

---

2. Provavelmente, o crítico faz referência ao seguinte texto: Adolfo Casais Monteiro, "Guimarães Rosa não é Escritor Regionalista", *O Estado de S.Paulo*, 8 mar. 1958, p. 3 (Suplemento Literário).

para entender os seus grandes escritores. Pois pela mesma razão não precisamos do Nordeste para entender Graciliano Ramos.

Estes dois lados da questão – na medida em que o autor não depende do país ou da região que constituem um dos seus motivos mais visíveis, e na medida em que o leitor está dispensado do conhecimento desse país ou dessa região para o entender – deviam ser prova da autonomia do valor que constitui a criação literária em nova realidade, só secundária e prudentemente referível àquela em que se funda.

Aquilo que mais frequentemente conduz a equívocos sobre o regionalismo de autores que indiscutivelmente o superaram está no recurso à fala regional como elemento revigorador da linguagem literária, quer somente posta na boca das personagens, quer como elemento normal da narração. Ora, nos chamados "romancistas do Nordeste" tal recurso teve importância fundamental, para alguns (como Lins do Rego), e para todos sem exceção é elemento do maior relevo. Mas isso nada tem a ver com o seu suposto regionalismo, caso sejam de aceitar as considerações que fiz atrás.

A verdade é que nenhuma literatura se renova senão através de um como que "rejuvenescimento" da linguagem, e é no romance que este se torna mais patente. Não quero falar aqui senão do que se refere à prosa de ficção (a respeito da poesia, tratei o assunto no capítulo "A Criação de uma Nova Linguagem", dos *Estudos sobre a Poesia de Fernando Pessoa*)[3]. Esse rejuvenescimento pode assumir, na prosa de ficção, as mais diversas modalidades, sendo que o essencial da operação consiste em esquecer as convenções de uma linguagem que se tornara artificial, cultivada em estufa, em restabelecer o contato entre a função viva da linguagem e as necessidades da expressão literária.

Ora, isto não é, forçosamente, "imitar" a fala popular, nem sequer fazer da oralidade a característica determinativa do estilo. Confusão que, em relação a Lins do Rego, se tornou lugar-comum. Os escritores do Nordeste, considerados em bloco, foram acusados ora de não saber escrever, ora de substituir ao estilo o linguajar do povo, ou de ambas as coisas simultaneamente. Na realidade, e se quisermos ser justos, precisamos distinguir os grandes escritores que "pareciam" escrever como o povo fala, da multidão dos seus imitadores

---

3. Livro publicado por Casais Monteiro pela editora carioca Agir no ano de 1958.

que não podiam fazer mais do que imitar, esses sim, os modismos que laboriosamente apontavam nos seus caderninhos.

Ora, de todos os escritores nordestinos revelados à volta de 1930, Graciliano Ramos é, sem dúvida, o que está mais longe de usar uma linguagem "popular", e um estilo oral. Porque ele é, de entre todos os seus contemporâneos, o mais puro estilista – se é possível empregar-se esta palavra sem qualquer ressaibo depreciativo. De todos os seus contemporâneos, distingue-se Graciliano precisamente pela ascética depuração da sua prosa. Está no polo oposto a Lins do Rego e a Jorge Amado. Não quer "fazer estilo", mas exige de si a perfeita adequação da palavra à sua "visão", que é uma visão de golpes profundos e incisivos no âmago das criaturas, só possível pela eliminação do estilo derramado que tanto prejudicou grande parte dos seus contemporâneos, arrastados por aquilo a que um dia chamei "realismo lírico"[4] a perder de vista que o poder da expressão literária está na razão direta do rigor no uso da língua, pela supressão dos clichês e dos recursos fáceis de toda a espécie.

A originalidade não é, em Graciliano, um "efeito"; quase se pode dizer que está oculta, que se caracteriza pelo desejo de ser invisível. O "novo" da sua prosa admirável está na depuração, na caça ao inexpressivo, no evitar a redundância, na procura da expressão insubstituível, quer dizer, daquela que nos parece comunicar um sentido que nenhuma outra teria o poder de nos transmitir. O incisivo das suas frases curtas, que parecem bisturis abrindo e desnudando a vida e os seres, não significa oralidade, pois que não as caracteriza o desmanchado e a imprecisão da fala; é, pelo contrário, o seu exato oposto. Pôr a vida a nu, com um estilo nu, foi o voto desse asceta da literatura. Mas pôs nessa nudez uma carga de emoção e uma intensidade dramática sem paralelo nos romancistas da sua época.

---

4. Casais Monteiro alude aos seguintes ensaios a respeito do livro *Jubiabá*, de Jorge Amado, estampados no periódico neorrealista *O Diabo*, no ano de 1937: Adolfo Casais Monteiro, "Figuras do Novo Brasil – *Jubiabá*, Romance de Jorge Amado", *O Diabo*, n. 142, 14 mar. 1937, p. 2; e Adolfo Casais Monteiro, "*Jubiabá*, de Jorge Amado II", *O Diabo*, n. 145, 4 abr. 1937, p. 2.

# A Confissão de Graciliano[1]

## *Adolfo Casais Monteiro*

Escrevi em artigo recente[2] que o grande escritor alagoano não deve ser considerado regionalista. Direi mais: tenho-o como antirregionalista por excelência – se é que, como me parece indispensável, há que dar a "regionalista" uma acepção bem concretizada, firmada no que há de comum entre quantos representam essa tendência. Ora, o regionalismo foi sempre, na literatura, saudosismo, isto é, manifestação de apego lamentoso a um passado cujo fim se chora, ou então a formas de vida ainda existentes, mas como remanescentes do passado, e que se elogiam para denegrir o presente.

Em suma, regionalismo é um aspecto do passadismo literário, o qual, a seu turno, não é senão uma das diversas expressões da negação do presente como atitude política e social, e a correlativa exaltação de tudo quanto é "tradicional". O regionalismo vê tudo idílico no campo, para marcar o contraste com a perda de tradições da vida citadina: daqui a achar que aquele se iden-

---

1. Adolfo Casais Monteiro, "A Confissão de Graciliano Ramos", *O Estado de S.Paulo*, 21 fev. 1959 (Suplemento Literário). Texto que, também após algumas modificações, veio a integrar o ensaio mais amplo "O Leitor Português e O Romance Brasileiro Contemporâneo – Graciliano Ramos", em *O Romance (Teoria e Crítica)*, José Olympio, 1964, pp. 155-168.
2. Referência ao texto anterior, "Graciliano sem Nordeste".

tifica com a monarquia e o autoritarismo, e este com a democracia e a liberdade, vai só um passo, frequentemente dado pelos escritores que não veem além do pequeno mundo rural que ainda conserva, no todo ou em parte, os costumes de outrora.

O escritor regionalista é, por definição, cego à evidência dos dramas que se ocultam sob a aparência idílica, que, aliás, ele só pode supor porque vê de fora o mundo rural, sendo sempre, ou um proprietário abastado, ou um citadino que só tem contato pela rama com aquele tipo de vida que lhe parece a própria encarnação do paraíso terreal. Não há caricatura neste retrato, mas apenas a eliminação das variantes e das atenuações que evidentemente existem, pois não há regionalismo "absoluto", e um autor desta tendência manifestará, ocasionalmente, uma atitude mais crítica, sem que, todavia, deixe de se caracterizar como tal.

Ou então, se as perde, deixou de ser autor regionalista, e já não faz da região o centro do mundo; terá restabelecido o exato valor das persistências, o folclore já não aparecerá, aos seus olhos, como mais autêntico do que a civilização, o camponês perderá as cores idílicas, e a vida urbana deixará de ser, a seus olhos, identificada com o mal...

Mais do que em qualquer outro dos "romancistas do Nordeste", é evidente em Graciliano Ramos uma atitude bem diferente. Como todos, mas ainda mais concretamente, ele não se encanta perante o "pitoresco local", porque não há pitoresco, mas uma dura e triste realidade a exprimir. E se essa dureza se revela com particular violência na obra de Graciliano, isso não constitui um exagero da sua parte, mas vem de um convívio mais direto com a subvida nordestina, e condições individuais que lhe permitiram apreender com mais aguda consciência e exprimir com mais crua autenticidade o drama que constitui a pedra angular da sua obra.

Graciliano é, sem dúvida, parcial. Este é, ai de nós, um problema da literatura particularmente obscuro: não haver uma visão objetiva da realidade, a condição do valor de uma obra ser, pelo contrário, a ausência de imparcialidade. Por muito que isso nos possa doer, é evidente, e só por demagogia (literária e política) se pode afirmar que um grande escritor nos dá uma imagem "verdadeira e objetiva" da realidade. Nunca tal aconteceu – porque literatura não é estatística, o escritor escolhe e, para dar autenticidade, tem que "preferir".

O Nordeste é diferente segundo cada um dos grandes escritores que lhe deram lugar de primeiro plano na literatura brasileira; a culpa será nossa, se procurarmos nas suas obras uma "definição" do "problema" do Nordeste, em vez de preferirmos reconhecer nelas a diversidade de visões em que, sob ângulos diferentes, homens diferentes se aproximaram da verdade humana – e assim fazendo, todavia, a puseram mais próxima de nós do que o fariam as mais exatas estatísticas.

Se fosse objetivo, Graciliano seria, também, sem interesse. Se o tivesse dominado a preocupação de representar, nos seus romances, todos os aspectos da vida, todos os tipos humanos, toda a diversidade de caracteres encontráveis na região em que decorrem os seus romances, teríamos uma manta de retalhos, mas nem *Angústia* nem *Vidas Secas*. Ora, o que o dominou foi a ambição de exprimir a sua visão do mundo, que se realizou através, por meio dessa região, mas não lhe interessava [que] fosse uma fotografia dela. Nessa fotografia faltaria um elemento essencial: ele próprio. E que seria o Nordeste de Graciliano sem Graciliano?

O mundo árido e seco dos seus romances, a terrível solidão que o domina, os angustiados, os desesperados, os sem-vontade, a imensa inutilidade da maior parte daquelas vidas, é o retrato ambíguo: o Nordeste visto através de Graciliano, e Graciliano visto através do Nordeste. É a confluência duma visão trágica, do seu imenso desgosto com a vida, e dum mundo que, sem na realidade o "falsificar", ele podia "conformar" a essa visão trágica, da qual, todavia, a consciência só existe no romancista, e dela se reflete sobre as suas personagens. Visão que cada vez se concentra mais e ganha em agudeza – em exato paralelismo com cada vez maior depuração do seu estilo.

Há, assim, entre os elementos que a realidade lhe propõe, a sua visão e os seus meios de expressão, uma identidade que considero impossível de cindir em três planos; e só por necessária transigência nos é sequer lícito falar em "três" planos, ou "três" elementos, já que a virtude essencial da obra de Graciliano, e foi sem dúvida essa a sua ambição, é a profunda, a extraordinária unidade da obra que criou, na qual não se encontram os desequilíbrios, a improvisação, tão patentes, por exemplo, em José Lins do Rego.

Ora, essa unidade deve-se, precisamente, à "limitação" da sua obra. Ele não quis meter o mundo dentro dela: essencialmente empenhado em buscar o essencial, empobreceu, na aparência, o seu mundo, para alcançar uma maior autenticidade; e digo "na aparência", porque essa restrição, esse suposto empobrecimento, é a condição de ele ter podido marcar mais indelevelmente as suas personagens com traços de ofuscante verdade.

A sua obra é, sem dúvida possível, uma confissão. Não de "fatos" da sua vida, mas do seu íntimo ser. É um diário da sua própria angústia, e da sua imensa descrença nos homens, do seu imenso desconsolo de viver. E, por isso, sendo o mais puro estilista de todos os seus contemporâneos, ele foi ao mesmo tempo o menos literato, o mais alheio a tudo quanto não fosse fazer cada vez com mais autenticidade a sua confissão. No que não há mistério nenhum: o estilo é nele a própria exigência de verdade; a secura, a nitidez, a crueza são o caminho para a revelação da unidade, e não a procura dum efeito, duma beleza; não são um realce, mas a condição do integral desnudamento da vida, como ele a via.

O mundo exterior só existiu, para Graciliano, como oposição, como negação do eu. Mas dum eu sem ilusões, sem pretensões à superioridade, graças ao que, precisamente, ele podia identificar-se com o mais humilde dos seres – até com um cão. Porque, na verdade, em sua íntima consciência, o homem não valia mais do que um cão, e a sua consciência da injustiça ia alcançar, para além da imposta pelos homens a outros homens, a suprema injustiça do universo, que o seu fundamental pessimismo via, afinal, duma aridez igual à do seu Nordeste mirrado, desgastado, feito "nada" pela seca.

# Referências Bibliográficas

## 1. BIBLIOGRAFIA ESPECÍFICA

*Obras de Graciliano Ramos*

RAMOS, Graciliano. *Caetés.* 4. ed. Rio de Janeiro, Livraria José Olympio Editora, 1953.

_____. *São Bernardo.* 5. ed. Rio de Janeiro, Livraria José Olympio Editora, 1953.

_____. *Angústia.* 6. ed. Rio de Janeiro, Livraria José Olympio Editora, 1953.

_____. *Vidas Secas.* 4. ed. Rio de Janeiro, Livraria José Olympio Editora, 1953.

_____. *Insônia.* 3. ed. Rio de Janeiro, Livraria José Olympio Editora, 1953.

_____. *Infância.* 3. ed. Rio de Janeiro, Livraria José Olympio Editora, 1953.

_____. *Memórias do Cárcere.* 4 vols. Rio de Janeiro, Livraria José Olympio Editora, 1953.

_____. *A Terra dos Meninos Pelados.* Porto Alegre, Livraria do Globo, 1939.

_____. *Dois Dedos.* Ilustrações de Axel Leskoschek. Rio de Janeiro, Revista Acadêmica, 1945.

_____. *Histórias Incompletas.* Porto Alegre, Livraria do Globo, 1946 (Coleção Tucano, 18).

_____. *Viagem.* 2. ed. Rio de Janeiro, Livraria José Olympio Editora, 1955.

_____. *Histórias Agrestes (Contos Escolhidos).* São Paulo, Cultrix, 1960 (Contistas do Brasil, 1).

390 • GRACILIANO NA TERRA DE CAMÕES

_____. *Linhas Tortas*. 2. ed. São Paulo, Livraria Martins Editora, 1962.

_____. *Viventes das Alagoas*. 2. ed. São Paulo, Livraria Martins Editora, 1967.

_____. *Cartas*. Rio de Janeiro, Record, 1981.

_____. *Alexandre e Outros Heróis*. 44. ed. Rio de Janeiro, Record, 2003.

_____. *Garranchos*. Organização, introdução e notas de Thiago Mio Salla. Rio de Janeiro, Record, 2003.

_____. *Cangaços*. Organização, introdução e notas de Ieda Lebensztayn e Thiago Mio Salla. Rio de Janeiro, Record, 2014.

_____. *Conversas*. Organização, introdução e notas de Thiago Mio Salla e Ieda Lebensztayn. Rio de Janeiro, Record, 2014.

_____. et al. *Brandão entre o Mar e o Amor*. 2. ed. São Paulo, Martins, 1973.

*Textos Avulsos de Graciliano em Periódicos e Livros Portugueses*

RAMOS, Graciliano. "Textos Escolhidos – Escritores Brasileiros. II – Graciliano Ramos" [Trechos de *Angústia*]. *A Ideia Livre – Semanário Republicano e Defensor dos Interesses da Bairrada*, ano I, n. 21, 10 dez. 1937.

_____. "Um Anúncio" (De *Esfera*). *O Trabalho – Semanário Republicano*, 9 jun. 1938.

_____. "Selecta de Graciliano Ramos". (Trecho Final de *Vidas Secas*). *A Renovação*, ano II, n. 64, 20 maio 1939.

_____. "O Fim do Mundo". *Atlântico: Revista Luso-Brasileira*, n. 2, out. 1942, pp. 306-310.

_____. "O Moleque José". *Atlântico: Revista Luso-Brasileira*, n. 3, mar. 1943, pp. 111-115.

_____. "O Barão de Macahubas". *Atlântico: Revista Luso-Brasileira*, n. 4, nov. 1943, pp. 131-134.

_____. "Insônia". *Atlântico: Revista Luso-Brasileira*, n. 5, jul. 1944, pp. 153-157.

_____. "Minsk". Desenhos de Ofélia Marques. *Litoral: Revista Mensal de Cultura*, n. 2, jul. 1944, pp. 156-162.

_____. "História de um Cinturão". *Jornal do Comércio* (Lisboa), 19 nov. 1944.

_____. "Minsk". *Contos do Brasil* (Antologia). Seleção, prefácio e notas de José Osório de Oliveira. Lisboa, Portugália, 1947[?].

_____. *Antologia do Conto Moderno: Graciliano Ramos*. Seleção e prefácio de João Alves das Neves. Coimbra, Atlântida, 1963.

## REFERÊNCIAS BIBLIOGRÁFICAS • 391

*Livros de Graciliano Publicados em Portugal*

RAMOS, Graciliano. *Caetés*. Rio de Janeiro, José Olympio; Lisboa, Livros do Brasil, 1947.

_____. *S. Bernardo*. Rio de Janeiro, José Olympio; Lisboa, Livros do Brasil, 1947.

_____. *Angústia*. Rio de Janeiro, José Olympio; Lisboa, Livros do Brasil, 1947.

_____. *Vidas Secas*. Rio de Janeiro, José Olympio; Lisboa, Livros do Brasil, 1947.

_____. *Insônia*. Rio de Janeiro, José Olympio; Lisboa, Livros do Brasil, 1947

_____. *S. Bernardo*. Lisboa, Ulisseia, 1957.

_____. *Vidas Secas*. Prefácio de Jorge Amado. Lisboa, Portugália, 195?.

_____. *Vidas Secas*. Prefácio de Jorge Amado. Lisboa, Portugália, 1960.

_____. *Angústia*. Lisboa, Portugália, 1962.

_____. *Infância*. Lisboa, Publicações Europa-América, 1964.

_____. *Caetés*. [Lisboa], Portugália, 1966.

_____. *Memórias do Cárcere*. Lisboa, Portugália, 1970.

_____. *Memórias do Cárcere*. Lisboa, Círculo de Leitores, 1974.

_____. *Vidas Secas*. Mem Martins, Europa-América, 1982.

_____. *Memórias do Cárcere*. Mem Martins, Europa-América, 1983.

_____. *S. Bernardo*. Mem Martins, Europa-América, 1983.

_____. *Angústia*. Mem Martins, Europa-América, 1984.

_____. *Caetés*. Mem Martins, Europa-América, 1984.

_____. *Infância*. Mem Martins, Europa-América, 1984.

_____. *Caetés*. Lisboa, Caminho, 1991.

_____. *S. Bernardo*. Lisboa, Caminho, 1991.

_____. *Vidas Secas*. Lisboa, Caminho, 1991.

_____. *Angústia*. Lisboa, Caminho, 1991.

_____. *Memórias do Cárcere*. Lisboa, Caminho, 1993.

_____. *Insônia*. Lisboa, Caminho, 1994.

_____. *S. Bernardo*. Posfácio de Abel Barros Baptista. Lisboa, Cotovia, 2005.

*A Recepção de Graciliano em Portugal (em Ordem Cronológica)*

MORAES, Eneida de. "*Vidas Secas* de Graciliano Ramos". *Esfera*, n. 1, maio 1938, p. 27.

SENDA, Afonso de Castro. "Panorama Literário do Brasil v", *O Diabo*, n. 193, 5 jun. 1938, p. 2.

MONTELLO, Josué. "Cartazes 8 – Graciliano Ramos". (De *D. Casmurro*). *O Trabalho – Semanário Republicano*, 9 jun. 1938.

GRIECO, Agripino. "Romancistas de Hoje". *Ocidente*, n. 1, jun. 1938.

SALAZAR, Abel. "Millet e Graciliano Ramos". *Esfera*, n. 4, ago. 1938, pp. 13-16. Texto republicado em *Vértice*, n. 117, vol. 13, maio 1953, pp. 295-299.

HOURCADE, Pierre. "Graciliano Ramos". *Tendências e Individualidades do Romance Brasileiro Contemporâneo*. Coimbra, Faculdade de Letras, 1938.

SIMÕES, João Gaspar. "Os Livros da Semana: *Angústia, S. Bernardo, Vidas Secas*, Romances por Graciliano Ramos". *Diário de Lisboa*, 1º set. 1938, p. 4.

MONTENEGRO, Tulio Hostilio. "*Vidas Secas*, Romance Direto". *Esfera*, n. 4, set. 1938, pp. 59-60.

NOGUEIRA, Albano. "*S. Bernardo* e *Vidas Secas*, Romances por Graciliano Ramos". *Revista de Portugal*, vol. 2, n. 5, out. 1938, pp. 118-120.

COELHO, A. Oliveira. "A Personalidade de Graciliano, Ramos no Romance". *Humanidade: Defesa e Propaganda do Ultramar Português*, n. 89, 18 dez. 1938, p. 5.

DIONÍSIO, Mário. *Erico Verissimo: um Escritor Brasileiro* [1939]. Edição de Vânia Pinheiro Chaves e introdução de João Marques Lopes. Lisboa, Clepul, 2011, pp. 49-51.

SOROMENHO, Castro. "Um Depoimento Literário Brasileiro: Marques Rebelo (Eddy)". *O Primeiro de Janeiro*, 1939.

SIMÕES, João Gaspar. "Machado de Assis e o Problema do Romance Brasileiro". *Caderno de um Romancista: Ensaios*. Lisboa, Livraria Popular de Francisco Franco, [1942].

ANSELMO, Manuel. "Graciliano Ramos e a Angústia". *Família Literária Luso--Brasileira*. Rio de Janeiro, José Olympio, 1943.

GASTÃO, Marques. "A Sinceridade do Romance Brasileiro". *Atlântico: Revista Luso-Brasileira*, n. 4, 1943.

GRIECO, Donatello. "Graciliano Homem de Bem". *Ler*, maio 1943.

OLIVEIRA, José Osório de. "Graciliano Ramos". *Contos do Brasil* (Antologia). Seleção, prefácio e notas de José Osório Oliveira. Lisboa, Portugália, 1947[?].

[BRASIL, Jaime?]. "Livros do Brasil: Obras de Graciliano Ramos". *Primeiro de Janeiro*, 6 ago. 1947.

MONTEIRO, Adolfo Casais. "O Romance Brasileiro Contemporâneo". *O Primeiro de Janeiro*, 30 abr. 1947.

MORAES, Eneida de. "Graciliano Ramos". *Esfera*, n. 21, abr./maio 1949, pp. 20-21.

SOROMENHO, Castro. "Graciliano Ramos Fala ao *Diário Popular* Acerca dos Modernos Romancistas Brasileiros". *Diário Popular* (Lisboa), 10 set. 1949, p. 4.

GASTÃO, Marques. "Entrevista com Graciliano". *Diário de Lisboa*, 24 abr. 1952.

MIGUEL, Salim. "Nota sobre Graciliano Ramos". *Ler*, n. 9, dez. 1952, pp. 7 e 9.

"O ROMANCISTA Graciliano Ramos Morreu no Rio de Janeiro". *Diário de Lisboa*, 21 mar. 1953.

[BRASIL, Jaime?]. "Morte do Notável Escritor Brasileiro Graciliano Ramos". *O Primeiro de Janeiro*, 22 de mar. de 1953, pp. 1-2.

COMENTÁRIO à Obra por Ocasião da Morte do Escritor. *Diário de Lisboa*, 21 mar. 1953.

CASTRO, Ferreira de. "Palavras de Ferreira de Castro sobre Graciliano Ramos". *Ler*, n. 14, maio 1953, p. 7.

MENDES, João. "Vida Literária – Graciliano Ramos". *Brotéria*, vol. 57, fasc. 7, 1953, pp. 78-81.

"NO PRIMEIRO Aniversário da Morte de Graciliano Ramos". *Jornal Magazine da Mulher*, n. 36, fev. 1954, pp. 8-9.

TENGARRINHA, José Manuel. "Em Defesa de Fabiano". *Jornal Magazine da Mulher*, n. 36, fev. 1954, pp. 9 e 10.

MARQUES, V. Costa. "Graciliano Ramos". *Magazine*, n. 37, mar. 1954.

TENGARRINHA, José Manuel. "Em Defesa de Fabiano". *Magazine*, n. 37, mar. 1954.

FAFE, José Fernandes. "A Propósito e a Despropósito do Último Livro de Graciliano Ramos", *Vértice*, abr. 1955.

CÉSAR, Amândio. *Literatura pelo Caminho*. Braga, 4 Ventos, 1958.

MONTEIRO, Adolfo Casais. "Graciliano Ramos sem Nordeste". *O Estado de S.Paulo*, 7 fev. 1959 e *Diário de Lisboa*, Lisboa, 23 abr. 1959.

_____. "A Confissão de Graciliano Ramos". *O Estado de S.Paulo*, 21 fev. 1959.

MAIA, João. "S. Bernardo". *Brotéria*, dez. 1959, p. 614.

*Textos e Obras sobre Graciliano*

ABDALA JUNIOR, Benjamin. *A Escrita Neo-realista: Análise Sócio-Estilística dos Romances de Carlos de Oliveira e Graciliano Ramos*. São Paulo, Ática, 1981.

ABEL, Carlos Alberto dos Santos. *Graciliano Ramos: Cidadão e Artista*. Brasília, Editora UNB, 1999.

AMADO, Jorge. "Nota sobre Graciliano Ramos". *Literatura* (Rio de Janeiro), dez. 1933.

AZEVEDO, Vivice. "Apports Inédits à L'Oeuvre de Graciliano Ramos". *In*: CENTRE DE RECHERCHES LATINO-AMÉRICAINES. *Graciliano Ramos*: Vidas Secas *(Séminaires de Février et Juin 1971)*. Poitiers, Universidade de Poitiers, 1977.

BARROS, Jayme de. *Espelho dos Livros*. Rio de Janeiro, José Olympio, 1936.

BASTOS, Hermenegildo *et al. Catálogo de Benefícios: O Significado de uma Homenagem*. Brasília, Hinterlândia Editorial, 2010.

BOSI, Alfredo; FACIOLI, Valentim & GARBUGLIO, José Carlos. *Graciliano Ramos*. São Paulo, Ática, 1987.

BRAYNER. Sônia (org.). *Graciliano Ramos*. Rio de Janeiro, Civilização Brasileira, 1978.

BROCA, Brito. "Prefácio". In: RAMOS, Graciliano. *Linhas Tortas*. Rio de Janeiro, Record, 1972.

BUMIRGH, Nádia. *Graciliano Ramos e a Revista* Cultura Política: *Pequena Abordagem Interpretativa na Proposta de Edição Crítica de* Viventes das Alagoas. São Paulo, 2003. Tese (Doutorado em Literatura Brasileira) – Faculdade de Filosofia, Letras e Ciências Humanas, Universidade de São Paulo, São Paulo, 2003.

CANDIDO, Antonio. "Os Bichos do Subterrâneo". *Tese e Antítese*. São Paulo, T.A. Queiroz, 2000.

_____. *Ficção e Confissão*. 3. ed. revista pelo autor. Rio de Janeiro, Ouro sobre Azul, 2006.

CARPEAUX, Otto Maria. "Visão de Graciliano Ramos". *Diretrizes*, 29 out. 1942.

_____. "Graciliano e seu Intérprete". *O Jornal*, 23 fev. 1947.

CRISTÓVÃO, Fernando Alves. *Graciliano Ramos: Estrutura e Valores de um Modo de Narrar*. Brasília, Instituto Nacional do Livro, 1975.

_____. "Conhecimento e Apreciação Crítica de Graciliano Ramos em Portugal". *Cruzeiro do Sul, a Norte*. Lisboa, Imprensa Nacional; Casa da Moeda, 1983, pp. 123-150.

DUARTE, Gonçalo. *O Trágico em Graciliano Ramos e em Carlos de Oliveira*. Coimbra, Angelus Novus, 2008.

FLORENT, Adriana. "Roupa Suja se Lava em Casa – Graciliano Ramos, Escritor e Comunista na Era Vargas". *In*: RIDENTI, Marcelo *et al. Intelectuais e Estado*. Belo Horizonte, Editora UFMG, 2006.

GIMENEZ, Erwin Torralbo. "O Olho Torto de Graciliano Ramos: Metáfora e Perspectiva". *Revista USP*, vol. 63, set.-nov. 2004, pp. 186-196.

_____. "Um Capítulo Inédito de Graciliano Ramos – A Liberdade Incompleta de J. Carmo Gomes". *Estudos Avançados*, vol. 27, n. 79, 2013, pp. 259-270.

GRIECO, Agripino. "Vida Literária – *Corja*, *Sinhá Dona* e *Caetés*". *O Jornal*, 4 fev. 1934.

_____. "Um Romance". *Diário de Pernambuco*, 30 dez. 1934.

_____. *Gente Nova do Brasil: Veteranos, Alguns Mortos*. Rio de Janeiro, José Olympio, 1935. *Apud* BRAYNER, Sônia (org.). *Graciliano Ramos*. 2. ed. Rio de Janeiro, Civilização Brasileira, 1978, p. 149 (Fortuna Crítica, 2).

IVO, Lêdo. "O Mundo Concentracionário de Graciliano Ramos". *Teoria e Celebração*. São Paulo, Duas Cidades; Secretaria da Cultura, Ciência e Tecnologia do Estado de São Paulo, 1976.

JUREMA, Aderbal. "*S. Bernardo*, de Graciliano Ramos". *Boletim de Ariel*, ano IV, n. 3, dez. 1934, p. 68.

LACERDA, Carlos. "*S. Bernardo* e o Cabo da Faca". *Revista Acadêmica*, n. 9, mar. 1935.

LEBENSZTAYN, Ieda. *Graciliano Ramos e a* Novidade: *o Astrônomo do Inferno e os Meninos Impossíveis*. São Paulo, Hedra, 2010.

LIMA, Valdemar de Souza. *Graciliano Ramos em Palmeira dos Índios*. 2. ed. Rio de Janeiro, Civilização Brasileira, 1980.

LIMA, Yêdda Dias (org.). *Catalogo de Manuscritos do Arquivo Graciliano Ramos*. São Paulo, Edusp, 1992.

LIMA, Mário Hélio Gomes de. *Relatórios*. Rio de Janeiro, Record, 1994.

LINS, Álvaro. "Vidas Secas". *Correio da Manhã*, 18 out. 1941. Texto posteriormente recolhido pelo autor em seu *Jornal de Crítica, 2ª Série*. Rio de Janeiro, José Olympio, 1943, pp. 74-82.

_____. "Valores e Misérias das *Vidas Secas*". *Os Mortos de Sobrecasaca*. Rio de Janeiro, Civilização Brasileira, 1963.

LOPES, João Marques. "A Acumulação do Capital Simbólico de Graciliano Ramos". *O Romance Brasileiro do Século XX no Campo das Revistas Literárias Portuguesas – O Caso da* Colóquio/Letras *(1971-1996) Estado Novo e Relações Luso-Brasileiras (1937-1945)*. 2012. Tese (Doutorado em Letras) – Faculdade de Letras da Universidade de Lisboa, Lisboa, 2012.

MAGALHÃES, Mário. "Memórias de um Militante Stalinista". *Folha de S.Paulo*, 9 mar. 2003.

MAIA, Pedro Moacir (org.). *Cartas Inéditas de Graciliano Ramos a seus Tradutores Argentinos Benjamín de Garay e Raúl Navarro*. Salvador, Editora da UFBA, 2008.

MALARD, Letícia. *Ensaio de Literatura Brasileira: Ideologia e Realidade em Graciliano Ramos*. Belo Horizonte, Editora Itatiaia, 1976.

MELO, Ana Amélia M. C. "Pensando o Brasil: os Escritos de Graciliano no Estado Novo". *In*: ALMEIDA, Ângela Mendes de (org.). *De Sertões, Desertos e Espaços Incivilizados*. Rio de Janeiro, Faperj; Mauad, 2001.

MERCADANTE, Paulo. *Graciliano Ramos – o Manifesto do Trágico*. Rio de Janeiro, Topbooks, 1994.

MORAES, Dênis de. *O Velho Graça – Uma Biografia de Graciliano Ramos*. São Paulo, Boitempo, 2012.

PEREGRINO JÚNIOR. "Sobre Graciliano Ramos e Gilberto Freyre". *Careta*, 14 set. 1935.

PEREIRA, Lúcia Miguel. "*S. Bernardo* e o Mundo Seco de Graciliano Ramo". *Gazeta de Notícias*, 24 dez. 1934.

_____. "*Vidas Secas*". *Boletim de Ariel*, ano VII, n. 8, maio 1938, p. 221.

PINTO, Rolando Morel. *Graciliano Ramos: Autor e Ator*. Assis, SP, Faculdade de Filosofía, Ciências e Letras de Assis, 1962

RAMOS, Clara. *Mestre Graciliano: Confirmação Humana de uma Obra*. Rio de Janeiro, Civilização Brasileira, 1979.

_____. *Cadeia*. Rio de Janeiro, José Olympio, 1992.

RAMOS, Ricardo. *Graciliano: Retrato Fragmentado*. São Paulo, Editora Siciliano, 1992.

SALLA, Thiago Mio. "Graciliano Ramos Versus Octávio de Faria: o Confronto entre Autores 'Sociais' e 'Intimistas' nos Anos 1930". *Opiniães*, ano 2, n. 3, 2011, pp. 15-29.

_____. "A Bíblia Sagrada de Graciliano Ramos: a Leitura e a Glosa do Texto Religioso Realizadas pelo Autor de *Vidas Secas*". *Livro – Revista do Núcleo de Estudos do Livro e da Edição*, n. 4, 2014, pp. 141-167.

_____. "A Vida Sertaneja entre a Ficção e o Testemunho: os 'Quadros e Costumes do Nordeste' de Graciliano Ramos". *In*: SILVA, Sandro Dutra; SÁ, Dominichi Miranda de; & SÁ, Magali Romero. *Vastos Sertões: História e Natureza na Ciência e na Literatura*. Rio de Janeiro, Mauad; Fiocruz, 2015.

_____. "*Vidas Secas* em Fragmentos Seriados: A Republicação da História de Fabiano e sua Família no Periódico Comunista *O Momento Feminino* nos Anos 1950". *Miscelânea*, Assis, Unesp, n. 18, jul./dez. 2015.

_____. As Marcas de um Autor Revisor – Graciliano Ramos à Roda dos Jornais e das Edições de seus Próprios Livros. *Livro – Revista do Núcleo de Estudos do Livro e da Edição*, n. 5, 2015.

_____. *Graciliano Ramos e a* Cultura Política: *Mediação Editorial e Construção do Sentido*. São Paulo, Edusp; Fapesp, 2016.

SANT'ANA, Moacir Medeiros de. *Graciliano Ramos, Achegas Biobibliográficas*. Maceió, Arquivo Público de Alagoas, Senec, 1973.

_____. *A Face Oculta de Graciliano Ramos*. Maceió, Arquivo Público de Alagoas, 1992.

_____. *Graciliano Ramos: Vida e Obra*. Maceió, Secretaria de Comunicação Social, 1992.

SCHIMDT, Augusto Frederico. "Crítica, Romances". *Diário de Notícias* (Rio de Janeiro), 16 dez. 1934.

SCHMIDT, Augusto Frederico *et al. Homenagem a Graciliano Ramos*, 2. ed., Brasília, Hinterlândia Editorial, 2010.

SILVA, Márcia Cabral da. Infância, *de Graciliano Ramos: uma História da Formação do Leitor no Brasil*. Tese (Doutorado em Teoria e História Literária). Universidade Estadual de Campinas, Campinas, SP, 2004.

TEIXEIRA, Ivan. "Construção da Intimidade em *Angústia* [de Graciliano Ramos]". *Revista USP*, n. 61, mar.-maio 2004, pp. 196-209.

VERDI, Eunaldo. *Graciliano Ramos e a Crítica Literária*. Florianópolis, Editora UFSC, 1989.

## A Literatura e o Livro Brasileiros na Imprensa Portuguesa

"A EDIÇÃO no Brasil de Livros Portugueses – Uma Oportuna Entrevista com o Delegado do Departamento de Imprensa e Propaganda do Brasil". *Diário Popular*, 20 ago. 1943.

"AO BRASIL". *Seara Nova*, n. 2, 20 nov. 1921, p. 95.

"A MORTE de Coelho Neto". *O Comércio do Porto*, 1º dez. 1934.

"ACORDO Cultural Luso-Brasileiro". *Atlântico: Revista Luso-Brasileira*, ano 1, n. 1, 23 maio 1942.

ALBERTO, João. "O Brasil Contemporâneo e os Seus Poetas, através de uma Conferência do Dr. João de Barros". *Sol Nascente*, n. 4, 15 mar. 1937, p. 3.

ALVIM, José Augusto Cesário. "Da Vida Brasileira". *Atlântico: Revista Luso-Brasileira*, n. 3, 15 mar. 1943, p. 199.

AMORIM, António. "As Traduções Brasileiras". *O Diabo*, n. 127, 29 nov. 1936.

_____. "As Traduções Brasileiras II". *O Diabo*, n. 137, 7 fev. 1937, pp. 5 e 8.

_____. "Raízes do Brasil". *O Diabo*, n. 138, 14 fev. 1937, pp. 6-7.

_____. "Romancista ao Largo" [sobre José Geraldo Vieira]. *O Diabo*, n. 213, 23 out. 1938, p. 2.

_____. *"Memórias de um Senhor de Engenho"*. *Seara Nova*, n. 585, 29 out. 1938, pp. 56-58.

ANSELMO, Manuel. "Pequena Nota sobre o Livro *Aleluia*, do Poeta Brasileiro Ivan Ribeiro". *Mensagem: Manifesto de uma Geração*, 2 jun. 1938, p. 13.

_____. *"História Puxa História*, Contos, por Gastão Cruls". *Revista de Portugal*, n. 5, out. 1938, pp. 126-127.

_____. *"Rola-Moça*, Romance por João Alphonsus, e *Subúrbio*, por Nélio Reis". *Revista de Portugal*, n. 6, jan. 1939, pp. 280-283.

_____. *"A Poesia em Pânico*, Poemas por Murilo Mendes". *Revista de Portugal*, n. 7, abr. 1939, pp. 430-432.

_____. *"Em Surdina* e *Amanhecer*, Romances por Lúcia Miguel Pereira". *Revista de Portugal*, n. 8, jul. 1939, pp. 576-578.

_____. *"Estrada Perdida*, por Telmo Vergara". *Revista de Portugal*, n. 8, jul. 1939, pp. 150-152.

_____. "A Poesia de Jorge de Lima". *Diário de Lisboa*, 10 ago. 1939, p. 16 (Suplemento Literário).

"ANTONIO FERRO e o Livro Português". *Livros de Portugal*, n. 9, jul. 1941.

"AS ANTOLOGIAS Portuguesas Editadas no Brasil". *Diário de Lisboa*, 19 ago. 1943.

BARROS, João de. "Coelho Neto". *Diário de Lisboa*, 18 ago. 1928.

_____. "Saudação ao Poeta Guilherme de Almeida". *Seara Nova*, n. 332, 2 mar. 1933, pp. 307-309.

_____. "Visão do Brasil". *Seara Nova*, Lisboa, n. 500-503, 1º abr. 1937, pp. 338-339.

_____. "Álvaro Moreira". *O Diabo*, n. 225, 14 jan. 1939, p. 1.

"BRINDE de Coelho Neto à Literatura Brasileira". *Branco e Negro: Semanário Ilustrado*, ano 1, vol. 1, n. 26, 27 set. 1896.

CASTILHO, Guilherme de. *"Pureza*, por José Lins do Rego". *Revista de Portugal*, n. 2, jan. 1938, pp. 324-326.

CASTRO, Ferreira de. "Literatura Social Brasileira". *O Diabo – Semanário de Crítica Literária e Artística*, n. 10, 2 set. 1934, p. 5.

"COLABORADORES – Graciliano Ramos". *Atlântico: Revista Luso-Brasileira*, n. 2, 31 out. 1942, p. 373.

"CRÍTICA LITERÁRIA" [Nota sobre edição de *O Caramuru* "reescrito" por João de Barros]. *O Diabo*, n. 54, 7 jul. 1935, p. 4.

CUNHAL, Álvaro. "Numa Encruzilhada dos Homens". *Seara Nova*, n. 611, 27 maio 1939, p. 286.

"DIÁLOGO de João de Barros com *O Diabo*". *O Diabo*, n. 127, 29 nov. 1936, p. 1.

DIONÍSIO, Mário. "A Propósito de Jorge Amado I". *O Diabo*, Lisboa, n. 164, 14 nov. 1937, p. 3.

_____. "A Propósito de Jorge Amado II". *O Diabo*, n. 165, 21 nov. 1937, p. 7.

_____. "A Propósito de Jorge Amado III". *O Diabo*, n. 167, 5 dez. 1937, p. 6.

_____. "O Romance Brasileiro e José Lins do Rego". *O Diabo*, n. 223, 31 dez. 1938, p. 2.

_____. "*Amanhecer*". *O Diabo*, n. 234, 18 mar. 1939, p. 2.

_____. "*Olhai os Lírios do Campo*". *O Diabo*, n. 238, 15 abr. 1939, p. 2.

_____. "O Homem que Fica". *O Diabo*, n. 239, 22 abr. 1939, p. 2.

_____. "Vozes de Ariel". *O Diabo*, n. 240, 29 abr. 1939, p. 2.

"DOCUMENTOS – Acordo Cultural Luso-Brasileiro". *Atlântico: Revista Luso-Brasileira*, n. 1, 23 maio 1942.

E. N. "A Crise do Livro Português – Por que se Edita, por que Não se Edita e que se Edita". *Bandarra – Semanário da Vida Portuguesa*, n. 3, 30 mar. 1935.

_____. "A Crise do Livro Português – Por que se Edita, por que Não se Edita e que se Edita". *Bandarra – Semanário da Vida Portuguesa*, n. 4, 6 abr. 1935.

_____. "A Crise do Livro Português – Por que se Edita, por que Não se Edita e que se Edita". *Bandarra – Semanário da Vida Portuguesa*, n. 5, 13 abr. 1935.

FERRO, António. "Algumas Palavras". *Atlântico: Revista Luso-Brasileira*, n. 1, 23 maio 1942, s.p.

FONTES, Lourival. "Unidade Espiritual". *Atlântico: Revista Luso-Brasileira*, n. 1, 23 maio 1942, p. 1.

GASTÃO, Marques. "A Sinceridade do Romance Brasileiro". *Atlântico: Revista Luso-Brasileira*, n. 4, 21 nov. 1943.

"JOÃO DE BARROS e o Intercâmbio Luso-Brasileiro". *Sol Nascente*, n. 2, 15 fev. 1937, p. 16.

LIMA, Alberto. "Intercâmbio Cultural Luso-Brasileiro I – Considerações Gerais". *Sol Nascente*, n. 7, 1 maio 1937, p. 12.

_____. "Intercâmbio Cultural Luso-Brasileiro II – O Livro e a Cultura". *Sol Nascente*, n. 8, 15 maio 1937, pp. 4-5.

_____. "Intercâmbio Cultural Luso-Brasileiro iii – Problema Mercantil". *Sol Nascente*, n. 10, 15 jun. 1937, pp. 10-11.

_____. "Intercâmbio Cultural Luso-Brasileiro iv – O Animismo Recíproco e sua Evolução". *Sol Nascente*, n. 12, 15 jul. 1937, pp. 14-15.

MARTINS, Raul. "O Principado das Letras Brasileiras. Uma Vida de Intenso Trabalho Mental. Como Eu Vi Coelho Neto, Escritor e Homem". *O Comércio do Porto*, 1 jul. 1928.

MONTEIRO, Adolfo Casais. "Notas sobre Poetas Novos do Brasil" [Ribeiro Couto e Manuel Bandeira]. *Presença*, n. 34, nov.-fev. 1932, pp. 14-15.

_____. "*O Anjo*, por Jorge de Lima". *Presença*, n. 43, dez. 1934, p. 13.

_____. "Para um Verdadeiro Intercâmbio Cultural Luso-Brasileiro". *O Diabo*, n. 130, 20 dez. 1936, p. 1.

_____. "Figuras do Novo Brasil – *Jubiabá*, Romance de Jorge Amado". *O Diabo*, n. 142, 14 mar. 1937, p. 2.

_____. "Simples Comentário a um Artigo do Sr. Dr. Abel Salazar". *Sol Nascente*, n. 4, 15 mar. 1937, pp. 4 e 13.

_____. "*Jubiabá*, de Jorge Amado ii". *O Diabo*, n. 145, 4 abr. 1937, p. 2.

_____. "Voltando a Comentar – A Propósito duma Carta do Sr. Abel Salazar". *Sol Nascente*, n. 6, 15 abr. 1937, pp. 4-5.

_____. "Uma Carta". *Sol Nascente*, n. 8, 15 maio 1937.

_____. "A Arte e o Povo". *Seara Nova*, n. 512, 3 jun. 1937, pp. 145-149.

_____. "Antologia dos Poetas Brasileiros da Fase Romântica, por Manuel Bandeira". *Revista de Portugal*, n. 1, out. 1937, pp. 137-138.

_____. "*Salgueiro; Os Corumbas; A Bagaceira*". *Revista de Portugal*, n. 1, out. 1937, pp. 138-141.

_____. "Manuel Bandeira". *Revista de Portugal*, n. 3, abr. 1938, pp. 425-433.

_____. "*O Amanuense Belmiro*, Romance por Cyro dos Anjos". *Revista de Portugal*, n. 3, abr. 1938, pp. 477-479.

_____. "Manuel Bandeira [continuação]". *Revista de Portugal*, n. 4, jul. 1938, pp. 597-608.

_____. "Esquema para um Ensaio sobre 'A Arte como Criação Livre e Inalienável'". *Esfera*, ano 1, n. 3, jul. 1938, p. 19.

_____. "Estado Presente do Intercâmbio Cultural Luso-Brasileiro". *Presença*, ano 1, vol. 3, n. 53-54, nov. 1938.

_____. "Sobre um Pseudo-Órgão do Intercâmbio Cultural Luso-Brasileiro". *Presença*, n. 53-54, nov. 1938, pp. 29-30.

_____. "Os Problemas da Arte são Problemas da Vida". *Seara Nova*, n. 635, 14 out. 1939, pp. 298-300.

NAMORADO, Joaquim. "Do Neorrealismo – Amando Fontes". *O Diabo*, n. 223, 31 dez. 1938, p. 3.

_____. "Do Neorromantismo: o Sentido Heroico da Vida na Obra de Jorge Amado". *Sol Nascente*, n. 43-44, 15 fev.-mar. 1940, pp. 22-23.

NEMÉSIO, Vitorino. "Marília de Dirceu e mais Poemas, por Tomás António Gonzaga, com Prefácio e Notas do Prof. M. Rodrigues Lapa". *Revista de Portugal*, n. 3, abr. 1938.

_____. "*Pedra Bonita*, Romance por José Lins do Rego". *Revista de Portugal*, n. 4, jul. 1938, pp. 635-636.

_____. "Alguns Poemas, por Felipe de Oliveira". *Revista de Portugal*, n. 5, out. 1938, pp. 113-115.

_____. "*Olhai os Lírios do Campo*, romance por Erico Verissimo". *Revista de Portugal*, n. 5, out. 1938, pp. 115-118.

_____. "*Conferências na Europa*, por Gilberto Freyre, e *Raízes do Brasil*, por Sérgio Buarque de Hollanda". *Revista de Portugal*, n. 5, out. 1938.

NOGUEIRA, Albano. "*Província*, por Ribeiro Couto". *Presença*, n. 43, dez. 1934, pp. 11-12.

_____. "*Capitães da Areia*, por Jorge Amado", *Revista de Portugal*, n. 2, jan. 1938, pp. 322-324.

_____. "*Aleluia*, Poemas de Ivan Ribeiro". *Revista de Portugal*, n. 6, jan. 1939, pp. 274-276.

_____. "*A Mulher que Fugiu de Sodoma*, Romance de José Geraldo Vieira". *Revista de Portugal*, n. 6, jan. 1939, pp. 277-278.

_____. "*A Túnica Inconsútil*, Poemas por Jorge de Lima". *Revista de Portugal*, n. 8, jul. 1939, pp. 574-576.

_____. "A Poesia de Jorge de Lima [Ensaio de Interpretação]". *Revista de Portugal*, n. 8, jul. 1939.

_____. "Os Caminhos da Vida (*Mundos Mortos II*), Romance por Octávio de Faria". *Revista de Portugal*, n. 10, nov. 1940, pp. 268-271.

"O LIVRO Brasileiro". *O Diabo*, n. 121, 18 out. 1936, p. 1 [Ecos da Semana].

"O Problema do Livro". *Ocidente*, vol. 4, n. 11, mar. 1939.

"O que Dizem as Estatísticas". *Livros de Portugal*, n. 19-20, set.-out. 1943.

Oliveira, José Osório de. "Literatura Brasileira (i)". *Seara Nova*, n. 173, 25 jul. 1929, pp. 42-43.

_____. "Literatura Brasileira (ii)". *Seara Nova*, n. 177, 22 ago. 1929, pp. 109-110.

_____. "Uma Carta de José Osório de Oliveira". *O Diabo*, n. 10, 2 set. 1934, p. 6.

_____. "*Vovô Morungaba*, Romance por Galeão Coutinho". *Revista de Portugal*, n. 5, out. 1938, pp. 122-126.

_____. "O Romance Brasileiro, por Olívio Montenegro". *Revista de Portugal*, n. 6, jan. 1939, pp. 283-285.

_____. "Adeus à Literatura Brasileira". *Diário de Lisboa*, 16 jun. 1940. Texto republicado na *Revista Acadêmica*, Rio de Janeiro, n. 50, jul. 1940.

_____. "A Literatura Brasileira". *Diário de Lisboa*, 24 dez. 1940.

_____. "Notas". *Atlântico: Revista Luso-Brasileira*, n. 1, 23 maio 1942.

_____. "Notas – Liberdade e Responsabilidade". *Atlântico: Revista Luso-Brasileira*, n. 2, 31 out. 1942.

_____. "Nota da Redação". *In*: Ramos, Graciliano. "O Barão de Macaúbas". *Atlântico: Revista Luso-Brasileira*, n. 4, 21 nov. 1943, p. 134.

_____. "Carta aos Escritores do Brasil". *Atlântico: Revista Luso-Brasileira*, nova série, n. 5, 31 dez. 1947.

Osório, Ana de Castro. "A Crise do Livro Português". *Seara Nova*, n. 122, 14 jun. 1928, pp. 31-33.

Pinto, Álvaro. "À Volta do Problema do Livro". *Ocidente*, vol. 21, n. 66, out. 1943.

Poesia Brasileira i – Os Antigos. *O Diabo – Semanário de Crítica Literária e Artística*, n. 167, 5 dez. 1937, p. 7.

Poesia Brasileira ii – Os Modernos. *O Diabo*, n. 169, 19 dez. 1937, p. 3.

Quadros, António. "Ainda o Caso do Brasil". *Livros de Portugal*, n. 74, fev. 1965.

Queiroz, Carlos. "Catulo da Paixão Cearense e a Poesia Popular". *Atlântico: Revista Luso-Brasileira*, nova série, n. 2, 17 set. 1946.

Quintanilha, Julião. "O Significado do Triunfo Brasileiro no Mercado Português". *O Diabo – Semanário de Crítica Literária e Artística*, n. 136, 31 jan. 1937, p. 7.

Redol, Alves. "Amando Fontes – Impressões da sua Obra". *Sol Nascente*, n. 29, 15 maio 1938, p. 12.

_____. "Amando Fontes II – Impressões da sua Obra". *Sol Nascente*, n. 30, 1 jul. 1938, pp. 10-11.

_____. *O Romance Brasileiro e José Lins do Rego*, Cadernos da Seara Nova". *Sol Nascente*, n. 32, 1 dez. 1938, p. 12.

_____. "*O Romance Brasileiro e José Lins do Rego* (II)". *Sol Nascente*, n. 34, 1 mar. 1939, p. 12.

RÉGIO, José. "A Velha Casa (Romance em Preparação)". *Esfera*, ano 1, n. 1, maio 1938, pp. 41-44.

_____. "Cartas Intemporais do Nosso Tempo – A um Moço Camarada sobre Qualquer Possível Influência do Romance Brasileiro na Literatura Portuguesa – I". *Seara Nova*, n. 608, 08 abr. 1939.

_____. "Cartas Intemporais do Nosso Tempo – A um Moço Camarada sobre Qualquer Possível Influência do Romance Brasileiro na Literatura Portuguesa – II". *Seara Nova*, n. 609, 15 abr. 1939.

_____. "Cartas Intemporais do Nosso Tempo – A um Moço Camarada sobre Qualquer Possível Influência do Romance Brasileiro na Literatura Portuguesa – III". *Seara Nova*, n. 611, 29 abr. 1939.

_____. "Chegou a Noite". *Atlântico: Revista Luso-Brasileira*, n. 3, 15 mar. 1943, s.p.

RIBEIRO, Aquilino. "Os Avós dos Nossos Avós". *Atlântico: Revista Luso-Brasileira*, n. 1, 23 maio 1942.

RIBEIRO, Afonso. "*Pureza* – Romance de José Lins do Rego". *Sol Nascente*, n. 17, 15 out. 1937, p. 7.

RUBEM, João. "Erico Verissimo – O Maior Romancista do Brasil". *O Diabo*, n. 208, 18 set. 1938, p. 8.

_____. "O Poeta Cruz e Sousa". *O Trabalho – Semanário Republicano*, n. 23, 13 out. 1938.

_____. "Beatriz Delgado, Florbela e Adalgisa Nery: Três Temperamentos Diferentes". *O Cávado: Semanário Republicano e Regionalista*, n. 983, 987, 992 e 996; 19 mar. 1939, 16 abr. 1939, 21 maio 1939, 18 jun. 1939, p. 3.

_____. "As Mulheres na Obra de Erico Verissimo". *A Mocidade*, n. 307, 27 ago 1939, p. 5.

_____. "Comentários sobre a Nova Literatura Brasileira – I Panorama". *A Mocidade*, n. 309, 24 set. 1939, p. 4.

_____. "Comentários sobre a Nova Literatura Brasileira – ii – Literatura do Nordeste". *A Mocidade*, n. 310, 22 out. 1939, p. 4.

_____. "Comentários sobre a Nova Literatura Brasileira – iii – José Lins do Rego". *A Mocidade*, n. 311, 5 nov. 1939, pp. 3-4.

_____. "Comentários sobre a Nova Literatura Brasileira – iv – Adalgisa Nery". *A Mocidade*, n. 312, 19 nov. 1939, p. 2.

_____. "Comentários sobre a Nova Literatura Brasileira – v – Rachel de Queiroz". *A Mocidade*, n. 313, 03 dez. 1939, p. 4.

_____. "Comentários sobre a Nova Literatura Brasileira – vi – Vianna Moog e o Realismo". *A Mocidade*, n. 314, 17 dez. 1939, p. 3.

_____. "Comentários sobre a Nova Literatura Brasileira – vii – Poetas Jovens de Belém". *A Mocidade*, n. 315, 31 dez. 1939, p. 2.

_____. "Comentários sobre a Nova Literatura Brasileira – viii – Erico Verissimo". *A Mocidade*, n. 316, 14 jan. 1940, p. 2.

_____. "Comentários sobre a Nova Literatura Brasileira – ix – Jorge Amado". *A Mocidade*, n. 321, 24 mar. 1940, p. 2.

SCHMIDT, Augusto Frederico. "Machado em Portugal". *Atlântico: Revista Luso-Brasileira*, 3ª série, n. 1, 12 set. 1949.

SENDA, Afonso de Castro. "Panorama Literário do Brasil i – Sobre Escritores que Ainda não Foram Ditos", *O Diabo*, n. 171, 2 jan. 1938, pp. 7-8.

_____. "Panorama Literário do Brasil ii". *O Diabo*, n. 180, 6 mar. 1938, p. 8.

_____. "Panorama Literário do Brasil iii". *O Diabo*, n. 181, 13 mar. 1938, pp. 2 e 7.

_____. "Panorama Literário do Brasil iv". *O Diabo*, n. 188, 1 maio 1938, p. 2.

_____. "Panorama Literário do Brasil vi". *O Diabo*, n. 196, 26 jun. 1938, p. 5.

_____. "Panorama Literário do Brasil vii". *O Diabo*, n. 206, 4 set. 1938, p. 3.

_____. "Relações Luso-Brasileiras". *O Diabo*, n. 208, 18 set. 1938, pp. 4 e 7.

_____. "Panorama Literário do Brasil viii – *Olhai os Lírios do Campo*". *O Diabo*, n. 216, 13 nov. 1938, p. 3.

_____. "Panorama Literário do Brasil ix – Pequenas Ideias em Volta de José Lins do Rego e de *Pedra Bonita*". *O Diabo*, n. 219, 4 dez. 1938, p. 8.

_____. "Livros Brasileiros". *O Diabo*, n. 222, 24 dez. 1938, p. 3.

_____. "*Fronteira*". *O Diabo*, n. 224, 7 jan. 1939, p. 2.

_____. "Comentário". *Ecos do Sul: Quinzenário Regionalista e Noticioso*, ano 2, n. 36, 22 jan. 1939.

_____. "*Território Humano*". *O Diabo*, n. 230, 18 fev. 1939, p. 2.

_____. "Resposta de Afonso de Castro Senda". *Ecos do Sul: Quinzenário Regionalista e Noticioso*, ano 3, n. 51, 27 ago. 1939, p. 12 (Seção "Do Espírito Literário", n. 16).

_____. "O Caso Brasileiro". *A Mocidade*, n. 330, 18 ago. 1940, pp. 1-2.

_____. "Documentário Cultural Português – v". *Esfera*, n. 4, set. 1948.

SÉRGIO, António. "Línguas Brasileiras Faladas e Língua Brasileira Escrita, Línguas Portuguesas Faladas e Língua Portuguesa Escrita". *Seara Nova*, n. 525, 4 set. 1937, pp. 403-410.

SERPA, Alberto de. "*Mar Morto*". *Presença*, n. 49, jun. 1937.

SIMÕES, João Gaspar. "*Pureza*, de José Lins do Rego, e *Alma do Brasil*, de João de Barros". *Diário de Lisboa*, 19 ago. 1937, p. 4 (Suplemento Literário).

_____. "Discurso sobre a Inutilidade da Arte". *Revista de Portugal*, n. 1, out. 1937.

_____. "*Pedra Bonita / Revista de Portugal*". *Diário de Lisboa*, 17 ago. 1938, p. 4 (Suplemento Literário).

_____. "*Olhai os Lírios do Campo*". *Diário de Lisboa*, 15 jun. 1939, p. 16.

SIMÕES, Nuno. "Gilberto Freyre e os seus Estudos sobre a Formação Social do Brasil". *O Diabo*, n. 136, 31 jan. 1937, p. 4.

SOROMENHO, Castro. "Artur Ramos". *O Diabo*, n. 220, 11 nov. 1938, p. 6.

_____. "O Novo Caminho da Literatura Brasileira – José Lins do Rego". *O Primeiro de Janeiro*, 12 set. 1939.

_____. "Os Novos Rumos da Literatura Brasileira. Depoimento Crítico e Literário de Almir de Andrade". *Seara Nova*, n. 686, 5 out. 1940.

_____. "Política do Atlântico – Carlos Queiroz, Casais Monteiro, Gaspar Simões e Forjaz Trigueiros perante o Brasil Literário". *Vida Mundial Ilustrada*, Lisboa, ano 1, n. 29, 4 dez. 1941, pp. 2-3.

_____. "Política do Atlântico – Um Depoimento de José Osório de Oliveira sobre as Relações Culturais Luso-Brasileiras". *Vida Mundial Ilustrada*, Lisboa, ano 1, n. 32, 25 dez. 1941, p. 13.

"TRADUÇÕES". *Sol Nascente*, n. 12, 15 jul. 1937 p. 16.

TRIGUEIROS, Luís Forjaz. "Os Prosadores Mais Recentes". *Atlântico: Revista Luso-Brasileira*, n. 1, 23 maio 1942, p. 151.

## 2. BIBLIOGRAFIA GERAL

Abdala Junior, Benjamin (org.). *Incertas Relações: Brasil-Portugal no Século XX.* São Paulo, Editora Senac São Paulo, 2003.

Abdala Junior, Benjamin. *Literatura Comparada & Relações Comunitárias, Hoje.* Cotia, SP, Ateliê Editorial, 2012.

Acciaiuoli, Margarida. *António Ferro – A Vertigem da Palavra: Retórica, Política e Propaganda no Estado Novo.* Lisboa, Editorial Bizâncio, 2013.

Alencar, José de. *Iracema (Lenda do Ceará).* Introdução, notas e apêndice por Gladstone Chaves de Melo. Rio de Janeiro, Imprensa Nacional, 1948.

Almeida, António Ramos de. *Para a Compreensão da Cultura no Brasil.* Porto, Marânus, 1950.

Almeida, Fialho de. *"Barbear, Pentear" – Jornal d'um Vagabundo.* Lisboa, Livraria Clássica Editora, 1911.

Álvaro, Cláudia Maria dos Santos. *Leituras de Autores Brasileiros nas Revistas Literárias Portuguesas dos Anos 30.* Dissertação (Mestrado). Faculdade de Ciências Sociais e Humanas da Universidade Nova de Lisboa, 1988, p. 110.

Alves, José Édil de Lima. *Erico Verissimo – Provinciano e Universal.* Canoas, Ed. Ulbra, 2006.

Amorim, Sônia Maria de. *Em Busca do Tempo Perdido – Edição de Literatura Traduzida pela Editora Globo (1930-1950).* São Paulo, Edusp; Com-Arte; Porto Alegre, Editora da UFRGS, 1999 (Memória Editorial, 2).

Amado, Jorge. "Do Poeta e sobre o Poeta". *Dom Casmurro*, 29 jul. 1939, p. 2.

_____. "A Solidão é Triste". *Dom Casmurro*, n. 116, 2 set. 1939.

_____. *Cavaleiro da Esperança.* São Paulo, Companhia das Letras, 2011.

Anderson, Benedict. *Comunidades Imaginadas.* São Paulo, Companhia das Letras, 2008.

Andrade, Almir de. *Aspectos do Romance Brasileiro.* Rio de Janeiro, Schmidt, 1939.

_____. *Força, Cultura e Liberdade.* Rio de Janeiro, Livraria José Olympio Editora, 1940.

Andrade, Mário de. *O Empalhador de Passarinho.* São Paulo, Martins, 1972.

_____. *Vida Literária.* São Paulo, Edusp; Hucitec, 1993.

_____. *Aspectos da Literatura Brasileira.* Belo Horizonte, Itatiaia, 2002.

ANDRADE, Luís Crespo de. *Sol Nascente – Da Cultura Republicana e Anarquista ao Neorrealismo*. Porto, Campo das Letras, 2007.

ANDRADE, Oswald de. *Os Dentes do Dragão: Entrevistas*. Organização, introdução e notas de Maria Eugenia Boaventura. 2. ed. rev. e ampl. São Paulo, Globo, 2009.

ANSELMO, Manuel. *Gramática Política – Ensaios Doutrinários*. Coimbra, Coimbra Editora Ltda., 1935.

_____. *Antologia Moderna: Ensaios Críticos*. Lisboa, Livraria Sá da Costa, 1937, s.p.

_____. *A Poesia de Jorge de Lima: Ensaio de Interpretação Crítica*. São Paulo, Ed. do Autor, 1939.

_____. "Discurso de Abertura pelo Cônsul de Portugal em Pernambuco Sr. Manuel Anselmo". *In*: JUREMA, Aderbal. *O Sentido da Colonização Portuguesa no Brasil*. Recife, Ciclo Cultural Luso-brasileiro, 1942, p. 12.

_____. *Manoel Lubambo, a Amizade Luso-Brasileira e a Latinidade*. Recife, Edição do Ciclo Cultural Luso-brasileiro, 1943.

ANTELO, Raúl. *Literatura em Revista*. São Paulo, Editora Ática, 1984.

ARAÚJO, Emanuel. *A Construção do Livro*. Rio de Janeiro, Nova Fronteira; Brasília, INL, 1986.

ARGAN, Giulio Carlo. *Arte Moderna*. 2 ed. Trad. Denise Bottmann e Federico Carotti. São Paulo, Companhia das Letras, 1992.

ARISTÓTELES. *Poética*. 3. ed. Trad. Eudoro Fonseca. Lisboa, Imprensa Nacional; Casa da Moeda, 1992.

_____. *Retórica*. Tradução de Manuel Alexandre Júnior, Paulo Farmhouse Alberto, Abel do Nascimento Pena. Lisboa, Imprensa Nacional; Casa da Moeda, 1998.

ASSIS, Machado de. *A Semana*. 3 vols. Rio de Janeiro, W. M. Jackson, 1957.

AZEVEDO, Cândido de. *Mutiladas e Proibidas: Para a História da Censura Literária em Portugal nos Tempos do Estado Novo*. Lisboa, Caminho, 1997.

BAHIA, Juarez. *Jornal, História e Técnica*. São Paulo, Ática, 1990.

BAKHTIN, Mikhail. *Marxismo e Filosofia da Linguagem*. 9. ed. São Paulo, Hucitec; Annablume, 2002.

_____. *Estética e Criação Verbal*. São Paulo, Martins Fontes, 2003.

_____. *A Cultura Popular na Idade Média e no Renascimento – o Contexto de François Rabelais*. São Paulo, Hucitec, 1997.

BAPTISTA, Abel Barros. *O Livro Agreste*. Campinas, SP, Editora Unicamp, 2005.

BARBOSA, Francisco de Assis. *A Vida de Lima Barreto (1881-1922)*. 3. ed. definitiva. Rio de Janeiro, Civilização Brasileira, 1964.

BARRENTO, João (comp.). *Realismo, Materialismo, Utopia: Uma Polêmica 1935--1940*. Lisboa, Moraes, 1978.

BARRETO, Lima. *Recordações do Escrivão Isaías Caminha*. Lisboa, Livraria Clássica Editora de António Maria Teixeira & Cia, 1909.

_____. *Impressões de Leitura*. São Paulo, Brasiliense, 1956.

BARROS, João de. *Palavras ao Brasil: Discursos*. Rio de Janeiro, A Noite, 1936.

_____. *Presença do Brasil: Páginas Escolhidas (1912-1946)*. Lisboa, Edições Dois Mundos, 1946.

_____. *Alma do Brasil*. Rio de Janeiro, A Noite, 1937.

BARROS, João de; OLIVEIRA, José Osório de & BETTENCOURT, Gastão de. *Brasil*. Lisboa, Edições Europa, 1938.

BENJAMIN, Walter. *Magia e Técnica, Arte e Política*. 7. ed. São Paulo, Brasiliense, 1994 (Obras Escolhidas, 1).

BERGAMO, Edvaldo. *Ficção e Convicção: Jorge Amado e o Neorrealismo Literário Português*. São Paulo, Editora Unesp, 2008.

BETTENCOURT, Gastão de. *Brasil, Dádiva de Deus, Milagre dos Homens*. São Paulo, Anchieta, 1941.

_____. *Temas de Música Brasileira: Conferências Realizadas em Lisboa*. Rio de Janeiro, A Noite, 1941.

BROCA, Brito. *A Vida Literária no Brasil – 1900*. Rio de Janeiro, José Olympio, 1960 (Coleção Documentos Brasileiros, 108).

BUENO, Luís. *Uma História do Romance Brasileiro de 30*. São Paulo, Edusp; Campinas, SP, Editora da Unicamp, 2006.

_____. "O Romance Brasileiro de 30 na Imprensa Periódica Portuguesa (1935--1945)". *Cadernos de Pesquisa em Literatura* (Porto Alegre, PUCRS), vol. 15, n.1, mar. 2009, pp. 131-136.

_____. "O Romance Brasileiro na Visão de Dois Críticos Portugueses". *In*: MARÇALO, Maria João *et al.* (orgs.). *Língua Portuguesa: Ultrapassar Frontei-*

*ras, Juntar Culturas*. Évora, Universidade de Évora. Disponível em: <http://www.simelp2009.uevora. pt/pdf/slt56/06.pdf>. Acesso em 10 abr. 2018.

_____. "O Brasil Invade Portugal: Literatura Brasileira e Portuguesa na Década de 1930". *In*: PONCIONI, Claudia; ESTEVES, José Manuel da Costa & COSTA, José da. *Hommes de Lettres et la Res Publica au Portugal et au Brésil*. Paris, Michel Houdiard Éditeur, vol. 1, 2013, pp. 225-236.

_____. *Relatório de Atividades Referente ao Estágio Pós-Doutoral realizado em Lisboa entre Setembro de 2007 e Fevereiro de 2008* [inédito], 72 p.

CANDIDO, Antonio. *Formação da Literatura Brasileira*. 2. ed. São Paulo, Martins, 1964, 2 vols.

_____. "Depoimento de Antonio Candido de Mello e Souza". *In*: NEME, Mário (org.). *Plataforma da Nova Geração*. Porto Alegre, Livraria do Globo, 1945.

_____. "Intelectuais Portugueses e a Cultura Brasileira". *In*: GOBBI, Márcia Valéria Zamboni *et al*. *Intelectuais Portugueses e a Cultura Brasileira – Depoimentos e Estudos*. São Paulo, Editora Unesp; Bauru, SP, Edusc, 2002.

_____. *A Educação pela Noite*. 5. ed. revista pelo autor. Rio de Janeiro, Ouro sobre Azul, 2006.

CARVALHO, Maria Amália Vaz de. "Brasileiros Ilustres". *No Meu Cantinho*. Lisboa, Parceira A. M. Pereira, 1909.

CASTELO, Cláudia. *O Modo Português de Estar no Mundo: O Luso-Tropicalismo e a Ideologia Colonial Portuguesa (1933-1961)*. Porto, Edições Afrontamento, 1998.

CASTELO, Cláudia & CARDÃO, Marcos (orgs.). *Gilberto Freyre: Novas Leituras do Outro Lado do Atlântico*. São Paulo, Edusp, 2015 (Ensaios de Cultura; 56).

CASTELO BRANCO, Camilo. "Literatura Brasileira". *Noites de Insônia: Oferecidas a Quem não Pode Dormir* (Porto, Braga, Livraria Internacional de Ernesto Chardron e Eugenio Chardron), n. 4, abr. 1874.

CERVO, Amado *et al*. *Depois das Caravelas: As Relações entre Portugal e Brasil: 1808-2000*. Brasília, IBRI; Editora UNB, 2000.

CHARTIER, Roger. *A História Cultural: Entre Práticas e Representações*. Lisboa, Difel, 1988.

_____. *A Aventura do Livro: Do Leitor ao Navegador*. São Paulo, Editora Unesp; Imprensa Oficial do Estado, 1999. (Prismas).

_____. *A Ordem dos Livros – Leitores, Autores e Bibliotecas na Europa entre os Séculos XIV e XVIII.* Brasília, Editora UNB, 1999.

_____. *Os Desafios da Escrita.* São Paulo, Editora Unesp, 2002.

CHARTIER, Roger (org.). *Práticas da Leitura.* São Paulo, Estação Liberdade, 2009.

CHAVES, Flávio Loureiro. *O Contador de Histórias – 40 Anos de Vida Literária de Erico Verissimo.* Porto Alegre, Editora Globo, 1972.

COELHO NETO, Paulo. *Coelho Neto.* Rio de Janeiro, Zelito Valverde, 1942.

_____. *Bibliografia de Coelho Neto.* Rio de Janeiro, Borsoi, 1956.

COELHO NETO, Paulo & KUHN, Neuza do Nascimento. *Bibliografia de Coelho Netto.* Rio de Janeiro, INL, 1972.

CORTESÃO, Jaime. "Objetivo e Plano da 'Coleção Clássicos e Contemporâneos'". *In*: CAMINHA, Pero Vaz de. *A Carta de Pero Vaz de Caminha.* Rio de Janeiro, Livros de Portugal, 1943.

COSTA, Cristiane. *Pena de Aluguel.* São Paulo, Companhia das Letras, 2005.

CRISTÓVÃO, Fernando Alves. "O Romance Nordestino Brasileiro: Entre o Realismo Crítico e o Realismo Socialista". *In*: CRISTÓVÃO, Fernando (org.). *Cadernos para Estudos – Do Romance Nordestino Brasileiro de 30 ao Neorrealismo Português.* Lisboa, Almedina, n. 3, 2013.

CULLER, Jonathan D. *Teoria Literária: Uma Introdução.* São Paulo, Beca Produções Culturais, 1999.

CUNHA, Carlos Manuel Ferreira. da. "O Camões do Estado Novo". *In*: FRAGA, Maria do Céu *et al. Camões e os Contemporâneos.* Braga, Centro Interuniversitário de Estudos Camonianos; Universidade dos Açores; Universidade Católica Portuguesa, 2012.

DIAS, Carlos Malheiro. "Literatura Brasileira – Coelho Neto". *Branco e Negro: Semanário Ilustrado*, ano 1, vol. 2, n. 33, 15 nov. 1896.

DIMAS, Antônio. "Ambiguidade da Crônica: Literatura ou Jornalismo". *Littera*, ano IV, n.12, set./out. 1974.

_____. "Um Manifesto Guloso". *In*: FREYRE, Gilberto. *Manifesto Regionalista.* 7. ed. Organização e apresentação de Fátima Quintas. Recife, Massangana, 1996.

DIONÍSIO, Mário. *A Paleta e o Mundo.* Lisboa, Europa-América, 1974, 5 vols.

_____. *[Erico Verissimo] – Um Romancista Brasileiro.* Edição de Vânia Pinheiro Chaves. Lisboa, Clepul, 2011.

DUTRA, Eliana Freitas. "Laços Fraternos: A Construção Imaginária de uma Comunidade Cultural Luso-Brasileira no Almanaque de Lembranças". *Revista do Arquivo Público Mineiro*, vol. 1, 2005.

"EDITORES Portugueses contra um Editor Português no Brasil". *Leitura*, n. 5, abr. 1943, p. 3.

FARIA, Octávio de. "Mensagem Post-Modernista". *Lanterna Verde, Boletim da Sociedade Felipe d'Oliveira*, n. 4, nov. 1936.

FAUSTO, Boris. *História do Brasil.* São Paulo, Edusp, 2003.

FERRO, António. "A Raça Triunfa Sempre que Encontra um Guia". *A Noite*, 27 jul. 1941.

_____. *Estados Unidos da Saudade.* Lisboa, Edições SNI, 1949.

_____. *Eça de Queiroz e o Centenário do seu Nascimento.* Lisboa, Edições SNI, 1949.

FIGUEIREDO, Fidelino de. *Um Século de Relações Luso-Brasileiras (1825-1925).* Separata da *Revista de História*, vol. XIV. Lisboa, Empresa Literária Fluminense, 1925.

FIGUEIREDO, Jackson de. *Xavier Marques – Ensaio.* 2. ed. Rio de Janeiro, Revista dos Tribunaes, 1916.

FIORIN, José Luiz. *As Astúcias da Enunciação.* 2. ed. São Paulo, Ática, 2008.

_____. *Elementos de Análise do Discurso.* São Paulo, Contexto; Edusp, 1989.

FOUCAULT, Michel. *O Que é um Autor?.* Lisboa, Vega, 1992.

FREYRE, Gilberto. *O Mundo que o Português Criou.* Rio de Janeiro, José Olympio, 1940.

_____. *Aventura e Rotina: Sugestões de uma Viagem à Procura das Constantes Portuguesas de Caráter e Ação.* Rio de Janeiro, José Olympio, 1953.

_____. *Manifesto Regionalista.* Organização e apresentação de Fátima Quintas. Recife, Massangana, 1996.

_____. *Casa-Grande e Senzala.* 51. ed. São Paulo, Global, 2011.

FUSCO, Rosário. *Vida Literária.* São Paulo, Panorama, 1940.

GENETTE, Gérad. *Paratextos Editoriais.* Cotia, SP, Ateliê Editorial, 2009.

GOBBI, M. V. Zamboni *et al.* (orgs.). *Intelectuais Portugueses e a Cultura Brasileira.* São Paulo, Editora da Unesp; Bauru, SP, Edusc, 2002.

GOUVÊA, Leila Vilas-Boas. *Cecília em Portugal.* São Paulo, Iluminuras, 2001.

GRACIOTTI, Mario. "Comidas". *Revista de Antropofagia*, ano 1, n. 3, jul. 1928.

GRIECO, Agripino. *Memórias.* 2 vols. Rio de Janeiro, Conquista, vol. 2 "Rio de Janeiro", 1972.

412 • GRACILIANO NA TERRA DE CAMÕES

GUIMARÃES, Hélio de Seixas. "O Escritor que Nos Lê". *Cadernos de Literatura Brasileira* (São Paulo, Instituto Moreira Salles), n. 23 e 24, 2008.

GUIMARÃES, Lúcia Maria Paschoal (org.). *Afinidades Atlânticas: Impasses, Quimeras e Confluências nas Relações Luso-Brasileiras.* Rio de Janeiro, Quartet, 2009.

HALLEWELL, Laurence. *O Livro no Brasil: Sua História.* 2. ed. rev. e ampl. São Paulo, Edusp, 2005.

HORÁCIO. *Arte Poética.* Introdução, tradução e comentário de R. M. Rosado Fernandes. Lisboa, Editorial Inquérito, 1992.

HOUAISS, Antônio. *Elementos de Bibliologia.* Rio de Janeiro, INL, 1967, 2 vols.

ISER, Wolfgang. *O Ato da Leitura: Uma Teoria do Efeito Estético.* São Paulo, Editora 34, vol. 1, 1996; vol. 2, 1999.

JAKOBSON, Roman. "Do Realismo Artístico". *In*: TOLEDO, Dionísio de Oliveira (org.). *Teoria da Literatura – Formalistas Russos.* Porto Alegre, Editora Globo, 1973, pp. 119-127.

"JORGE DE LIMA e a Crítica Portuguesa". *Dom Casmurro*, 12 ago. 1939, p. 8 (Block-Notes).

KAYSER, Wolfgang. *Análise e Interpretação da Obra Literária: Introdução à Ciência da Literatura.* 6. ed. São Paulo, Martins Fontes, 1976.

KOSHIYAMA, Alice Mitika. *Monteiro Lobato: Intelectual, Empresário, Editor.* São Paulo, Edusp; Com-Arte, 2006 (Coleção Memória Editorial, 4).

LAFETÁ, João Luiz. *1930: A Crítica e o Modernismo.* 2. ed. São Paulo, Duas Cidades; Ed. 34, 2000.

LAUFER, Roger. *Introdução à Textologia.* São Paulo, Perspectiva, 1980.

LEWINSOHN, Ludwig, *The Story of American Literature,* New York, London, Harper & Brothers, 1932.

LIMA, Alceu Amoroso. *Estudos Literários.* 2 vols. Rio de Janeiro, Aguilar, vol. 1, 1966.

LISBOA, Eugénio. *Poesia Portuguesa: Do Orpheu ao Neo-Realismo.* Lisboa, Instituto de Cultura e Língua Portuguesa; Ministério da Educação e Ciência Amadora; Bertrand, 1986.

LISBOA, Eugénio. "Rugas nas Plantas dos Pés – Nos Oitenta Anos de Albano Nogueira e Ernesto Guerra da Cal". *Colóquio / Letras*, n. 125-126, jul. 1992.

LISBOA, Irene. *Inquérito ao Livro em Portugal.* 2 vols. Lisboa, Seara Nova, vol. 1, *Editores e Livreiros*, 1944.

"Livros de Portugal Ltda". *Dom Casmurro*, ano 8, número extraordinário, dez. 1944.

Lourenço, Eduardo. *Sentido e Forma da Poesia Neorrealista*. Lisboa, Ulisseia, 1968.

Luca, Tania Regina de. *Leituras, Projetos e (Re)vistas do Brasil (1916-1944)*. São Paulo, Editora Unesp, 2011.

Marchi, Euclides. "Igreja e Estado Novo: Visibilidade e Legitimação". *In*: Szesz, Christiane Marques *et al* (org.). *Portugal-Brasil no Século xx: Sociedade, Cultura e Ideologia*. Bauru, sp, Edusc, 2003, pp. 209-231.

Martins, Manuel Gonçalves. "O Estado Novo e a Igreja Católica em Portugal (1933-1974)". Comunicação apresentada no iv Congresso Português de Sociologia, Coimbra, 17-19 abr. 2000. Disponível em: <http://www.aps.pt/cms/docs_prv/docs/dpr462e076ebe701_1.pdf>. Acesso em 03 fev. 2016

Medeiros, Nuno Miguel Ribeiro de. *Edição e Editores: O Mundo do Livro em Portugal, 1940-1970*. Lisboa, ics, 2010.

_____. "Influência e Contrainfluência na Inversão do Poder Tipográfico entre Portugal e o Brasil. Narrativa e Atividade nos Editores Portugueses". *História*, vol. 30, n. 2, ago./dez. 2011, pp. 179-195.

_____. "From Seashore to Seashore: The Cross-Atlantic Agenda of the Publisher António de Sousa Pinto". *Portuguese Studies*, vol. 31, n. 1, 2015.

Meireles, Cecília. *Poetas Novos de Portugal*. Rio de Janeiro, Dois Mundos, 1944.

Miceli, Sérgio. *Intelectuais à Brasileira*. São Paulo, Companhia das Letras, 2001.

Monteiro, Adolfo Casais. *Descobertas no Mundo Interior: A Poesia de Jules Supervielle*. Coimbra, Edições Presença, 1938.

_____. *Sobre o Romance Contemporâneo*. Lisboa, Editorial Inquérito, 1940.

_____. "Um Crítico Criticado". *O Jornal*, Rio de Janeiro, 4 jan. 1942.

_____. *O Romance (Teoria e Crítica)*. Rio de Janeiro, José Olympio, 1964.

_____. *Artigos de Adolfo Casais Monteiro publicados no Suplemento Literário de O Estado de S.Paulo*. 2 vols. Araraquara, sp, Universidade Estadual Paulista, Campus de Araraquara, Instituto de Letras, Ciências Sociais e Educação, Departamento de Literatura, 1983 (Cadernos de Teoria e Crítica Literária, 12).

Moraes, Marcos Antonio de. "Imagens de Portugal e do Brasil". *Colóquio/Letras*, n. 149/150, jul. 1998, pp. 377-383.

_____. "Coelho Neto entre Modernistas". *Literatura e Sociedade*, n. 7, 2004, pp. 102-119.

414 • GRACILIANO NA TERRA DE CAMÕES

MOREIRA, Maria Eunice. "José de Alencar e a Crítica Portuguesa do Século XIX". *Convergência Lusíada*, n. 29, jan.-jun. 2013, pp. 195-203. Disponível em: <http://www.realgabinete. com.br/revistaconvergencia/pdf/2263.pdf>. Acesso em 16 jan. 2016.

MOREIRA, Maria Eunice. (org.). *Gonçalves Dias e a Crítica Portuguesa no Século XIX.* Lisboa, Clepul, 2010.

NEVES, Artur. "A Indústria do Livro". *O Observador Econômico e Financeiro*, Rio de Janeiro, n. 81, out. 1942.

Ó, Jorge Ramos. *Os Anos de Ferro – o Dispositivo Cultural durante a "Política do Espírito" 1933-1949.* Lisboa, Estampa, 1999.

"O LIVRO na Economia". *O Observador Econômico e Financeiro*, Rio de Janeiro, n. 16, 26 maio 1937.

OLIVEIRA, Carlos de. *Casa na Duna.* Coimbra, Coimbra Editora, 1944.

OLIVEIRA, José Osório de. *Geografia Literária.* Coimbra, Imprensa da Universidade, 1931.

_____. *Espelho do Brasil.* Lisboa, Empresa Nacional de Publicidade, 1933.

_____. *Psicologia de Portugal.* Lisboa, Edições "Descobrimento", 1934.

_____. "Palavras sobre Cabo Verde para Serem Lidas no Brasil". *Claridade* (Mindelo, São Vicente, Cabo Verde), n. 2, ago. 1936.

_____. *História Breve da Literatura Brasileira.* Lisboa, Editorial "Inquérito", 1939.

_____. *Enquanto é Possível.* Lisboa, Edições "Universo", 1942.

_____. *Aspectos do Romance Brasileiro: Conferência para um Público Português.* Lisboa, s. ed., 1943.

_____. *Na Minha Qualidade de Luso-Brasileiro (Elementos para a História das Relações Literárias entre Brasil e Portugal).* Lisboa, s. ed, 1948.

OLIVEIRA, Paulo Motta & FERNANDES, Annie Gisele (orgs.). *Literatura Portuguesa Aquém-Mar.* Campinas, Komedi, 2005.

OLIVEIRA, Lúcia Lippi *et al. Estado Novo: Ideologia e Poder.* Rio de Janeiro, Zahar, 1982.

PAIXÃO, Fernando (coord.). *Momentos do Livro no Brasil.* São Paulo, Ática, 1996.

PAULO, Heloísa. *Estado Novo e Propaganda em Portugal e no Brasil: O SPN/SNI e o DIP.* Coimbra, Livraria Minerva, 1994.

PEREIRA, Lúcia Miguel & REYS, Câmara (orgs.). *Livro do Centenário de Eça de Queiroz*. Rio de Janeiro, Lisboa, Dois Mundos, 1945.

PESSOA, Fernando. *Poesia / Fernando Pessoa*. Introdução e seleção de Adolfo Casais Monteiro. [Lisboa], Confluência, 1942, 2 vols. (Antologia de Autores Portugueses e Estrangeiros; 1 e 3).

PESSOA, Fernando. *Poesias*. Nota explicativa de João Gaspar Simões e Luiz de Montalvor. Lisboa, Ática, 1942.

PINTO, Manoel de Sousa. *Terra Moça, Impressões Brasileiras*. Porto, Chardron, 1910.

PIRES, Daniel. *Dicionário das Revistas Literárias Portuguesas do Século XX*. Lisboa, Contexto, 1986.

PITA, António Pedro. *Conflito e Unidade no Neo-realismo Português: Arqueologia de uma Problemática*. Porto, Campo das Letras, 2002.

PITA, António Pedro & DIAS, Luís Augusto Costa (orgs.). *A Imprensa Periódica na Génese do Movimento Neorrealista: Pesquisa, Resultado, Catálogo*. Vila Franca de Xira, Museu do Neo-Realismo, 1996.

POMPEIA, Raul. *O Ateneu (Crônica de Saudades)*. 2. ed. definitiva (conforme os originais e os desenhos deixados pelo autor). Rio de Janeiro, Francisco Alves, s. d.

PORTAS, Catarina. "O Último Livro da Ulisseia s.f.f.". *Público*, 3 dez. 2008. Disponível em: <https://www.publico.pt/culturaipsilon/noticia/o-ultimo-livro-da--ulisseia-sff-217736>. Acesso em 20 fev. 2016.

PUTNAN, Samuel. "Brazilian Literature". *Handbook of Latin American Studies: 1940*. Cambridge, Massachusetts, Harvard University Press, 1941.

QUEIROZ, Rachel de. *100 Crônicas Escolhidas. O Caçador de Tatu*. Rio de Janeiro, José Olympio, 1989.

_____. *Falso Mar, Falso Mundo*. São Paulo, Arx, 2002.

QUENTAL, Antero de. "No Tricentenário de Camões". *Prosas*. Lisboa, Couto Martins, s. d.

_____. *Sonetos Completos e Poemas Escolhidos*. Seleção, revisão e prefácio de Manuel Bandeira. Rio de Janeiro, Livros de Portugal, 1942.

RAMOND, Viviane. *A Revista Vértice e o Neorrealismo Português*. Coimbra, Angelus Novus, 2008.

RAMOS, Maria Bernardete; SERPA, Élio; PAULO, Heloísa. *O Beijo Através do Atlântico. O Lugar do Brasil no Panlusitanismo*. Chapecó, SC, Argos, 2001.

416 • GRACILIANO NA TERRA DE CAMÕES

REDOL, Alves. *Gaibéus*. Lisboa, Editorial Inquérito, 1945.

REGO, Antônio da Silva. *Relações Luso-Brasileiras (1822-1953)*. Lisboa, Panorama, 1965.

REGO, José Lins do. "Um Crítico Português". *Anuário Brasileiro de Literatura*, n. 3, 1939.

_____. "Um Escritor sem Raízes". *A Manhã*, Rio de Janeiro, ano II, 28 set. 1941, p. 99 (Autores e Livros).

_____. "Atlântico". *A Manhã*, Rio de Janeiro, 12 ago. 1942, p. 4.

REIS, António (dir.). *Portugal Contemporâneo (1926-1958): Ascensão e Consolidação do Estado Novo*. Lisboa, Alfa, vol. 4, 1991.

REIS, Carlos. *Textos Teóricos do Neo-Realismo Português*. Lisboa, Seara Nova, 1981.

_____. *O Discurso Ideológico do Neo-Realismo Português*. Coimbra, Livraria Almedina, 1983.

RIBEIRO, Maria Aparecida. "A Sertaneja que não Quis ser Traduzida: Rachel de Queiroz e a Livros do Brasil". *Ciências & Letras*, n. 53, jan./jun. 2013, pp. 13-26. Disponível em <http://seer3.fapa.com.br/index.php/ arquivos/article/viewFile/207/162>. Acesso em 16 jan. 2016.

RIO, João do. *Portugal d'Agora*. Rio de Janeiro, Garnier, 1911.

ROCHA, Clara. *Revistas Literárias do Século XX em Portugal*. Lisboa, Imprensa Nacional; Casa da Moeda, 1985.

SALAZAR, António de Oliveira. *Salazar: Pensamento e Doutrina: Textos Antológicos*. Lisboa, Editorial Verbo, 1989.

SALEMA, Álvaro. *Alves Redol: A Obra e o Homem*. Lisboa, Arcádia, 1980.

_____. *Jorge Amado – O Homem e a Obra – Presença em Portugal*. Mem Martins, Sintra, Portugal, Publicações Europa-América, 1982.

SALLA, Thiago Mio. "Palavras em Falso e Literatura Engajada nos Anos 30: Mário de Andrade e 'A Raposa e o Tostão'". *Magma*, n. 2006, pp. 61-70.

_____. "O Desenrolar da Crônica no Brasil: História da Permeabilidade de um Gênero. *Quadrant* (Montpellier), vol. 27, pp. 127-152, 2010.

_____. "O Estado Novo e as Críticas a Machado de Assis na Primeira Metade dos Anos 1940". *Machado de Assis em Linha*, vol. 5, 2012, pp. 83-101.

_____. "A Revista *Claridade* e o Discurso Freyriano: Regionalismo e Aproximação entre a Elite Letrada Cabo-Verdiana e a Metrópole Portuguesa nos Anos 1930". *Via Atlântica*, n. 25, jul. 2014, pp. 103-117.

_____. "Literatura, Política e Legitimação Institucional: O Romance de 1930 e o Modernismo de 1922 Segundo a Retórica Estadonovista". *Teresa: Revista de Literatura Brasileira*, n. 16, ago. 2015.

SANTOS, David & ROQUE, Fátima Faria. *Jorge Amado e o Neorrealismo Português*. Vila Franca de Xira, Câmara Municipal de Vila Franca de Xira e Museu do Neo-Realismo; Lisboa, Clepul, 2012.

SANTOS, Maria Terezinha dos. "A Estrutura Teatral de *Quebranto* de Coelho Neto". *Revista de Letras* (Araraquara, SP), vol. 17, 1975.

SANTOS, Paula Alexandra Marques dos. *As Relações Luso-Brasileiras (1930-1945)*. Tese (Doutorado em História), Faculdade de Letras da Universidade do Porto, Porto, 2005.

SARAIVA, Arnaldo. *Meio Século de Estudos Brasileiros na Universidade Portuguesa*. Porto, Faculdade de Letras, 1974.

_____. "Carta-dedicatória Inédita de Mário de Andrade a José Osório de Oliveira". *Colóquio/Letras*, n. 33, set. 1976.

_____. *Modernismo Brasileiro e Modernismo Português*. Campinas, SP, Editora da Unicamp, 2004.

SCHIAVON, Carmem G. Burgert. *Estado Novo e Relações Luso-Brasileiras (1937--1945)*. 2007. Tese (Doutorado em História) – Pontifícia Universidade Católica do Rio Grande do Sul, Porto Alegre, 2007.

SENA, Jorge de. "Jorge de Sena – 1977". *In*: COMISSÃO ORGANIZADORA DAS COMEMORAÇÕES DO DIA DE PORTUGAL, DE CAMÕES E DAS COMUNIDADES PORTUGUESAS. *Camões e a Identidade Nacional*. Lisboa, Imprensa Nacional-Casa da Moeda, 1983.

SERRANO, Gisella de Amorim. *Caravelas de Papel: a Política Editorial do Acordo Cultural de 1941 e o Pan-Lusitanismo (1941-1949)*. Tese (Doutorado em História). Universidade Federal de Minas Gerais, Belo Horizonte, 2009.

SILVA, Alex Gomes da. "Autores, Obras e Temas da Esquerda Brasileira e Portuguesa sob a Perspectiva do Projeto Cultural da Revista *Atlântico*". *Cadernos Cedem*, vol. 3, n. 1, 2012.

SILVEIRA, Tasso da. "Descobertas no Mundo Interior". *Diário de Notícias,* Rio de Janeiro, 24 jul. 1938.

418 • GRACILIANO NA TERRA DE CAMÕES

SIMÕES, João Gaspar. *História do Movimento da* "Presença". Coimbra, Atlântica, 1958.

SPAGGIARI, Barbara & PERUGI, Maurizio. *Fundamentos da Crítica Textual*. Rio de Janeiro, Lucerna, 2004.

TEIXEIRA, Ivan. "Literatura como Imaginário: Introdução ao Conceito de Poética Cultural". *Revista Brasileira*, fase VII, ano IX, n. 37, out.-nov.-dez. 2003, pp. 43-67.

_____. "Poética Cultural: Literatura e História". *Politeia: História e Sociedade* (Vitória da Conquista, BA), vol. 6, n. 1, 2006, pp. 31-56.

_____. *O Altar & o Trono. Dinâmica do Poder em O Alienista*. Cotia, SP, Ateliê Editorial; Campinas, SP, Editora da Unicamp, 2010.

TORGAL, Luís Reis. *História e Ideologia*. Coimbra, Minerva, 1989 (Coleção Minerva – Histórica, 3).

_____. *Estados Novos – Estado Novo*. Coimbra, Imprensa da Universidade de Coimbra, 2009.

TORRES, Alexandre. *O Movimento Neo-Realista em Portugal na sua Primeira Fase*. [Lisboa], Instituto de Cultura Portuguesa; M.E.I.C.; Secretaria de Estado da Investigação Científica, 1983.

TORRESINI, Elisabeth Rochadel. *Editora Globo – Uma Aventura Editorial nos Anos 30 e 40*. São Paulo, Edusp; Com-Arte; Porto Alegre, Editora da UFRGS, 1999 (Memória Editorial, 1).

TRINDADE, Luís. *O Espírito do Diabo – Discursos e Posições Intelectuais no Semanário O Diabo – 1934-1940*. Porto, Campo das Letras, 2004.

VASCONCELOS, Taborda de. *Aquilino Ribeiro*. Lisboa, Editorial Presença, 1965.

VENTURA, António. "As Ideias Políticas e a Intervenção Cívica de José Régio". *Revista de História das Ideias* (Coimbra), vol. 16, 1994.

VESSER, H. Aram (ed). *The New Historicism*. Nova York, Routledge, 1994.

VIÇOSO, Vítor. *A Narrativa no Movimento Neorrealista – As Vozes Sociais e os Universos da Ficção*. Lisboa, Edições Colibri, 2011.

VERISSIMO, Erico. *Olhai os Lírios do Campo*. Lisboa, Livros do Brasil, s.d., s. p. (Livros do Brasil, 1).

VERÍSSIMO, José. *Últimos Estudos de Literatura Brasileira*. 7ª Série. Belo Horizonte, Itatiaia; São Paulo, Edusp, 1979.

*Cartas*

ALVIM, José Augusto Cesário. "Carta a Graciliano Ramos". Lisboa, 2 dez. 1942. Arquivo IEB/USP, Fundo Graciliano Ramos (Código de referência: GR-CP-077, Caixa 018).

BARRETO, Lima. *Correspondência*. São Paulo, Brasiliense, 1956, 2 tomos.

BIBLIÓFILO, Um Português. "Carta a Livros do Brasil". s. l. p., s. d. Coleção José Olympio, localização 79, 01, 002, n. 0055, Acervo de Manuscritos da Biblioteca Nacional do Rio de Janeiro.

CASTRO, Ferreira de. "Carta a Graciliano Ramos". Lisboa, maio 1937. Arquivo IEB/USP, Fundo Graciliano Ramos, sem localização.

MAGALHÃES, Joaquim Figueiredo de. "Carta a João Guimarães Rosa". Lisboa, 30 out. 1957. Documento pertencente ao Arquivo IEB/USP, Fundo João Guimarães Rosa (Código de referência: JGR-CE-06,108).

OLIVEIRA, José Osório de. "Cartão para Graciliano Ramos, [1938]". Documento pertencente ao Arquivo IEB/USP, Fundo Graciliano Ramos (Código de referência: GR-CP-074, caixa 037).

_____. "Carta a António Ferro". Lisboa, 27 fev. 1942. Torre do Tombo, Arquivo do SNI, caixa 549, doc. 0030. Documento inédito em livro.

_____. "Carta a António Ferro". Lisboa, 5 mar. 1942. Torre do Tombo, Arquivo do SNI, caixa 549, doc. 0025. Documento inédito em livro.

OLYMPIO, José. "Carta a António de Sousa Pinto". Lisboa, 18 jan. 1949. Coleção José Olympio, localização 79, 01, 002, n. 0054, Acervo de Manuscritos da Biblioteca Nacional do Rio de Janeiro.

_____. "Carta a António de Sousa Pinto". Lisboa, 5 abr. 1949. Coleção José Olympio, localização 79, 01, 002, n. 051, Acervo de Manuscritos da Biblioteca Nacional do Rio de Janeiro.

OLYMPIO, Livraria José. "Carta a António de Sousa Pinto". Lisboa, 16 jan. 1950. Coleção José Olympio, localização 79, 01, 002, n. 006, Acervo de Manuscritos da Biblioteca Nacional do Rio de Janeiro.

PINTO, António de Sousa. "Carta a José Olympio". Lisboa, 8 jan. 1949. Coleção José Olympio, localização 79, 01, 002, n. 0008, Acervo de Manuscritos da Biblioteca Nacional do Rio de Janeiro.

_____. "Carta a José Olympio". Lisboa, 28 jan. 1949. Coleção José Olympio, sem localização, Acervo de Manuscritos da Biblioteca Nacional do Rio de Janeiro.

_____. "Carta a José Olympio". Lisboa, 23 mar. 1949. Coleção José Olympio, localização 79, 01, 001, n. 070, Acervo de Manuscritos da Biblioteca Nacional do Rio de Janeiro.

_____. "Carta a Rachel de Queiroz". Lisboa, 1º jun. 1973. Acervo de Rachel de Queiroz pertencente ao Instituto Moreira Salles, localização BR IMS CLIT RQ RQ CP – Carta; autor: LIVROS DO BRASIL / PINTO, António de Souza; destinatário: QUEIROZ, Rachel de, s. l.; 1º jun. 1973, Textual; 1 fl.

RAMOS, Graciliano. "Carta a José Osório de Oliveira". Lisboa, 7 ago. 1938. Acervo pessoal de Arnaldo Saraiva, Porto, Portugal.

_____. "Carta a Serafín Garcia". Rio de Janeiro, 13 out. 1945. Arquivo IEB/USP, Fundo Graciliano Ramos, Série Correspondência Ativa, Código de referência: GR-CA-046.

_____. "Carta a Antonio Candido", Rio de Janeiro 2 nov. 1945. *In*: CANDIDO, Antonio. *Ficção e Confissão*. São Paulo, Editora 34, 1992, pp. 9-12.

_____. "Carta a Castro Soromenho". Rio de Janeiro, 16 jan. 1950. Coleção José Olympio, sem localização, Acervo de Manuscritos da Biblioteca Nacional do Rio de Janeiro.

SERRÃO, Joel. "Carta a Graciliano Ramos". Lisboa, 7 set. 1947. Arquivo IEB/USP, Fundo Graciliano Ramos (Código de referência: GR-CP-017, Caixa 018).

SOROMENHO, Castro. "Carta a Graciliano Ramos". Lisboa, 8 out. 1949. Acervo Castro Soromenho, sem localização.

_____. "Carta a Graciliano Ramos". Madrid, 9 jan. 1953. Arquivo IEB/USP, Fundo Graciliano Ramos, sem localização.

VERISSIMO, Erico. "Carta a António de Sousa Pinto". *Apud* PINTO, António de Sousa. "Carta a José Olympio". Lisboa, 28 jan. 1949. Coleção José Olympio, sem localização, Acervo de Manuscritos da Biblioteca Nacional do Rio de Janeiro.

## Outros Documentos

CHAVES, Major José. Relatório n. 4132 relativo à censura ao livro *Jubiabá* de Jorge Amado. Lisboa, 27 jul. 1949. Torre do Tombo, Arquivo do SNI, Direção dos

Serviços de Censura, 35, 8, 4132, mo311. Segundo esse mesmo documento, tal romance só seria autorizado a circular em 6 de abril de 1960.

COMUNICADO a respeito da proibição em Portugal do livro *Viagem* de Graciliano Ramos. Diretoria dos Serviços de Censura. "Ofício 1.206/264". Lisboa, 9 ago. 1955, Torre do Tombo, Arquivo do SNI, Direção dos Serviços de Censura, 730, c0003.

CONTRATO – José Olympio. Rio de Janeiro, 15 mar. 1949. Coleção José Olympio, sem localização, Acervo de Manuscritos da Biblioteca Nacional do Rio de Janeiro.

CONTRATO – Livros do Brasil. Lisboa, 28 jan. 1949. Coleção José Olympio, sem localização, Acervo de Manuscritos da Biblioteca Nacional do Rio de Janeiro.

MARTINS, Estevão. Relatório n. 7883 relativo ao livro *Memórias do Cárcere* de Graciliano Ramos. Lisboa, 19 set. 1966. Torre do Tombo, Arquivo do SNI, Direção dos Serviços de Censura, 35, 7, 7883, mo583.

MANDADO de apreensão de exemplares do Livro *Viagem*. Diretoria dos Serviços de Censura. "Aditamento ao Ofício 1.206/264". Lisboa, 7 set. 1955, Torre do Tombo, Arquivo do SNI, Direção dos Serviços de Censura, 730, c0002.

OLIVEIRA, José Osório de. Memorando sobre o primeiro número da *Atlântico: Revista Luso-Brasileira* endereçado a António Ferro. Lisboa, 27 fev. 1942. Torre do Tombo, Arquivo do SNI, caixa 549, doc. 0029-0029, p. 3. Documento inédito em livro.

SANTOS, Major David dos. Relatório n. 4660 relativo à censura do livro *Terras do Sem Fim* de Jorge Amado. Lisboa, 26 nov. 1951. Torre do Tombo, Arquivo do SNI, Direção dos Serviços de Censura, 35, 5, 4660, mo364.

# Índice Onomástico

Abdala Junior, Benjamin 11, 23, 137, 257

Abreu, Casmiro de 29

Afra, José 61

Alencar, José de 29-30, 46, 50, 54, 147

Alighieri, Dante 309

Almeida, Fialho de 36, 40, 81, 90, 92, 196

Almeida, José Américo de 49, 54-55, 123, 147, 153, 245, 303, 356

Almeida, Manuel Antônio de 54, 147

Álvaro, Cláudia Maria dos Santos 60

Alves, Castro 29

Alves, Francisco 34

Alvim, José Augusto Cesário 77, 79, 91, 205

Amado, Arménio 68

Amado, Gilberto 48

Amado, Jorge 16-17, 24, 53-56, 65, 67, 84, 93-95, 98, 111, 113, 117, 121-128, 137, 139, 142, 145, 147-149, 153-155, 158-159, 161, 164, 169-171, 174-177, 181, 198, 204, 218, 221, 232, 245-250, 252-253, 256, 305-306, 316-317, 324, 327, 331-332, 335-336, 345, 355, 357-358, 367, 372--373, 384

Amorim, António 66

Amorim, Sônia Maria de 65

Anderson, Benedict 74

Andrade, Almir de 73, 74, 154, 226-227

Andrade, Carlos Drummond de 15, 196--197

Andrade, Gilberto Osório de 219

Andrade, Luís Crespo de 128, 130

Andrade, Mário de 15, 39, 43, 45-47, 51, 54, 56, 127-128, 139, 153, 158, 162, 164--166, 169, 196, 198, 357

Andrade, Oswald de 139, 153-154

Andrade, Pedro de 90

Andreiev, Leonid 378

Aníbal 201

Anjos, Cyro dos 54-55, 174, 341, 356

## A

Anselmo, Manuel 129, 141, 217-225, 227-
-229, 256, 345-348
Aranha, Graça 147, 164
Argan, Giulio Carlo 134
Assis, Machado de 29, 39, 46, 48, 54, 93,
123, 138-140, 146-147, 149, 164, 172-
-176, 178, 224-228, 257, 339-342, 346,
351, 356, 364, 369
Athayde, Tristão de 41, 48, 196, 198, 208
Azevedo, Aluísio 46, 147, 149, 164
Azevedo, Álvares de 29
Azevedo, Cândido de 113, 203

## B

Bacelar, Armando 184
Balzac, Honoré de 369
Bandeira, Manuel 66, 81, 90-91, 93, 141,
196, 198, 244, 357
Baptista, Abel Barros 22, 117
Barbosa, Francisco de Assis 107-108
Barbosa, Jorge 188
Barbusse, Henri 299
Barreto, Filho 55
Barreto, Lima 41, 48, 54, 106-109, 121, 147
Barros, Jayme de 225
Barros, João de 31, 42, 45, 63-64, 93, 125
Barros, Teresa Leitão de 217
Barroso, Gustavo 48
Bastos, Raquel 47
Beirão, Mário 199
Belo, Odete 12
Bergamo, Edvaldo 253
Berger, Elisa 131
Bergson, Henri 319
Bertaso, Henrique 65, 95
Bettencourt, Gastão de 78, 190, 197
Bilac, Olavo 29
Boaventura, Maria Eugenia 154

Borges, Abílio César 183, 210-211, 214
Braga, Rubem 139, 143
Braga, Teófilo 29
Branco, Camilo Castelo 30, 32-33, 36,
40, 92, 174, 329
Brandão, Artur 61
Brasil, Jaime 93, 231, 233-236, 351-354
Breyner, Sophia de Mello 197
Broca, Brito 31
Bueno, Luís 11, 31, 126, 137, 139-141, 144,
148-150, 161-163, 221, 231-233, 244,
254-255

## C

Caetano, Marcello 208
Calmon, Pedro 77, 81
Camargo, Joracy 93
Caminha, Pero Vaz de 90
Camões, Luís de 16, 22, 25, 34, 81, 125,
170, 211-213, 252-253, 320, 368
Candido, Antonio 57-58, 64-65, 72, 137-
-138, 144, 149, 171, 214, 237-238, 242, 318
Cara, Salete de Almeida 11
Cardoso, Lúcio 54-55, 141, 198, 226, 245,
255, 356
Carneiro, Mário de Sá 140
Carpeaux, Otto Maria 140, 178-179, 229, 234
Carvalho, Maria Amália Vaz de 36-37
Carvalho, Vincente de 32
Casais Monteiro, Adolfo ver Monteiro,
Adolfo Casais
Castelo, Cláudia 72
Castilho, Guilherme de 125
Castro, Augusto de 78
Castro, Eugénio de 199
Castro, Fernanda de 197
Castro, Ferreira de 19, 64, 121-124, 199,
221, 237, 239, 257

# ÍNDICE ONOMÁSTICO • 425

Castro, Francisco Lyon 95, 117

Cayolla, Júlio, 69

Céline, Louis-Ferdinand 324

Cerejeira, Dom Manuel 191

Cervantes, Miguel de 316

Chagas, Pinheiro 29-30

Chalreo, Sylvia de Leon 128, 307

Chardron, Ernest 32

Chateaubriand, Assis 220

Chaves, Flávio Loureiro 93-94

Chaves, Major José 94

Chaves, Vânia Pinheiro 11, 145, 147, 149, 335

Cidades, Hermani 129

Coelho Neto 15-16, 25, 29, 31-43, 54, 145--147, 228-229, 251-252, 346, 348

Coelho Neto, Paulo 32, 34-35

Coelho, António de Oliveira 327-330

Coelho, Eduardo 30

Condé, José 222

Correia, Raimundo 29

Cortesão, Jaime 19, 66, 81, 90-92, 198, 237, 240

Costa, José da 163, 232

Coutinho, Galeão 54

Couto, Ribeiro 45, 54, 66, 141, 147, 244

Crespo, Gonçalves 81, 90

Cristóvão, Fernando Alves 12, 22-23, 30, 138, 140, 178, 229

Cronin, A. J. 65

Cunha, Carlos Manuel Ferreira da 212

Cunha, Euclides da 32, 46, 48, 196, 348

Cunhal, Álvaro 154, 158-159, 245

Dantas, Júlio 191

Deaecto, Marisa Midori 15

Dias, Carlos Malheiro 35-36

Dias, Gonçalves 29, 50, 196

Dias, Luís Augusto Costa 184, 232

Dimas, Antonio 11

Diniz, Almáquio 32

Dionísio, Mário 19, 67, 126, 140, 144-145, 147-149, 151, 154-155, 233, 237, 241, 254--255, 335-337

Dostoiévski 147, 294, 318-319, 335, 352, 369, 382

Duarte, Gonçalo 23

Dutra, Eliana Freitas 71

Dutra, Eurico Gaspar 192

Esteves, José Manuel da Costa 163, 232

Faedrich, Nelson Boeira 362

Fafe, José Fernandes 377-380

Faria, Octávio de 55, 181, 198, 221

Faulkner, William 65, 152, 322

Fausto, Boris 69

Fernandes, Carlos D. 48

Ferreira, Daniela Damiati 12

Ferreira, Manuel 189

Ferro, António 56, 71, 75-77, 80-81, 83, 187, 190, 192, 195, 199, 201-202, 206, 215

Figueiredo, Antero de 221

Figueiredo, Fidelino de 29, 93

Figueiredo, Jackson de 41

Flaubert, Gustave 257, 340, 371

Fonseca, Branquinho da 114

Fonseca, João de Sousa 62

Fonseca, Manuel da 202-204, 232-233, 254

Fontenelle, Óscar 192

Fontes, Amando 24, 53-55, 121, 123, 153, 160, 176, 181, 245-246, 248, 306, 327, 356

Fontes, Lourival 56, 76, 187-188, 192, 196

Fontoura, João Neves da 43

Fraga, Américo 90

## 426 • GRACILIANO NA TERRA DE CAMÕES

Freud, Sigmund 318
Freyre, Gilberto 49, 51, 53, 65, 72, 74, 93, 122, 189, 209-210, 312
Fusco, Rosário 226-228

Gastão, Marques 204, 214, 367-370, 372
Gauthier, Margarida 361
Gautier, Théophile 135
Ghioldi, Carmén 131
Gide, André 299, 341, 377
Gimenez, Erwin Torralbo 229
Gobbi, Márcia Valéria Zamboni 171
Goethe, Johann Wolfgang von 369
Gomes, Augusto 380
Gomes, Soeiro Pereira 202, 204, 232, 254
Gonçalves, Floriano 234, 352
Gorki, Máximo 299, 346-347
Gouvêa, Leila Vilas-Boas 47
Graciotti, Mario 34
Grieco, Agripino 107, 121-122, 138-139, 224-225
Guéhenno, Jean 299
Genette, Gérard 135
Guimarães, Bernardo 29, 46
Guimarães, Fernando 141
Guimarães, Hélio de Seixas 175
Guimarães, Lúcia Maria Paschoal 71, 128, 130

Hallewell, Laurence 32, 34, 57-59, 68, 85, 109
Hemingway, Ernest 152
Hollanda, Aurélio Buarque de 93
Hugo, Victor 367, 371
Huxley, Aldous 65, 142, 324

Israels, Jozef 307, 312
Ivo, Lêdo 198

Jorge, Araújo 191
Joyce, James 142-143, 221, 318, 324-325, 347
Júnior, Peregrino 48, 122
Jurema, Aderbal 139, 219

Kim, Tomaz 199
Koshiyama, Alice Mitika 66
Kuhn, Neuza do Nascimento 34

Lacerda, Carlos 139
Lafetá, João Luiz 51
Lapa, Manuel 187
Lebensztayn, Ieda 11, 14, 109, 176, 222, 229, 331, 367, 370
Lello, António Pinto de Sousa 32
Lello, Raul 35
Leme, Dom Sebastião 191
Leskoschek, Axel 350
Lewis, Sinclair 65, 152, 340
Lewisohn, Ludwig 340-341
Lima, Alceu Amoroso ver Athayde, Tristão de
Lima, Jorge de 54-55, 141, 189, 196, 198, 218, 373
Lima Júnior, Augusto de 92
Lins, Álvaro 93, 144, 196-198, 225-226
Lisboa, Eugénio 141
Lisboa, Irene 68
Lobato, Monteiro 48, 57-58, 66
Lopes, Baltasar 188
Lopes, Fernão 90
Lopes, João Marques 11, 23, 335
Lopes, Manuel 188
Lopes, Marcos Aparecido 39
Lopes Neto, Simões 105
Lubambo, Manoel 219-221

## ÍNDICE ONOMÁSTICO • 427

Luca, Tania Regina de 129

Macaúbas, Barão de ver Borges, Abílio César

Macedo, Joaquim Manoel 46

Macedo, Tânia Celestino 11

Machado, Antônio de Alcântara 48

Magualhães Júnior, Raimundo 360

Magualhães, Joaquim Figueiredo de 114, 116

Malraux, André 299

Mann, Thomas 65, 341

Marçalo, Maria João 126, 137, 244, 254

Marchi, Euclides 208

Marques, Xavier 41, 48

Martins, Estevão 113

Martins, José de Barros 95

Martins, Manuel Gonçalo 208

Martins, Raul 42

Martins Filho, Plinio 15

Maupassant, Guy de 340

Maya, Alcides 48

Medeiros, Nuno Miguel Ribeiro de 12, 59, 61, 68, 80-81, 85-86, 92-93, 114

Meireles, Cecília 47, 141, 169

Meireles, Rosa 131

Mello, Nobre de 191

Melo, António Vieira de 192

Melo Neto, João Cabral de 198-199

Mendes, João 373-376

Mendes, Mariana da Saudade Cortesão 198

Mendes, Murilo 65, 196, 198

Meneses, Amílcar Dutra de 192

Meunier, Constantin 307, 312

Michelangelo 369

Miguéis, José Rodrigues 81, 129

Millet, Jean-François 133-134, 307-312, 336-337

Montalvor, Luiz de 172, 199

Monteiro, Adolfo Casais 17-19, 66, 93, 110, 114, 123, 125-130, 140-141, 163, 168-172, 202, 231, 237-238, 243-250, 254, 258, 291-292, 355-358, 364, 381--388

Monteiro, Mário 30

Montello, Josué 305-306

Moraes, Dênis de 113, 131

Moraes, Eneida de 131, 137, 293-296, 359--362

Moraes, Marcos Antonio de 34, 47

Moraes, Vinícius de 196, 198

Moreira, Afonso de Castro ver Senda, Afonso de Castro

Moreira, Maria Eunice 29-30

Moreira, Thiers Martins 116

Muller, Adolfo Simões 197

Müller, Filinto 360-361

Namora, Fernando 140, 184

Namorado, Joaquim 24, 160

Negreiros, José de Almada 140, 197, 318

Neme, Mário 72

Nemésio, Vitorino 140-141

Nogueira, Albano, 125, 140-144, 148, 221, 254-255, 323-326

Oliveira, Carlos de 23, 233, 257, 371-372

Oliveira, José Osório de 15, 18, 25, 43-56, 59, 66, 70-71, 78, 122-124, 129, 138, 141, 146-147, 163-169, 172, 181-183, 185-187, 189-192, 195-199, 201-202, 211-212, 214--215, 231, 234, 236, 251-252, 286, 349--350, 370

Oliveira, Lúcia Lippi 208
Oliveira, Paulino de 46
Oliveira, Paulo Fernando da Motta de 11
Olympio, Domingos 54, 147
Olympio, José 58, 64-65, 94-96, 98-99, 101-104, 110-111, 234
Ortigão, Ramalho 30, 36, 90
Osório, Ana de Castro 46
Osório, João de Castro 49, 197

Paixão, Fernando 64
Pascoeaes, Teixeira de 140, 199
Paulo, Heloísa 70, 78
Peixoto, Afrânio 48, 81
Peixoto, Mário 55
Penna, Cornélio 54-55, 164, 181, 255
Pereira, António Maria 60-61
Pereira, Lúcia Miguel 66, 77, 92-93, 138-139, 143, 151
Pessoa, Fernando 60, 140, 145, 171-172, 381, 383
Pinto, Álvaro 82
Pinto, Américo Cortês 114
Pinto, António Sousa 18, 25, 81, 83, 85-86, 90-99, 101, 104-106, 110-111, 116, 253
Pinto, Edmundo da Luz 77
Pinto, Francisco José 191
Pinto, Joaquim de Sousa 85
Pinto, Manoel de Sousa 37-38, 40
Pinto, Silva 30
Pires, Daniel 141
Pita, António Pedro 184, 232
Pompeia, Raul 54, 123, 147, 210
Poncioni, Claudia 163, 232
Portas, Catarina 114
Prado Júnior, Caio 196-197

Prestes, Luís Carlos 198
Prestes, Olga Benário 131
Proust, Marcel 142, 147, 221, 228, 324-325, 335, 346
Putnam, Samuel 66

Quadros, António 82
Queiroz, Carlos 30, 66, 141, 163, 170, 197, 199, 202
Queiroz, Dinah Silveira de 114
Queiroz, Eça de 23, 36, 81, 92-93, 147, 174, 192, 196, 206, 225, 234-235, 335, 342, 351-352, 369, 374
Queiroz, Rachel de 16, 18, 53-54, 95-97, 99, 102-106, 110, 121, 123, 153, 164, 176, 181, 196-198, 248, 327
Quental, Antero de 29, 77, 91-92, 212
Quintinha, Julião 64

Ramos, Hugo de Carvalho 48
Ramos, Maria Bernardete 70
Ramos, Ricardo 113, 350
Ramos Júnior, José de Paula 11, 13-19
Rangel, Alberto 48
Rangel, Godofredo 48
Rebelo, Marques 48, 66, 154-155, 157, 198, 223, 331-332, 356, 367, 369
Redol, Alves 24, 152, 154, 202, 204, 232-233, 254
Régio, José 18, 24, 90, 128-129, 131-132, 140, 158-162, 197-201, 245, 299, 354
Rego, José Lins do 16-17, 24, 53-56, 67, 81, 91, 93, 95-97, 99, 101-106, 108, 110-111, 121, 123, 125-128, 142, 145-147, 149, 151, 153-154, 157, 161, 164, 170, 174-176, 179, 181-182, 196, 198, 204, 221, 232, 247-250, 252, 305-306, 315, 317, 324,

327, 331, 335-336, 345, 355, 357-358, 367, 369, 372-373, 383-384, 387

Reis, António Coelho dos 192

Reis, Arthur Cezar Ferreira 92

Reys, Câmara 92-93

Ribas, Elisabete Marin 12

Ribeiro, António Lopes 197

Ribeiro, Aquilino 64, 81, 90, 197, 199-201, 317

Ribeiro, Bernardim 90

Ribeiro, Maria Aparecida 106

Rio, João do 31-34, 39

Rolland, Romain 299

Romero, Sílvio 32-33, 149, 175

Rosa, João Guimarães 115-116, 382

Rosa, Tomás Santa 64, 86, 128

Rousseau, Théodore 133

Rubem, João 146, 184

Sá, Pedro Moura 141

Saint-Pierre, Bernardin de 317

Salazar, Abel 133-134, 137, 254, 299, 307-313, 336-337

Salazar, António de Oliveira 25, 56, 68-69, 78, 80-81, 190, 193, 208, 215, 217-220, 252

Salema, Álvaro 24, 95

Salgado, Plínio 54, 98

Salla, Thiago Mio 13-19, 55, 109, 130, 158, 167, 176, 182, 189, 205, 215, 222, 229, 331, 367, 370

Sampaio, Albino Forjaz de 107-108

Samuel, José 232

Santos, Luís Reis 114

Santos, Major David dos 94

Santos, Maria Terezinha dos 42

Santos, Paula Alexandra Marques dos 73

Saraiva, Arnaldo 11, 29-31, 46-47, 105, 168, 196

Schiavon, Carmen G. Burgert 80, 82-83, 219-220

Schmidt, Albert-Marie 378

Schmidt, Augusto Frederico 30, 138-139, 143, 205, 258

Sena, Jorge de 114, 197, 213

Senda, Afonso de Castro 127-133, 136-137, 162, 223, 254-255, 297-304, 307

Sérgio, António 93, 199-200, 354

Serpa, Alberto de 125, 198-199

Serpa, Élio 70

Serrano, Gisella de Amorim 78-82, 193

Sette, Mario 48

Shakespeare, William 309

Silva, Alex Gomes da 201, 203

Silva, Inocêncio Francisco da 30

Silva, L. J. Pereira da 30

Silva, Márcia Cabral da 210

Silveira, Joel 158, 222

Silveira, Tasso da 169

Silveira, Waldemar da 192

Simões, João Gaspar 19, 66, 93, 114, 125, 128-129, 134-143, 146, 152-153, 155, 157-158, 161, 163-164, 168-178, 202, 221, 224, 237-238, 242, 254-256, 315-322, 318, 339-343

Simões, Nuno 129

Soromenho, Castro 66, 109-111, 114, 146-147, 154-157, 163, 170, 197, 202, 223, 331-333, 363-365

Soromenho, Jorge 11

Sousa, Otávio Tarquínio de 129, 166

Sousa, Sérgio Paulo Guimarães 11

Souza, Raquel dos Santos Mandanelo 11

Stalin, Josef 113, 369, 380
Steinbeck, John 65
Szesz, Christiane Marques 208

Taunay, Visconde de 46, 54, 147
Teixeira, António Maria 106-108
Teixeira, Ivan 14, 150
Tendeiro, João 162
Tolstói, Liev 369, 378, 382
Torga, Miguel 141-142, 199-200, 325
Torgal, Luís Reis 200, 206
Torres, Alexandre Pinheiro 24, 135, 201
Torresini, Elizabeth Rochadel 65
Tremoceiro, Paulo 12
Trigueiros, Luís Forjaz 66, 163, 170, 197, 202-204

Vargas, Getúlio 21, 25, 56, 68-69, 71, 78, 81, 190, 193, 215, 219, 252
Vasconcelos, Taborda de 201

Ventura, António 200
Verdi, Eunaldo 318
Verissimo, Erico 16, 24, 53-55, 65, 84, 86, 88-89, 93-95, 97-98, 113, 126, 145, 147, 149-153, 155, 161, 164, 174, 181, 196, 198, 204, 247, 249-250, 252-253, 256, 305, 312, 317, 327, 335, 355, 357, 367, 369-370, 372
Veríssimo, José 39
Vespeira, Marcelino 115
Vieira, José Geraldo 55, 141, 355
Vilela, Lobo 68
Vinci, Leonardo da 369

Werneck, Maria 131
Woolf, Virginia 65

Zeuner, Karl Ernst 65
Zola, Émile 378-379

| | |
|---:|:---|
| *Título* | *Graciliano na Terra de Camões:* |
| | *Difusão, Recepção e Leitura (1930-1950)* |
| *Autor* | Thiago Mio Salla |
| *Editor* | Plinio Martins Filho |
| *Produção Editorial* | Aline Sato |
| *Editoração Eletrônica* | Camyle Cosentino |
| | Juliana de Araújo |
| *Revisão* | Ieda Lebensztayn |
| *Capa* | Gustavo Piqueira \| Casa Rex |
| *Índice Onomástico* | Millena Machado |
| *Formato* | 16 x 23 cm |
| *Tipologia* | Minion Pro |
| *Papel de Miolo* | Chambril Avena 80 g/m² |
| *Papel de Capa* | Cartão Supremo 250 g/m² |
| *Número de Páginas* | 432 |
| *Impressão e Acabamento* | Lis Gráfica |